2022

媒介热点
透析与前瞻

孙祥飞 著

人民日报出版社

北京

图书在版编目（CIP）数据

媒介热点透析与前瞻.2022 / 孙祥飞著. -- 北京：
人民日报出版社,2021.11
　　ISBN 978-7-5115-5168-9

　　Ⅰ.①媒… Ⅱ.①孙… Ⅲ.①新闻学－传播学－研究生－入学考试－自学参考资料 Ⅳ.① G210

中国版本图书馆 CIP 数据核字 (2021) 第 213782 号

书　　　名：媒介热点透析与前瞻·2022
　　　　　　MEIJIE REDIAN TOUXI YU QIANZHAN·2022
著　　　者：孙祥飞

出 版 人：刘华新
责任编辑：张炜煜　霍佳仪
装帧设计：阮全勇

出版发行：人民日报出版社
社　　址：北京金台西路 2 号
邮政编码：100733
发行热线：（010） 65369509 65369512 65363531 65363528
邮购热线：（010） 65369530 65363527
编辑热线：（010） 65369514
网　　址：www.peopledailypress.com
经　　销：新华书店
印　　刷：大厂回族自治县彩虹印刷有限公司
法律顾问：北京科宇律师事务所 010-83622312

开　　本：710mm×1000mm　　1/16
字　　数：430 千字
印　　张：30.25
版　　次：2021 年 11 月第 1 版
印　　次：2021 年 11 月第 1 次印刷

书　　号：ISBN 978-7-5115-5168-9
定　　价：68.00 元

目 录

第一篇　新闻传媒前沿　1

第01章　新闻舆论工作　2

专题01　马克思主义新闻观　2
专题02　传统媒体转型发展　7
专题03　推进媒体深度融合　14
专题04　新闻舆论"四力"问题　18
专题05　提高用网治网水平　22
专题06　新闻专业主义反思　27
专题07　关于讲好中国故事　32
专题08　党的宣传工作规范　36
专题09　"人类命运共同体"　39

第02章　媒介技术伦理　42

专题01　技术伦理　42
专题02　数字鸿沟　47
专题03　信息茧房　53
专题04　数字劳工　56
专题05　个性推送　61
专题06　数字隐私　66

专题 07	数据安全	75
专题 08	舆论圈层	80
专题 09	信息疫情	84

第 03 章　新闻传播规范 …………………………………… 89

专题 01	涉法报道	89
专题 02	法律规范	93
专题 03	侵权行为	101
专题 04	新闻伦理	109
专题 05	灾难报道	114

第 04 章　新闻业的转型 …………………………………… 123

专题 01	机器人新闻	123
专题 02	县级融媒体	129
专题 03	非虚构写作	132
专题 04	建设性新闻	142
专题 05	合成主播	147
专题 06	数据新闻	151
专题 07	中央厨房	158
专题 08	众筹新闻	162
专题 09	乡村传播	164

第二篇　舆论秩序建设 ………………………………… 169

第 05 章　网络舆论环境 …………………………………… 170

| 专题 01 | 网络舆论 | 170 |
| 专题 02 | 舆论生态 | 174 |

专题 03	网络秩序	182
专题 04	信息公开	192
专题 05	舆论监督	200
专题 06	"后真相"	207

第 06 章　网络舆论治理 … 212

专题 01	网络舆情	212
专题 02	网络谣言	220
专题 03	公益传播	227
专题 04	网络维权	232
专题 05	危机管理	239

第三篇　媒介文化透析 … 245

第 07 章　新媒体平台文化 … 246

专题 01	网络文学	246
专题 02	网络游戏	252
专题 03	直播文化	261
专题 04	娱乐文化	272
专题 05	视频文化	284
专题 06	数字知识	291
专题 07	数字民主	295

第 08 章　影视文化与传播 … 300

专题 01	影视文化理论	300
专题 02	中国影视产业	305
专题 03	影视文化作品	310

专题 04	宫斗剧的反思	319
专题 05	影视作品出海	323
专题 06	天价片酬反思	326
专题 07	政论专题片	329

第 09 章　青年亚文化现象　　334

专题 01	亚文化理论概述	334
专题 02	粉丝与粉丝文化	338
专题 03	粉丝与粉丝经济	342
专题 04	粉丝与粉丝政治	347
专题 05	网络低欲望文化	349
专题 06	网络"锦鲤文化"	355
专题 07	网络表情包文化	357
专题 08	网络二次元文化	359
专题 09	"祖安文化"现象	365
专题 10	朋友圈"晒"文化	369
专题 11	网络流行语现象	372

第 10 章　跨文化传播交流　　375

专题 01	国际传播能力建设	375
专题 02	国家形象对外传播	382
专题 03	全球化及逆全球化	390
专题 04	全球化与国际关系	393
专题 05	全球化与一带一路	396
专题 06	贸易摩擦中的舆论	399

第四篇　学术热点观察 ……………………………… 403

第 11 章　传播技术与新闻传媒 ……………………… 404

专题 01　社会化媒体 ………………………………… 404
专题 02　区块链新闻 ………………………………… 411
专题 03　机器人生产 ………………………………… 415
专题 04　具身性传播 ………………………………… 418
专题 05　计算传播学 ………………………………… 420
专题 06　5G 新媒体 ………………………………… 423

第 12 章　媒介学研究热点问题 ……………………… 426

专题 01　媒介与性别 ………………………………… 426
专题 02　媒介人类学 ………………………………… 434
专题 03　媒介记忆论 ………………………………… 437
专题 04　媒介认同论 ………………………………… 440
专题 05　媒介化理论 ………………………………… 443
专题 06　媒介可供性 ………………………………… 447
专题 07　可见性理论 ………………………………… 449

第 13 章　疫情防控与媒介舆论 ……………………… 454

专题 01　疫情防控与信息传播秩序 ………………… 454
专题 02　疫情防控与政府信息公开 ………………… 457
专题 03　疫情防控中的正能量新闻 ………………… 462
专题 04　疫情防控与科普信息传播 ………………… 468
专题 05　疫情防控中的行业自媒体 ………………… 472

第一篇 新闻传媒前沿

第01章　新闻舆论工作

专题01　马克思主义新闻观

1. 马克思在新闻领域的贡献：（1）**办报经验**：马克思一生唯一的正式职业是办报纸，他24岁就担任了《莱茵报》的主编，30岁创办了世界上第一家马克思主义指导下的无产阶级政党机关报《新莱茵报》，在晚年又亲自指导欧美许多国家的工人组织的社会主义报刊。（2）**新闻思想**：马克思始终把报刊作为宣传革命思想、传播科学理论、组织群众斗争、指导工人运动的有力武器，报刊活动成为他波澜壮阔革命生涯中绚丽多彩的篇章。①（3）**后续影响**：马克思关于新闻事业、新闻工作的论述缔造了马克思主义新闻观。马克思主义新闻观在继承和发展的过程中不断被注入新的活力，尤其是习近平关于新闻舆论工作的若干重要讲话精神是中国新闻事业的指导思想，为中国的新闻事业提供了根本遵循。

2. 马克思主义新闻观的定义：（1）**定义**：马克思主义新闻观，是指"立足于马克思主义的基本理论，针对新闻传播活动和新闻现象所形成的总括性看

---

① 郑保卫：《与马克思同行推进马克思主义新闻观中国化——写在马克思诞辰200周年之际》，载《当代传播》，2018年第3期（卷首语）。

法，它从本质上体现了马克思主义的世界观、人生观和价值观"。**（2）核心：** 马克思主义新闻观的核心是"马克思主义当中涉及无产阶级及其政党新闻事业的一系列基本观点，这些观点包括工作原则、工作性质以及工作规律等"①。**（3）构成：** 马克思主义新闻观包含了马克思主义经典作家及中国共产党早期缔造者和党的各代领导人有关新闻传播活动、新闻事件规律、新闻报道原则等的一系列论述。**（4）地位：** 马克思主义新闻观是中国新闻事业必须坚守的一项新闻价值理念，也是规范和指导中国新闻业发展的基本依据，它有别于西方的新闻专业主义，格外强调实事求是的基本原则、党对媒体的领导及媒体要为人民服务的宗旨。

3. 马克思主义新闻观的内涵：**（1）真实论：** 强调新闻必须真实，既要做到微观真实，又要做到宏观真实。**（2）喉舌论：** 强调新闻媒体是党、政府和人民的喉舌。**（3）导向论：** 强调媒体要把握正确舆论导向，有效引导社会舆论。**（4）社会效益第一论：** 强调媒体必须坚持社会效益第一的原则，正确处理社会效益和经济效益之间的关系。**（5）正面宣传为主论：** 强调媒体要始终坚持正面宣传为主的方针，积极宣传报道社会的光明面，努力为社会提供正能量。**（6）与时俱进创新论：** 强调媒体要不断改革创新，只有这样才能适应形势发展的要求。②

4. 马克思主义新闻观的核心理念：**（1）党性原则：** 党性原则是我国新闻舆论工作的"第一原则"或"根本原则"，是马克思主义新闻观区别于其他新闻观最鲜明的标志。**（2）人民性原则：** 在新闻舆论工作中坚持"以人民为中心"，是马克思主义新闻观始终坚持的一大核心理念。人民观体现了社会主义新闻舆论工作的根本立场。**（3）舆论导向观念：** 强调在新闻舆论工作中形成正确的舆论并积极引导舆论；之所以强调舆论导向是因为新闻代表舆论、引导舆论、

---

① 刘渤：《试论马克思主义新闻观在当代中国的实践意义》，载《中国报业》，2018年第16期，第88-89页。

② 曹仁义：《马克思主义新闻观的主要内涵》，载《中国广播电视学刊》，2018年第4期，第30-33页。

制造舆论，是重要的意识形态工具。**（4）实事求是**：实事求是是马克思主义新闻观的基本原则，也是马克思主义新闻观的灵魂，要求新闻报道必须尊重客观事实，坚持事实第一、报道第二的原则，尊重新闻传播规律。

5. 马克思主义新闻观的地位：**（1）新闻业务的实践指南**：我国新闻舆论工作必须以马克思主义新闻观为指导；在社会思潮、价值理念、舆论格局多元化的背景下，重塑马克思主义新闻观，重新强化新闻理想和信念教育具有重要的时代意义。**（2）党的新闻理论的灵魂**：马克思主义新闻观是建构社会主义新闻理论的灵魂、核心和骨架，是马克思主义新闻学，也是中国特色社会主义新闻理论的核心内容和理论基础，对于建构中国特色社会主义新闻理论框架具有指导性作用。**（3）主流意识形态的重要构成**：马克思主义新闻观是中国主流意识形态话语体系中一个不可或缺的子集，是社会主义核心价值观念体系在新闻领域的延伸或贯彻落实。①

6. 马克思主义新闻观的新发展：**（1）习近平关于新闻舆论工作的重要论述**：习近平关于新闻舆论工作的重要论述系统完整、逻辑严密、特色鲜明，以党性原则为主线，以正确导向为基本要求，以人民为工作中心，包含了遵循规律的内在逻辑、开拓创新的理论品格、统筹内外的格局视野。习近平新闻思想以深刻的时代性、系统的创新性、鲜明的实践性丰富和发展了马克思主义新闻观，标志着我们党对新闻舆论工作的理论认识和实践探索达到了新高度。②**（2）习近平对马克思主义新闻观的继承与发展**：马克思开创的新闻传播思想有五方面的思想渊源，即世界交往体系、现代传播的时空观、报刊的内在规律、有机的报刊运动（新闻真实是一个过程）、党报立场与人民性。习近平在这五方面继承了马克思新闻传播思想并在中国特色社会主义条件下加以

---

① 姚涵：《对马克思主义新闻观研究基本问题的几点思考》，载《毛泽东邓小平理论研究》，2018年第7期，第59-68页。

② 新华社新闻研究所：《新时代马克思主义新闻观的最新发展——论习近平新闻思想对马克思主义新闻观的新贡献》，载《新闻与传播研究》，2018年第7期，第5-12页。

发展。①

7. 习近平关于新闻舆论工作重要论述的背景：（1）国际形势： 中国在国际舞台上的影响力日渐壮大，但国际政治经济发展的不均衡状况尤其是文化帝国主义、霸权主义等威胁依然存在。**（2）国内局势：** 中国经济、政治、文化各项事业均取得重大成绩，但发展的不均衡、不充分状况已经显现，表现在普遍焦虑的社会心态、观念思想的多元交锋等。**（3）媒介环境：** 新媒体的强势发展和传统媒体日渐式微构成了主流思想的生存环境，以"三微一端"等为代表的新媒体不断抢占话语高地，主流声音备受挑战。**（4）个人经历：** 习近平一直与媒体保持了紧密的联系，早期就经常进行社会实践调查、撰写调研报告，执政浙江时更是长期为报纸撰写新闻评论，丰富的媒体实践经验和与媒体保持的密切联系构成了其关于新闻舆论工作的重要论述的实践基础。

8. 如何落实"党报姓党"的原则：（1）把握政治方向： 以习近平新时代中国特色社会主义思想和党的十九大精神为指导，增强"四个意识"、坚定"四个自信"，自觉承担起"举旗帜、聚民心、育新人、兴文化、展形象"的使命任务。**（2）坚持人民立场：** 坚持党性原则和人民立场的统一，践行为人民服务的宗旨，坚持走群众路线，通过新闻报道的"三贴近"和"走转改"生产出能够不断满足人民群众精神文化生活需求的新闻产品。**（3）始终服务大局：** 党报要始终跟随中国特色社会主义现代化事业建设的进程，以国家利益、民族利益、人民利益为出发点，服从于党和国家的重要路线方针政策，服务于不同时期的建设、改革任务要求，正确处理好主流与支流的关系，处理好经济建设与意识形态之间的关系。**（4）提升业务素质：** 新闻工作者要不断"掌握新知识、熟悉新领域、开拓新视野"，增强本领能力，不断"增强脚力、眼力、脑力、笔力"，努力做到"政治过硬、本领高强、求实创新、能打胜仗"。

9. 新形势下传媒业的职责和使命：（1）相关背景： 习近平总书记在党的

---

① 陈力丹：《继承和发展马克思的新闻传播思想》，载《新闻与传播研究》，2018年第6期，第5-12页。

十九大报告中指出:"经过长期努力,中国特色社会主义进入了新时代,这是我国发展新的历史方位。"媒介是社会的镜鉴,是进步的引擎,中国的传媒事业应该不断根据历史环境、时代任务的变化而及时做出调整,以更好地承担党和人民赋予的使命。**(2) 48字方针:** 在2016年的新闻舆论工作座谈会的讲话中,习近平总书记明确指出,在新的时代条件下,党的新闻舆论工作的职责和使命是"高举旗帜、引领导向,围绕中心、服务大局,团结人民、鼓舞士气,成风化人、凝心聚力,澄清谬误、明辨是非,联接中外、沟通世界"。**(3) 使命任务:** 在2018年的全国宣传思想工作会议上,习近平总书记指出,完成新形势下宣传思想工作的使命任务,必须以新时代中国特色社会主义思想和党的十九大精神为指导,增强"四个意识"、坚定"四个自信",自觉承担起"举旗帜、聚民心、育新人、兴文化、展形象"的使命任务。

专题 02　传统媒体转型发展

2020年11月26日，国家广播电视总局印发《关于加快推进广播电视媒体深度融合发展的意见》，从目标任务、新型主流媒体、用户需求、内容建设与供给、技术引领、体制机制改革、人才队伍建设、管理创新以及组织保障等方面提出更为具体细化的指导意见。

1. 党报党刊的数字化生存策略：（**1**）**内容为王**：新媒体时代，受众的信息获取习惯已经迁移至互联网平台，互联网上的内容以 UGC 生产为主，这就决定了党报党刊在互联网时代依然有着无可比拟的权威性和公信力，尤其是在"后真相时代"及众声喧哗的背景下，党报党刊的内容优势将是其逆袭的机会。（**2**）**渠道制胜**：新媒体时代的报纸不会消失，失去的只是作为新闻传播载体的"纸"，"三微一端一网"的强势发展为党报党刊拓展自己的传播力、影响力和引导力提供了前所未有的机遇，党报党刊的公信力优势与新媒体的渠道优势进行叠加，依然能够重新焕发生机。（**3**）**受众是金**：坚持受众的主体地位，遵循"三贴近"的报道原则，加强与读者的互动，积极反映群众的呼声，不回避热痛难疑问题，生产既有意思又有意义的新闻产品，以差异化、个性化、生活化的内容、服务满足受众的多样化需求。（**4**）**技术驱动**：紧紧拥抱中国数字化新技术的发展潮流，借助人工智能、大数据、云计算、物联网、区块链、VR、AR 等新技术手段，推动自身业务方式的转型升级，实现业务生产流程全链条的转型升级。

2. 新传媒语境下的电视媒体：（1）新媒体的压力：新媒体的发展使电视媒体的受众资源、广告份额、媒体人才和内容资源不断向新媒体迁移，从而导致电视媒体的平台优势被削弱，其垄断优势不再。**（2）市场供需压力**：在卖方市场背景下，电视节目内容供给远大于受众的接受能力，电视节目在激烈的市场竞争中要想从千军万马中脱颖而出，面临着无比巨大的市场压力，要打造现象级节目极为困难。**（3）同质化问题**：电视节目的创新在市场竞争中缺乏收益保证，故借鉴海外成熟的电视节目模式、模仿已经在国内试验成功的经典节目，通过过度营销等方式获得收视率等做法已经成为不少节目的生存策略，导致电视节目存在较严重的同质化、模式化和泛娱乐化问题。

3. 中国电视事业的发展趋势：（1）功能定位：电视媒体的功能由单一走向多元，经过了从单纯的意识形态整合目的下的"宣传品"到注重社会教化、文化娱乐但缺乏市场意识的"作品"，再到市场经济浪潮下承担经济和宣传双重职能并格外重视服务意识、受众意识、导向意识、品牌意识和娱乐价值的"产品"的三个阶段转化。**（2）产品市场**：由节目质量偏低的有限产品供给到产品质量普遍提高背景下的海量节目供给及内容细分的转变，栏目品牌化、节目娱乐化、频道专业化、内容落地化趋势越来越明显，纪实类、谈话类、娱乐类、直播类、服务类、问政类节目各有特色，不断丰富市场供给，满足大众多元化的信息文化及娱乐需求。**（3）传播规律**：电视媒体市场化后通过市场调节和国家引导开始摆脱借鉴其他媒介形态的传播模式，形成了以电视媒体自身传播优势为立足点，重视电视媒体传播规律的市场竞争和行业运作模式。**（4）体制改革**：中国电视事业发展60多年的历程也是中国电视事业不断进行改革探索以适应中国国情的历程，探索形成了"事业单位，企业管理"的管理制度并通过市场运作积极确立和完善现代企业制度，通过组建大型传媒集团等方式加快市场整合和结构调整。**（5）媒介生态**：电视事业的发展与中国新传媒技术的发展同步，在新媒体强势发展的背景下，中国电视事业不断拥抱互联网，通过媒介融合等策略进行内容、渠道、手段等的创新，不断壮大影响力、传播力、引导力和公信力。

4. 电视媒体的泛娱乐化现象：（1）**行业趋势：**泛娱乐化现象是电视媒体在20世纪90年代开始出现的一种趋势，在很大程度上契合了电视观众的娱乐心理和娱乐需求，这有别于严肃节目的说教式、宣传式的内容呈现策略，因而能够获得市场的认可。（2）**具体表现：**泛娱乐化表现在用娱乐的心态对待所有的内容生产，并在信息总量中占据越来越大的比重，以至于娱乐成为所有媒介和信息在新媒介环境下的生存策略，如真人秀、综艺节目的异军突起。（3）**市场价值：**泛娱乐化现象是电视媒体市场导向逻辑作用的结果，其产品为中国的文化娱乐市场提供了丰富的文化产品供给，活跃了普通大众的日常生活，也成为文化产业的重要组成部分。（4）**恪守边界：**娱乐化应该有合理的边界，尤其是不能通过过度的娱乐来迎合受众攫取收视率，更不能对冲社会主流价值观念的阐释力和认同度。

5. 中国电视媒体的转型策略：（1）**坚守定位：**电视媒体是"围绕中心，服务大局，宣传党的主张，反映人民心声，唱响主旋律，传播正能量"的主阵地，无论电视媒体如何转型，该定位都不能改变。（2）**发挥优势：**电视媒体的转型要立足自身声像兼备、权威性强、仪式感强的独特优势，借助新媒体的互动优势、传播优势、速度优势，通过媒介融合策略实现转型升级。（3）**技术手段：**利用大数据技术、个性化推送技术、人工智能等新兴技术手段，创新内容生产方式、挖掘有价值的受众、拓展信息的传播平台。（4）**内容策略：**坚守"内容为王＋渠道制胜＋受众至上"的运作思路，坚持与民众对话、贴近社会现实、关注民生百态、聚焦热点问题，以受众需求为中心，创新节目形式、培养明星主持人、培育品牌栏目。（5）**产业经营：**以内容、节目、主持人等为依托打造具有开发潜力和品牌魅力的IP，并以独有知识产权的IP为基础，进行供给侧结构性改革，开发内容产业、版权产业、服务产业和信息产业，形成具有市场竞争力的产业链条。

案例1 河南卫视"奇妙游"系列文化节目"破圈"案例

案例背景： 2021年春节期间，河南卫视《唐宫夜宴》成功出圈。此后，每逢中华民族传统节日，河南卫视均推出"奇妙游"系列节目并收获广泛好评，如《元宵奇妙夜》《清明时节奇妙游》《端午奇妙游》《七夕奇妙游》及《中秋奇妙游》等。《光明日报》评论称，系列节目都推动了"中国风"的"出圈"，凭借的是"创意之新""形式之美""底蕴之深"，背后是"创作者满足当代观众审美需求的诚意和继承发扬传统文化的敬意"①。

案例解读：（1）传统文化的现代性转型： 传统文化能在现代社会融入大众社会关键在于其实现现代化的转型发展，即让传统文化的表现方式、传播手段、审美特征和受众体验充分符合现代社会的标准，河南卫视系列传统文化节目用契合文化传播规律、时代审美环境、媒介技术生态的内容再生产机制，实现了由传统到现代的转型。**（2）严肃艺术的大众化转化：** 古典艺术、审美文化属于高雅文化的一部分，一般表现为博物馆、艺术馆、展览馆式的自下而上"仰视"的特征及远离世俗的距离感与神圣感，通过数字技术的创作手段和文化融入故事的讲述方式，既增强了传统文化的表现力，又推动了严肃艺术、精英艺术向大众艺术的转化。**（3）植根传统文化复兴的土壤：** 河南卫视系列传统文化节目火爆出圈的背后是新的时代环境下，日益增强的人民群众对中华优秀传统文化的强烈认同感，河南卫视顺应传统文化复兴的时代潮流，立足丰硕的传统文化资源，对传统文化内核进行的再生产赋予了传统文化的时代气息。**（4）跨屏传播的连锁反应：** 优质的文化产品需要打通不同平台的区

---

① 吕珍珍：《从〈唐宫夜宴〉到〈端午奇妙游〉出圈的是中国风》，载《光明日报》，2021年6月17日第2版。

隔，打破不同文化圈层的区隔，打破不同受众群体的区隔，除了需要作品内容和形式上的创新之外，借助具有不同属性特征的新媒体传播是文化节目"破壁出圈"关键，微博、B 站、抖音等各类传播载体的平台属性、用户结构为优质内容出圈提供了可能。**（5）新技术促成传统文化"可见"：**优秀传统文化"养在深闺人未识"，促成其公众的"可见"，需要借由特定的技术手段和表达方式唤醒并表现为一定的"媒介奇观"，河南卫视系列文化节目以技术赋能，营造快餐式文化消费时代以品质和内涵为支撑的审美景观，促成了远离世俗的传统文化的可见性表达及全民共享的视听盛宴。

6. 中国电视新闻节目的发展趋势：（1）电视新闻节目品牌化： 电视新闻节目是电视媒体最能体现其舆论引导、社会教化、宣传鼓舞作用的节目形态，中国电视新闻节目发展的 60 多年历程也是中国电视新闻节目在探索中不断培育和形成品牌的过程，如《东方时空》《焦点访谈》等节目已经成为中国家喻户晓的新闻品牌。**（2）电视新闻内容民生化：** 电视新闻节目不断转变报道视角，不再以自上而下的单向度的宣传教育为主，而是更注重百姓实际、更贴近现实生活、更关注社情民意，从民众视角、群众呼声、社会关切出发，尊重受众的主体地位和信息需求。**（3）电视新闻传播交互性：** 虽然电视媒体是单向性很强的传播载体，但电视新闻节目不断探索利用新的技术手段拓展与受众的互动，通过群众来信、热线电话、电子邮件、网络论坛、"两微一端"等各种渠道与受众积极互动。**（4）电视新闻形态多元化：** 电视新闻节目除人工播报新闻之外，还充分利用电视媒体权威性优势、声像兼备优势和直播优势，并积极借鉴其他媒介的优势特点，出现了电视新闻杂志节目（如《东方时空》）、电视深度调查节目（如《焦点访谈》）及电视访谈节目、电视直播节目等种节目形态。

7. 融媒体时代电视媒体的突围策略：（1）打造品牌栏目，重构电视媒体的内容优势：一是节目要有清晰定位，明确受众需求；二是要结合所在地区的特色和自身优势，立足当地文化传统，开设独具特色的栏目，并立足当地新闻，增加新闻类电视报道，贴近百姓生活；三是要紧跟时代发展的政策和主流，打造弘扬主旋律、传播正能量、反映中国故事的品牌节目。**（2）拓展渠道，采取多屏联动的融合传播**：依托新媒体技术创新传播的形式，借助其他新兴传播形式，拓展传播渠道，最终实现多屏联动、多路径传播。从单屏播出到跨屏传播，从台台相连到台网融合，电视媒体通过新媒体的传播方式，延伸电视内容的传播空间，实现播出主体的多元化。**（3）转变广告经营思维，更新商业模式**：从传统的植入式广告向基于内容服务的广告营销模式转变，真正将传统媒体的平台优势和新媒体的优势相融合，从而获得可持续收益。**（4）培养媒体融合的复合型人才**：要加大对员工融媒体专业知识和技能的培训力度，使员工对融媒体及融媒体时代媒体人所需的基本素养有清晰的认识；采用将员工分配到各部门轮岗的方法，在立足于员工自身专长的基础上，让其掌握多项新媒体技能，从而达到"一专多能"的效果，打造出一支具有媒体融合素养的复合型人才队伍。①

8. 改革开放以来中国传媒业的发展：（1）指导思想：中国的传媒业始终以马克思主义新闻观为指导，坚持"党媒姓党"，不断创新马克思主义新闻思想与中国新闻实践进行深度结合的理论成果，最终在党的十九大上形成了习近平新时代中国特色社会主义思想，其中关于新闻舆论工作的若干重要论述也成为指导中国新闻事业发展的根本遵循。**（2）体制改革**：随着社会主义市场经济的发展，传媒业确定了其"事业单位，企业管理"的经营方针，以市场需求为导向，确立产品意识、受众意识、品牌意识，进行集团化、产业化建设，调整国际竞争战略，在全球一体化的背景下，融入世界传媒体系，形成了"双

---

① 郑佳武：《论融媒体时代电视媒体的突围》，载《出版广角》，2018年第16期，第64-66页。

渠道、集中、分级"的管理体制，推动了传媒商业的发展和繁荣。**（3）功能拓展**：党的十一届三中全会的召开使新闻传媒业改变了其"阶级斗争的工具"的单一功能定位，社会主义市场经济条件下的传媒业逐渐拓展出传播信息资讯、实施舆论引导、服务大众生活、活跃市场经济、进行舆论监督等多样化的功能。**（4）法制建设**：随着历史条件、社会环境、时代人物、媒介生态等的变化，国家相关部门及时回应中国传媒业发展中亟待解决的紧迫问题，不断探索社会主义制度下符合中国国情的法律、法规、制度，陆续颁布了若干新闻法规性文件，如针对信息公开的需求出台《政府信息公开条例》，针对互联网发展现状出台各类规范性文件。**（5）新兴媒体**：中国进入互联网时代后，中国的传媒业迎来了新的机遇和挑战：一方面，传统媒体面临新的生存危机；另一方面，传媒业也因互联网的发展寻找到了新的生存契机。在现今语境下，传统媒体与新兴媒体不断融合的趋势进一步加大，中国的新闻事业也因互联网的发展而呈现出全新的面貌。

9. 中国纸质媒体的发展与转型：（1）机构合并与重组：纸媒通过撤并、改组、强强联合，由粗放式发展、同质化竞争转向优势资源的整合，按照党管媒体原则，遵循市场规律，使人才、资源、渠道和资金等的配置更加优化，增强抵御市场风险的能力。**（2）跨平台的业务链重构**：以新媒体的发展为契机，通过旧有渠道的重组、新渠道的拓展，打造互联网与传统纸媒深度融合的业务链，由单一媒体运作转变为立体化的全媒体运作，实现以内容生产为核心，覆盖新闻采编、内容分发、传输终端及经营管理的全媒体化。**（3）智能技术手段的引进**：中国主流党报党刊始终将新技术作为自身转型升级的强大动力，通过引入人工智能、大数据、云计算、物联网、区块链、VR、AR等前沿科技手段，打造数字时代无可取代的核心竞争力。**（4）经营方式和业务范畴拓展**：除却发行量、订阅量、广告收入之外，电子付费阅读、内容版权交易、活动策划与运营、高端智库服务，甚至跨领域、跨行业的交叉业务运营等都成为传统媒体转型之后所涉足的领域，极大程度上拓展了收入渠道。

专题 03　推进媒体深度融合

2021年5月19日,《人民日报》刊发的评论文章《做强新型主流媒体》中指出,面对媒体格局和舆论生态深刻变化,做强新型主流媒体,亟须深入把握全媒体时代发展新趋势,以推进媒体深度融合为抓手,着力提升内容生产能力、技术应用能力、公共服务能力,不断满足人民日益增长的文化需求,增强人民精神力量,促进社会主义文化强国建设。①

1."媒介融合"与"媒体深度融合发展"。(1)媒介融合的传统理解: 在学界和业界的传统认识当中,"媒体深度融合"就是媒体在平台、内容和管理等层面进行资源重新配置后进行的所有制、媒介平台、内容生产和经营业务的整合,比如,组建功能齐全的媒介集团(所有制融合),推出能够发布声音、图像、视频、文字等多种形态内容且具有交互功能的APP(功能的融合),能够像"中央厨房"模式那样,将采编团队聚合成多媒体供应中心,同时面向各类终端生产可用的新闻产品(业务流程的融合)。**(2)媒介融合的方式:**《关于加快推进媒体深度融合发展的意见》强调的是"传统媒体和新兴媒体在体制机制、政策措施、流程管理、人才技术等方面"的融合。因而,它所侧重的不是某个局部、某个流程、某类业态的融合,而是系统性融合,是"1+1＞2"的全生态融合。**(3)媒介融合的目标:**《关于加快推进媒体深度融合发展的意见》给出的目标是"尽快建成一批具有强大影响力和竞争力的新型主流媒体,

---

① 唐铮:《做强新型主流媒体》,载《人民日报》,2021年5月19日第13版。

逐步构建网上网下一体、内宣外宣联动的主流舆论格局，建立以内容建设为根本、先进技术为支撑、创新管理为保障的全媒体传播体系"。

2. 媒介融合发展现状：（1）国家政策系统布局：2020年9月26日中办、国办印发《关于加快推进媒体深度融合发展的意见》，从2014年的"推动"到"加快推进"、从"融合发展"到"深度融合发展"，中国的媒体融合进程在国家战略层面实现了新的跨越；2020年10月29日，党的十九届五中全会通过的《中共中央关于制定国民经济和社会发展第十四个五年规划和二〇三五年远景目标的建议》中明确提出"推进媒体深度融合，实施全媒体传播工程，做强新型主流媒体，建强用好县级融媒体中心"。**（2）技术驱动媒体变革**：5G、人工智能、大数据等新技术的发展，推动媒体在内容生产、表达形式等方面的创新。2020年6月20日，由新华社与腾讯游戏联合打造的中国首位数字记者、"全球第一位数字航天员"小诤正式亮相，小诤承担载人航天工程"现场报道"任务；2021年元旦，新华网客户端进行全新升级，以新华号、全民发布、数字云集等板块组成全方位的传播矩阵模式，其中数字云集的"云直播"就利用了5G+4K的传输技术。**（3）内容表达创新**："直播+媒体"已成为媒体深度融合进程中重要的表达形式。2020年年初，以"央视频"开启的火神山、雷神山建设的"慢直播"为开端，到五一期间各地媒体的慢直播"云游"五一景点，慢直播逐渐成为媒体融合创新的表达形式。

3. 媒介融合存在的问题：（1）体制机制缺乏创新：媒体深度融合进程中，有些媒体缺乏适应全媒体传播体系的运行体系，人才晋升体系和考核方式存在问题，国内许多报业、广电面临停刊、停播。**（2）人才队伍落后**：构建全媒体传播体系，需要专业的全媒体记者，尤其是对新技术的运用，现有的人才培养模式不能更好地适应媒体深度融合发展的需求。**（3）纵向联动不畅**：中央提出了四级融合的发展布局，但目前各级媒体之间统筹协调水平仍然较低。中央级主流媒体的发展模式很难被效仿，带动作用不明显；省、市级媒体平台建设也存在同质化的问题；大部分县级融媒体未探索出适合本土的可持续发展模式。

> **案例2 《关于加快推进媒体深度融合发展的意见》解读**
>
> **背景材料：** 2020年9月下旬，中共中央办公厅、国务院办公厅印发了《关于加快推进媒体深度融合发展的意见》(以下简称《意见》)。《意见》从重要意义、目标任务、工作原则三方面明确了媒体深度融合发展的总体要求。
>
> **案例解读：（1）解决既有传播体系面临的问题**。近年来，中国不断推进新型主流媒体建设并取得了一系列显著成果，但在以移动为主的互联网平台上，主流舆论格局依然面临严峻挑战，主流话语体系传播依然存在瓶颈，网民阅读习惯和媒介使用偏好转移，部分机构将媒介融合等同于办网站、开微博、做APP等简单做法。**（2）革新传统机制体制弊端的需要**。胡正荣认为，"传统主流媒体在顶层决策机制、人财物资源配置手段与方式、外部供应链与价值链系统、内部组织架构与流程等各方面，都暴露出了与网络时代日益不匹配的窘态和疲态"。部分改革"几乎还是在工业时代传统媒体框架下进行的，仍然没有探索出网络时代新型主流媒体的体制机制，特别是符合全媒体发展的体制框架与机制体系"①。**（3）推动新技术融入主流媒体建设**。进入智能网络时代，5G、物联网、人工智能等极富创新色彩和开拓品质的新技术不断涌现，主流媒体在充分吸纳这些新技术、新成果的实践过程中依然存在短板问题，《意见》强调"先进技术支撑"，就是要推动各类最新的技术充分融入全媒体传播体系的建设过程，为新型主流媒体建设提供支撑。**（4）系统化巩固主流**

---

① 平坝区融媒体中心：《专家这样解读〈关于加快推进媒体深度融合发展的意见〉》，详见 https://mp.weixin.qq.com/s?__biz=MzIzMzkzNjMxNQ==&mid=2247508742&idx=3&sn=9a6fae7445976854d7a262d3de8e37e1&chksm=e8fce7d2df8b6ec4fa81f7b0b9aa1b872a7fc74a42c0da58a1d75c24e5abd984d26fc9db717b#rd。

媒体建设成果。中国近年来在创新主流媒体建设、打造现代化的全媒体传播体系、推动媒体深度融合等方面做出了若干努力,并取得了一系列显著成果;《意见》的出台有助于将这些成果进一步提炼、升华,将局部创新汇聚成系统化创新,进而推动以互联网思维为导向的媒体深度融合发展。

专题 04　新闻舆论"四力"问题

习近平总书记在若干重要场合均提及要"提高新闻舆论传播力、引导力、影响力、公信力"的观点,习近平总书记的这一论述是对党领导的新闻舆论工作总体传播效果的要求。

1. 新闻舆论"四力"问题提出的背景:(1)媒介环境: 中国进入新媒体时代后,新闻舆论的格局已经发生了很大的变化,尤其是新媒体的强势崛起在很大程度上改变了受众的媒介使用习惯和信息获取偏好,伴随着大量 UGC 内容涌入互联网空间,新闻舆论面临新的生存压力。**(2)时代任务:** 中国特色社会主义事业进入新时代,我国的社会主要矛盾、工作任务已经发生了很大的变化,中国的媒体应该立足于中国经济建设、社会发展的时代任务,提升自己的"四力",为更高质量的发展保驾护航。**(3)舆论生态:** 新媒介环境下,泛娱乐化倾向、消费主义思潮、外来干扰因素不断冲击主流话语的话语权,主流媒体的市场份额不断被稀释,受众基础不断被分流,主流价值观念的认同度被削弱,在此背景下有针对性地提出"四力"问题,正是对新舆论生态所面临问题的切实回应。**(4)媒体使命:** 在经济社会改革及转型的深水期,中国面临较为复杂的国内国外舆论环境,国内国外、官方民间不同的舆论场时有交锋、争鸣,新闻舆论提升"四力"是协调多方舆论场,应对复杂国内外舆论环境的重要保障。

2. 对新闻舆论"四力"内涵的解读:(1)关于传播力: 传播力是指"新闻

媒体立足于自身的新闻业务水平,凭借自身在实践中逐渐探索出来的独特的传播方法与途径,对一定覆盖范围内的目标受众形成潜在影响的一种能力"。**(2)关于引导力:** 引导力是指"新闻媒体根据自己设置的议程或议题引导受众进行思考,或者是引导他们朝着什么方向去认识和理解新闻的一种能力"。**(3)关于影响力:** 影响力是指"新闻媒体通过自己新闻作品的传播在社会舆论界引起关注、产生反响、激起共鸣的一种能力"。**(4)关于公信力:** "公信力"是指"新闻媒体在长期的新闻传播实践过程中所形成并累积的、赢得社会和广大受众普遍信任的程度或能力"①。

3. 新闻舆论"四力"的现实困境:(1)传播力困境: 主流媒体、主流话语的传播力在总体上弱于新兴互联网媒体,尤其是商业性媒体和社会化媒体在传播力方面更是凭借自身发布便捷、流程简单、传播快速等优势抢占时机,获得"先声优势",总体表现为主流媒体内容的点击率、收视率等除却极少数权威媒体外,总体上不如商业类媒体和社会化媒体。**(2)引导力困境:** 一些凭借技术、资本和用户数量优势而不断壮大的新兴媒体不断挤压和稀释主流舆论的引导力,主要表现在某些热点社会事件刚刚发生,在权威机构尚未定性和定调的情况下就通过碎片化的事实拼接真相、诱导舆论从而使主流媒体的引导力被削弱(如"后真相时代"的网络谣言和舆论反转现象),此外也表现在主流媒体的舆论表达被社会化媒体绑架。**(3)影响力困境:** 互联网环境下主流媒体的影响力正在被社会化媒体和商业性媒体削弱,这表现为在特定的话题中,主流声音的声量、数量远不如社会化媒体中碎片化、同质化的信息,尤其是各种自媒体平台更是通过拼贴、"洗稿"、篡改等方式生产大量伪原创内容,将主流声音淹没在汪洋大海中。**(4)公信力困境:** 主流媒体的公信力一直牢牢占据优势,但这一优势也在面临新的挑战,主要表现在"后真相时代"

---

① 参见陈力丹:《"提高新闻舆论传播力、引导力、影响力、公信力"——学习十九大报告关于新闻舆论工作的论述》,载《新闻爱好者》,2018年第3期,第10-12页;沈正赋:《新媒体时代新闻舆论传播力、引导力、影响力和公信力的重构》,载《现代传播》(中国传媒大学学报),2016年第5期,第1-7页。

情绪性观点、倾向性观点对主流舆论的包抄和围堵；而部分主流媒体为了获得传播力不惜通过迎合市场、取悦受众来调整自己的运营思路，虽然获得了传播力但失去了公信力。

4. 提升新闻舆论"四力"的措施：（1）媒介融合：以媒介融合为契机，通过平台、渠道、手段、内容等的建设和优化，巩固既有的舆论阵地，拓展新的舆论阵地，形成立体化、全覆盖的主流媒体生态系统，实现传统媒体和新兴媒体之间的优势互补。**（2）内容优化：**用符合新闻传播规律的方法、技巧和技术手段改进传播内容的表现方式，运用新媒体语境下的数据新闻、可视化新闻等丰富多彩的方式来改造内容的形态；树立媒介品牌意识、栏目品牌意识，通过打造明星节目、品牌栏目、明星主持人等方式增强媒体的忠诚度。**（3）话语策略：**改进单向度宣传、教育的报道策略，用平等话语、平民话语和民众立场来报道新闻，让新闻报道更加贴近实际、贴近生活、贴近群众，走好新闻报道的群众路线，做到让新闻从群众中来到群众中去，服务于群众生活。

案例3　全媒体时代如何做好重大会议、活动报道

案例简介：党和国家召开的重要会议往往是讨论、颁布、解读、传播党和国家重要政策的载体，也是国际社会了解中国路线方针政策的权威渠道。在诸如党的第十九次全国代表大会，全国及地方"两会"，重要纪念、表彰、庆祝大会等重大会议报道过程中，新闻媒体往往各显神通，通过团队、技术、视角和内容等的创新，取得竞争优势。因此，全媒体时代重要会议的报道不仅是媒体彰显积极的作为担当的应有之义，也是综合展现传媒机构软硬实力的重要窗口。

案例解析：（1）报道特点及要求：重大会议和重要活动是国家政治领域的重要议题，也是社会了解当前和今后一段时间内国家路线方针政策的窗口，往往能够牵动国人甚至是世界的目光；因而，重大会议、活动

报道具有重要性、时政性、显著性、时效性、严肃性等突出特点，要符合严肃类时政新闻报道导向正确、报道及时、表达规范、描述准确、内容全面的基本要求。**（2）新闻媒体的功能角色**：媒体要成为国家方针政策的积极诠释者、社会舆论的引导者，为意见沟通、共识凝聚提供充分的空间和畅通的机制；同时，媒体既要全面反映重大会议的议程，又要积极建构社会议程，有效调整会议、活动议程，媒介议程与公众日程的关系。**（3）新媒介技术运用**：媒体报道既充分使用已经成熟的媒介技术，又要积极吸纳中国媒介技术的前沿成果。纵向梳理，中国会议、活动的报道体现了从单一技术到复合技术，从模拟技术到数字技术，从人工为主到人机交互的发展进程；横向比较，3D、5G、8K、H5及人工智能、大数据、云计算、虚拟现实、合成主播技术等都被充分运用于报道实践中。**（4）组合式报道策略**：追求强时效性的动态消息播报、追求全面准确的综合报道、追求各类信息整合效果的专题专栏、追求特定议题传播效果的深度报道分别对应不同的传播平台与不同时机时段的场景应用，综合体现时效性、动态性与全局性和深度性的兼顾，强化议题设置效果。**（5）报道的差异性**：中央媒体、地方媒体、行业媒体、商业门户、社交媒体结合自身定位，形成差异化报道格局，建构横到边、纵到底、全覆盖的传播体系；其中，中央媒体注重全局引领，地方媒体积极转载中央媒体主流议题，并聚焦地方特色，行业媒体注重垂直领域的专业视角，综合门户汇总各方信息，社交媒体为全员讨论提供广泛空间。**（6）报道的压力挑战**：严肃类时政新闻要求媒体有更高政治站位和更接地气的报道方式，能够让主流的思想声音"飞入寻常百姓家"；媒体需要更好地把握和疏导社会心态，强化议题整合能力，提升传播力、引导力、影响力与公信力，避免重要议题传播空间被一般性、社会性、偶发性、娱乐性新闻话题挤压。

专题 05　提高用网治网水平

2018年8月在北京召开的全国宣传思想工作会议上，习近平总书记提出："我们必须科学认识网络传播规律，提高用网治网水平，使互联网这个最大变量变成事业发展的最大增量。"

1. 网络空间的"第五空间"理论：（1）**概念解释：**新闻传播与新闻舆论工作中所提及的"第五空间"特指互联网空间，是继陆地、海洋、太空和外太空之外的人类实践、生活的新空间。（2）**相关表述：**互联网是"人类生活新空间""国家发展新疆域""国家治理新领域""人类活动的第五空间"，它的秩序关系全人类的切身利益，只有健康清朗的互联网空间秩序才能确保互联网这一新的发明造福人类社会。（3）**网络空间治理：**网络空间因与现实空间的密切关系，成为人类社会实践活动的新场域，源自人类社会现实中的各种问题、冲突、矛盾都在互联网空间中得到再现和放大，因而，网络空间治理就成为国家治理和全球治理的新的组成部分。（4）**治理要求：**源于互联网技术本身不断革新的规律性，互联网空间的治理必须是系统化、规范化和持续性的，它所面临的问题是国际性的问题并且是人类历史上未曾有过的，因而互联网治理的过程也是一个充满挑战的探索性过程。

2. 网络空间与"公共领域"理论：（1）哈贝马斯用"公共领域"一词来表述一个为所有人开放的平台和空间，这个空间独立和区别于以政治权力为代表的国家政治领域，也区别于私人场景的私人领域，属于公权力和私人生活的过渡地带，具有自由辩论、理性商讨的特点，有助于达成共识。（2）以西方早期的咖啡馆、中国早期的茶馆为代表的场所是公共领域的典型代表，理想中的大众媒体、互联网媒体应该扮演公共领域的角色，但因资本等过度地渗透使这一领域的公共性不再纯粹，面临新的转型（"封建化"）。（3）中国的互联网媒体，包括微信公众号、网络群组、论坛社区都带有"公共领域"的雏形或某些特征，但它不是真正的公共领域，互联网治理的一个目标就是使这些空间真正成为能够为公共利益代言的公共空间，确保其公共性。

3. 互联网空间存在的现实问题：（1）网络侵权问题时有发生： 因互联网用户的匿名性、网络发布的便捷性和信息传播的即时性，各类以互联网为平台侵犯隐私权、肖像权、名誉权、知识产权的现象经常发生。**（2）网络表达时有超越规矩的现象发生：** 尽管互联网是现实空间的延伸，但依然有明确的界限和规矩，近年来一些越过线下部门或法律法规直接通过互联网进行利益诉求表达的事件经常发生，严重干扰了社会公共秩序。**（3）网络安全形势十分严峻：** 网络信息安全问题、网络交易安全问题及以网络漏洞攻击、网络信息泄密、电脑木马病毒等为代表的网络系统安全问题，构成了当下最为严峻的现实问题。

4. 网络空间治理中存在的问题：（1）治理理念落后： 互联网治理的方式严重滞后于互联网信息技术发展，突出表现在对行政干预、行政命令的频繁依赖，缺乏总体性的设计和规范，缺乏多管理主体间的有效分工与联动，缺乏依据网络优势和网络传播规律进行的以服务和疏导为特征的治理。**（2）法律建设滞后：** 当前以互联网治理为目的的法律建设不完善，突出表现在立法层级低、过多依靠行政命令，缺乏立法的权威性、前瞻性、系统性和各个法律规章之间的协调性。**（3）创新能力不足：** 信息技术从硬件到软件均缺乏自主创新能力，较为依赖外来的技术力量，在网络安全、信息技术等层面的人才也较为缺乏，制约了网络空间治理的成效。**（4）无治理经验可循：** 中国的互联网技术发展日新月异，目前已经由局部领跑全球开始向全方位领跑全球的阶段迈进，且中国的历史语境、社会环境等与西方有很大的差异，这导致中国网络空间治理并无世界先进经验可循，只能通过自身探索来寻找贴合实际、贴合国情的方案。

5. 网络空间治理的对策思路：（1）加强党的领导： 党的路线方针政策既代表中国先进文化的发展方向，又代表人民群众的根本利益，加强党的领导可以确保新媒体技术这一变量转化为推动社会发展和人类进步的最大增量。**（2）推动治理法治化：** 党的十八大以来，中国网络空间秩序持续好转，其重要的原因也是重要的经验，即通过建立健全互联网空间治理法律体系，推动立法、执法、司法、守法、普法各环节的联动从而将网络空间治理纳入法治轨道。**（3）捍卫信息主权：** 信息主权是国家主权的重要构成，网络空间治理需要坚持"以我为主"的原则，既要借鉴吸收海外经验，更要自主探索寻找适合本国的最佳路径，尤其要防范各种打着信息自由流通旗号对抗互联网治理的错位思路。**（4）落实主体责任：** 互联网平台中各级各类主体均是网络空间治理的重要力量，在享受互联网发展带来的便捷、便利和商业利益的同时，更需要恪守自己的道德底线、坚守法律法规，通过制度、机制、人才等的建设主动承担并落实主体责任。

6. 让互联网变量变成增量的依据：（1）互联网的发展现状： 中国互联网已经成为政治、经济、文化生活的主要阵地，作为人类的第五空间，互联网新媒体在传播思想、阐释观点、引导舆论、教育大众方面发挥了极为重要的作用，人类所有的工作几乎都已经离不开互联网。**（2）作为变量的互联网：** 互联网新技术的发展带来了各个层面的不确定性，但媒介的不确定性并不能天然转化为推动社会现实进步的积极力量，任何一种新技术只有被充分运用到恰当的领域且接受制度机制的规训，才有可能成为增量，为此，需要认识和掌握互联网规律，让"变量"转化为"增量"。**（3）互联网中存在的问题：** 互联网中出现的网络谣言、网络暴力、"三俗"内容、网络犯罪等负面问题，不仅严重干扰了正常的舆论传播秩序，也给人民群众的切身利益带来巨大危害，更成为影响网络信息安全甚至国家安全的因素。**（4）"媒介即讯息"的思考：**麦克卢汉笔下所谓的"媒介即讯息"是指任何一种新传播技术或新的媒介形态的诞生都会在很大程度上带来无限的可能性，"变量"即"可能"，是对其可能产生影响的预判，通过对互联网规律的把握，可以增强掌握这个"变量"或"可能"的主动性。**（5）网络治理的困境：**新媒体形成了以民众为中心的民间舆论场，民间舆论场的空前壮大虽然为公众表达自身观点提供了前所未有的自由度，但也因为资本和技术的无节制渗透，导致官方治理过程中对变量掌控力的不足，尤其是后真相时代情绪化的观点、倾向性的观点、先入为主的判断将以抱团和极化的方式影响政府的决策，为此必须将网络这个变量纳入可控范围——最起码不要走向文明和进步的反面。

7. 让互联网变量变成增量的策略：（1）壮大主流思想的声量：众声喧哗的舆论空间虽然为不同群体表达自己的声音提供了可能性，但也对冲了主流思想的传播力和阐释力，为此需要将社会主义核心价值观积极融入互联网空间，用这个最大公约数凝聚共识，防止意见的分裂。**（2）掌握和运用互联网规律：**运用互联网规律的前提就是要熟悉和掌握互联网规律，充分了解互联网新闻舆论生成、演变、沉淀的规律机制，熟悉网络文化的整体风格和发展动向，熟悉不同圈层网民的媒介使用习惯和信息获取偏好。**（3）创新新闻思想传播技巧：**在熟悉和掌握互联网规律的基础上，充分挖掘并利用互联网新媒体的传播速度、双向交互、连接一切的优势，拓展主流话语的传播阵地，创新主流话语的传播方式，让主流话语能够为普通公众所接收、接受、认可。**（4）从网络中汲取执政经验：**将互联网看作问计于民的渠道，将网络信息视为国家治理的宝贵财富，正确认识互联网中的多元观点，通过法律、法规、行政制度等保障公众借助互联网进行理性商讨的权利，通过促进网络监督权、确保网络参与权等多样化的渠道和方式，从网络中汲取对国家治理和社会管理有益的经验、智慧。

8. 网络空间的"国家治理"理论：（1）概念词源："治理"原本是引导、

控制和操纵的意思,但从20世纪90年代开始被广泛运用于政治学、社会学等领域,被赋予了新的含义,即"个人和机构或公共和私人管理其共同事务的诸多方式的总和,是使相互冲突的或不同的利益得以调和并且采取联合行动的持续的过程"(全球治理委员会,1995)。**(2)基本认识**:治理不是一套规则,也不是一种活动,而是一个过程,治理过程的基础不是控制,而是协调;治理过程既涉及公共部门,也包括私人部门;治理不是正式的制度,而是持续的互动。**(3)主流观点**:政府应该扮演极为积极的角色,但不应该将所有的责任和义务都由政府来完成,治理的主体应具有包容性,并不限于政府、社会组织、民众等;网络治理的目标是充分协调不同主体的利益,寻求"最大公约数"以实现社会公平正义;网络治理应该通过制度、机制、体制的一整套设计来使治理本身常态化、体系化、科学化,形成一个自主的网络系统。

专题 06　新闻专业主义反思

指导新闻业务生产的理念、原则是塑造新闻业生产职业共同体的重要前提。中西语境下，因经济与政治制度的差异性，指导新闻业的理念、原则有鲜明不同。中国语境下，马克思主义新闻观是新闻业务的指导思想；西方语境下，新闻专业主义是基本原则。近年来，在西方社会遭遇经济下滑、民主政治危机及公民新闻迅速发展的背景下，新闻专业主义也面临诸多挑战。

1. 新闻专业主义的起源及其内涵：（1）定义：新闻专业主义是西方资本主义语境下新闻媒体和新闻工作者应遵循或追求的一整套的职业理想和操作理念。其主张是新闻媒体应独立于政治和商业之外，秉持客观、中立、公正、独立的原则，担负社会责任并为公共利益服务，要求媒介机构、从业人员及新闻报道应该专业化、规范化。**（2）起源：**新闻专业主义最初起源于西方新闻界对自身新闻自由滥用的反思和批判，试图通过强化新闻报道的客观性、独立性和专业性来改善不断恶化的新闻业务环境，以期重建社会影响和社会信任，重构媒介在社会中的正面形象。**（3）地位：**新闻专业主义是西方资本主义社会新闻传媒机构及从业者所标榜和遵循的价值观念，对于推动新闻报道的专业化、职业化及改善传媒生态、重建媒介公信力等起到一定作用；尽管其宣称客观、中立、独立、公正等原则，但由于受政治、经济等因素制约，不可能真正做到客观、中立。**（4）本质：**尽管西方传媒界始终标榜客观、中立、公正等原则，但由于受资本、权力的双重制约，其所谓的客观、中立等原则在本质上就变成了少数精英群体对内操纵普通大众、对外进行文化殖民的挡箭牌；在西方民主政治陷入系统性困境的背景下，西方部分媒体所谓的"新闻专业主义"已成为霸权政治和民粹主义的帮凶。

2. 西方新闻专业主义的基本观点：（1）十大原则： 比尔·科瓦奇和汤姆·罗森斯蒂尔合著的《新闻的十大基本原则：新闻从业者须知和公众的期待》一书中提出，新闻工作者要对真实负责，要忠实于公民，新闻工作的实质是用核实进行约束，必须独立于报道对象，必须成为独立的权力监督者，新闻媒体必须成为公众评论和妥协的论坛和广场，新闻工作者必须让重大事件变得有趣且与受众息息相关，新闻工作者应该使新闻全面均衡，新闻工作者有责任凭良心行事，公民对新闻也享有权利和承担义务。① **（2）基本观点：** 新闻媒体是社会公器，必须服务于公共利益，必须承担其社会责任，而不能局限于服务政治或经济利益集团；新闻记者是社会信息的提供者，必须按照价值中立的标准进行取舍，坚持真实、全面、客观、公正的报道原则；新闻媒体是自由和独立的行业，接受法律和职业道德约束，不接受其他权力控制。②

3. 西方新闻专业主义理论的困境：（1）政治力量干预： 资本主义国家通过法律法规、行政命令、税收政策、战时管制等方式影响新闻媒体，名义上标榜客观、中立和独立于权力控制的媒体实质上始终代表当权者的利益，掩盖资本主义制度环境下统治阶级与普通大众之间的矛盾及其为统治阶级利益服务的目的。**（2）商业资本干预：** 西方资本主义国家的传媒建立在私有制环境下，资本以入股、广告、公关等方式控制新闻媒介的价值取向和服务对象，绝大部分媒介资源都被少数金融机构、媒介巨头、商业大亨垄断，其新闻专业主义只能成为掩盖资本家剥削劳动者的事实。**（3）职业信念困境：** 对新闻专业主义的坚守，并不能解决西方资本主义制度下纯粹的客观、中立、公正原则与

---

① 参见［美］比尔·科瓦奇、汤姆·罗森斯蒂尔：《新闻的十大基本原则：新闻从业者须知和公众的期待》，刘海龙等译，北京：北京大学出版社，2011年版，第5页。

② 曹爱民、顾理平：《西方新闻理论教程》，南京：南京师范大学出版社，2015年版，第118-123页。

人道主义之间的矛盾,如西方传媒界"饥饿的小女孩""窃听丑闻"等典型案例不仅有损新闻媒体"无冕之王"的称号,也印证了新闻专业主义在解决西方固有问题时的局限性。**(4)后真相危机**:近年来,西方民主社会遭遇严重的信任危机,尤其是总统竞选等一系列政治宣传中,政治任务或操纵媒体欺骗受众或绕开专业媒体借助社交媒体进行政治动员,在此背景下的新闻专业主义也面临"后真相"问题的严重危机。**(5)媒介环境挑战**:新闻专业主义所规范的对象是媒体机构和职业媒体人,而在自媒体新闻成为常态的背景下,新闻生产的主体已经无限拓展至有意愿和能力从事信息分享的全体公民,由传统新闻专业主义所建构的新闻职业共同体已经不复存在,新闻专业主义的合法性也备受挑战。

4."新闻专业主义"的本土化反思:**(1)本土化的历程**:"新闻专业主义"一词是西方语境下的产物,尽管其本身试图掩盖西方资本主义社会资本、权力对新闻媒介和大众舆论的控制,但由于其蕴含的合理性(如对专业化、客观、中立、公正等原则的强调)被作为新闻传播学的专业术语引入中国。**(2)本土化的意义**:新闻专业主义作为一种理论术语和学术概念引入中国,其目的有三个:一是改变此前新闻报道宣传色彩浓厚、专业规范不足的问题;二是对该理念本身所蕴含的客观、公正、中立、公平等原则等合理部分的肯定;三是试图从理论论证和实践规范层面强化新闻报道自身的合法性。**(3)外延的变迁**:"新闻专业主义"进入中国后由于中国的社会制度、历史人文、社会环境和媒介角色的差异性,这一概念所承载的意义也发生了变化,表现为对一种剥离了资本主义语境的新闻从业标准、规范及专业化的强调。**(4)本土化影响**:新闻专业主义引入中国后在较早时期为中国新闻传播学的发展注入了理论活力,也为中国新闻事业的发展带来了一些有益的参考,有助于强化中国媒体及从业人员的专业性,但由于其诞生于西方的历史、文化、制度语境中,因此在解释、解决中国新闻业面临的问题及指导新闻业发展的层面存在若干局限性。**(5)本土化反思**:囿于西方新闻专业主义固有的局限性,在当前中国,能够指导和规范中国新闻事业的思想、理论体系不可能是某些直接舶来的西方理论，而应该是马克思主义新闻观以及马克思主义新闻观在当代中国的最新成果——习近平总书记对新闻舆论思想工作的重要论述。

案例4 如何看待个别西方媒体对中国新疆棉的抹黑报道

案例背景： 据中新网、新华社等多家媒体消息，部分国际品牌、国际机构基于部分西方媒体、政客和投机者散布的谎言和虚假信息，在其商业活动中排除新疆棉花及其制品的行为，引发中国社会、纺织产业界和消费者的极大愤慨，中国纺织工业联合会声明，反对任何污名化新疆棉的行径。进一步梳理发现，西方如BBC等媒体以所谓"新闻报道""深度调查"等方式，持续炮制了关于新疆棉花的大量谎言，向西方世界散布了关于新疆棉花的虚假新闻，误导了国际舆论思考。

案例解读：（1）反映西方新闻专业主义的虚伪本质： 近年来，部分西方媒体在报道中国相关议题时带有明显的刻板偏见，甚至不惜采用虚构事实、伪造证据、寻找演员等方式"制造发明"出有关中国的负面新闻，这反映出部分西方媒体在所谓"新闻专业主义"的伪装下已经沦为部分政客进行政治操弄的舆论工具。**（2）抹黑中国的背后是西方发展困境：** 中国成为世界第二大经济体且持续保持较高质量的经济发展速度，中国在国际产业分工体系中的影响力不断壮大，同时取得了统筹新冠肺炎疫情防控和经济社会发展的显著成果；相比而言，西方社会遭遇经济发展、民主政治及疫情防控困境，部分媒体和政客通过抹黑中国达到转移国内矛盾、寻求政治资本及干扰中国发展的多重目的。**（3）西方媒体造谣的社会舆论基础：** 西方社会尚未接受一个快速发展并不断壮大的中国的现实，且西方大部分民众对中国的认识、理解和想象均以西方媒体或西方影视作品对中国的间接塑造为基础，存在着对中国的误解和误读，而以

BBC等为代表的部分西方媒体有意识地利用了西方社会部分民众对中国的偏见心理，不断编造和发明关于中国的"丑闻"，以迎合西方社会的某些优越感。**（4）大国崛起中的舆论博弈：**日渐走向国际舞台中央的中国成为国际秩序、国际格局的重要影响力量，尽管中国的对外传播能力不断加强，但受既有国际政治经济秩序的影响，国际上有影响力的媒体资源依然掌握在少数发达国家手中，媒介资源占有的不平衡转化为国际网络空间中声量的不均衡，为西方部分国家操弄政治舆论议题甚至刻意的抹黑提供了便利。

专题07　关于讲好中国故事

在2018年的全国宣传思想工作会议上,习近平总书记提出要"推进国际传播能力建设,讲好中国故事、传播好中国声音,向世界展现真实、立体、全面的中国,提高国家文化软实力和中华文化影响力"。"讲好中国故事、传播好中国声音"是对在新形势下中国做好对外传播,提高国家文化软实力和中华文化影响力的形象化表述。如何讲好中国故事、传播好中国声音是近年来新闻传播领域,尤其是跨文化传播研究领域一直较为关注的问题。

1. 讲好中国故事的现实意义:（1）全球协作的必然要求: 全球化背景下,世界各个国家都共同生活在一个"村落"中,形成你中有我、我中有你的格局,各个国家间的交往、合作需要通过多元的交互来沟通有无、共享机遇、协作发展。**（2）中国软实力困境:** 与中国已经成为世界第二大经济体不相匹配的是,中国的文化软实力还有较大的提高空间,软实力作为一个国家的吸引力在国际事务中扮演了极为重要的角色,讲好中国故事正是提升中国软实力的重要举措。**（3）中国面临的误解:** 现今语境下的中国依然处在被误解、被误读和被塑造的尴尬地位,中国的和平崛起、中国的快速发展、中国从富起来到强起来的转变总会引发西方的猜忌和想象,讲好中国故事就是让中国成为自我形象言说的主体,面向世界主动发出自己的声音。

2. 讲好中国故事的现实困境:（1）涉外媒体的影响力: 中国虽然已经建立了立体、完备的对外传播体系,但在国际舆论格局中,中国涉外媒体的影响力还十分薄弱,主要表现在,在重大的国际议题中,中国的定义权、话语权、引导力、传播力和影响力还弱于西方发达国家。**(2)霸权主义的影响:**西方少数发达资本主义国家凭借自身的资本优势、技术优势牢牢占据着某些事件的定义权,同时在跨文化流通的过程中,这些优势又转化为对外进行文化输出和价值渗透的优势,中国的对外传播面临抵抗霸权侵扰和壮大自身影响的双重压力。**(3)制度文化层面的差异:**中国和西方的历史、文化、制度有着很大的差异性,这些差异构成了中国和西方在话语表达、事实阐释方面的差异性,也构成了中国对外传播中的障碍或文化隔阂,这意味着中国要"讲好中国故事"需要克服文化圈层差异带来的交流障碍。**(4)西方中心主义的偏见:**西方中心主义至今仍是西方世界看待世界的主要心态,西方世界很难容忍一个超越自己的超级大国的存在,故中国的跨文化叙事需要改变西方话语体系中"中国的崛起将是一个威胁而不是机会"的偏见。

3.讲好中国故事的具体做法:(1)平台建设:通过"传统媒体+新兴媒体""国际媒体+地方媒体"等多种渠道积极搭建讲好中国故事的平台,建构立体化、多样化的跨文化传播体系,为讲好中国故事提供扎实的硬件基础。**(2)话语策略:**要改进对外传播的话语表达策略,充分考虑到不同文化圈层的受众的文化环境、历史语境和媒介使用习惯,积极运用国际上的通用语言来讲好中国故事,让中国的表述能够为世界公众听得到(渠道建设)、听得懂(通用语言)、听得进(修辞方法)。**(3)主动发声:**改变中国被塑造、被言说的状况,需要中国在世界话语体系中进行积极主动的表达,尤其是在具有国际关注度的重要、重大、热点问题上积极阐明自己立场,发出自己的声音;在与中国相关的议题上,要主动回应国际舆论关切的议题,避免谣传、误解和误读。**(4)手段创新:**积极利用"一带一路"等富有阐释力和实践力的构想以及奥运会、进博会等大型的国际事件,推动中国与世界各个国家的友好对话,以此为载体将中国声音和中国立场表达出去。**(5)掌握时机:**在改革开放40周年、新中国成立70周年、中国全面建成小康社会、中国共产党成立100周年等关键历史节点,采用高规格的新闻发布活动、盛大的纪念活动、组合式的新闻报道策略进行系统化的部署和安排,打好对外传播"组合拳"。

案例5 中国良渚古城遗址入选世界遗产案例解析

案例简介:根据中新社消息,当地时间2019年7月6日,联合国教科文组织第43届世界遗产委员会会议通过决议,将中国世界文化遗产提名项目"良渚古城遗址"列入《世界遗产名录》。至此,中国世界遗产总数达到55处。国家文物局局长刘玉珠表示,良渚古城遗址是中国20世纪的重大考古发现,是见证中华5000多年文明的重要文化遗址,今天成功列入联合国教科文组织《世界遗产名录》,成为全人类共同的宝贵财富。

案例解析:**(1)良渚文化的典型意义**:良渚文化作为世界级的文化遗产既是中国历史悠久和文化多元的展现,又是全世界人类共同拥有的宝贵文化遗产,体现了文化是民族性和世界性的统一即"民族的也是世界的"这一规律,对于强化中国文化自信、对外展现文化中国的世界形象、推动不同文明间交流互鉴有重要的意义。**(2)入选世界级遗产的加冕**:良渚文化入选世界级文化遗产名录是一场盛大的媒介事件,通过仪式性的"加冕"行动吸引了全球媒体的集中关注,具有事先人为策划、仪式性参与、跨越时空的影响力三大特点。**(3)传统文化的传承和开发**:历史文化遗产传承和保护要坚持与新的时代环境相结合的"创造性转化和创新性发展",只有让静态的、远离世俗的、高高在上的文化遗产融入日常生活才能真正"活起来""火起来"。**(4)文化遗产的传播现状**:不少历史文化遗产本身具有很强的文化价值、审美价值和教育价值,但在一般媒体报道中处于边缘位置,大体而言,媒体对历史文化遗产的关注经常停留在"入选名录""领导考察""民俗节日""明星捆绑""教育活动"五个层面。**(5)文化遗产的传播策略**:文化遗产并不像热点新闻事件一样具有很强的关注度,而且受众在认知、理解和接受上有一定的门槛,故而需要创新传播方式,借鉴《国家宝藏》等优秀节目的经验,让优秀文化遗产所承载的价值"飞入寻常百姓家"。

4. 如何讲述好"脱贫攻坚"的故事:(1)**坚持"走转改""三贴近":** 新闻媒体在报道"脱贫攻坚"这一重大主题时始终坚持"走基层、转作风、改文风"的姿态,贴近实际、贴近生活、贴近群众,深入百姓生活、深入群众日常,从社会现实中寻找原汁原味的素材,拓展报道的领域、视角,通过鲜活扎实的事实素材诠释好脱贫攻坚成果。(2)**尊重新闻传播规律:** 尊重新闻传播规律就是在脱贫攻坚的新闻报道中,充分尊重新闻工作者的主体性、主动性和创造性,充分挖掘脱贫背后的故事,坚守受众立场,尊重受众的中心地位,站在人民的视角来审视脱贫攻坚的成绩,要注重传播的时度效,在恰当的时机用恰当的方式追求最优的传播效果。(3)**要避免报道中的误区:** 要坚持宏大叙事与微观叙事的结合,避免仅从整体出发而忽视细节化的呈现;要坚持事实材料与理论阐发的深度结合,避免空洞呆板的说教及事无巨细的庸俗化报道两个极端;要坚持从实际出发,用事实说话,处理好主流与支流的关系,呈现立体的中国现实,避免从观点和主观倾向出发产生浮夸文风。(4)**创新传播方法手段:** 深入挖掘在脱贫攻坚过程中体现出来的先进典型和感人事迹,借助发布会、白皮书、专题片、微视频、微电影等灵活多样的形态及传统媒体、综合门户、专业网站、社交平台等进行跨平台传播,增强信息的传播力,扩大信息的覆盖面。

专题 08　党的宣传工作规范

2019年4月19日，中央政治局会议审议通过《中国共产党宣传工作条例》。2019年6月29日，中共中央印发《中国共产党宣传工作条例》（以下简称《条例》）。2019年8月31日，新华社和《新闻联播》均刊播了相关消息①。

1.《条例》出台的背景及意义：（1）出台的背景：《条例》精髓源自党的十八大以来以习近平同志为核心的党中央在宣传工作方面的经验、成果的积累，尤其是在习近平总书记关于宣传工作发表的系列讲话和系列文章；《条例》的出台经历了深入的论证、调研、意见征集和反复修改过程，并经中央政治局会议审议通过。**（2）出台的意义：**《条例》是宣传领域的主干性、基础性党内法规，以刚性的法规制度为全党开展宣传工作提供了有力指导和支撑，标志着宣传工作科学化、规范化、制度化建设迈上新的台阶，在党的宣传事业发展史上具有重要的里程碑意义。

2.《条例》关于宣传工作定位作用的规定：（1）宣传工作是一项极端重要的工作。（2）宣传工作是坚持党的政治路线、加强党的政治建设、加强党的思想政治领导、巩固党的群众基础和执政基础的重要方式。（3）宣传工作是为实现党的主张和奋斗目标动员组织党员、干部和群众所进行的理论武装、舆论引导、思想教育、文化建设、文明培育等工作和活动。（4）宣传工作是

---

① 此部分专题中所汇总的1～6条，均根据《中央宣传部负责人就〈条例〉答记者问》整理，详见http://www.xinhuanet.com/politics/2019-08/31/c_1124945754.htm。

党领导人民不断夺取革命、建设、改革胜利的优良传统和政治优势。

3.《条例》关于宣传工作指导思想的规定：（1）关于宣传工作的指导思想，《条例》规定，宣传工作坚持以马克思列宁主义、毛泽东思想、邓小平理论、"三个代表"重要思想、科学发展观、习近平新时代中国特色社会主义思想为指导。（2）牢固树立政治意识、大局意识、核心意识、看齐意识。（3）坚定中国特色社会主义道路自信、理论自信、制度自信、文化自信。（4）坚决维护习近平总书记党中央的核心、全党的核心地位，坚决维护党中央权威和集中统一领导。（5）担当举旗帜、聚民心、育新人、兴文化、展形象的使命任务。（6）促进全体人民在理想信念、价值理念、道德观念上紧紧团结在一起，为夺取新时代中国特色社会主义伟大胜利、实现中华民族伟大复兴的中国梦提供思想保证、舆论支持、精神动力和文化条件。

4.《条例》关于宣传工作根本任务的规定：（1）"一个高举"：高举中国特色社会主义伟大旗帜。（2）"两个巩固"：巩固马克思主义在意识形态领域的指导地位，巩固全党全国人民团结奋斗的共同思想基础。（3）"三个建设"：建设具有强大凝聚力和引领力的社会主义意识形态，建设具有强大生命力和创造力的社会主义精神文明，建设具有强大感召力和影响力的中华文化软实力。

5.《条例》对加强基层宣传工作出的实招：（1）**在机构设置和工作力量上：**规定乡镇（街道）党组织明确一名党委（党工委）委员负责宣传工作，村（社区）党组织配备宣传员；国有以及国有控股企业党组织设置宣传工作机构；高校党委设立宣传部；国有参股企业、非公有制经济组织和社会组织中的党组织应当根据实际情况配备宣传员；各级党和国家机关中党的基层组织应当根据实际情况设置宣传工作机构，或者配备从事宣传工作的人员。（2）**在阵地建设上：**规定各级党委和政府应当加强新时代文明实践中心、县级融媒体中心建设，加强基层公共图书馆、文化馆、博物馆、广播电视机构、乡镇（街道）综合文化站、村（社区）综合文化中心、文体广场等文化设施的建设、管理和使用。（3）**在经费保障上：**规定各级党委和政府应当加大经费投入，建立健全农村文化建设经费保障机制，支持基层文化设施建设和群众性文化活动开展，购买公共文化服务，加大优质文化产品和服务供给。

6. 抓好《条例》的贯彻落实：（1）加强学习宣传：推动将《条例》纳入党委（党组）理论学习中心组学习内容，组织开展学习培训和宣传阐释，让党员干部准确把握《条例》精神和主要内容。**（2）完善配套制度：**加强统筹谋划，推动各地区各有关部门进一步建立健全宣传领域法规制度，把《条例》各项规定落细落小、落到实处。**（3）做好督促落实：**适时开展专题调研，深入了解《条例》贯彻落实情况，推动解决工作中的困难问题。（4）按照《条例》要求，各级党委（党组）要加强《条例》执行情况的监督检查，纳入党建工作责任制，纳入意识形态工作责任制，纳入领导班子、领导干部目标管理，纳入监督执纪问责范围。

专题 09　"人类命运共同体"

2014年3月27日，习近平主席在联合国教科文组织总部的演讲中指出，"当今世界，人类生活在不同文化、种族、肤色、宗教和不同社会制度所组成的世界里，各国人民形成了你中有我、我中有你的命运共同体"。2014年5月15日在中国国际友好大会暨中国人民对外友好协会成立60周年纪念活动上的讲话中指出，"随着世界多极化、经济全球化、社会信息化不断发展，各国利益交融、兴衰相伴、安危与共，形成了你中有我、我中有你的命运共同体。面对复杂多变的国际形势和严峻突出的全球性问题，各国人民需要加强友好交流，携手合作，同舟共济"。2020年，新冠肺炎疫情防控期间，习近平总书记"新冠肺炎疫情的发生再次表明，人类是一个休戚与共的命运共同体""人类是一个命运共同体，唯有团结协作才能应对各种全球性风险挑战""疫情没有国界，世界各国是休戚与共的命运共同体"等表述更是得到国际社会的广泛认可和支持。

1. 关于"共同体"的相关理论：（1）"共同体"的词源： 社会学领域公认，"共同体"的概念由德国社会学者滕尼斯提出，涂尔干、韦伯等社会学者对共同体的概念进行了阐释和发挥，帕克等芝加哥城市社会学的学者又将这一概念用于城市研究。滕尼斯认为，人类始终处在相互作用的各种关系之中，共同体就是"组成一定关系的人们"，并将共同体区分为血缘共同体、地缘共同体和精神共同体三类。**（2）"共同体"的形成：** "共同体"的形成依赖族群成员的交互联系及共同信仰和共同价值观的形成。其中,"族群""类"的概念与"共同体"的意义相似,它可以是一个家庭、社区、国家、民族,也可以包括广泛意义上的全人类。因而,也有学者将共同体区分为地域共同体和价值观共同体。**(3)"共同体"的价值**:共同体是人类社会有机团结的基础,也是应对复杂外部环境的前提。简而言之,其价值和意义在于强化成员归属感、应对外部的不确定性问题。

2."人类命运共同体"的可能:(1)**面对人类复杂难题的需要**:现代社会中的风险频发属于常态,在复杂多变的国际形势和严峻突出的全球性问题(如气候变化、重大疫情、跨国犯罪)面前,哪怕是全球最强大的国家也无法独自应对,需要集合全人类的力量、智慧共同解决。(2)**全球交往提供物质基础**:经济全球化及社会信息化的不断发展,使人类彼此融合在一起,全球范围内的交往、互动、合作是主流趋势,尤其是信息、交通、分工和贸易等的全球化更为全球人类命运共同体提供了扎实的物质保障。(3)**既有世界体系的弊端**:以往的共同体观念面临着民族中心主义、西方中心主义的困境,导致部分西方学者旨在解决人类共同问题的共同体理念存在两大问题:一是站在西方发达国家利益的基础上,捍卫不平等的政治经济秩序,难以得到全人类的共鸣;二是缺乏唯物主义的实践基础,要么止于批判,要么陷入空中楼阁般的虚幻想象中,缺乏实践转化能力。(4)**现实案例的观照**:中国近年来一直推进的"一带一路"倡议为全球人类命运共同体的实践提供了可供参考的经验和样本,全球新冠肺炎疫情的流行及应对也更加印证了人类命运共同体在解决严峻现实问题时所具有的重大意义。

3.人类命运共同体的价值阐释:(1)**新世界主义**:习近平总书记关于人类命运共同体的论述有别于以往西方学者的"世界主义"主张,不以个别国家为中心,不追求凌驾于他国之上的特殊利益,是对民族中心主义、国家中心主义、西方中心主义的超越,因而是有别于以往世界主义的新世界主义。(2)**交往理性**:根据哈贝马斯的交往行动理论,交往及沟通的双方应是互为主体而存在的，国家间的交往应远离主客关系、远离对他者的污名化，是以人类休戚与共的共同利益为支撑的交往规则，强调的是人类"既要手拉手，又要心连心"的彼此关联，因而也契合了人类交往所追求的"主体间性"和"交往性"的原则。**（3）中国方案：**全球人类命运共同体的理念不同于既往包罗万象的全球化理论，也非推崇个别国家霸主地位的旧有思维，而是植根于中国传统文化和中国改革开放经验，在对全球政治、经济、科技、文化发展趋势进行洞察的基础上的总结，因而也是中国面向世界提供的中国经验、中国方案、中国智慧。

第 02 章　媒介技术伦理

专题 01　技术伦理

1. 关于网络技术的三种伦理观：（1）理论内涵： 在网络善性观、网络恶性观和网络中性观三种关于互联网的认知观念中，网络技术的中性观是主流思想。中性观认为，互联网新技术并不是天然的善也不是天然的恶，互联网中存在的负面问题并不是技术本身导致的，也不可能凭借技术自身自然而然地解决，它取决于使用技术的人。**（2）理论启发：** 互联网作为一把"双刃剑"，它既可以作为极为重要的舆论监督阵地、意见表达平台汇集众人智慧，也可以传播谣言带来恐慌，要最大限度地避免互联网技术的发展带来的负面问题，就需要通过制度、管理、规范等，让互联网真正造福人类。**（3）理论拓展：** 除了关于媒介技术的三种伦理观，还有媒介"无性论"等观点，认为媒介并不是中性的，而是在特定的社会制度下多种因素综合作用的结果，使用媒介技术的人并不具备掌控技术发展方向及应用方向的能力。故而，一种合理的社会制度才是确保新技术推动人类社会进步的关键。

2. 关于"技术中性论"的思考：（1）技术中性论质疑： "技术中性论"又被称为"技术自由论"，有学者认为，技术中性论实际上存在严重的解释缺陷，认为该理论撇开技术与特定的社会经济关系、政治制度和社会意识形态去孤立地考察技术本身，割裂了技术与社会的关系。**(2) 技术中性论批判**：技术中性论割裂了技术与社会的关系，也忽视了技术本身所负载的价值倾向，将技术视为决定社会发展的独立自主的力量，实质上试图将当代技术革命在资本主义制度下造成的消极后果归罪于技术本身，为资本主义制度辩护，并掩盖资本主义制度环境下的价值危机，否认人的发展的社会制约性。**(3) 技术既无好坏，亦非中立**：技术与社会的关系律则是"克兰兹伯格第一定律"，即技术既无好坏，亦非中立。技术不是超越社会的、"中性的"力量，技术的发展是在不同的社会制度下，根据不同社会需要和统治阶级利益由各种不同的社会决策共同体进行定向组合、有组织的活动；技术发展的方向、目的、选择、组织、推广和应用，始终决定于一定的社会经济关系、阶级结构、占统治地位的阶级利益、社会意识形态和价值观念。**(4) 理论反思意义**：在资本主义制度环境下，决定技术发展的"社会需要"集中表现为在生产关系中占统治地位的垄断资本集团猎取最高利润的私欲，尽管推动了经济的增长，但也带来了惊人的浪费、公害和世界性的饥荒与能源问题，而技术中性论实质上就掩盖了上述问题。**(5) 麦克卢汉的比喻**：麦克卢汉并不认同技术中性论，他曾经调侃说，苹果派本身不好也不坏，决定其价值的是苹果派的食用方式；天花病毒本身不好也不坏，决定其价值的是天花病毒的使用方式；枪支本身不好也不坏，决定其价值的是枪支的使用方式。①

3. **"技术决定论"的缘起与批评**：**(1) 理论释义**：技术决定论是一种认为技术本身具有一定自主性或独立性并能在一定程度上影响社会变迁的观念或思想，该理论主张，技术是变革社会的唯一或重要力量。**(2) 理论类型**：技术决定论根据"决定"程度的强弱区分为强决定论和弱决定论，前者认为技

---

① "克兰兹伯格第一定律"具体见[美]曼纽尔·卡斯特：《网络社会的崛起》，北京：社会科学文献出版社，2003年版，第82-90页。关于技术中性论的批判、批评及反思，参见唐凯麟：《伦理大思路：当代中国道德和伦理学发展的理论审视》，长沙：湖南人民出版社，2000年版，第11-14页。关于麦克卢汉的比喻，转引自[英]萨拉·普莱斯等：《数字技术研究（世哲手册）》，史晓杰译，杭州：浙江大学出版社，2018年版，第150页。

术主宰了人类社会变迁，后者则认为技术虽未主宰但在一定程度上影响了人类社会变迁；此外，技术决定论还有乐观主义决定论和悲观主义决定论之分。**(3) 学者观点**：麦克卢汉是强技术决定论和乐观主义技术决定论者，而保罗·莱文森则是乐观的弱技术决定论者；两人都或多或少地强调技术对人类社会变迁的影响；尼尔·波兹曼则是悲观的技术决定论者。**(4) 思想缘起**：技术决定论产生于人类对社会发展动力的解释，在人类改造自然、从事生产的过程中，以现代物理学为代表的科学力量的发展使人们不再迷恋神的旨意而是转向追求可以被检验的世俗力量。在此背景下，技术的力量被无限放大，历次科技革命更推动了这种思潮的蔓延。**(5) 理论批评**：技术决定论将技术这一世俗力量视为社会发展过程中的唯一决定力量，但实质上，社会发展的动力是若干因素综合作用的结果，社会系统的动力结构并非技术这一单一因素作用的结果。

4. "技术乐观主义"的缘起与批评：**(1) 理论内涵**：技术乐观主义者认为，技术本身含有某种自主性或独立性，人类借由技术手段可以解决人类现存的若干问题，并将很大程度地推动人类社会的发展、进步，甚至能够带来整个人类的解放。**(2) 理论缘起**：技术乐观主义起源于人类技术发展的历次飞跃尤其是历次科技革命中，新技术手段的发明给人类的生产、生活带来的几乎是革命性的影响；技术乐观主义将技术本身理想化、神圣化，并将其视为社会发展进步的决定性力量。**(3) 理论观点**：人类迄今为止一直存在的诸如不平等、犯罪、疾病等任何问题最终都可以通过新技术的发明和运用得以解决；如互联网技术的普及将推动人类社会空前的民主与自由，缩小经济与社会发展过程中的南北差距、东西差距等；信息社会的"三部曲"，即托夫勒的《第三次浪潮》、丹尼尔·贝尔的《后工业社会的来临》、奈斯比特的《大趋势》等都是技术乐观主义的代表。**(4) 理论批评**：技术乐观主义作为技术决定论的一种代表观点，同样夸大了技术的作用，将社会发展的动力解释为技术的发展和大规模运用这一单一动因，忽视了社会、政治、经济、环境等多种因素对技术的影响，也容易导致对技术的盲目崇拜和盲目乐观。

5. **"数据崇拜"的缘起与批评**：**（1）概念释义**：数据崇拜表现为一种数据至上主义的立场和倾向，该观点认为，数据是人类重要的资源，在人类克服了记忆遗忘这一难题之后，大量累积的数据将会推动人类生产、生活的巨大变革，在此认识的基础上也延伸出"万物皆数""数即万物"等观点。**（2）理论缘起**：对数据的崇拜源于人类对遗忘的恐惧以及对克服遗忘恐惧技术的追捧；进入信息社会之后，大规模的数据储存及积累为人类解决遗忘恐惧、探索新知等提供了前所未有的帮助；此外，数据的商业化应用以及新闻生产领域对新闻客观性的质疑等都是推动数据崇拜的原因。**（3）具体表现**：在大数据成为"热词"之后，"小样本不足以说明问题""样本一大就灵""大数据带来了研究范式/新闻生产的革命"等观点不断涌现，尽管要充分认识到大数据在新闻报道和学术研究领域所开创的新方法与新领域，但不能将大数据神化，数据新闻不能取代传统的新闻报道，大数据研究也不能取代此前的抽样调查。**（4）批判分析**：数据理性适用于人与物的关系，价值理性适用于人与人之间的关系，数据及技术崇拜暗含了对人的价值、尊严及主体性的剥夺，将导致人际交往、社会行为、情感偏好、社会事实等一切事物或现象的数据化或物化；尽管大数据技术带来了若干可能性，但数据仅仅表现为一种计量理性，仅是人类社会无数面孔中的一种形态，不能将数据置于至高无上的地位。

6. **人工智能伦理问题分析**：**（1）伦理规范**：人工智能伦理规范讨论，内容涉及对道德主体即人类的规范管理、对机器人的地位及角色的伦理讨论、对人机交互伦理及社会关系的讨论（如机器人是不是"社会成员"、是否有"道德地位"）。**（2）道德规范**：对人工智能作为一种新技术所承载的"善"或者"恶"的分析，尽管主流观点认为技术是中性的，但技术发展的终极会缔造"至善全能"和"失控威胁"两种状况，前者将导致人类失去自身存在的价值和意义，后者将导致机器人的滥用而成为人类的主宰甚至毁灭人类自身的武器。

（3）争议焦点： 人工智能伦理问题的争议论点主要包括"机器人道德的地位问题"（如"机器人只是机器"还是"机器人不只是机器"）及"机器人伦理的方法论问题"（机器人做出的行为是否及如何符合道德标准）[①]。

[①] 苏令银：《当前国外机器人伦理研究综述》，载《新疆师范大学学报》（哲学社会科学版），2019年第1期，第1-18页。

专题02　数字鸿沟

《中国互联网络发展状况统计报告》显示，截至2021年6月，我国60岁及以上网民群体占比为12.2%，且持续向中高龄人群渗透。① 根据第七次全国人口普查结果显示，我国60岁及以上人口占18.70%，其中，65岁及以上人口占比13.50%，人口老龄化程度进一步加深。② 数字时代老年人的"数字鸿沟"问题再度成为舆论热点。另外，2020年新冠肺炎疫情防控期间，老年人"乘坐地铁因无健康码受工作人员阻拦""因无健康码无法进小区"等话题也备受舆论关注。2021年中国国际信息通信展览会设置"信息无障碍专区"，助力老年人、残疾人等群体融入信息化社会。

1.**数字弱势群体：（1）概念释义：** 数字弱势群体，又通俗地称为"数字贫困户""数字贫民"，是指"在智慧社会，由于数字科技的固有特征、不均衡传导以及社会既有结构等客观因素，导致权利缺失、能力不足，进而展现出地位边缘、资源匮乏、易受挫伤等特征的特定群体"③。数字弱势群体是数字科技复杂特性、社会内在结构缺陷、虚拟空间秩序紊乱共同作用的结果。**（2）表现形态：** 数字媒介的红利不能无差别地惠及所有公民，而是公民所属阶层、经济状

---

① CNNIC：《第48次中国互联网络发展状况统计报告》，https://www.cnnic.net.cn/hlwfzyj/hlwxzbg/hlwtjbg/202109/P020210915523670981527.pdf。
② 陆娅楠：《第七次全国人口普查主要数据公布　人口总量保持稳增长》，载《人民日报》，2021年5月12日第1版。
③ 高一飞：《智慧社会中的"数字弱势群体"权利保障》，载《江海学刊》，2019年第5期，第163-169页。

况、年龄程度、知识水平、宗教信仰、个性特征的差异转化为媒介接触、操作技能、知识类型及使用意愿等层面差异的结果，因此导致一些群体在数字社会位居相对弱势的地位。**（3）产生原因：**数字弱势群体由该群体的结构特征（如老年群体、残疾人群体和低龄群体）、数字技术的属性特征（媒介本身的功能特性、技术特点、使用门槛、作用机制等）、数字技术的制度规范（国家法律、行政及公共政策方面的资源配给）、商业资本的趋利效应等因素综合作用导致。

2. 数字鸿沟问题：（1）概念释义："数字鸿沟"（digital divide），又称"数位落差""数码鸿沟""数码隔膜"或"数码差距"，是数字时代的一种经济及文化伦理现象，即在人类数字化进程中，不同国家、地域、行业、社区、人群在接近、使用和从中获益方面出现的两极分化的状况及趋势。**（2）概念词源：**该词源于美国著名未来学家托夫勒于1990年出版的《权力的转移》一书，该书提出了"信息富人"（info-rich）、"信息穷人"（info-poor）、"信息沟壑"和"电子鸿沟"等概念，认为"电子鸿沟"是"信息和电子技术方面的鸿沟"，信息和电子技术造成了发达国家与欠发达国家之间的分化。**（3）具体表现：**两种划分方式：一是机会差异和能力差异，即围绕数字媒体接入可及性及接入后的运用能力差异。前者指向一个国家的公共政策和基础设施供给，后者指向用户因互联网技术应用差异而产生的不平等。[①]二是城乡数字鸿沟、区域数字鸿沟、代际数字鸿沟、阶层数字鸿沟以及特殊群体和一般大众的数字鸿沟、不同发展水平国家间的数字鸿沟等。

3. 代际数字鸿沟：（1）学术定义：文化反哺观点认为，代际断裂的突出表征被归于"数字化移民"和"数字化土著"两代人的分界，媒介使原本固结的社会关系在不同代际之间发生了断裂，数字鸿沟成为代际鸿沟。[②]**（2）本质：**

---

① 邱泽奇等：《从数字鸿沟到红利差异——互联网资本的视角》，载《中国社会科学》，2016年第10期，第93-115页。
② 周晓虹：《文化反哺与媒介影响的代际差异》，载《江苏行政学院学报》，2016年第2期，第63-70页。

代际数字鸿沟本质上是信息和通信技术使用上的不平等，代际差异主要源自年龄和生活经历的差异，老年群体被排斥在数字信息技术使用门槛之外。**（3）灰色鸿沟**：代际数字鸿沟最为重要的问题是基于年龄差异的数字鸿沟，部分国外学者将老年人在使用数字媒体时所遭遇的不平等问题称为"灰色鸿沟"（gray gap）①。有数据表明，65岁以上的老年群体，接触和使用数字媒体的能力与年龄成反比。**（4）代际文化关系**：代际文化关系分为"前喻文化""并喻文化"和"后喻文化"三种，"前喻文化"是指晚辈通过长辈习得文化知识的现象，"并喻文化"是指同辈之间习得文化知识的现象，"后喻文化"是指长辈通过晚辈习得文化知识的现象。②

4. 数字参与、数字包容与数字排斥：**（1）概念关系**：数字包容是社会包容的体现，数字排斥也是社会排斥的体现；有效接触和使用数字媒体可以增强老年群体的社会融入，故而老年群体接触数字媒体的程度是检视社会文明程度的重要标志。**（2）产生原因**：数字排斥是媒介技术创新者、新技术的本质属性、资本流动的自然特征、国家政策部署的精细化程度等综合作用导致的，数字技术的创新、普及和商业化往往瞄准的是具有消费潜力的中青年群体，并以这些群体为主要受益对象。**（3）改善策略**：通过有针对性的公共政策解决互联网技术、服务尤其是基础设施分配不均衡的问题，赋予弱势群体更多的媒介接近权和话语表达权；通过公益性、公共性服务资源的配给，有针对性地提升数字弱势群体的媒介素养，让弱势群体共享数字技术红利；促进代际、区域、城乡等的信息流动，借助"文化反哺"让媒介技术为弱势群体赋能；以公共性、公益性、专业性的内容生产为数字弱势群体提供服务，更多地从社会、伦理和道德的视角关注数字弱势群体，避免资本的过度介入。

5. 风险感知中的代际冲突问题：**（1）现象描述**：新冠肺炎疫情代际沟通

---

① Friemel, T. N. (2016). The digital divide has grown old: Determinants of a digital divide among seniors. New Media & Society, 18(2), 313–331. https://doi.org/10.1177/1461444814538648.

② ［美］玛格丽特·米德：《文化与承诺：一项有关代沟问题的研究》，周晓虹等译，石家庄：河北人民出版社，1987年版，第27页。

的失效问题，表现在青年群体与中老年群体在疫情风险感知方面的代际冲突，即在关于疫情风险感知及判断上双方处在始终无法将对方说服的状态。新冠肺炎疫情期间的代际冲突借助微信群、朋友圈、小视频等互联网渠道被民众识别进而成为社会中的显性话题。**（2）影响机制**：代际冲突指向日常的家庭结构和家庭权力关系，中老年群体和青年群体各自的"情缘""乡缘""地缘""业缘"习俗等都成为代际冲突背后的支撑力量；除了知识性的讨论，人们会掺杂价值观和主观期待，诸如社会意识形态、宗教价值、信任、情感、媒体呈现都会形塑个体对于风险的判断；另外，媒体同一性的报道量的增加也会改变公众信任。**（3）认知习惯**：社会心理学研究显示，人们面对关于风险的信息，并不会动用所有心智资源去处理它们，而是存在着一种"认知捷径"（传播学中所提及的"信息处理的概略理论"或"认知的吝啬鬼"）。[①]

6. 网络公共参与中的代际差异：（1）社交媒体使用差异：与70后和90后相比，80后处于成家立业生子的高峰期，其对投资理财、健康养生、励志感悟等"私域"公众号的关注度更高。70后、80后、90后的共同特点是对"同学、亲人、好友"的关注较高，这三个世代的网民均将微博作为社会关系维持的工具。而随着世代的年轻化，对媒体官方微博的关注度逐渐下降，对民间意见领袖的关注度逐渐升高。**（2）政治效能感**：70后、80后、90后的网络公共参与行为的差异实际上是受到政治效能感影响，政治效能感越高，政治参与的意愿也越高。研究表明，90后相对来说有着更强的政治效能感，这也正是90后在微信中有着更高的公共关注的原因。**（3）代际差异原因**：70后、80后、90后成长于不同的年代，一些关键性的社会事件出现在他们不同的成长时点，加之大环境下的经济体系、教育文化、政府政策、社会结构等影响，从而使得世代之间的观念和行为模式具有明显的差异。[②]

[①] 唐乐水：《代际之役：新冠疫情家庭冲突场景的叙事分析》，载《当代青年研究》，2020年第3期，第12-17页。

[②] 赵联飞：《70后、80后、90后网络公共参与的代际差异——对微信和微博中公共参与的一项探索》，载《福建论坛》（人文社会科学版），2019年第4期，第151-160页。

案例 6　代际文化差异及弥合：《啥是佩奇》案例分析

案例简介：2019年1月初，在微信群及各类其他社交媒体中，一则《啥是佩奇》的视频短片引发关注，不仅引发各类圈层群体的高关注度，也得到澎湃新闻、人民网、环球网等的点赞好评。该片长度为8分14秒，是为大电影《小猪佩奇过大年》制作的先导片。故事讲述的是身在农村的李玉宝为即将回村的孙子寻找"佩奇"的故事。

案例解析：**（1）折射两层文化差异**："啥是佩奇"之问反映出城乡之间、代际的文化差异与文化区隔，不同的生活场景、社会氛围、人生履历构筑了不同的文化认知和文化想象，这表明，在同一个文化符号面前，不同的群体可能会存在不同的解读，而解读方式的差异则反映出身份、阶层、代际的差异。**（2）阶层叙事的话语创新**：与以往的乡村叙事、代际叙事所刻意渲染、消费和放大的冲突、矛盾不同的是，短片由"佩奇"这一文化符号的所指设问及答案的追寻过程来构筑叙事，在回答"啥是佩奇"的过程中，完成了城乡、代际区隔的弥合。**（3）亚文化的穿透性**：小猪佩奇所营造的佩奇文化主要以儿童和家长为消费群体，是以儿童娱乐和教育为核心的亚文化，《啥是佩奇》从特定的群体走向大众，正印证亚文化如果能够承载为社会认可的主流价值观，依然能够穿透群体文化壁垒，缔造强大的主流影响力。**（4）视频刷屏的原因**：乡村叙事、代际差异、城乡区隔及不同文化群体对异质文化的想象和审美需求是视频能够刷屏的根本原因，而社交媒体的网络化传播结构、故事短片的视频化传播形态、数量庞大的新媒体用户基数为短片刷屏提供了前提，此外，若干新媒体用户在"业缘""趣缘""学缘""地缘"上的交叉性使视频可以跨越不同文化圈层进行传播。

7. 数字时代下的代际冲突：（1）从数字鸿沟到数字化代际冲突：与数字

鸿沟相比，数字化代际冲突聚焦于主体如何制造和处理代际矛盾的动态过程，以及被激化的代际矛盾所形成的具体抗争行为和对抗过程，尤其是对于当代青年而言，他们更擅长利用社交媒体，通过网络力量对抗父辈。**（2）全新特征：**网络的消费、安全、亚文化等数字化议题引起世代分歧，代际冲突越来越多地发生在网络场域；新媒体成为代际关系维持的重要桥梁，而不同世代对于社交媒体的使用习惯不同，导致社交媒体成为引发代际冲突的全新渠道；社交媒体具有十分强大的情感动员能力，这决定了代际冲突在数字化传播和扩散过程中会被一些非理性的情绪充盈。**（3）治理措施：**线上与线下联动治理，数字化冲突很大程度上是中国社会问题的结构性延续；建成"市场+政府+社会"的协同性治理格局；开展情感性治理措施，以"交心"与对话消除世代之间的误解和对抗。[①]

[①] 王斌：《数字化代际冲突：概念、特征及成因》，载《当代青年研究》，2019年第1期，第116-122页。

专题 03　信息茧房

1. 桑斯坦的"信息茧房"理论:（1）**概念词源**：美国学者桑斯坦在其代表作《网络共和国》《信息乌托邦》中，均提到"信息茧房""个人日报"等术语，并将其视为对个性化的新闻传播的一种批评。（2）**信息茧房（information cocoons）**：桑斯坦认为，在信息传播中，因公众自身的信息需求并非全方位的，公众只注意和选择使自己愉悦的信息，网络用户一旦形成了这种阅读习惯，就会使自己的兴趣局限于特定领域，对该领域的信息、话题极为熟悉且这一兴趣越来越稳固，而对其他领域的信息缺乏关照，最终会使用户的注意力及兴趣锁定在较小范围内。（3）**"回音室效应"**：桑斯坦认为，活跃的网络用户发布的观点吸引大量的同质化的人关注，由于群体压力的作用，这些群体只关心自己感兴趣的话题，只相信自己所认为的真相，只秉持自己认为正确的观点，对不同的观点和态度持严厉拒斥的态度，最终以集体抱团的方式形成"沉默的螺旋"消解差异化声音，放大自己的声音。（4）**"个人日报"**：桑斯坦认为，在互联网时代，伴随网络技术的发展和网络信息的剧增，用户能够在海量的信息中随意选择自己关注的话题，完全可以根据自己的喜好定制报纸和杂志，每个人都拥有为自己量身定制一份"个人日报"的可能。这种"个人日报"式的信息选择会导致"信息茧房"的形成；长期处于过度的自主选择中，用户就失去了解不同事物的能力和接触机会，不知不觉间为自己制造了一个"信息茧房"。

2. 算法推荐与"网络巴尔干化":（1）**概念提出**："网络巴尔干化"（Cyberbalkanization）由美国麻省理工学院教授马歇尔和埃里克提出，指"万维网分裂成有特定利益的不同子群，一个子群的成员几乎总是利用网络传播或阅读仅吸引本子群成员的材料"，"网络已分裂为各怀利益心机的繁多群类，且一个子群的成员几乎总是利用互联网传播或阅读仅可吸引本子群成员的信息或材料"。**（2）概念解读**：信息及通信技术将网络用户连接在一起为其充分交流提供了可能，但各种人为设置的障碍以及由"业缘""趣缘""地缘"等形成的群体以强大的群体压力设置了屏障，导致全球互联网被分割成若干孤立和分化的空间；个性化信息推送服务极有可能招致"网络巴尔干化"。**（3）社会级联**：社会级联又被形象地翻译为"社会流瀑效应"（social cascades），桑斯坦解释为"一旦谣言被人相信后，相信它的人就会呈滚雪球效应，越来越多"[①]，具体是指，相对固定的社群群体所共有的信念或行动方式，会加速某一信息的传播。在被割据的语言市场，不同群体可能产生完全不同的观点，社会级联会引导不同意见集群的极化并加速有害及错误信息的迅速传播[②]。

3. 对"信息茧房"问题的反思：（1）两种反思路径：当前学术界对"信息茧房"的解释是技术视角和用户视角。前者认为信息茧房是技术之罪，即个性化推送技术在商业资本的刺激下无限制地满足、迎合并放大了互联网用户好逸恶劳的一面；而后者认为，信息茧房的问题主要产生于人的媒介素养之中的"动机"和"意愿"的缺失，即在互联网信息供给十分多元的背景下，用户只愿意选择那些轻松、有趣或与自己既有知识结构、认知信念、兴趣偏好相近的信息。**（2）对解决方案的批评**：现有的方案也几乎遵循基于技术和基于用户的两套路径。前者试图通过反向推荐、关联推荐等方式对技术使用的方向进行规范、约束，试图从内容供给的角度来解决问题，这种做法从根本上讲就是解构算法推荐的合理性，对于以赢利为目的的商业互联网机构而言无

---

① ［美］桑斯坦：《谣言》，张楠迪扬译，北京：中信出版社，2010年版，第8页。
② 参见［荷］尤瑞恩·范登·霍文：《信息技术与道德哲学》，赵迎欢等译，科学出版社，2019年版，第86页。

疑是自我阉割。后者强调通过提升媒介素养，即通过提升"动机"和"意愿"来强化自我主体性、主动性，此举存在两个问题：一是对策的可操作性问题，即"提升媒介素养"几乎成为应对互联网时代一切负面问题的通用对策，未免大而化之；二是该对策带有知识精英的自我优越感，暗含的逻辑是，广泛的内容获取要优于深度关注某一领域的内容，阅读严肃性的内容要优于阅读趣味性的内容。

专题 04　数字劳工

数字媒体背景下借助并依赖信息和通信技术的劳动者被称为"数字劳工"。数字劳工既包括社交媒体的用户，也包括网络游戏的玩家、靠"才华""颜值"获得收入的主播、在问答平台提问或分享答案的用户、Uber 司机、外卖员、网络客服等。在传播政治经济学的学者们看来，用户浏览信息、创作信息、休闲娱乐的过程同时参与生产且以无偿的方式为平台及背后的资本创造财富，而自身处于心甘情愿被剥削的状态中。

1. **"数字劳工"现象的提出：（1）数字劳工的定义：** "数字劳工"指的是采用数字信息技术从事劳动的工人，既包括脑力劳动者也包括体力劳动者，与其他的劳动工人相比，数字劳工的差异就在于完全以数字化平台作为中介或载体，用户、消费者或雇工都被数字媒介监视、操纵、控制；资本方在大多数情况下仅提供自由工作者和客户之间进行连接的平台和技术。**（2）数字劳工的类型：** 吴鼎铭认为，根据不同的劳动形式，互联网平台上的"数字劳工"包括互动社交平台上的内容生产与消费者、弹性雇佣制度下的网络"写手"、游戏产业链中的廉价"玩工"等。[①] 实际上，"数字劳工"的范畴还包括严重依赖并接受系统指派、调控和监视的滴滴车司机、快递员、网络直播课堂的教师等，依据马克·安东尼·彭克莱的观点，数字劳工可以分为数字有

---

① 参见吴鼎铭：《网络"受众"的劳工化：传播政治经济学视角下网络"受众"的产业地位研究》，载《国际新闻界》，2017 年第 6 期，第 124-137 页。

偿劳动（如快递员、外卖员）和数字无偿劳动（如撰写博客文章）[①]。**（3）数字劳工的本质：**数字劳工的本质是数字资本主义，是资本主义在新技术环境下在控制领域的延伸，相比于以往的资本主义对厂房、车间、机器及劳动力的占有，数字资本主义通过算法、平台的控制，占有了劳动者的弹性时间和注意力，而且这种占有是隐蔽的，以不为劳动者察觉的方式存在。

2. 数字劳工与社会的不平等问题：（1）工人的去技能化：全球劳动者中因信息技术应用的不平衡而导致的新型"数字鸿沟"。特权精英启动并控制数字创新过程；中间阶层负责在现有协议的基础上设计出新的应用程序；大量的数字劳工被安排从事日常的装配和服务工作，数字鸿沟的存在更加固化而非挑战现有的阶级结构。将数字劳工的劳动过程分解为最基础的重复性操作，这种"工作降格"（work degradation）是资本将工人"去技能化"的典型体现。**（2）世界体系的分化：**从全球资本积累和价值链的角度而言，制造业中的数字劳工研究能够折射出资本主义在全球范围内的结构性不平等。世界体系中边陲与半边陲国家的年轻人被资本锻造成为"廉价劳动力"，为世界各国的消费者市场生产廉价的快消品，为跨国公司和跨国企业带来高额利润。但同时，他们面临工作无保障、弹性雇佣、收入极低、缺乏安全保护、没有发展与晋升机会、童工泛滥等问题。**（3）数字化剥削成为常态：**"数字劳工"是一种极为隐蔽的剥削，平台方以看似免费供用户使用的方式，建立起"资本方—设计方—劳工"之间层层下沉的等级关系，使这些平台的用户不知不觉、毫无反抗意识及反抗能力地陷入被平台及背后的资本控制的境地，即便是完全由劳动者自主选择时间的弹性劳动也不能例外。此外，资方将自己需要承担的各类责任全部推给了劳动者。

[①] 参见：Marc-Antoine Pencolé Digital Labour，Issue 2, 2018: Marx from the Margins.

案例 7 "996"制度：互联网企业的加班文化

案例简介： "996"工作制是互联网企业较为流行的一种加班文化，指早上9点上班、晚上9点下班，一周工作6天的工作与作息制度。此后，在"996"的基础上，网络上出现"007""714"等加班文化相关议论。针对部分互联网公司"通过努力奋斗赢得自己的幸福和成功"等话语包装，《人民日报》称"崇尚奋斗，不等于强制996"，《钱江晚报》称"道德绑架无法掩盖违法事实"。在人力资源和社会保障部、最高人民法院联合发布的超时加班典型案例中，"996"被明确界定为违反《中华人民共和国劳动法》。

案例解析：（1）群体文化的差异： 不同群体对"996"工作制文化所赋予的意义不同，其差异源于该群体的利益诉求、职业位置和行业特点。如程序员站在加班制度对人的精神和体力的压制层面批评，公司领导者则从捍卫这种机制的角度进行美化，而主流媒体则从法律、制度等角度试图弥合两类群体的分裂。**（2）社会现实的话语建构：** 网络反"996"文化由互联网企业劳动者创造并为各类职业群体共享，其由少数群体扩展至一般民众的过程，是社会问题在被命名、被阐释、被传播的过程中由可发现、可传播走向可解决的过程，这意味着，话语实践具有变革现实的力量，其内在规律为"发现问题→创造话语→建构表达→扩散传播→形成共鸣"。**（3）技术革命带来的问题：** 新技术的发展和社会环境的变化产生了新的职业阶层，产生了全新的工作方式、人际关系和管理模式，资本、技术对效率和利益的追求也加剧了私人生活场景和工作场景区隔的消逝，加剧了技术对人的主体性的压制；其中弹性工作、灵活用工、居家办公等更是掩盖了资本的隐性剥削。**（4）网络表达作为宣泄渠道：** 网络意见的公开表达、吐槽和情绪宣泄实质上是一种精神和工作压力的释放，从尊重人的主体性、保障社会和谐稳定的角度出发，应在充分尊重劳动者的尊严的前提下，为各类群体压力的释放提供一定的渠道。

3. 媒介产业中的数字劳工：**（1）媒介产业中数字劳工的商品化进程**：随着数字化新闻运作方式的普及，新闻工作者需要不断生产大量新闻以满足 24 小时新闻播报节目的要求，因此他们所具有的包括调查能力在内的诸多"创造性"能力被"操作性"能力取代。这一取代在导致新闻产品质量持续下降的同时，使新闻工作者彻底沦为高度依附计算机的"鼠标族"。在职业技能与技术角色这一界限模糊的同时，工作与闲暇、办公室与家庭之间的界限也被消解了。**（2）媒介产业中数字劳工的无酬化趋势**：媒介数字劳工成为"无酬劳工"（Free Labour）的趋势日益明显，他们被排除在有保障的、稳定的劳动关系之外。"无酬劳工"迎合了资本降低生产成本，同时让劳动者而非企业承担风险的需求，他们的剩余价值积累过程也是资本和劳动力之间相互建构和角逐的复杂的历史产物。**（3）媒介产业数字劳工的不稳定特征**：跨国集团产业的全球化、集中化和商业化一味追逐利润，注重媒介产品的使用价值而非价值。这些巨头往往采取外包的策略，影响了全球劳动分工的变化，不仅使得本土创作者失去了工作机会，而且使得接受外包的创作者面临诸多困境，导致劳动者"双输"的局面。这些局面具体包括对于作品不享有所有权、酬劳微薄、工作紧张等，并长期处于不安全和孤立的工作环境中。

4. "产销合一者"和"玩工"：**（1）生产型消费者**：生产型消费者，又称产销合一者，由于资本对文化和媒体的控制，受众劳动的个体性被不断整合到资本流通和积累的过程中。新媒体平台的用户生成内容（User-Generated Content，UGC）已经成为数字资本主义新的剩余价值的增长点，包括用户有意识地上传的图片和视频，义务为网站进行宣传、翻译，甚至参加有偿或无偿的任务协作，这些都被用于生产新的可以被商品化的内容，或者成为商品化内容（如广告）的载体。在这样的情况下，生产和消费之间的边界因数字技术的介入变得不再清晰。**（2）媒介使用数据**：除了用户主动生产的内容外，其"数字痕迹"同样也被吸纳到商品化过程中。作为大数据挖掘对象与算法推送的依据，网民浏览信息和网络消费的习惯、社交圈子、消费品位以及其他人口学信息,都成为被开发的商品。企业能够在掌握个人"信息地图"的基础上,更精准地进行研发,更有效地预测和引导市场消费,进而为企业带来更高的利润。用户以牺牲自己隐私为代价换取基于社交媒体的社会交往与资源,他们为数字资本主义注入源源不断的"数据燃料"。**(3)数字"玩工":** 尤里安·库克李奇(Julian Kuklich)较早提出了"玩工"(playbour)的概念,并将其定义为通过玩耍的形式,在其闲暇时间为资本创造价值的用户。"玩工"是游戏公司重要的创造力来源,是无酬劳动力。这种将休闲活动"劳动化"的普遍实践标志着一种新的资本积累模式的形成。"玩工"中的大多数人并没有意识到自己在"劳动",也没有意识到自己为资本所创造的价值,更遑论有组织地成为自为状态下的劳动阶级。

专题 05 个性推送

1. 信息过载与注意力稀缺问题：（1）概念阐释：信息过载是信息论的一个概念，指"信道在单位时间内传递的信息量大于它的最大容量"[①]，或者"信息超过了额定量，在信息交流或传递过程中，超过了人维持生存和发展所需要的量"[②]，"指个人或系统接受的信息超过其处理能力或有效应用的需要"[③]。**（2）注意力的价值：**获取注意力是媒介机构实现"二次售卖"的前提，用户的注意力是文本生产者建构社会资本、获取经济利润、体现社会影响的前提，也是媒介机构得以存续、发展和具有意义的条件。**（3）注意力经济：**注意力经济也称"眼球经济"，是指谁获得了注意力，谁就获得了市场和未来的发展空间。其背景为信息的过载和用户注意力的稀缺。在信息时代，信息供给过剩和用户注意力稀缺成为一个重要矛盾，谁解决了这个矛盾，谁就赢得了市场。

2. 注意力稀缺与信息过载的解决：（1）个性化推荐：个性化推荐平台方采用技术手段，以用户需求、个性及行为数据为支撑通过个性化的信息推送机制建立起海量信息供给与分散用户的个性化需求之间的关联，即"信息的个性化推送"，如今日头条。**（2）个人化定制：**用户根据自己的需求通过个性化的信息定制工具实现基于个人精准需求的新闻信息定制，如基于搜索引擎的关键词新闻订阅等。**（3）刺激性新闻：**新闻生产过程中采用迎合受众趣味的方

---

① 刘建明：《宣传舆论学大辞典》，北京：经济日报出版社，1993年版。
② 谢新观：《远距离开放教育词典》，北京：中央广播电视大学出版社，1999年版。
③ 蒋宝德、李鑫生：《对外交流大百科》，北京：华艺出版社，1991年版。

式来撰写编辑新闻,从而让自己所发布的内容能够在第一时间获得关注,如各类标题党、煽情新闻、悬疑新闻等,这些做法在本质上并没有增加信息量,只是修辞手段和表达方式的过度运用。**(4)其他相关产品:** 如搜索引擎(帮助用户从海量的信息中找到自己所需要的)、各类排行榜与指数产品(如畅销书排行榜、热门新闻推荐、微信公众号排行榜、微博排行榜、收视指数、热搜榜)等。

3. **大数据驱动的算法推荐:(1)算法推荐的机制:** 算法推荐新闻是大数据技术在新闻生产领域的一大应用,它采用大数据技术收集、分析和研判媒介用户的信息获取偏好,以此为依据向受众推送其感兴趣的新闻资讯。**(2)算法推荐的意义:** 算法推荐新闻让大数据技术找到了富有潜力的落脚点,新闻机构或媒介平台运营商可以借助这种技术实现信息的精准传播,有效克服新闻供给和用户需求的不对称问题,也可以有效缓解用户在信息过载时代注意力紧缺的压力。**(3)算法推荐的问题:** 算法推荐新闻带来的"信息茧房"和"回音室效应",让受众被算法"绑架"或者沉迷在"安慰奶嘴"的虚假满足中,失去对社会公共事务的兴趣;同时,算法推荐也将带来隐私泄露问题、个人数据的不当利用问题及娱乐信息的泛滥问题。**(4)算法推荐的优化:** 通过关联推荐、反向推荐以及内容和质量的优化等措施,将社会责任放在首位,主动传播正能量,自觉践行社会主义核心价值观,坚持"点击率+思想性"的统一,有效避免"三俗"问题和对受众偏好的刻意迎合;同时,新媒体用户也要积极提升媒介素养,不要心甘情愿地被算法"绑架"。

4. **算法推荐新闻产生的背景:(1)内容供给过载:** 互联网信息技术的发展使新闻、资讯生产主体多元,在人人都能生产信息的背景下,信息的生产速度、发布速度、传播速度、更新速度、储存能力等都在以几何倍数增长,信息生产及传播进入大数据时代。**(2)用户注意力稀缺:** 现有的任何一种技术发明都无法增加用户每天24小时的有限时间,用户注意力稀缺和信息供给过剩成为媒介社会一个重要的矛盾;个性化推送机制通过对用户需求及海量信息的双重处理，建立起新闻传播者与用户之间的关联，为用户提供"真正需要"的信息。**(3) 技术条件支撑**：移动技术及信息处理技术的快速发展使中国进入全民移动互联网时代，技术层面的可行性、资本的增值需求和受众的精准信息需求构成了个性化信息推送得以大面积商用的客观条件。**(4) 用户的信息偏好**：在信息获取严重依赖移动互联网且信息供给严重过载的背景下，用户对信息取舍的标准已发生变化，即如何用最短的时间以最轻松、省力、便捷的方式获取自己感兴趣的信息（信息选择的或然率公式）。

5. 算法推荐新闻的操作机制：**(1) 算法驱动**：个性化信息推送本质上是一种以算法为驱动的信息传播模式，即运营商在对用户个人特征和浏览行为数据的收集和分析的基础上，形成用户的信息偏好画像并与已有的新闻资讯数据库进行内容匹配，然后进行信息的分发。**(2) 按需关注**：个性化信息推送因其以差异化的方式解决了信息过载和注意力稀缺之间的矛盾，能够最大限度节省用户信息检索成本，因而，以其为支撑的技术产品能够获得广泛的市场认同。**(3) 精准传播**：个性化信息推送是一种典型的"精准传播"，所谓的"精准传播"，在胡正荣看来是指面向差异化、个体化、个性化的信息用户有针对性地推送相关信息，最大限度上减少信息供需方的不对称。

6. 算法推荐对新闻生产的影响：**(1) 对用户至上理念的尊重**：尊重用户的个性化兴趣，以最大限度地满足个性化需求为信息传播活动的立足点。**(2) 强调新闻生产中的技术和数据理性**：个性化信息推送获得较大成功主要得益于对最新的数据采集及数据处理技术手段的应用，它的出现必然导致今后传媒业更加重视甚至严重依赖用户需求挖掘技术、传输路径识别技术与数据统计处理技术。**(3) 对新闻编辑部管理模式的重构**：强化了新闻生产和传播者的数据分析、新闻分发的专业性，并有可能催生如数据分析、技术处理等具有学科交叉特征的新部门。**(4) 对内容生产偏向的重构**：信息生产者本着最少资源和精力投入的原则，生产能够为最大多数人需求的信息，进而使内容生产更加倾向于"20∶80"原则以及"长尾效应"（兼顾大众需求和小众需求，并以大众需求作为重点生产的内容）。**（5）对信息传输效果评估机制的重构**：使传播效果的评估更加精准、快捷、直接和有效，并且摆脱了对第三方评估机构的依赖，从总体上提升了新闻生产、分发、到达、反馈及评估的效率。

7. 算法推荐引发的负面问题：**（1）强调技术的主宰地位**：个性化信息推送以反客为主的方式强调了技术和数据的主宰地位，消解了人的主体性。**（2）麻醉大众的"精神鸦片"**：算法推送推崇的是技术理性和数据理性，以人的浅层次的、基本的兴趣需求为方式，实际上是以"精神鸦片""安慰奶嘴"的方式剥夺了人独立思考的能力，这是一种典型的"麻醉"效果。**（3）导致"信息茧房"**：算法推荐通过精准的过滤机制帮助用户建构具有单一信息脉络的内容体系，会令用户沉溺于自己的回音，陷入"信息茧房"中，最终导致用户只凭借自己的直接感官来认知和评价社会事实，甚至也使得自己的行动变得平面化、简单化。**（4）形成"单向度的人"**：用户被成本低廉、暂时性满足感高、易沉迷的社会新闻包裹着，久而久之更加顺从于现状，顺从于媒介资讯的单向度的教化，失去批判性、判断力、反思性和对社会负面问题的抵抗能力。**（5）置身圆形监狱陷阱**：算法推送信息以全方位的跟踪、监视和收集用户的媒介使用和信息获取习惯为前提，这使用户所有的媒介使用痕迹均被服务商、运营商获取，从而将用户置身于被监视的境地。**（6）导致信息的伪个性化**：霍克海默和阿多诺在《启蒙辩证法》一书中提出的"文化工业"概念认为，当代资本主义社会中的文化产品都按照工业生产流程表现出标准化、齐一化、程式化、模式化、商业化、单面性、操纵性、强制性，所谓的"个性化"只是"伪个性化"。受众的无权状态和长久的受控制性将随着其对媒介的依赖性的增强而增强，限制了人的自由度，也将带来人的惰性。

8. 算法推荐对舆论产生的影响：**（1）从媒介生态格局的角度来看**：主流媒体比商业类的信息平台承担更为重要和苛刻的舆论导向功能，故在信息生产上不可能以迎合和取悦受众为主要方式来获得注意力，即便主流媒体也可采用算法推荐技术但价值标准更为严格，因而算法推送将导致传统媒体和商业媒体虽然面临着相同的受众，但趣味性、庸俗性、不涉及严肃内容的社会新闻更容易赢得市场青睐。**（2）从内容导向的角度来看**：算法推荐导致大量庸俗、通俗等"有意思没意义"的内容充斥整个互联网空间，最终导致严肃新闻、时政新闻及其他具有正确价值导向的更有意义的内容的生存空间被挤压，使主流话语的传播力、影响力被削弱。**（3）从主流媒体的前景来看**：主流媒体尤其是以严肃、时政类新闻为主导的媒体将有可能在其生存空间被挤压的背景下，将算法推荐技术作为一种自我救赎策略，但算法推荐本身的特性就有可能也将主流媒体带向媚俗和迎合的方向，使主流媒体越来越市场化、庸俗化，最终可能赢得受众但失去导向性。

9. 算法推荐与用户的使用与满足：**（1）理论简介**：使用与满足理论将受众成员看作有特定需求的个人，把他们的媒介接触活动看作基于特定的需求动机来"使用"媒介，从而使这些需求得到满足的过程。该理论强调受众的能动性，突出受众的地位，认为受众通过对媒介的积极使用而制约着媒介传播，并指出使用媒介完全基于个人的需求和愿望。**（2）理论解析**：个性化推送站在用户的立场上，以满足用户差异性和精准性的需求为新闻传播的参考依据，有助于用户使用与满足的升级。**（3）批评分析**：使用与满足理论强调的是"积极的受众"，即受众在信息获取时的主体性和主动性，但基于算法驱动的个性化新闻信息推送更多是给受众"喂料"而不是让用户自己去"搜寻"，故个性化推送使受众使用媒介的过程具有很强的被动色彩。

专题 06　数字隐私

在线交易、在线社区、网络应用的大面积普及也引发侵犯隐私权问题。2018年，中国某搜索引擎创始人称，如果中国人"可以用隐私换取便利、安全或者效率，在很多情况下，他们愿意这么做"。大数据挖掘技术、算法精准匹配技术普及后，商业平台以"为用户提供高质量服务"为由储存、加工个人隐私信息成为常态。

1.数字时代的隐私权：（1）隐私权的含义："隐私权"一词源于英文privacy，指自然人享有的对其个人的与公共利益无关的个人信息、私人活动和私有领域进行支配的一种人格权。[①]根据《中华人民共和国民法典》的规定，"隐私是自然人的私人生活安宁和不愿为他人知晓的私密空间、私密活动、私密信息""自然人享有隐私权。任何组织或者个人不得以刺探、侵扰、泄露、公开等方式侵害他人的隐私权"。**（2）数据隐私权的含义**："数字隐私权"也称为"网络隐私权"，是隐私权在数字空间中的延伸，是指自然人在数字空间所享有的私人生活安宁、私人信息、私人空间和私人活动依法受到保护，不被他人非法侵犯、知悉、收集、复制、利用和公开的一种人格权。**（3）数字隐私权的权利构成**：①个人数据的保密权，即公民对自己的个人数据有权保密，使其不为他人所知；②个人数据支配权，即权利人可以支配自己的个人数据，准许或者不准许他人知悉或者利用自己的个人数据；③个人数据利用权，即数

---
① 王利明：《人格权法新论》，长春：吉林人民出版社，1994年版，第487页。

据主体可以利用自己的个人数据，满足自己精神上或物质上的需要；④个人数据收益权，即数据主体有权要求数据合法持有者对其提供的有商业或新闻价值的个人数据支付报酬；⑤个人数据了解权，即数据所有权人有权知道其所提供的个人数据被使用的目的及情况；⑥个人数据的修改权，即数据主体可以根据自己的要求以及实际情况的变化，对其提供的某些个人数据进行修改的权利；⑦个人数据保护权，即当自己的个人数据被泄露或被侵害的时候，有权寻求司法保护。

2. **关于隐私保护的三类观点：（1）现代社会不具备保护隐私的可行性：**悲观主义者认为，高速运转下的信息社会，人们通过法律、法规和道德手段对个人隐私数据的收集、流通进行约束和控制很不现实。**（2）放弃部分隐私是公共利益的需要：**社群主义者认为，现代社会人口的高流动性、社会制度的复杂性及匿名性极容易引发犯罪、欺诈及逃税等负面社会问题或反社会行为，个人放弃部分隐私信息便于政府制定有利于公共利益的政策及社会治理的优化。**（3）保护个人信息存在必要性：**自由主义者认为，为了免遭"老大哥"（big brother）、数据收集公司、商业营销机构及有窥探他人欲望的公民利用个人信息，从道德层面应该设置可靠的个人隐私保护机制，限制对个人信息的过度利用。①**（4）延伸讨论：**尽管信息社会增加了隐私保护的难度，甚至让每个人都成为数字时代的"透明人"，但"隐私权"仍然存在且必须被广泛承认；在格外追求个人自由及隐私保护的国家，即便反对让渡个人隐私数据（如健康状况）的自由主义者，实际上也高度依赖其他社会成员已经让渡的隐私，即存在"搭便车"现象。

3. **信息处理的原则及信息处理者的责任：（1）信息处理的原则：**处理个人信息应当遵循合法、正当、必要原则，不得过度处理，并符合下列条件：征得该自然人或者其监护人同意，但是法律、行政法规另有规定的除外；公开处理

---

① 参见，[荷]尤瑞恩·范登·霍文：《信息技术与道德哲学》，赵迎欢等译，科学出版社，2019年版，第249页。

信息的规则；明示处理信息的目的、方式和范围；不违反法律、行政法规的规定和双方的约定。① 简单来讲，即"知情同意""不得泄露""用后即删"三个原则。**（2）信息处理者的责任：**信息处理者不得泄露或者篡改其收集、存储的个人信息；未经自然人同意，不得向他人非法提供其个人信息，但是经过加工无法识别特定个人且不能复原的除外。信息处理者应当采取技术措施和其他必要措施，确保其收集、存储的个人信息安全，防止信息泄露、篡改、丢失；发生或者可能发生个人信息泄露、篡改、丢失的，应当及时采取补救措施，按照规定告知自然人并向有关主管部门报告。② **（3）侵犯数字隐私的主要形式：**以诱导、胁迫或隐蔽方式非法收集用户数据，未经用户同意非法披露、公开、交易用户数据，对个人数据进行过度开发或其他形式的非法利用。

案例8 数字化进程中个人隐私保护面临的问题

背景材料： 中国社会数字化转型过程中，个人信息的数字化与个人隐私保护间形成了一对矛盾关系。在数字技术迅速发展、数字中国进程加快及数字化不断赋能公共治理的过程中，个人隐私泄露的若干问题亟须关注。

案例分析：（1）个人隐私信息泄露的情形：①公共治理中个人隐私信息的泄露。一是公共利益需要但管理不善导致隐私泄露。如2020年以来"成都女""沈阳染疫老太"事件及部分地区疫情防控期间发生的典型个人隐私泄露案例中，相关染疫人员行程信息及个人隐私被过度曝光并引发网络暴力。二是民生热点事件中当事人隐私过度曝光。在涉及贫富矛盾、道德及伦理冲突等关乎公序良俗类的热点事件中，网络舆论往往以道德优越感剥夺"有过错方"的个人隐私，对当事人进行过度的隐私挖掘，

---

① 以上参见：《中华人民共和国民法典》，第一千零三十五条。
② 以上参见：《中华人民共和国民法典》，第一千零三十八条。

如杭州保姆纵火案中对林某某个人信息的过度挖掘和过度渲染。②特定群体的个人隐私保护问题：一是数字弱势群体的信息保护。如我国 60 岁以上老年人口已达 2.54 亿，许多老年人在使用新技术时存在"数字鸿沟"问题，其隐私信息往往被各类技术软件劫持、过度索取、"钓鱼"及不当利用，由此引发电信诈骗等后续问题。二是公众人物的个人隐私保护。偶像明星等公众人物的隐私被生产成满足受众猎奇和窥私欲的信息消费品，导致名人无隐私状况。如对明星偶像身份证号、手机号、车牌号、家庭住址、航班信息等的过度收集和使用。三是重要人员通信设备被侵入。高级政要、记者、商业主管等人士是重点目标。如在 2020—2021 年间，"飞马"病毒入侵了包括多国政要在内的 5 万位名人的苹果账户，记录其密码、通信录、浏览记录等，并可远程激活摄像头和麦克风。③特定场景中的个人隐私滥用。一是商业营销中的个人信息不当使用。包括垂直领域的资讯类 APP（如汽车类软件）、各类电商平台的卖家及平台方、电信运营商、房产中介机构、各大银行、妇幼医院、教培机构等通过客户留存的信息进行强制营销。二是信息掌控者对他人隐私的滥用。外卖员、快递员、监控室工作人员等特定职业群体掌握服务对象的部分私人信息，出于恶作剧等心理，对隐私信息进行不当利用。如"网购成人用品女子信息被骑手公开后遭遇性骚扰事件""某某云服务用户信息泄露事件"等。三是当事人网络爆料侵犯个人隐私。在涉及曝光、爆料、丑闻、揭幕类的热点事件中，当事人对社交软件聊天信息截图后搬至公共空间"截图自证"或提供谈资。如"×××聊天记录""×××曝×××聊天记录"等搬运自私密空间的信息内容频繁作为热门话题登上社交媒体热搜平台。④精准服务中的个人隐私问题。一是作为服务机构的信息密集部门对信息管理不善。学校、医院、酒店、社区等部分机构往往掌握有大量结构化的精准信息，因管理不善、利益驱动或软硬件风险带来大规模、批量化信息的泄露和不当利用；如开学季的精准电信诈骗、医院对染疫患者信息的曝光。二是精准服务技术对个人隐私的索取。用户通过让渡自己的隐私以获取精准服务成为常态，这也增加用户个人信息泄露及不当利用的风险。如信息个性化推送类 APP、汽车辅助或自动驾驶服务系统等存在对个人信息过度采集、过度索取的问题。

（2）个人隐私保护存在的难题：①个人隐私披露尺度与公共利益需求间的矛盾。在涉及公共利益需求时，个人需要让渡部分隐私信息，但信息在何种程度上进行披露在操作的过程中存在较大弹性空间，也往往在疏忽的情况下带来隐私泄露。如因新冠肺炎疫情防控需要面向社会公布染疫群体流行病学调查报告时，部分基层机构难以拿捏好尺度分寸，容易导致其本人包括其接触人员的隐私信息泄露。②隐私信息储存机构的权力和能力不匹配问题。部分掌握大量个人隐私信息的组织、机构尤其是商业互联网平台，根据国家要求必须实行实名制，这部分机构以此为依据搜集了大量格式化、标准化的用户数据，但信息储存、管理、流通、处理能力与其所拥有的信息的重要性、掌握的信息的数量不相匹配。如部分小微游戏工作室往往掌握较多玩家的身份证号、手机号、姓名和支付记录等信息，但未必有保护这些信息不被泄露或滥用的能力。③个人隐私让渡与数据应用的法律与伦理问题。此类问题包括：一是数据黑产问题。个人精准信息以商品的方式被售卖并形成的黑色数据产业，正侵扰个人的网络与现实生活。如各类生活场景需要填写的个人信息也有很大可能被滥用至广告骚扰、精准诈骗等情况。二是霸王条款问题。部分电商平台、服务软件以格式条款的方式强行索取用户信息并用于自身利益。如有的平台根据法律法规要求用户实名，这些信息被精准售卖给第三方机构用以进行广告推销。三是大数据杀熟问题。商业资本以算法外衣对用户数据进行不当开发和利用，通过算法实施精准营销，进行价格操纵，带来"大数据杀熟""消费歧视"等问题。如央视报道的某电商平台大数据杀熟，"老用户不如狗，比新用户多花 25 元"的新闻。

4. 数字时代隐私权的保护策略：（1）强化法律实施：从法律层面对数据隐私保驾护航，在《中华人民共和国宪法》《中华人民共和国民法典》《中华人民共和国侵权责任法》《中华人民共和国电子商务法》等现有法律基础上，推进《中华人民共和国个人信息保护法》《中华人民共和国数据安全法》的实施力度；加大执法力度，增加侵犯隐私的违法犯罪成本；采取有效措施压缩利益受损者的维权流程，尽可能降低用户的维权成本。**（2）提升个人素养**：通过法治教育、法律科普提高信息化社会民众的媒介素养、法律素养和制度素养，增强个人隐私保护意识，慎重对待个人信息，有效规避不法网站和非法应用；提升法律素养和利用法律维权的能力。**（3）技术手段**：运用区块链的非对称加密算法、数字签名、数字证书和认证中心等证书认证手段对用户原始数据进行转化，使数据储存者在未获授权认证的情况下无法还原用户的原始信息，从而确保数据安全性。**（4）企业合规**：数据机构自觉遵守国家法律法规，自觉接受媒体及舆论监督，确保数据采集、储存、加工、交易行为合乎法律法规；采用技术手段将个人隐私数据（人格权范畴）转化为脱敏数据（物权、财产权）；在个人信息收集上坚持最小化收集原则。

5. 有关数字隐私权的法律：（1）《中华人民共和国网络安全法》：2017 年 6 月 1 日实施的《中华人民共和国网络安全法》首次以国家立法的形式纳入了一系列数据保护条款，其中第四十五条规定："依法负有网络安全监督管理职责的部门及其工作人员，必须对在履行职责中知悉的个人信息、隐私和商业秘密严格保密，不得泄露、出售或者非法向他人提供。"**（2）《中华人民共和国电子商务法》**：2018 年《中华人民共和国电子商务法》纳入了"被遗忘权"等对消费者的数据隐私保护的条款，该法律文本第二十四条规定。"电子商务经营者收到用户信息查询或者更正、删除的申请的,应当在核实身份后及时提供查询或者更正、删除用户信息。"(3)**《中华人民共和国民法典》**:全国人大于 2020 年 5 月通过的《中华人民共和国民法典》中,隐私首次被法定为一种人格权。人格权涵盖了人们控制其姓名、头衔、肖像、名誉和隐私的商业使用的权利,同时增加了关于保护个人信息的新条款。(4)**《中华人民共和国数据安全法》**:2021 年 6 月 10 日,第十三届全国人民代表大会常务委员会第二十九次会议通过了《中华人民共和国数据安全法》,该法于 2021 年 9 月 1 日起施行;该法旨在"规范数据处理活动,保障数据安全,促进数据开发利用,保护个人、组织的合法权益,维护国家主权、安全和发展利益"。(5)**《中华人民共和国个人信息保护法》**:2021 年 8 月 20 日,第十三届全国人大常委会第三十次会议表决通过《中华人民共和国个人信息保护法》,该法自 2021 年 11 月 1 日起施行;该法对"保护个人信息权益,规范个人信息处理活动,促进个人信息合理利用"的若干问题进行了详细规定。

6. 大数据时代隐私的消逝:(1)**大数据时代的隐私问题现状**:身处信息社会、媒介化社会及大数据时代,每个人都成了身处"全景式监狱"中的"透明人",所有使用新媒体设备的网络用户都将自己的个人身份信息、偏好信息和行为信息交给了自己无法掌控其用途的第三方机构。(2)**数据泄露随时都有可能**:数据泄露即数据系统被恶意破坏或隐私数据被非法交易。数据是各类营销、广告服务商迫切需要的重要资源,这些数据一旦缺乏必要的保护措施,就有随时被泄露的可能性,且在庞大的技术和资本面前,孤立的个人基本上束手无策。(3)**隐私数据与数字劳工**:互联网机构通过采集和加工用户数据并将数据转变为资源和财富,数据的真正拥有者却成为互联网机构的数字劳工,不停地为互联网机构提供原始资料却时刻忍受着来自互联网机构的剥削,更为严峻的现实是,用户对互联网机构的剥削形成了严重依赖。(4)**公私数据的界限问题**:新媒体的发展使得私人领域不断向公共领域过渡,一方面,分享的便捷性使部分属于私密场景中的交流记录具有随时面向更多受众公开的可能；另一方面，新媒体催生了连接公共空间与私人空间的过渡地带（如微信朋友圈等），使私人数据与公开数据的界限模糊。

7. 服务优化与隐私让渡的关系：（1）问题的提出：近年来有一种观点颇为盛行，该观点称，为了更好地提供服务，用户必须让渡自己的隐私，而用户所让渡的隐私越多，自己所获得的服务的质量越高。相近的命题是，科技越发达，每个人的隐私暴露得就越多，用户为了使用权要让渡隐私权。**（2）观点的依据：**对用户人口统计学数据、媒介数据和消费数据进行精准的收集、分析是技术服务水平、能力、质量得以优化的前提，精准数据收集越多，运营商提供的服务就越具有针对性。**（3）观点的批评：**该观点格外强调了运营商、服务商收集用户数据的合理性和必要性，淡化自己所应承担的保护用户隐私权的责任，极容易成为商业资本过度收集及滥用用户隐私数据的借口。**（4）实践困境：**部分商业互联网机构以提供使用权或更加优质的服务为由头疯狂攫取用户隐私数据，在拥有大量可支配隐私数据的同时却没承担与之匹配的责任，而部分商业互联网机构又以实名制等法律规范为法律依据获得了收集用户数据的正当理由。**（5）规范措施：**正确的原则应该是"掌握信息越多，机构责任越大"，商业互联网机构在拥有大量用户隐私数据的同时，要通过制度、机制、技术等各种方式强化主体责任，而管理及司法机构应加大监督、惩处、执法的力度。

8. 互联网空间中的"被遗忘权"分析：（1）"被遗忘权"的含义：欧盟将"被遗忘权"定义为"数据主体有权要求数据控制者永久删除有关数据主体的个人数据，有权被互联网所遗忘，除非数据的保留有合法的理由"。简而言之，"被遗忘权"指代无关公共利益的个人信息在个人并不需要的情况下有请求平台删除其记录的权利。**（2）"被遗忘权"的背景：**人类社会迈向数字时代之后，得益于信息分享技术、信息传播技术、信息存储技术和信息处理技术的飞速发展，历史记忆、信息痕迹被永久保留成为可能。在任何信息均可"被永久记忆"的背景下，部分无关公共利益又会对个体产生消极影响的信息就有"被遗忘"的必要。**(3)"被遗忘权"的限度:**"被遗忘权"并不适应以挑战公序良俗和法律法规底线进行公共表达的情形,也不能对"被遗忘权"的边界、范畴进行无限的扩大解读,否则可能会在客观上形成对网络表达随意性的支持态度,进而引发网络秩序失序问题。**(4)"遗忘"作为权力:**"被遗忘权"不仅被视为一种"权利"(right),还被视为一种"权力"(power),如政客及资本基于某种利益需要,操纵平台和技术使某些信息不可见;而与"被遗忘的权力"相对应的"记忆"又被视为一种反权力,比如,将这些信息写入不可篡改、不可删除的区块链平台。

9. 个性化广告推送中的隐私权:(1)个性化广告的合理性:广告既是正当的盈利模式,也是活跃市场经济的推动力量;个性化广告具有精准定位、提升效率、节省成本的明显优势,是广告行业发展到大数据时代的必然产物,因而应鼓励和支持正常、合理的个性化广告行业的发展。**(2)个性化广告的伦理问题:**个性化广告解决的是用户需求与海量产品供给之间的不对称问题,因个性化广告是以"服务消费者"为噱头的营销和广告行为,因而应以互联网用户的"知情同意"为前提,坚持"最小收集"原则,尊重用户的自主选择的权利。**(3)个性化广告中的双重剥削:**个性化广告中的用户同时扮演产品消费者和数据生产者的双重身份,即用户既在消费广告商所提供的产品(第一层剥削),同时作为无偿劳动力为平台生产数据(第二层剥削);此外,作为个性化广告用户的消费者还面临隐私泄露、算法剥削、信息滋扰等潜在问题。

专题07　数据安全

据多家媒体报道，2021年6月，第十三届全国人大常委会第二十九次会议通过了《中华人民共和国数据安全法》（以下简称《数据安全法》），并于2021年9月1日起施行。《数据安全法》是数字时代中国以保护数据安全为目标的专门性立法，将数据处理纳入法治化管理范围，是落实国家总体安全观的要求，也有助于保障个体、组织、机构与国家的数据安全。近年来，数据安全相关问题频发，既有平台经济大规模发展带来的数据垄断问题，也有数据不当使用引发的侵权及伦理问题。

1. 数据安全立法的必要性分析：（1）数据安全成为非传统安全的一部分： 数据是一个国家的基础性战略资源，更是非传统的重要组成部分。非传统安全是指传统安全领域外的新安全挑战，它指一切免于由非军事武力所造成的生存性威胁的自由。网络安全已被纳入《中华人民共和国国家安全法》治理范畴，传统安全领域的问题已有数据化趋势，因此，没有数据安全就没有国家安全。**（2）数据安全立法使数据治理有法可依：** 在数据收集及处理技术迅速发展的大数据时代，个人数据、部门数据、组织数据、行业数据、公共数据等均面临着严峻威胁，对数据处理进行科学管理需要有明确的、专门性的立法，以明确数据安全治理各主体的责任、权利与义务，使数据安全问题治理有法可依。**（3）有利于提升数据治理的现代化水平：** 数据是重要的基础性战略资源，推出专门性法规有利于保护个人、组织与国家的数据权益，有利于维护数据安全，有利于促进数据资源的有效流通和价值转化，有利于提高数据安全治理和数据资源开发利用的水平。

2. 数据安全治理的法治化问题：（1）推动数据安全治理：为有效推动数据资源开发和利用的公共性、公平性和安全性，使数据安全治理各项活动的科学化水平与人类社会的数字化进程相适应，需要建立健全数据治理的法律制度体系，推动《数据安全法》全面落实，强化促进数据有效利用与有效保护数据安全并重的法律、制度、机制建设。**（2）有效的法治化治理是根本：**数据治理的根本性问题是既要确保数据价值的有效开发，又要确保数据的开发和利用将国家利益、民众利益和公共利益放在首要位置；数据治理是数字时代的重要命题，"万物皆数"的背景下法治化、制度化手段对各类数据处理主体进行管理约束，而依法治理是关键。**（3）推动多方协同治理：**数据信息安全问题需要政府、市场和社会三方力量协同参与，其中，政府及其具体业务管理部门是政策、制度、标准的制定者，提供平台规范、引导的方向；市场各类主体在遵循国家法律法规的前提下，参与有序竞争，积极承担法律责任、社会责任和道德责任，形成资源的良性互动和高效率配置；社会作为平台服务的使用者和监督者，拥有诉诸法律、舆论保护个人合法权益的正当权利。**（4）有为的政府与有效的市场：**强化数据安全治理需要解决的关键性问题是优化"制度—资本—平台"之间的结构关系，避免资本支撑下的技术与平台在联姻后形成凌驾于国家权力和人民利益之上的寡头；中国历经改革开放40多年来的实践与探索，形成了一整套成熟、科学的驾驭资本并让资本和技术赋能社会各项事业发展的制度机制；国家有关部门对部分平台进行治理体现国家治理能力和治理体系的现代化水平的提升，也体现出国家积极治理、依法治理、科学治理、有效治理的思路理念。

3. 大数据时代的生态平台及数据资源垄断：（1）平台经济的兴起：在大数据时代，数据成为重要的战略资源，在数字技术支撑下，基于差异化功能定位、业务场景开发所缔造的新型互联网平台不断拓展其结构、空间、产业布局，形成了以用户、数据、流量高度集中为特征的平台生态系统；**（2）平台经济中的数据垄断**：在数字技术跃迁式发展过程中，部分拥有先发优势的平台不断加大流量、资本、技术和数据的集中程度，实现自身由"平台生态系统逐渐向生态型垄断演化"[①]，进而拥有了近乎垄断性的数据资源。**（3）数据资源开发和利用**：以商业利益为首要目标的新型互联网平台凭借其占有的垄断性数据及不断优化的算法系统，进一步强化了其生态系统的霸权地位；这不仅带来一般意义上的算法歧视、算法剥削、违规交易、侵犯隐私、数据滥用等数据治理难题，还可能出现大规模数据被过度收集并滥用至事关国家安全的领域；如有学者认为，部分数据事关国家利益，一旦出境可能威胁国家安全。**（4）数据治理的现实难题**：平台掌控方兼具规则设计者、资源支配者和利益获得者三重身份，形成了"用户＜平台＜资本"的不平等结构，算法依据资本诉求及市场逻辑对平台进行设计，巩固平台的强势地位；同时其业务范畴又不断下沉至民众日常及公共生活的若干场景，用户对平台的严重依赖、平台对大规模数据的垄断性占有，进一步加剧了生态平台的治理难度。

  4."**大数据杀熟**"**现象的政治经济学分析：（1）**"**大数据杀熟**"**现象的本质**："大数据杀熟"在本质上是商品及服务平台以供需双方信息的不对称为前提，依托用户历史数据生成用户消费习惯、消费偏好、消费能力的精准画像，滥用大数据分析等技术手段，侵害消费者知情权及公平交易权的价格欺诈行为；有学者称其为"数字鸿沟、算法的不透明性以及算法权力的异化从而导致的定价算法治理问题"[②]。**（2）**"**大数据杀熟**"**现象的诱因**："大数据杀熟"的直接原因在于平台基于利益最大化对垄断性和个人隐私性数据的过度开发和滥用，其客观条件是平台经济所设定的消费场景是"平台—个人"的信息不对称机制及平台所掌握的数据和算法处于不受社会及管理部门监视的盲区。

---

  ① 陈兵、林思宇：《"数据＋算法"双轮驱动下互联网平台生态型垄断的规制》，载《知识产权》，2021年第8期，第43-64页。
  ② 文铭、莫般：《大数据杀熟定价算法的法律规制》，载《北京航空航天大学学报》（社会科学版）[2021-09-29].https://doi.org/10.13766/j.bhsk.1008-2204.2021.0250.

（3）"大数据杀熟"的治理难题："大数据杀熟"明显损害消费者的知情权和公平交易权，通过传统的立法、行业自律及社会监督很难形成可操作性强的治理机制，而"大数据杀熟"与因质、因时、因量而异的价格设定的区别、算法技术的更新迭代等都会加大治理难度。（4）"大数据杀熟"的治理举措："大数据杀熟"的治理要克服的根本问题包括数据资源的垄断性、算法过程的不透明性和价格信息的不对称性；其治理要义是以"科技向善"的理念支撑，从立法、执法、司法与守法四个层面完善个人信息保护的制度法律及数据提供者、拥有者、管理者、使用者权责利相匹配的责任体系。

案例 9　数据垄断视角下的数据安全

案例背景：2021 年 7 月 4 日，中共中央网络安全和信息化委员会办公室发布《关于下架"滴滴出行"APP 的通报》，通报指出，经检测核实"滴滴出行"APP 存在严重违法违规收集使用个人信息问题，通知应用商城下架"滴滴出行"APP，并令其整改。另，在对垄断性数据资源进行精准分析的基础上达成某些非公共利益的目标也成为近年来一种典型现象，如 2016 年美国大选期间的"数据门事件"中，Facebook 将其 5000 万用户的数据信息"打包"给剑桥分析公司，这在一定程度上影响了美国大选走向。

案例解析：（1）**数据垄断营造"全景监狱"**："全景监狱"是法国哲学家福柯对人类社会控制方式的一种比喻。在传统社会中，社会管理者主要通过信息不对称的方式来实现社会治理；网络社会中，一些数据平台通过收集庞大的用户信息，形成一对多的俯视，犹如站在金字塔式的监狱顶端监视所有人，从而对用户实施监视与控制。（2）**数据主权或受威胁**：数据主权是指网络空间中的国家主权，体现国家作为控制数据权的主体地位。近年来国内外部分平台违规收集并违规使用数据的案例，也从侧面反映出网络平台对于数据的垄断对国家数据主权安全可能带来的威胁。同时，由于数据鸿沟的存在，也难以保证数据发达国家对数据欠发达国家数据主权的侵犯。**（3）原始数据的跨境流动**：在事关数据安全的若干重要命题中，大规模数据的跨境流动是重要风险点。数据主权国家主权的重要组成部分，其个人数据、公共数据、市场数据、地理数据等都关乎国家和人民的重大利益，因而在法律和制度的设计上需要充分考虑数据跨境流动的风险，从各国及国内的实践来看，通用措施是：强化对原始数据的保护及脱敏处理，强化对跨境流动数据的法律规制与安全审查。**（4）强化数据处理的依法治理**：数据治理纳入法治轨道，明确多方治理主体的权利、责任、义务，用法治手段推动数据处理的有效性、可用性、安全性和公共性，进一步明确党管数据的基本原则和基本立场，进一步建立健全数据安全管理的行为规范和行业标准，提高数据技术应用、各类数据处理及数据安全治理的法治化、科学化水平。

专题 08　舆论圈层

新媒体加速网络用户个体之间连接以形成共同体的同时，也制造了人群的分化，这些分化在此前阶层分化的基础上呈现出基于兴趣、价值观、政治信仰等的细分，以此导致价值观念的板块化、思维方式的割据化，甚至带来不同群体间的紧张对立状态。从有利于社会的有机团结的视角来看，"破圈"是一个亟待解决的难题。

1. 舆论圈层化问题的提出：**（1）舆论圈层化现象的提出**：2020年新冠肺炎疫情防控期间，部分议题、事件引发一定争议，个别情况下部分争议性议题不仅存在群体性观点、情绪、意见上的对立，甚至还出现群体间大规模的舆论骂战，这种现象被传媒界称为舆论的圈层化现象，但舆论圈层并非仅仅表现舆论阵营的对立，也包括异质群体间的沟通壁垒。**（2）舆论圈层的界定**：基于身份及文化上的相似性的媒介用户借助社交媒体和互联网群组形成的具有突出的群体认同特征且结构相对稳定的舆论共同体。舆论圈层化是新近伴随着社交媒体凸显的一种新的传播生态，也是社会现实中基于身份、文化、信仰、兴趣等形成的群体传播现象在互联网空间中的新表征。**（3）舆论圈层的分类**：根据圈层与社会上占主导地位的文化观念的关系可以分为主流文化圈层及亚文化圈层，根据圈层所聚焦内容的差异可以分为职业类圈层、兴趣类圈层，根据圈层中的地域意识可以分为地方性舆论圈层、国别舆论圈层和国际舆论圈层等，根据舆论圈层的公众知晓度可以分为公共舆论圈层和非公共舆论圈层。

2. 舆论圈层现象的生成:（1）舆论圈层现象由来已久：信息传播的圈层化现象一直存在，这是媒介形态特点、媒介技术属性、信息平台机制及媒介机构定位与媒介内容差异、媒介用户特征差异、整体社会文化氛围、话语表达体系差异等综合作用的结果（如针对某一特定群体的报纸、专门服务地方的媒体）；社交媒体时代，网络传播的结构化特征沉淀、聚合和放大了不同圈层。**（2）概念溯源**：南振中先生提出的"两个舆论场"概念实质上就是舆论圈层现象的典型，只是在南振中先生提出该概念的背景下，不同的舆论圈层之间鲜明的差异以及由此带来的不同圈层间的对垒和冲突极为罕见，更多表现为舆论指向焦点、舆论立场倾向的差异性，各个舆论圈层仅模糊地区分为官方舆论场和民间舆论场。**（3）圈层化的凸显**：新媒体尤其是社交媒体的发展使各类异质性群体迁移至互联网空间，并通过社交媒体和互联网群组的连接、聚合能力形成了结构相对稳定的小团体。各个小团体凭借"业缘""学缘""趣缘"及价值观等的相近性介入社会公共议题讨论，并以此强化共同体意识、争取话语权力、拓展圈层边界。

3. 舆论圈层与舆论表达机制:（1）群体传播现象：舆论圈层现象是一种群体传播现象，表现为一定数量的人在特定的时间和空间进行聚合后所进行的传播现象及由此所缔造的舆论群体。其特点符合一般群体传播的特点，即时间和空间的聚集性，相似相近的舆论内容指向，受到群体文化氛围、群体明规则及潜规则的影响等。**（2）传播形态与机制**：舆论圈层内的意见、情绪、态度指向具有很强的相似性，这种相似性由群体成员的性别年龄、文化程度、社会观念、价值信仰、兴趣爱好、心理特征等因素影响，故而借助群体暗示、群体感染、群体模仿等机制形成圈内的舆论及情绪的共振；在成员流动性偏弱、跨群体交流较少、圈层隐蔽性较强的背景下，舆论圈层容易固化。**（3）社交舆论圈层**：社交媒体种类繁多、信息平台迭代迅速、平台选择多样化的现实状况加速了若干社交舆论圈层的形成；以平台为中心建构的舆论圈层，以职业、兴趣、年龄及价值观建构的舆论圈层加速了舆论的层级化分布。

4. 舆论圈层化的社会影响：（1）精准营销手段：某一个特定的舆论圈层往往意味着在年龄性别、兴趣爱好、思维方式、价值观念、消费习惯等方面的相似性，因而在舆论圈所持有的价值观念与主流文化圈并不冲突时，对特定的舆论圈层进行有针对性的营销是社群营销的一种常见策略。但在大多数情况下，对舆论圈层化现象的讨论多集中在冲突方面。**（2）抑制个体表达**：圈子以不对等的权力关系等对成员进行约束和限制，舆论圈层内的集体意志会抑制个人意志的正常及理性表达，个体为了维系圈层中的地位与关系，需要付出一定的成本和代价；同时，出于抱团取暖、利益交换等因素考虑，多数个体很难完全脱离圈子而存在。[①]**（3）产生回音室效应**：社交媒体建构基于关系连接的圈层传播模式，在这种强关系的传播圈中，以随声附和以及价值观趋同居多，在加强传播圈层中各个节点间黏性、减少关系割裂的同时，不同的圈层空间内部更易于达成共识，从而产生回音室效应。**（4）影响舆论秩序**：舆论圈层内的成员多拥有相似的价值观念、思维方式和行为方式，一旦该舆论圈中的成员所秉持的价值观念、思维方式和行为方式与社会大众所普遍接受的价值观念等有所差异，"出圈"的过程也就意味着舆论震荡的发生，甚至在极个别的情况下会产生有组织的网络暴力。

5. 个别舆论圈"出圈"争议：（1）部分案例简述：2020年上半年，有部分亚文化圈"出圈"事件或案例获得较大关注度，如"饭圈""祖安文化"等的出圈；"饭圈"舆论"对战"引发舆论暴力、"祖安文化"对脏话的渲染等都引起极大关注，部分案例还多次为中央级主流媒体报道。**（2）"出圈"的界定**：所谓"出圈"指的是游离于主流文化系统之外的文化圈层，由不为人知的状态转向公共空间，并为该文化圈层外的公众所知晓的过程。**（3）"出圈"的原因**："出圈"带有较强偶然性，原因较为多元。例如，圈层成员共享的价值观

---

① 彭兰：《连接与反连接：互联网法则的摇摆》，载《国际新闻界》，2019年第2期，第20-37页。

念、共同利益产生了"被侵扰"感,圈内成员在公共空间的表达被外界关注,不同文化圈因存在利益层冲突,特定文化圈借助公共议题为自身争夺资源及话语权等。

专题 09　信息疫情

1. **"信息疫情"现象的提出：**（1）**现象简介：** "信息疫情"是一个形象的比喻，指在疫病发生后在信息层面存在的有害内容，这些内容往往会影响、制约及阻碍疫情的防控、治理，如网络谣言、流言、虚假科普信息及其他各类影响、分散疫情防控工作顺利进行的信息。（2）**概念词源：** 历史上每次重大传染病的出现都伴随着"信息疫情"的发生；有害信息、非重要信息的大量流传为民众有效信息的获取制造了障碍。早在 2003 年"非典"流行期间，健康分析家罗斯科普夫（Rothkopf D.）就采用"信息疫情"（infodemic）一词描述当时的情形。（3）**概念界定：** 西尔维·布莱恩（Sylvie Briand）将其定义为，在重大传染病防控过程中，过多信息（正确或错误）的传播反而导致人们难以发现值得信任的信息来源和可以依靠的指导，甚至可能造成焦虑、恐慌，对人们的健康产生危害。认识、理解和控制"信息疫情"有助于人们对疾病疫情的应对。[①]

2. **"信息疫情"的表现及特点：**（1）**具体表现：** 有害信息（如错误的知识科普）、虚假信息（如流言和谣言）、信息过载（信息在单位时间内的更新超过受众的消化能力）、情绪化信息（渲染恐慌、焦虑舆论氛围，不阐释真相，也无助于问题解决，只增加焦虑）、低质信息（大量无效、冗余、嘈杂和同质化的信息，压缩了高质量声音的传播）、网络暴力（包括"污名化"信息、语

---

① 世界卫生组织：病毒之外，"信息疫情"同样会危害健康［EB/OL］.［2020-02-29］. https://www.sohu.com/a/371954692_139908.

言暴力等)。**(2) 传播特点**：单位时间信息更新的频率、更新的速度极快，大量同质化信息、价值密度较低的信息充斥互联网空间，同一时间内大量的信息涌入传播渠道带来信息过载，同主题且形态、内容、角度多样的信息充斥所有的互联网渠道，信息传播的过程中市场掺杂形态多样、内容繁杂的谣言、流言、传言、封建迷信等有害信息。**(3) 社会影响**：挤压高质量权威信息的生存空间，削弱政策类、科普类信息的传播效果，误导政府及疾控部门和社会大众的决策，刺激和助长特殊状况下的不稳定情绪，导致社会信任体系的割裂和信任资本的消耗，影响疫情防控和复工复产的整体舆论氛围。

3. "信息疫情"带来的影响：**(1) 干扰网络舆论**：不少文章采用"权威来源""理性分析""行业观察"等极富欺骗性的方式传播了失实、失真、有害、误导性的信息，为正常的舆论表达设置了障碍，挤压了权威、科学信息的传播。**(2) 迎合网络民粹**：在涉及民族情感、民族情绪上，阐释中国体制优越性的声音将会极大振奋民众的情绪，但部分自媒体将爱国当成生意，极容易迎合甚至煽动网络民粹情绪。**(3) 误导官方决策**：此类信息往往较具有诱导性和欺骗性，以理性分析的外衣对宏观方面的国际关系、国际格局进行"分析"，或以"报道事实"的姿态编造迎合民众猎奇心理的文章，影响官方的决策，甚至制造外交冲突，如"海外华商"系列及"渴望回归中国"系列自媒体文章。

4. "信息疫情"产生的原因：有学者认为，"信息疫情"是"由主流媒体、专业媒体和互联网站点之间的交互作用引起的复杂现象"[①]。本书认为，"信息疫情"主要是公共危机事件发生后环境的不确定性、公众应对外部不确定性的紧张心理在新媒体平台上综合作用的结果。**(1) 社会心理原因**：重大疫情发生后，社会民众对疫情发展形势状况、疫病对自身可能带来的影响、个人应对疫情的手段做法等存在紧迫信息需求，个人应对外部环境不确定性的信息

---

① Rothkopf, D. When the Buzz Bites Back [EB/OL]. Retrieved from: https://www.washingtonpost.com/archive/opinions/2003/05/11/when-the-buzz-bites-back/bc8cd84f-cab6-4648-bf58-0277261af6cd/.2020-09-08.

需求使互联网产生"信息疫情"滋生的土壤。**（2）网络平台原因：**疫情相关信息以网络化、去中心化的方式进行传播，使大量的信息因生产主体的匿名性和流动性难以追溯其来源并确认真实性；信息发布平台的多元化、用户分布的多平台化导致权威信息有难以触达的盲点。**（3）信息供需机制：**疫情相关信息属于专业性较强的信息，高质量信息由专业语言转化为通俗语言的过程中遇到障碍，低质量信息迎合受众趣味但不能满足用户需求；权威机构发布的信息与公众紧迫需求的信息存在一定的偏差，客观上推动了大量熟悉网络传播规律、洞悉用户需求的非专业生产者活跃。**（4）商业资本推动：**权威信息有效供给与用户紧迫需求之间的矛盾为商业资本找到了可乘之机，商业互联网机构、商业自媒体平台、网络自媒体用户、商业营销机构等大量生产具有导向性的信息，或"贩卖焦虑"，或兜售"防控良方"，实现流量、商品及服务的变现，从而导致大量鱼龙混杂的信息涌现。**（5）常态措施失灵：**重大公共危机事件中的社会心态、信息秩序、公众情绪等较为复杂，常态的有害信息防控和舆论秩序管理机制难以应对非常态背景下极其复杂的情况；多渠道、多主体、多平台、多样态及运用新技术手段发布疫情相关信息增加了疫情信息分析、研判及响应的难度。

5. **"信息疫情"的应对举措：（1）信息发布机制建设：**建构由卫生专业部门、政府职能机构、权威媒体及各级各类资讯平台有效联动的信息公开、发布及科普、宣传机制，形成常态化的防疫科普机制和突发状态下疫情信息发布的紧急响应机制。**（2）健康信息素养教育：**持续推进媒介素养教育尤其是新媒体素养教育，同时在既有媒介素养教育的基础上，延伸公共卫生安全素养教育、公共健康信息素养教育等垂直领域，将其以通识课程的形式纳入国民教育的范畴，不断提升公民健康信息素养水平，增强其抵制"信息疫情"的能力。**（3）强化平台的公共责任：**重大疫情信息的有序科普、有序传播需要全社会共同承担积极的责任，各级各类具有资讯发布与传播功能的互联网平台、手机客户端都需要无条件地将疫情防控方面的科学信息、权威信息放在重点位置、显著位置，并进行置顶、及时推送，确保权威信息全平台全角落覆盖。**（4）行业意见领袖的作用：** 应积极壮大医疗、卫生、科普行业的知识群体，将疫情防控权威信息的科普主体力量由极少数的权威人士转向数量庞大的垂直领域的意见领袖（如新冠肺炎疫情期间，钟南山等权威人士是极为稀缺的宝贵资源，而医院、医学院的专家、医生、学者甚至医学院的学生不仅数量庞大且能发挥积极作用）。**（5）算法导流机制：** 采用大数据挖掘、分析及预判机制，对民众最关心的议题进行摸排，以此建立有针对性的信息推送机制；各类具有分配注意力资源能力的平台（如搜索引擎）通过大数据匹配，一旦用户检索特征性关键词，则优先推荐来自世卫组织、疾控办、科学家所提供的准确、权威信息。**（6）话语转化能力建设：** 新媒体的网络化、去中心化传播结构使此前由大众媒体所扮演的话语转述者的角色缺失，故而在专业信息的发布上面临着从专业语境到大众语境的过渡难题，疫情防控相关信息的传播必须提升话语转化的能力，为此需要培养"健康专业＋新闻传播"的交叉型、复合型人才（如部分院校设置的"健康传播"方向）及"专业化→通俗化"的科普类平台（如丁香医生）。

6. 应对"信息疫情"的海外经验及中国方案：（1）海外经验： 联合国教科文组织成立全球媒介信息素养联盟，邀请世界各地学者开展多场以媒介信息素养为主题的网络研讨会，帮助人们应对疫情期间复杂的信息环境。欧盟委员会与在线平台、社会网络和广告商等领域负责人合作推行"自我规范行为准则"以提升民众信息素养和网络透明度。谷歌搜索引擎针对新冠病毒相关的搜索启动"SOS Alert"的搜索机制并优先显示世卫组织等官方机构提供的信息。**（2）中国方案：**《"十三五"国家信息化规划》部署了提升国民信息素养等重点任务。在《教育信息化2.0行动计划》中已将"信息素养全面提升行动"列入八大行动之一。2020年7月，广东省率先将媒介素养教育纳入小学课程体系。疾控中心、央广总台及时发布疾病动态、医疗救助、决策部署等信息，普及防疫知识。抖音发布《关于新型冠状病毒肺炎相关谣言专项治理的公告》治理平台谣言,腾讯、丁香医生等为用户提供辟谣服务。中国建立了"横到边、纵到底、全覆盖"的新闻发言人制度及立体化、滚动化、无间歇的权威信息发布体系。

第 03 章　新闻传播规范

专题 01　涉法报道

涉法涉诉话题是新闻媒体比较感兴趣的报道领域，尤其是争议性较大的涉法涉诉案件更容易在极短时间内引发社会的高关注度；涉法涉诉新闻话题在报道的过程中，不仅要遵循一般的新闻传播规律，更要具备较高的法治素养；新闻报道和信息传播需要遵循现行法律法规。

1. 涉法报道的规范与原则：（1）涉法报道的基本原则：新闻媒体在进行涉法涉诉新闻报道的过程中，除却要遵循一般的新闻报道所应该秉持的客观、公正、公平等原则并尊重受众知情权、保护当事人隐私权等义务外，还要坚持依法报道原则、谨慎监督原则、影响预估前置原则、媒体间转载审慎原则。**（2）涉法报道的特殊原则：**民事案件报道的特殊原则（各方当事人同时发声地位平等+涉诉案件不做判断性评论）、涉及行政法律案件新闻报道的特殊原则（具体行政行为要围绕合法性进行报道+抽象行政行为只能给出建议）、刑事案件报道的特殊原则（不发血腥内容、不发妨碍案件侦破的内容、不做定性报道、不介绍详细作案手段、保护受害人隐私、不做娱乐化报道等）[①]。**（3）正确处理三组关系**：新闻机构和媒体人应正确看待自己的角色、了解所承担的责任和义务，对涉法涉诉新闻案件进行报道时要在尊重法律依据、法律事实的基础上，正确平衡好传播信息与舆论监督的关系，正确处理法、理、情三者之间的关系，正确处理好新闻报道过程中的时、度、效关系。

2. 涉法报道中的记者素养：**（1）新闻专业素养**：媒体人应接受系统化的专业训练并具备新闻传播学的专业知识，熟悉中国新闻政策，掌握新闻报道的技巧，熟悉中国语境下新闻报道的使命、任务，掌握互联网新闻信息传播的规律和技巧。**（2）法律专业素养**：涉法涉诉新闻报道除却要求媒体人应该掌握一般新闻报道的职业技能，遵守新闻报道的伦理规范之外，还需要了解社会主义法律规范，具备涉法涉诉垂直领域的基本知识。**（3）承担科普任务**：涉法涉诉新闻报道的目的是实施舆论监督功能，同时承担教育大众、传播知识、弘扬社会主义法治文化及提升大众法治素养的责任，故要遵循"法律框架＋专业知识＋大众语言"的传播规范。**（4）恪守职业边界**：涉法涉诉新闻报道遵守法律、法规和职业道德，做到实施舆论监督但不干预司法、满足公众知情权但不侵犯隐私、报道方式通俗但不庸俗、新闻坚持受众导向但不刻意迎合受众、聚焦新闻事实但不放大矛盾冲突。

3. 涉法报道中的舆论失焦问题：**（1）概念内涵**：新闻媒体和社会舆论在讨论具体的涉法涉诉议题时，受各种主客观因素的影响制约，导致舆论议题偏离对事实真相、事件本质的核查，出现舆论议题偏离正常轨道。**（2）具体表现**：传播活动可以分为信息流、意见流和影响流，舆论失焦表现为"意见流"集中趋向某一偏离中心的议题（如在事故性新闻报道中，舆论议题偏离对真相的分析而转向对英雄个体的表扬），或呈现出多个与中心议题无关的议题（如犯罪题材新闻报道格外聚焦若干不重要的细节）。**（3）产生原因**：舆论主体在

---

① 郑寅:《新形势下涉法案件新闻报道原则探析》,载《东南传播》,2014年第3期,第138-139页。

互联网背景下日渐多元化，不同群体的信息偏好、知识结构、兴趣动机、生活经验等都各不相同，网络传播的圈层化、部落化等特征使舆论议题较难形成共识，加之新闻媒体在报道此类新闻时往往倾向于进行软化处理。**（4）反思意义**：舆论失焦表现为一种"舆论不一律"现象，体现受众话语权、表达权和主体性的提升，但舆论失焦现象也将掩盖事实真相，使责任主体逃避法律制裁，也会稀释媒体的公信力、引导力，遮蔽公众对案件、议题的深度思考。

4. 涉法涉诉新闻报道中的四种事实：（1）涉法案件的社会真实：涉法涉诉案件中不以人的主观意志为转移的客观存在即为社会真实，是人的生产、生活或其他物质实践及精神交往过程中所生成的事实，对于司法机构和新闻媒体而言，要尽可能依据专业知识挖掘和还原真相。**（2）经法律程序认定的事实**：社会事实经过当事人及当事人的委托人基于相关证据、证据链，经过举证、相互质证等若干环节后，由法官和陪审团确定的案件事实；经过法律程序认定的事实是司法审判的依据。**（3）新闻媒介所呈现的事实**：新闻媒体及媒体人通过调查、采访，基于自己的知识结构、社会经历、专业素养等，对社会事实进行抽样、筛选、加工、整合之后形成的以媒介文本所呈现的事实。**（4）大众所认知的事实**：受众基于社会事实、媒介事实和法律事实进行的认知，是人们头脑中对社会事实产生的印象及价值判断。其中，大众的生活阅历、道德传统、文化修养、法律素养、主观偏见等都会影响到其头脑中的认知框架，在互联网信息传播碎片化、情绪化、娱乐化背景下，受众不仅要提升媒介素养，也要提升法律素养。

5. 涉法涉诉话题引发争议的原因：（1）事实认识标准的差异：司法机构在面向公众进行传播时偏向严格的法律程序来讲述法律事实，大众媒介、新闻记者对社会事实的建构及传播往往遵循传播的逻辑（导向＋市场），大众往往遵循基于朴素情感、道德伦理和生活常识的消费逻辑形成对社会事实的认识。**（2）事实修辞的差异**：在对事实进行再现和传播的过程中，公检法司机构的修辞严格遵循法律论证逻辑，具有极强的专业性，在多数情况下易造成普通公众的认知壁垒;新闻媒介的面向群体主要为一般大众,故话语修辞一般遵循通俗化的市场导向或受众导向逻辑,在专业性与通俗化难以兼顾的背景下,往往倾向于服从大众的舆论;一般大众则借助朴素情感对案件事实进行传播、讨论,倾向于通俗化、情绪化和娱乐化的表达。

专题 02　法律规范

1.《中华人民共和国网络安全法》(以下简称《网络安全法》)解读:(1)《网络安全法》出台背景:①互联网空间成为"国家发展新疆域""国家治理新领域""人类活动的第五空间",网络安全问题成为事关国计民生的重大现实问题,也是备受全世界关注的紧迫问题,需要有一部规范、严谨、科学和权威的法律出台来保障网络安全。②网络空间不是法外之地,但网络空间的治理必须做到有法可依,但此前更多将行政命令、规范性文件等作为执法依据,缺乏权威性、威慑力和可操作性。③长期以来我国在互联网治理过程中积累了大量的经验,也取得了诸多的成效,这些探索和尝试构成了《网络安全法》出台的前提和保障。(2)《网络安全法》的地位:《中华人民共和国网络安全法》于 2017 年 6 月 1 日开始施行,这是我国首部全面规范网络空间安全管理问题的基础性法律,是我国网络空间法治建设的重要里程碑,是依法治网、化解网络风险的法律重器,是让互联网在法治轨道上健康运行的重要保障。(3)《网络安全法》出台的意义:《网络安全法》作为我国首部网络空间管辖及网络空间治理的基本法,为我国网络空间治理、网络空间秩序建设、网络信息安全维护等提供了高规格的法律依据,有助于解决互联网空间中长期存在的各类风险问题、维护国家信息安全,有助于将网络空间治理纳入法治化轨道,有利于互联网强国战略的推进落实,有利于将互联网新技术这一变量转化为推动社会进步、发展,造福国人的增量。

2.《互联网论坛社区服务管理规定》解读:(1)《互联网论坛社区服务管

理规定》简介：2017年8月25日，国家互联网信息办公室公布《互联网论坛社区服务管理规定》，旨在规范互联网论坛社区服务，促进互联网论坛社区行业健康有序发展，保护公民、法人和其他组织的合法权益，维护国家安全和公共利益。自2017年10月1日起施行。**（2）《互联网论坛社区服务管理规定》出台的社会背景**：网络论坛社区是当前中国兴起较早且有较大用户基础的互联网应用，它依然是网民获取、分享信息的重要平台，在用户的日常生活、工作和休闲中扮演着重要的角色；网络论坛社区中一直存在着大量的淫秽色情、虚假广告、血腥暴力、侮辱诽谤、泄露个人隐私等违法信息问题，对网络用户正常的媒介使用带来干扰，严重影响了网络信息传播秩序，侵犯了公共利益；网络论坛存在的负面问题的整治单靠网民的媒介素养、运营方的自律意识并不能有效解决，更需要以一定的法律规章为依据，以增强网络论坛治理的权威性和合法性。**（3）《互联网论坛社区服务管理规定》出台的现实意义**：有助于加强对网络论坛社区服务的管理，敦促包括运营主体、运维团队、网络用户在内的主体加强自身管理，尊重社会公德，遵守商业道德；有助于解决网络论坛社群一直因匿名、低门槛等原因导致的淫秽色情、网络暴力等有害信息的传播，营造健康、文明的网络环境；《互联网论坛社区服务管理规定》进一步明确了网络论坛服务提供者的主体责任、信息安全保障机制、网络用户实名制等问题，可以有效打击"非法网络公关""有偿删帖"等行为，遏制血腥暴力、侮辱诽谤、淫秽色情等有害信息的传播；有利于营造健康清朗的互联网环境，有助于保障网络论坛社区用户的合法权益，有助于壮大主旋律信息、正能量信息在互联网空间的传播。

3.《互联网跟帖评论服务管理规定》解读：**（1）《互联网跟帖评论服务管理规定》简介**：2017年8月25日，国家互联网信息办公室公布《互联网跟帖评论服务管理规定》，要求自2017年10月1日起施行，网站应对注册用户进行真实身份信息认证，不得向未认证真实身份信息的用户提供跟帖评论服务。同时建立先审后发制度，加强弹幕管理。**（2）《互联网跟帖评论服务管理规定》**

出台的背景：《互联网跟帖评论服务管理规定》的出台旨在深入贯彻《网络安全法》精神，提高互联网跟帖评论服务管理的规范化、科学化水平，促进互联网跟帖评论服务健康有序发展；新媒体背景下的跟帖评论是互联网中新型的网络公共空间，也成为用户进行信息分享、意见表达、观点交流和舆论监督的重要方式，但跟帖评论需要以一个健康、和谐、清朗的网络秩序为前提；新媒体技术使普通用户被赋权为多元化、个性化的表达主体，评论跟帖的热度有时超越新闻话题本身，多元意见的传播有助于汇集民意、实施监督，但也存在着各种乱象；网络暴力、网络公关、网络谣言等问题的普遍存在使跟帖评论成为网络意见表达的重灾区，不仅影响了网民的合法权益，也侵扰了正常的网络传播秩序；互联网不是法外之地，互联网评论跟帖也不是法外之地，在《互联网跟帖评论服务管理规定》出台之前，互联网跟帖评论不仅是监管的空白地带，更缺乏有效治理的政策依据，这明显与依法治国及依法治网的政策不符。**（3）《互联网跟帖评论服务管理规定》出台的意义：**①有助于为依法治理互联网跟帖评论中的负面现象及问题提供政策依据，将网络跟帖评论纳入依法治国和依法治网的范畴；②有助于解决网络跟帖评论中的诽谤、谣言、"黑公关"、"网络水军"等问题，最大限度上保障网络用户的合法权益，捍卫互联网空间的公共性，建构健康清朗的互联网跟帖评论秩序；③进一步明确了网络跟帖评论服务提供者主体责任、跟帖评论服务提供者及其用户自律、跟帖评论服务提供者及其从业人员的权利边界与义务、评论跟帖用户的管理等若干问题，增强了网络治理的针对性和可操作性。

4. 互联网公众账号信息管理政策：（1）《互联网用户公众账号信息服务管理规定》简介： 2017年9月7日，国家互联网信息办公室印发《互联网用户公众账号信息服务管理规定》，旨在"促进互联网用户公众账号信息服务健康有序发展，保护公民、法人和其他组织的合法权益，维护国家安全和公共利益"。该规定自2017年10月8日正式施行。**（2）《互联网用户公众账号信息服务管理规定》出台的背景：**在"两微一端"成为中国网民极为重要的信息获取渠道的背景下，以微信公众号、百度百家号、今日头条"头条号"等为代表的平台面向社会开放注册，使原本并没有接受过规范业务培训的主体成为信息的生产者、发布者和传播者；一些互联网用户公众账号信息服务提供者落实管理主体责任缺失，部分用户公众账号使用者传播低俗色情、暴力恐怖、虚假谣言、营销诈骗、侵权盗版等信息，违反相关法律法规，违背社会公序良俗，带来了极为负面的影响；互联网公众账号的管理需要纳入依法治国和依法治网的过程中，就需要有规范的治理依据，在《互联网用户公众账号信息服务管理规定》出台之前尽管通过约谈、通报、通知等方式发挥了一定的作用，但缺乏持续性和制度化安排。（3）**《互联网用户公众账号信息服务管理规定》出台的意义**：有助于国家有关部门依法对互联网公众号服务提供者和运维者进行监督和管理，确保互联网用户公众账号信息服务提供者和使用者能够坚持正确导向，弘扬社会主义核心价值观，进而培育积极健康、向上向善的网络文化，维护良好网络生态。通过"控制、防御、惩戒"等具体措施，最大限度地确保互联网用户公众账号信息服务提供者和使用者遵守当前的宪法和法律，避免低俗色情、暴力恐怖、虚假谣言、侵权盗版等各种有害信息的生产和传播，为正常信息的传播营造健康的信息秩序。使有关部门对互联网公众号的监管和治理有规可循、有据可依，使依法治国和依法治网的战略能够落到实处。

案例 10 网信办严厉打击网络恶意营销号

背景资料：2020年3月以来，多个网络账号炒作"疫情之下的某国：店铺关门歇业，华商太难了""钟南山：5月疫情将全面暴发"等"标题党"文章，散布虚假信息，造成极为恶劣的社会影响。自4月24日起，国家网信办组织开展网络恶意营销账号专项整治行动，加大惩治力度，对问题严重、影响恶劣的网站平台、网络账号及相关责任人依法依规严肃处置。

案例分析：（1）恶意营销账号的目的是流量变现。自媒体恶意营销账号在本质上是不法内容发布主体利用民众对重要、重大和利益高度相关的事件中的信息需求，通过编造和散布虚假信息，实现流量变现的目的；反映出网络恶意营销账号唯利是图、流量至上的价值导向。**（2）本质是破坏网络公共秩序**。自媒体恶意营销账号是网络公共秩序的破坏者，时常就社会上重要、重大、新鲜的议题发表具有欺骗性、误导性、情绪化、双标性的内容，尤其是在新冠肺炎疫情防控期间，更是频繁制造紧张情绪，误导社会思考，兜售有害思想，干扰公共决策，对健康清朗理性的网络舆论秩序构成严峻挑战。**（3）反映网络空间治理难题**。网络营销账号存之已久，媒介化社会网络信息发布主体的匿名性、流动性特性，网络信息有效、精准的内容核查机制的缺失及新冠肺炎疫情期间社会大众普遍存在的紧张焦虑情绪，在客观上为网络恶意营销账号的生存提供了有利的外部环境。**（4）营销账号治理举措需要革新**。网络恶意营销账号的管理上存在短板问题，突出表现在现有的相关文件、规章（如2020年3月份出台的《网络信息内容生态治理规定》）仅仅要求平台对违法信息发布、转载的账号采取警示整改、限制功能、暂停更新、关闭账号等处置措施，这导致，虽然有害账号被关停，但账号的经营者还可以"换个马甲重生"。**（5）建立与发布主体对应的惩戒机制**。笔者认为，现有治理措施不能有效防止有害账号在被关闭后卷土重来的尴尬问题，巨大的利益驱动和微弱的成本付出难以从根本上铲掉恶意营销账号的生存土壤，当务之急是建立与发布主体而非发布账号相对应的惩戒机制，采用"流量大号""营销账号"前台、后台双实名的举措，并将账号发布者的严重违规行为纳入诚信体系。

5. 互联网群组信息服务管理政策：（1）《互联网群组信息服务管理规定》简介：2017年9月7日，国家互联网信息办公室印发《互联网群组信息服务管理规定》提出，互联网群组建立者、管理者应履行群组管理责任，即"谁建群谁负责""谁管理谁负责"，依据法律法规、用户协议和平台公约，规范群组网络行为和信息发布。**（2）《互联网群组信息服务管理规定》的背景**：互联网群组具有组建便捷、扩展迅速、私密性强、功能强大的特点，已经成为当代社会日常生活的重要应用，并随着移动互联网、社交网络产品的发展而不断扩大其用户规模。互联网群组具有很强的媒体属性及社交属性，它是介于大众传播与人际传播之间的社群传播，是官方和民间意见对接与缓冲的中间地带，在传播信息、解读政策、表达意见、形成舆论的过程中扮演了极为重要的角色。一些不法分子通过互联网群组传播涉淫秽色情、暴力恐怖、谣言诈骗等违法信息，严重扰乱社会秩序，破坏社会稳定。针对这些违法违规行为，在《互联网群组信息服务管理规定》出台之前并没有特别具有针对性的治理依据，或治理依据缺乏可操作性与持续性。社会公众通过网络论坛、自媒体公众平台以及网络群组交流等途径，进行日常生活、社会见闻及公共事务的交流，充分体现了宪法法律所保障的公民知情权、表达权、参与权和监督权；但是，公开的网络传播参与空间更是最接近公共领域的话语形式，它不同于公民完全私密性质的通信自由和通信秘密。这就要求平台创建者、群组发起者、传播者在行使权力的同时，必须权责对应，担当账号及群组运营安全防护、信息审核和网络社群组织管理等责任。**（3）《互联网群组信息服务管理规定》的意义**：将互联网群组纳入依法治国与依法治网的轨道，同时为各职能机构对互联网群组的管理提供了政策依据，有助于建构健康清朗的互联网群组信息传播秩序，最大限度上遏制有害信息的传播，保障公众的合法利益，确保互联网群组造福社会。进一步明确了互联网群组秩序建构、日常管理过程中各个权利主体的责任和言行边界，有助于在权利与义务相统一的基础上，确保互联网群组用户的表达自由。

6.《中华人民共和国英雄烈士保护法》(以下简称《英烈保护法》):(1) **价值意义**:该法第一条指出制定本法的目的是"加强对英雄烈士的保护,维护社会公共利益,传承和弘扬英雄烈士精神、爱国主义精神,培育和践行社会主义核心价值观,激发实现中华民族伟大复兴中国梦的强大精神力量"。(2) **背景分析**:近年来一些以戏说、调侃、篡改、伪造、丑化历史方式宣扬历史虚无主义的自媒体内容不断充斥互联网空间,不仅与当代社会主流的意识形态和价值观念严重背离,更引导了极不健康的历史观、民族观、国家观、文化观;而且在自媒体迅速发展的背景下,这类现象因技术和资本的助推有进一步扩大的迹象。(3) **依法治网**:网络空间治理必须在法治框架下进行,对网络上宣扬历史虚无主义、歪曲和丑化革命先烈的一些做法在治理过程中缺乏富有阐释力的法律依据,而此次《英烈保护法》的出台推动了网络治理的法治化进程。(4) **类似经验**:近年来,中国在互联网治理过程中累积了极为宝贵的经验,除却多方联动、多主体共同治理等具体做法之外,最为典型的经验就是不断通过法律、法规等法制化、制度化的方式确定治理依据,明确治理责任,界定治理任务。

案例 11　社交账号"流量造假"问题分析

案例简介:据《北京日报》《扬子晚报》等多家媒体报道,2019 年 6 月 10 日,北京警方侦破一起利用非法 APP 恶意刷量、流量造假的刑事案件。一款名为"星援"的 APP 通过破解微博加密算法,实现批量转发微博内容,利用粉丝给"爱豆"刷流量的需求,半年内吸金 800 余万元。近年来,某些网络明星发布微博动辄转发超过 1 亿的新闻屡屡见诸各类媒体,相关产业不仅仅局限于微博的点赞、评论、转发,也已经全面覆盖至微信公众号等各类视频网站、视频平台。

案例解析:(1) **原因**:流量造假是互联网时代利用粉丝、明星、影视市场对知名度、曝光度、影响力的格外关注而延伸出的畸形经济形态，背后的支撑因素包括流量与经济收入之间的关系、粉丝群体对偶像的崇拜心理、营销公关机构的商业利益需求和错位的影响力评价机制。**（2）危害：**倡导了以造假、欺骗为方式的不良社会风气，干扰了正常的影视文化市场秩序，导致"劣币驱逐良币"，影响正常的舆论传播与意见表达，助推影视圈对流量数据的盲目崇拜，使明星、艺人和影视作品忽视对演技和作品质量的追求。**（3）对策：**建构以作品质量为中心的行业生态，建立更为科学合理的评价机制来评判影视作品和明星艺人，严肃规范影视市场竞争秩序，杜绝通过数据造假诱导、欺骗投资者、消费者的行为；此外，明星艺人、经纪公司、粉丝群体和网络平台都应恪守社会责任和道德法律底线。**（4）补充：**粉丝群体通过购买流量表达对明星的支持是情感支持和身份认同的错位表达，借助社交媒体和互联网群组，粉丝与明星所建立的关系是一种准社会关系或被称为拟态的社会关系，而这种关系的构成和维系建立在偏激的情感之上，缺乏社会实践基础，也容易为资本所操纵。

专题 03　侵权行为

互联网的迅速发展推动了以各级各类信息传播平台为载体的侵权的行为的出现，侵权的主体、侵权的构成要件、侵权的原因、侵权的客体及侵权的表现方式等发生了较大变化。2021年1月1日起正式实施的《中华人民共和国民法典》格外注重了对各类媒介尤其是互联网延伸出的相关民事权利的保护。

1. 传媒侵权的含义："传媒侵权"指代含义较多，可据场景差异区分几种情形：**（1）以新闻媒介为主体的侵权**：指新闻媒介机构及其所属工作人员为侵权主体的侵权行为及后果。其侵权主体主要为媒介机构和新闻工作人员，侵权客体包括自然人的肖像权、名誉权、隐私权、荣誉权、姓名权和著作权及法人的名称权、名誉权和荣誉权等。**（2）以资讯服务机构为主体的侵权**：指包括传统媒体和各类互联网新媒体在内的机构、平台、应用，在提供信息及服务时存在信息处理不当导致自然人和法人合法权益受损的情况。除一般情况下对肖像权、名誉权、隐私权等的侵犯之外，其侵权主要情形还包扩隐私数据滥用、敏感数据非法交易等特定情形。**（3）以各类平台用户为主体的侵权**：指使用各类信息平台的功能和服务时，对其他用户的合法权益带来的侵害和威胁。其侵权行为根据具体情形包括侵犯隐私权、肖像权、姓名权和著作权等。较为典型的侵权行为包括网络暴力、网络谣言等。

案例 12　展示不文明行为是否侵权

案例简介：记者李某在大街上拍下了市民张某和王某对老人进行侮辱的不文明行为，并登报展示，张某、王某觉得李某侵犯了其名誉权和肖像权。

案例分析：本案例涉及新闻媒介的抗辩事由，针对的是媒介在进行报道时涉及的名誉权和肖像权的侵权诉讼予以回应时的依据。具体分析如下：

（1）针对侵犯名誉权的抗辩事由：①构成侵害名誉权要具备下列要件：行为人实施了侮辱、诽谤等行为并指向特定人，行为人的行为为第三人所知悉，行为人主观上具有过错。但在符合上述侵害名誉权构成要件的基础上，如果行为人具有抗辩事由，仍然可以免责或减轻责任。②在本案中针对侵犯名誉权的抗辩事由：传播内容的真实性（内容属实则不属于侵犯名誉权）、与社会公共利益有关且不以赢利为目的（教育大众倡导尊敬老人的文明行为属于与公共利益相关），新闻媒体及从业人员行使正当的舆论监督职能（本案例中登报展示行为属于行使媒体监督的正常职权，对不正当的社会行为进行的监督和批评）。**（2）侵犯肖像权的抗辩事由**：①构成肖像权侵权要具备以下要件：一是未经本人同意，二是以赢利为目的，三是对特定人产生了某种直接或间接的损害。②本案例中对肖像权侵犯的抗辩事由为合理使用：维护公共利益需要、行使正当的舆论监督，批评不文明的社会行为，并且本案中登报行为并不以赢利为目的，也未曾对张某和王某的肖像做出超出事实的丑化、贬损行为，因而不构成侵犯肖像权。

2. 关于"新闻敲诈"概念释义：**（1）词源出处**：马克思在《法国的新闻敲诈——战争的经济后果》一文中使用该词语，指法国和英国的一些报刊利用臆造的报道或晚发的新闻来获利,"不仅是帮助某些当权人物进行政治投机,而且同样也是帮助某些个人进行交易所投机"。**(2)专业界定**:新闻敲诈是指传媒或新闻从业者以不利于报道对象的新闻稿件(包括编发内部报道等)相威胁,强行向报道对象索要钱财或其他好处的行为。① **(3)概念演化**:从既有文献看,"新闻敲诈"适用主体是"新闻从业者",从中宣部等《关于深入开展打击新闻敲诈和假新闻专项行动的通知》来看,"新闻敲诈"包含假冒记者进行诈骗的行为。此外,互联网语境下,新闻敲诈的适用范围已经从职业媒体人拓展至网络自媒体人,由媒介机构拓展至从事信息服务的商业机构。

3. 新闻敲诈的作用机制及原理:(1)舆论特有的监督功能:公民和职业媒体人借助信息传播渠道,通过事实报道、真相挖掘和意见表达,向特定的群体、机构、个体施加影响,由于事实的呈现和意见的表达均指向负面问题,故会对监督对象产生实质性的影响,这对监督者而言是一场事关声誉、形象或市场的危机。**(2)舆论监督的相对垄断性**:尽管社会化媒体时代,人人都有麦克风,但舆论监督的优质资源和优势话语更倾向于向专业化的媒体机构、媒体人和商业互联网公司倾斜,这为不法分子提供了利用优势资源变现的机会。**(3)第三人效果心理推动**:被监督的对象往往高估负面新闻对自身客户和目标受众的影响,倾向于采用息事宁人的方式或"商业公关"的方式消除批评、指控及其他各类对自身而言不利的声音,从而使"新闻敲诈"得以实现。**(4)商业利润驱使**:包括传统媒体的生存及转型困境、媒介组织采编和经营不能有效切割、网络自媒体盈利模式困境以及被监督对象免于更大的利益损失等,拜金主义思潮蔓延和部分新闻记者职业道德、职业信仰的缺失。**(5)编辑部文化氛围**:采编与经营不分是当前导致新闻寻租、新闻敲诈现象的一个重要原因,而编辑部内部的潜规则、有悖新闻职业规范与伦理道德的文化氛围等也是造成新闻寻租、新闻敲诈的重要影响力量。**(6)其他相关原因**:在行业监管

---

① 陈力丹等:《中国新闻职业规范蓝本》,北京:人民日报出版社,2012年版,第138页。

及法治监管暂时缺位的背景下,法律和监管存在不为公众和执法机构察觉的灰色地带,而部分被敲诈对象出于对自身"原罪"的畏惧,加之法律意识淡薄,较之于报案更愿意息事宁人。

4. 网络洗稿中的知识产权问题:(1)网络"洗稿"相关典型案例: 2019年1月11日,自媒体"呦呦鹿鸣"发表的《甘柴劣火》一文引发较多舆论关注。先是该文从被处理的腐败案件切入讲述了甘肃官场和媒体之间的故事引发网络热传获得"10万+"的阅读量,此后财新记者王和岩在朋友圈发观点称该文章是"不花任何成本""不冒任何风险""利用付费阅读壁垒"炮制出的"爆款"。相比于《甘柴劣火》一文刷屏,"洗稿"现象更值得关注。**(2)"洗稿"现象发生的背景:** 自媒体的迅速发展降低了新闻作品发布的门槛,加大了新闻业的生存压力,在准入门槛降低、内容供给过载、用户流量稀缺的背景下,"爆款"文章成为争夺用户注意力的"撒手锏";相比而言,自媒体人并不像专业新闻记者那样秉持严格的新闻采访、写作纪律,同样的竞争平台和不同的管理机制使自媒体人有更多的自由施展空间。**(3)案例的典型意义:** "洗稿"是近年来才有但并不少见的现象,也是知识产权相关法律法规和学术研究此前并未涉及的领域,既反映出法律法规的盲区,也折射出新媒体环境下,传统新闻人和自媒体工作者两大群体职业理念、工作方式和思维模式的差异。**(4)"付费墙"模式反思:** 财新杂志采用"付费墙"模式设置阅读壁垒,即只有付费的用户才有阅读资格,而《甘柴劣火》则正是利用"付费墙"的阅读壁垒将"墙内"的独家新闻挪到"墙外"并结合其他媒体的公开报道进行深加工的结果。"付费墙"是媒体的盈利模式之一,但该做法也完全将新闻等同于可以交易的商品,从而将新闻产品所承载的社会效益和公共利益排除在外。**(5)新闻叙事的转向:**《甘柴劣火》成为社交媒体中的"爆款"文章也印证,传统媒体时代的新闻生产方式和叙事风格已经不能适应互联网传播环境和受众阅读习惯的要求,对独家素材的掌握、对事实的呈现、对真相的挖掘固然重要,但如果不能采用契合互联网传播规律的叙事方式来对若干新闻事实进行重组,最终的结果仍然是"养在深闺人未识"。**(6)"洗稿"与话语权争夺**:"洗稿"表面上表现为知识产权的纠纷,在此背后折射出的却是传统媒体和网络媒体、职业媒体人和自媒体人之间的一种权力和意义的争夺,也折射出当前语境下不同制度、媒介环境和内容生产导向与运营模式之间的差异。

5. 网络自媒体的敲诈与舆论监督:(1)自媒体盈利困境及商业诉求:自媒体通用的盈利模式是流量变现,变现的方式包括发布广告、售卖产品、IP开发等,但在自媒体平台账号强势发展、自媒体运营者竞争压力变大的背景下,常规的流量变现变得极为困难,能够脱颖而出的仅是少数,故不少自媒体账号选择采用急功近利的做法铤而走险。**(2)自媒体与舆论监督的错位**:自媒体也是公众进行舆论监督的一种方式,只是职业性的舆论监督就变得不再纯粹,"网络大V"实施舆论监督实际上就是用自己所拥有的强大的舆论感召力、影响力向特定的机构施加压力,一旦不能恪守道德与法律的边界,这种监督就会迈入歧途,一旦自媒体人的舆论监督与资本勾连,新闻敲诈和非法经营就有可能发生。**(3)网络自媒体的管理困境**:职业的媒体人和传统的新闻机构靠自律和他律来承担积极的社会责任而不是为少数机构或个体服务,相比于传统媒体或职业媒体人而言,网络自媒体虽然也有自律和他律,但编辑部内部的准则、严格的科层制把关、规范的组织纪律等在自媒体层面是缺失的。

案例13 "视觉中国"事件折射版权问题

案例简介:据媒体报道,2019年4月全球首份"黑洞照片"发布后,有网友称在"视觉中国"的图库中发现该照片被列为"版权所有"且明码标价。此后,陆续有网友发现,国徽、国旗、天安门照片、团徽、领袖照片及各类企业机构的徽标等都在"视觉中国"公开售卖。关于"视觉中国"基于版权的盈利模式引发诸多思考。

案例解析:(1)事件热议的原因:"视觉中国"基于版权的商业运作

模式是舆论诟病的根本原因，黑洞照片只是"视觉中国"招致舆论声浪的导火线。网络自媒体、媒介组织、商业机构等各类群体均在不同程度上有过被"视觉中国"维权的经历，故而借"黑洞照片"来抗议这种盈利模式。**（2）盈利模式问题**："视觉中国"采用"钓鱼式维权"的方式，将标注版权的图片分享到各类图片网站，并运用其自主开发的"鹰眼"系统跟踪未授权使用其图片的企业、机构、个人，继而以法律诉讼相要挟，向这些"未授权用户"索要巨额赔款或强迫签订年度合同。**（3）钓鱼式维权根源**："视觉中国"钓鱼式维权折射出中国当前对于图片交易版权意识的淡薄及从法律、制度层面对"视觉中国"类的经营主体监督及管理的缺失，自媒体的发展和读图时代受众对图片内容的偏好也为"视觉中国"的盈利模式提供了"市场机会"。**（4）客观的积极意义**："视觉中国"式的盈利模式虽然招致诟病，但在整个社会版权意识较为淡薄的背景下，从某种程度上也起到了版权知识科普、版权意识启蒙的重要作用，有助于进一步营造维护版权、尊重版权的舆论氛围；从长远来看，该案例所暴露出的问题也将进一步推动中国图片交易市场的规范和管理。

6. 新闻寻租的定义、特点及现状：（1）新闻寻租的定义：新闻机构及从业人员利用自身所掌握的新闻报道权利，借助舆论批评、正面表扬等方式为自身寻找不正当利益的现象。新闻敲诈属于新闻寻租的一种类型，其适用主体为媒介机构及从业人员。**（2）新闻寻租的外延**：新闻寻租表现为正面"表扬"获取利益和负面施压获取收益两种类型，即"有偿新闻"和"有偿不闻"。其中，对舆论监督权利资源的滥用属于有偿不闻，收受版面费、有偿正面表扬等属于有偿新闻。**（3）新闻寻租的新近特点**：随着媒体职业化、专业化、规模化程度越来越强，在专业类媒体机构、媒体组织之外，网络自媒体、商业互联网机构、网络公关公司也开始介入新闻寻租领域，部分资深媒体人转型互联网信息、咨询服务后，凭借资源、渠道和专业优势从事新闻寻租。

案例14 "人人字幕组被捕"事件与我国知识产权保护

案例简介：据多家媒体报道，2021年2月3日，上海市公安局经3个月侦查，在多地警方配合下，成功侦破一起特大跨省侵犯影视作品著作权案，抓获犯罪嫌疑人14名，查处涉案公司3家。该案件的主体"人人影视字幕组"将网上大量热门国外影视剧作品配以中文字幕加以传播，通过收取会员费、广告费以及出售刻录侵权影视作品移动硬盘等非法手段牟利，涉案金额达1600余万元。人人影视字幕组落幕，也显示出我国全面加强知识产权保护以及保护原创的坚定决心。

案例解析：（1）**案例发生的背景**：自2002年开始，随着国外影视作品如《老友记》的风靡，网友对字幕翻译的需求呈几何式增长，在此背景下，包括"人人影视"等在内的一批知名字幕组网站应运而生并声名鹊起。部分字幕组自诞生之日起就处于法律灰色地带，一方面字幕组的存在满足了国内民众欣赏国外优质影视作品的需求，在一定程度上获得了网友的包容；而另一方面，人人字幕组的翻译和传播工作并没有获得影视作品著作权人的授权，侵犯了著作权人的合法权益。除此之外，通过收取会员费、出售刻录侵权的影视作品等从而非法牟利的行为也与字幕组"禁止用作任何商业盈利行为"的免责声明相悖。（2）**案例发生的原因**：在民众生活水平提升及消费模式发生转变的情况下，民众对影视文化作品的消费意愿大大提升，其中海外原创影视文化作品满足了更多网民影视文化产品消费的多样性；同时，由于部分国外影视作品的引入和管理往往具有规范的标准和流程，这在客观上导致了规范、有效的产品供给不能充分满足用户群体需求的结构性矛盾。在供需结构失衡的情况下，部分不法分子以所谓"免费分享"的方式翻译并传播他人作品提供了客观条件。**（3）保护知识产权的必要**：打击盗版既是知识产权保护的题中之义，也是优质正版内容生产的驱动力。中共中央、国务院印发的《知识产权强国建设纲要（2021—2035年）》指出，"创新是引领发展的第一动力，知识产权作为国家发展战略性资源和国际竞争力核心要素的作用更加凸显"，建设知识产权强国需要增强全民知识产权保护意识，尊重他人的知识产权贡献。**（4）案例涉及的侵权行为**：知识产权保护所涉及的权利主要包括著作权、专利权等，本案例中的侵权行为主要是侵犯了原影视作品作者及其他相关权利人的翻译权与信息网络传播权。在案例中，影视作品的粉丝以"无偿劳动""为爱发电"的名义从事翻译工作，同样也是侵犯原作品权利人著作权的行为。**（5）本案例的反思意义**："人人字幕组"被查封的案例表明国家正在加大知识产权保护力度，也反映出我国知识产权保护过程中存在民众知识产权法律素养不高的现实难题；同时，部分网友的相关议论也表明社会对更为多元的文化产品有紧迫的消费需求和意愿。因此，需要通过知识产权管理的法治化、精细化和科学化水平引领更高质量的原创作品的发展的同时，也要进一步构筑更加开放、有序、高效的中外版权市场，为民众提供更加多样化的选择。

专题 04　新闻伦理

1. 新闻媒体如何报道自杀话题：（1）自杀的"推特效应"： 媒体报道自杀现象具有诱发效果，即媒体报道的自杀新闻的数量与之后社会中的自杀案件发生的数量成正比，新闻报道自杀案例中的人物、地点一旦具有显著性，并且有自杀欲望的人与已经自杀的人的身份及其原因有着接近性的话，就会导致此类现象的轮番发生，故而，媒体在报道自杀新闻时需要格外谨慎。**（2）网络自媒体规范：** 在此前报道的各类自杀新闻案例中，传播最为积极的平台是各类网络自媒体和商业类互联网平台，各类传播主体通过汇总网络上各类传言、视频、新闻素材加工出大量的知识密度低、正面引导效果差的伪原创内容，以信息垃圾的形式填充互联网空间侵蚀网络公共空间。**（3）自杀话题的报道与传播规范：** 媒体应谨慎对待自杀新闻报道，不能渲染暗示或呈现细节，应本着引导、教育、救济、警示、劝服等态度进行规范引导；而网络自媒体由于已经成为大众信息获取的主要平台，更应该谨慎传播此类话题，从实践来看，主流媒体、传统媒体已经做得相当到位，但网络自媒体专业意识和责任意识较为淡薄，是该类报道乱象丛生的高风险区。**（4）网络短视频对自杀的呈现：** 网络短视频也是系列自杀案例传播的主要载体，相比于其他信息传播形态而言，网络短视频具有现场感、视觉冲击力强、真实度较高等特点，短视频的这些特点与自杀传播中对自杀细节呈现的规范要求截然相反，短视频是高清晰度和高现场感，而对自杀报道则要求不能过多呈现细节，故应格外重视网络短视频在此类案例传播中起到的负面效果。

案例15　新闻媒体该不该以及如何报道自杀事件

案例简介：近年来，一些市场化较强的自媒体及一部分网络自媒体对于涉及暴力元素的新闻具有特别的敏感性。不但关于明星、名人的自杀事件经常见诸公共空间，一些普通人物自杀的案例也经由网络自媒体和社交媒体的传播时常进入大众视野。为此，我们需要讨论的一个问题是，媒体是否应该及如何报道自杀类事件。

案例解析：既有学术界的明确观点是：**第一**，不能笼统给出结论是否应该报道，报道自杀的目的是警示社会、教育大众、进行反思、助推社会发展，而不是仅仅通过报道自杀新闻来获取注意力。报道应当引发关注，引导思考，引发讨论，解决问题，推动社会进步。**第二**，新闻媒体生产新闻尽管应"客观""真实"，但并不是为了所谓的客观和真实原则而放弃其导向性，媒体报道自杀事件应该做淡化处理，重点放在教育、警示、机制、救济等方面，避免因不当的报道带来各种模仿。**第三**，以标榜新闻自由、满足知情权需求对自杀事件进行详尽报道的做法是媒体用注意力至上原则取代社会公共利益至上原则的失当做法。**第四**，在新闻操作中可以遵循一个原则，即"我所报道的都是事实，但不是所有的事实都应该报道"。

那么，应该如何对典型自杀案例进行报道？既有学术观点认为，一是避免对自杀做感性报道，尤其是事关名人时更应避免渲染和夸大；二是如果公众人物自杀前曾经患有精神疾病，在报道时应明确指出并避免详尽地描述自杀方法；三是避免用详尽的方式呈现现场的惨状或刊登死者的照片，尽量避免用头条新闻报道自杀案例；四是避免将自杀新闻报道成扑朔迷离、故事性强的悬案；五是避免在报道中暗示自杀是人们面对重大人生困惑的唯一解脱方式；六是自杀是诸多因素导致的结果，避免将自杀行为进行简单归因。此外，报道尽可能提及自杀行为给亲人家属带来的伤害；同时，不能美化自杀，比如，将自杀者称为烈士，这将导致心灵脆弱者认为社会崇尚自杀行为而盲目效仿；并且对自杀者家属给予精神关怀；如有可能，在报道中讲解出现自杀行为的征兆并提供自杀救助机构的联系方式。

2. 媒体报道死亡事件的原则：（1）**知情同意原则：**"知情同意"是死亡事件合理报道的操作原则，记者在采访与报道灾难、伤痛、伤亡事件中的家属时要亮明自己的身份，告知自己的采访意图和媒体报道后可能带来的益处及风险。（2）**公共利益原则：**媒体对死亡事件的报道应该出于对公共利益的关心及对公众知情权的尊重，而非为了满足、刺激受众对死亡事件的猎奇心或帮助媒体通过贩卖灾难、悲情、死亡等素材来攫取流量收益。（3）**人文关怀原则：**媒体记者要保持对逝者、逝者家属及一般社会大众的尊重，避免对死亡细节、具体场景等的过度渲染，抚慰伤痛、勿扰悲痛是基本底线；妥善对待涉及儿童的新闻素材。（4）**最小伤害原则：**如果不可避免地要对死亡事件进行报道，则一定要千方百计地将新闻报道对当事人及相关人的伤害降到最小，新闻媒体应该以平等对话而非俯视、凝视的姿态来对待被报道的人和事物，并表示出对受灾害、事故影响的当事人、家属的应有尊重。（5）**法律底线原则：**《中国新闻工作者职业道德准则》规定："维护宪法规定的公民权利，不揭人隐私，不诽谤他人，要通过合法和正当的手段获取新闻，尊重被采访者的声明和正当要求。"

3. "跟风报道"与"道德恐慌"：（1）**问题的提出：**斯坦力·柯恩指出，有的媒体倾向于重复报道一种反社会行为，令公众对某一特定社群产生恐惧和加以打压；道德恐慌往往由一次特别严重的个别事件引起，令社会过分关注某一问题。（2）**刻板化报道：**社会不时受到道德恐慌周期的影响，这是一种状态、一个事件、一个由个人或个人所组成的群体表现出被定义为对社会价值和利益构成威胁的性质，它的本质被传媒以一种类型化的刻板方式所报道。

（3）突出表现：道德恐慌现象体现为一段时间内媒体对某一类话题的集中报道和公众对某一类话题的集中热议。近年来，媒介集中报道的此类现象包括"毒跑道""师德问题""大学生失联""家庭极端暴力"等相关的新闻。**（4）现象反思**：媒体跟风报道尊重了受众的知情权，体现了媒体的舆论监督功能，通过设置议程推动了舆论关注，形成有助于问题解决和社会反思的舆论氛围，但同时也营造出紧张、焦虑的社会情绪，误导大众对社会安定的判断；从媒体的角度出发，应考虑报道方法和报道视角的多元性，尽可能避免简单的制度化归因，避免过度渲染细节，避免直接模仿，应多从历史、横向、比较和动态的视角去考虑现象产生的深层原因。**（5）思考案例**：比如，对网络游戏成瘾问题的报道，一些媒体在报道和公众评论时呈现出模式化、类型化、刻板化特点，并借助各类传播渠道形成影响较大的社会议题，这种报道遮蔽了对导致未成年人网游成瘾的深层原因的探讨，忽视了对社会、家庭、教育、学校等各方面综合因素的考虑，容易将复杂问题简单归结为某一对象、某一产品。

4. 新闻报道中的"隐性采访"问题：**（1）隐性采访的定义**：在采访者不公开真实身份或不公开真实目的的情况下获取新闻素材的方式。其典型的特征是身份、目的和手段的隐蔽性。记者采访时不公开真实身份或不公开真实意图均构成隐性采访。**（2）隐性采访的价值**：有利于采访人绕开相关阻力在最大限度上接近和还原事实真相，实现新闻媒体的舆论监督功能，捍卫公共利益，满足公众的知情权；有助于获得真实、鲜活和生动的第一手材料，建构真实、立体、丰富的真相从而生产具有竞争力的独家新闻，增强新闻报道的深度性，体现新闻报道揭示社会事实的价值。**（3）隐性采访的原则**：在不能通过常规渠道接近受访对象或获取目标信息的情况下，新闻记者基于"最小后果和最大收益"的判断取舍和公共利益至上的原则可以对违法犯罪群体、公共利益攸关事件进行隐性采访；新闻记者要平衡好新闻报道和隐私保护的关系，增强自我保护意识。此外，美国职业新闻工作者协会的规定是"特别重要、其他方式不可行、最大限度地避免欺骗带来的损失、能证明媒体或记者欺骗行为的合理性、能够全面完整地完成报道"。**（4）记者的角色任务：**在隐性采访过程中，新闻记者不是新闻事件、新闻事实的设局者、参与者、推动者，而是线索采集者、事实记录者、事件观察者、真相挖掘者，故而要避免成为不当行为的参与方或协助方，同时也要秉持人道主义原则避免成为冷血的旁观者。

5. **对隐性采访的三种态度：（1）支持论：**现行法律法规赋予大众舆论监督的权利，在"法无禁止即可为、法无禁止即自由"的原则下，现行法律、法规虽未提倡但亦无明确禁止，因而不违反法律；在"两害相较取其轻"的原则下，若能用小害制止或揭发大害，则应允许。**（2）批评论：**隐性采访虽然有助于顺利实现媒体的舆论监督功能，但其目的、手段均具有道德上的瑕疵，即用一种不道德的行为去对抗另一种不道德的行为；此外，非法持有、使用窃听、窃照等专用间谍器材违背现行《中华人民共和国国家安全法》规定，故而可能带来法律风险；另外，还可能带来隐私权、肖像权的侵权后果或危及采访者的人身安全。**（3）取舍论：**尽管隐性采访可能触及道德层面的风险，但在涉及重大公共利益威胁且无其他更优替代手段的背景下，隐性采访若能充分均衡其利弊，做好充足的准备，仍然是媒体及记者触达真相、揭露问题的手段之一。

6. **隐性采访的适应边界问题：（1）适应场景：**潜入从事违法、犯罪活动的人员中进行的采访活动，预计采访对象会拒绝与记者配合的采访项目，不宜公开记者身份的相关场合，较多针对的是公务人员、公共场景、公共事务、公共利益。**（2）替代手段：**隐性采访是正常采访不可行状况下的一种替代性采访手段。美国职业新闻工作者协会认为，隐性采访只适用于涉及的内容特别重要、其他方式无法触达真相且能最大限度地避免欺骗带来的损失、证明媒体或记者欺骗行为的合理性、全面完整地完成报道。**（3）禁止场景：**能通过正常采访渠道获取信息的情况、明知采访任务不可能完成的情形、明知会带来违法犯罪行为的场景及涉及国家机密的场合禁止使用隐性采访。同时，禁止以打击报复、进行公关、获得奖项等目的进行的采访，禁止对未成年人使用隐性采访。

专题 05　灾难报道

1. **灾难报道中的"灾难美学"现象**：**（1）现象解释**：在灾难事件发生后，媒体采用文学性、煽情式、夸张化的报道方式，过于强调灾难过后人的情感和情绪，放大正面典型的价值和意义，弱化灾难事件的严肃性，淡化对灾难原因、后果及问责机制的讨论。**（2）现实案例**："灾难美学"从2008年汶川地震中的"纵做鬼，也幸福"表述开始成为公众及学者讨论的一个视角，此后在历次重大灾难事件中均有体现，如灾难事件中作为高频词的"转发""蜡烛""祈祷"等，表现为事实性内容缺乏、情感性内容泛滥；其具体的结果是导致灾难性新闻变成歌颂灾难、表扬领导的新闻。**（3）现象批评**：灾难信息传播中，社会需要的是高新闻价值密度的信息，并要缩短传受时间差，灾难信息传播过程中消除信息供需不对称是首要任务；其次是对灾难发生的原因、产生的后果、后续的处置等进行反思、追问、讨论。煽情性的内容虽无直接害处，但挤压有效信息的生存空间和传输通道，稀释新闻价值密度，干扰有效信息的获取，导致议题讨论失去焦点。

2. **灾难报道中的"消费逝者"现象**：**（1）现象解读**：在灾难事件、名人去世等新闻报道的过程中，某些媒体、自媒体和信息用户表现出对逝者身份、经历、故事等若干与新闻事件并无关联的隐私细节的过度关注，使新闻报道所承载的社会利益、公共利益缺失。**（2）近年案例**：例如，2019年埃航遇难的中国女生、2015年上海外滩踩踏事故中的复旦女生、2015年姚贝娜去世案例及2020年因疫病逝者的部分报道中，逝者被舆论过度关注等。**（3）产生原因：新闻媒体、自媒体人和社会大众在对隐私权的尊重意识不够的情况下，滥用传播权、表达权挖掘和报道逝者相关信息，迎合了受众对猎奇性、八卦性、轰动性信息的不当需求；商业互联网机构、信息生产者法律意识淡薄、主体责任缺失，默许此类信息的传播以获得可以转变为经济收益的流量。**（4）特别说明**：尽管在深度调查性的报道中会涉及对逝者的报道，但这些报道并不刻意渲染细节，而是通过追问死亡原因来拷问真相、反思问题，此类做法不属于对逝者的消费。

案例 16　白银越野赛事件与媒体的伦理关怀

案例简介：2021 年 5 月 22 日中午，由甘肃白银市委、市政府主办，景泰县承办的第四届黄河石林山地马拉松百公里越野赛在进行约四小时后，突遭极端天气，并造成 21 名参赛选手遇难。甘肃官方认定，这是一起因局部地区天气突变导致的公共安全事件，在次日举行的新闻发布会上，白银市市长张旭晨表示，作为赛事主办方，"我们深感内疚和自责"。但在事故发生后的次日，某媒体重播前述活动的开幕式，开幕式上参赛运动员整装待发、场面热闹而又活泼。舆论称，电视台重播，无疑会给受害者家属带来二次伤害。

案例解析：（1）媒体共情的重要性：在很多重大灾难发生时，尤其是在出现重大人员伤亡的灾难发生时，媒体的报道首先要建立在与观众共情的基础上，尊重逝者及家属情感，如果媒体的报道框架与观众的真情实感有所冲突甚至背道而行，就会使新闻报道丧失人文关怀，更严重的结果是威胁媒体的公信力。**（2）新闻报道的情绪管理**：在灾难发生后，新闻媒体的报道对公众情绪的安抚和引导有重要作用，真实、及时、负责、全面的灾难报道不仅能够传播信息，还会对经受打击的群体起到心理安抚效果，灾难事件发生后，媒体应与社会情绪同频共振，以理性化

> 和人情味兼顾的方式引导社会沉着应对灾难，思考后续处理，避免导致次生危机。**（3）新闻伦理的把关人：**该事件中电视台在灾难新闻报道中体现出一定程度上的人文关怀的缺失，不经任何处理地再现初始画面，从而造成次生舆情与次生灾害。因此，媒体对各类灾难事件的报道应该有更好的责任、伦理意识，坚持正确的价值导向，强化媒体把关人的人文敏感性。

3. 灾难事件报道中的宣传舆论问题：（1）部分媒体建设性引导能力匮缺。新闻媒体不仅要呈现新闻、再现事实，还要为如何解决问题提供线索，如2021年汛情与疫情交织背景下，个别媒体将建设性报道等同于"只报道乐观状态"，导致地方自媒体和流量大号、网红主播等发布的缺乏信息严谨性的信息不断登上微博热搜榜。**（2）部分网红、主播过度追求注意力。**在突发灾难事件中，部分丧失社会公共责任和基本道德底线的网红、主播、明星、艺人借机包装、炒作自己或直接贩卖、捆绑、消费灾难信息，为自己攫取用户注意力；疫情和汛情"双情"叠加的背景下，个别网络主播和网红"蹭流量"的现象成为常态，如奔赴郑州的网红主播、进行救灾表演的艺人等。**（3）部分用户挑起放大矛盾。**个别网络自媒体账号用政治、民族和情感话语解读防汛、防疫政策部署，刻意模糊或混淆科学研判问题和民族情感问题，制造群体间的对立情绪，未能很好地起到理性引导思考、促进政策部署与民众有效对话的效果，反而引发民众对部分防疫部署的误解、误会和误读。**（4）部分娱乐内容抢占公共资源。**"双情"叠加背景下，娱乐圈攫取网络注意力资源，制造流量虹吸效应，让个别人、个别事升级为全平台、全地域、全社会的事件。如个别明星绯闻相关话题频上热搜与河南暴雨议题形成鲜明对比，冲淡了最为紧迫且需要得到社会关注的防汛及救灾议题。

案例 17　灾难信息传播中的网红、主播与流量

背景材料： 2021 年多地出现洪涝灾害，在媒体和社会各界共同关注和帮扶受灾群众、积极开展救灾宣传的背景下，一些网络主播、网红积极介入救灾相关动员，为防汛救灾提供了正向支持。但在相关灾难事件中，也存在个别网红、主播和娱乐明星"蹭流量""秀下限"等问题，引发舆论批评。

案例分析：（1）**灾难新闻事件的新闻价值：** 灾难新闻事件一般事关民众生命财产安全，属于紧急、重大、突发和重要的新闻报道素材，极容易引发社会的高关注度，因此，在事件发生后和新闻报道过程中，各类传播主体都会将其视为证明自身舆论引导力、社会影响力的重要方式，对于各类网红、主播和网络大 V 而言，关注热点新闻事件极容易提升自己的知名度、影响力和曝光度。（2）**不同传播主体的运作逻辑：** 网红、主播和各类网络自媒体以流量变现为其自媒体运营的首要目标，相比于媒体机构而言，他们更加遵循的是注意力导向运作逻辑，而各类媒体遵循的是导向与市场兼顾的逻辑，这就不可避免地意味着在灾难事件发生后，自媒体与专业媒体在素材的取舍、报道道德视角和舆论功能的发挥上存在着鲜明差异。（3）**网络自媒体的注意力争夺：** 与专业媒体不同，各类自媒体网红、主播和网络大 V 在注意力经济和流量变现规则的刺激下，为了抢占公共空间中的曝光机会，在新闻事实的选择和事实内容的建构上体现出更为鲜明的世俗化、碎片化和草根化特征，更容易倾向于渲染灾难细节和恐慌情绪，部分"蹭流量""秀下限"的做法甚至挤占公共话语空间，影响灾后处理工作。（4）**自媒体在灾难传播中的角色：** 由于我国社会制度下的新闻媒体扮演着党和人民"耳目""喉舌"的角色且国家正在大力推动新型主流媒体建设，通过信息公开制度、媒介管理政策等确保在突发事件中，让权威的声音能够"横到边、纵到底、全覆

> 盖"，因此，网络自媒体在客观上被赋予主流、权威和职业媒体的替补角色，其在重大灾难事件中，应当作为不同舆论场进行对话、沟通的中介，或弥补主流媒体、权威媒体和机构媒体暂时无法顾及的盲区，二者形成合力，共同为灾难善后处理营造积极舆论氛围。

4. 灾难报道中的"信息孤岛"现象：（1）信息孤岛："信息孤岛"是一种形象化的比喻，指在某些重大新闻事件发生之后，由于受主客观因素影响，新闻媒体有意回避对利益相关方的报道而造成某一时空场景下的受众群体与外在舆论环境隔离的状态。**（2）产生原因：**"信息孤岛""×地无新闻"现象与媒体的反应速度、有关部门施加的压力、新闻报道作为一种权力资源的垄断性等因素有关，也与地方媒体在突发事件面前的敏感意识、专业素养有关。**（3）违背原则：**突发灾难发生后，社会情绪普遍紧张且对社会环境反应敏感，需要媒体提供充分的信息以消除社会不安情绪，"信息孤岛"违背了公众的知情权、削弱了媒体的公共性、降低了媒体的公信力。**（4）现象反思：**移动互联网、社会化媒体的存在，真正的"信息孤岛"或"×地无新闻"现象不可能持续存在，事故当事人、利益相关者、普通网络用户、自媒体人等都可能成为事件真相的揭露者。**（5）信息公开：**灾难事件中，虽有政府信息公开条例中"公开是原则，不公开是例外"的规定，但社会公众的知情权需求、公权力机构的公开义务、新闻媒体的公开责任与有关部门的不愿意公开、不敢公开、被动公开成为亟须解决的矛盾。

5. 灾难事件报道中的"无人机"：灾难事件（如天津港"8·12"爆炸事件）中，"无人机"除了可以进行侦察监测、采集信息、协助救援外，还是一种有效改进灾难事件报道，获取更有价值新闻线索的辅助工具。**（1）应用背景：**2015年是"无人机报道元年"，表现为美联社、CNN、纽约时报、华盛顿邮报等十多家海外媒体，开始测试通过无人机航拍，采集图片、视频等新闻素材，中国的新华网也在 2015 年 6 月 15 日宣告了"新华网新闻无人机编队"的成立。**(2)适应"3D"场景：**无人机在阴暗的（Dull）、肮脏的（Dirty）、危险的（Dangerous）环境中具有特殊优势，能够突破空间限制适应复杂的地形环境。**(3)报道效果：**无人机能更高效、优质、安全地拍摄到稀缺、高质量、全景、动态、形象、生动、真实、视角独特的画面，提升新闻采集的效率，提升新闻素材的感染力，满足受众的新闻即视感，增强传播效果。**(4)提高效率：**在新闻报道使用无人机之前，直升机是主要的航拍方式，但成本相对较高，无人机不仅大大降低了成本，还有效降低了记者在采访报道中的危险性。

6. 汛期防汛宣传报道的机制：媒介围绕南方汛期和汛情的不同阶段及实际情况构筑了"平时防汛工作准备＋汛前重视预警防范＋汛期展现防汛动态"的报道机制。**(1)平时防范报道：**2020 年年初媒体即对 2020 年防汛、防洪、防旱等工作的部署、规划、风险点、预警机制等进行了报道，使社会各界对汛情防范工作有了一定的准备。**(2)汛前预警报道：**汛期之前媒体对汛情防范、预警进行了高频率和高规格的报道，告知 2020 年汛情的严峻性，介绍各单位在汛情防范层面的工作部署。**(3)汛期全面报道：**汛情期间关注汛情动态、抗洪举措、抗洪动员、抗洪保障及洪涝灾害带来的损失等，既为抗洪防汛营造积极舆论氛围，又满足不同群体的信息需求。

7. 汛期防汛宣传报道的特点：南方防汛宣传及汛期报道体现出报道视角、报道形态和报道平台的多元化。**(1)报道视角：**以"动态实时报道＋救灾深度报道＋防范措施报道"为主线，串联防汛抗灾的不同方面，覆盖了汛情动态、防汛措施介绍、救灾细节呈现、防汛典型案例等若干重点，避免了报道方式的单一。**(2)报道形态：**防汛抗灾相关报道综合了组合图片报道、网络直播报道、数据新闻报道、图文深度报道等各种形态，适合不同平台的报道和传播，契合不同层次的受众的阅读需求。**(3)报道平台：**报道综合采用了传统媒体、门户网站、社交平台等多样化的传播渠道，实现了同一信息的跨平台传播、不同平台有针对性的内容生产，有利于覆盖不同媒介使用偏好的网民需求。**（4）典型做法：** 各级各类媒体在报道的过程中，结合媒体定位和区域特色，采用"自主报道＋新闻转载"的做法，既关注本地新闻，又积极转载主流媒体、应急管理部门网站等的权威信息，使报道更加立体、客观。

8. 汛期防汛宣传报道的问题：（1）报道缺乏聚焦点： 媒体报道多是以一事一报、动态播报、散点播报和碎片化报道为主，相关报道虽然有数量上的优势但缺乏报道的聚合效应，缺乏聚焦效果。**（2）报道缺乏主动性：** 媒体触发式、间断式、被动性报道较多。不少报道均由特定新闻事件触发，缺乏自主策划选题和主动设置议题的能力。**（3）算法推荐问题：** 各类媒体及自媒体平台并未将汛情、水患、防洪等问题进行重点推荐，尽管涉汛内容较多，但优质信息得不到凸显，降低了用户关注到汛情新闻的概率，使部分舆论误认为媒体回避灾情报道，如有自媒体称"今年洪水静悄悄"。**（4）热点议题集中：** 相较于全球复杂的政治经济形势、新冠肺炎疫情诱发的关联热点，防汛报道虽有及时跟进，但复杂、多变、多元的议题使汛情报道湮没在大量其他内容中。

9. 关于防汛宣传报道机制的优化：（1）设置汛情专题： 在门户网站、移动 APP 端的首页关键位置增加防汛救灾专题，对媒体报道的内容进行分类汇总，对防汛内容进行立体化呈现，提升报道的主动性，避免报道的碎片化。**（2）平衡报道内容：** 平衡国内与国际新闻，避免过多注重国外新闻忽视本土热点；平衡汛情和其他议题报道，防止舆论对具体议题用力过猛；平衡防灾、救灾与损失内容，避免社交媒体只讲损失、主流媒体只讲救灾的尴尬；平衡宏大救灾叙事与个人微观体验。**（3）进行合作报道：** 洪涝灾害的报道要打通媒体、政府职能部门与科研机构之间的区隔。加强新闻媒体与政府职能部门、气象服务部门及专业研究机构的协作，有针对性地推出"综合性＋专业性＋生活化"的组合式、深度性的报道产品。**（4）强化需求导向：** 加强合作，针对易受洪灾影响的江河湖泊附近居民加大宣传力度，特别针对老年人群体，采取广播、电视、网络等新旧媒体结合的形式，对可能发生的洪水、洪灾进行报道，以起到警示预防作用。**（5）进行立体报道：** 区分中央、省市、区县三类媒体角色，中央媒体聚焦宏观政策、宏观部署、整体动态和细节典型的报道；省市媒体在转发中央媒体资讯时，强化地方性、本土性内容，结合实际进行地域聚焦；区县级媒体根据当地的防汛需求，在及时传达上级政策的同时，加大当地的防汛、抗洪筹备及举措的报道比重。

案例18　巴黎圣母院大火与大众情感消费

案例简介：据多家媒体报道，当地时间2019年4月15日下午6点50分左右，法国巴黎圣母院发生火灾，整座建筑损毁严重。时隔不久的4月21日，西方复活节当天，斯里兰卡全国范围内连续发生8起爆炸，造成数百人伤亡。前者的媒体和公众关注度远超后者，这也引发了较多舆论关注。一种思考是，同为人类的灾难性事件，为何巴黎圣母院火灾的关注度要超过斯里兰卡爆炸？另一种思考是，不少自媒体评论人士认为，斯里兰卡爆炸的热度并没有盖过某明星发行新歌的热度。

案例解析：（1）**舆论表达的特点**：巴黎圣母院火灾、斯里兰卡爆炸与同期明星发行新歌三者所获得的舆论关注度的差异，其中，官方媒体均对两起灾难事件予以较高关注，网民相较于斯里兰卡爆炸事故而言更关注和关心巴黎圣母院大火，粉丝社群则高度关注明星相关话题。（2）**灾难事实的建构**：不同的传播主体借助不同的媒介平台建构灾难事件现场，使过程更加立体化、角度更加多元化，如社交媒体第一时间借助平台汇集不同目击者的消息流，主流媒体更多关注与火灾本身相关的事实性、动态性、解释性信息，并对灾难后果、影响、原因等进行反思、讨论。（3）**巴黎圣母院的符号化**：相较于斯里兰卡爆炸，巴黎圣母院则具有更强的接近性，即受众在心理感知上与文学名著中的作品符号建立关联后，"巴黎圣母院"成为承载多种含义的话语符号，为不同群体的意见表达提供了丰富的素材，因而社交媒体的讨论热度要超过斯里兰卡爆炸。（4）**灾**

难报道中的情感消费： 灾难性事件具有新闻价值和社会价值，故其报道和传播不仅涉及灾难事件本身的事实状况，还涉及灾难发生后的人道主义关怀，即对人类生存状况、个体生命意义、人类文化传承等的思考、讨论。但这些思考应该是审慎和严肃的，否则就容易转变为对灾难的纯粹消费。

第04章 新闻业的转型

专题01 机器人新闻

"人工智能"（Artifi CIA Intelligence）是指"用计算机来探索和模拟人类的某些智力活动，使计算机具有听、看、说和部分'思维'的功能。因此人工智能有时也被称为智能模拟"[1]。据考证，"人工智能"的研究始于1956年的达特茅斯会议，该词由约翰·麦卡锡提出，根据当初的设想，人工智能的研究旨在通过"建造一台机器"并"尝试着发现如何使机器使用语言，形成抽象概念，求解多种现在注定由人来解决的问题，进而改进机器"[2]。

1. 人工智能的产生背景与动因：（1）学术基础：人工智能涉及控制论、计算科学、统计学、仿生学、生理学、心理学等多种科学。**（2）数据累积：**从信息和数据的发展来看，人类历史经过口语时代、印刷时代、电子时代及数字时代的发展已经累积了大量的数据资源并以此进入大数据时代。**（3）技术条

---

[1] ［英］斯图亚特·罗素、彼得·诺维格：《人工智能：一种现代方法》（第2版），北京：人民邮电出版社，2010年版，第17页。
[2] ［英］斯图亚特·罗素、彼得·诺维格：《人工智能：一种现代方法》（第2版），北京：人民邮电出版社，2010年版，第17页。

件**：计算机技术可以胜任对大规模数据的自动化采集、结构化处理和自动化运算，并能够按照人们设定的指令完成复杂的程序化任务。**（4）人力成本**：人口老龄化及人口红利优势不再的背景下，劳动密集领域中的人工成本不断提高，人工智能的性价比优势逐渐显现；新闻传媒尽管属于智力密集型产业，但也存在一些劳动密集型的分工领域，尤其是一些程序化、模板式的新闻报道。

2. 学术研究动向与代表观点：从目前学术界最新研究成果来看，新闻传媒领域的研究旨趣和代表性观点主要有：**（1）对机器人与职业记者关系的探讨**：目前学界普遍赞同职业媒体人和机器人之间是基于分工差异的共生协作关系，这种观点强调了两者在能与不能层面的差异性，并建议将程序化、机械式的新闻生产交给机器人，进而将职业记者从枯燥和程序化的新闻生产中解放出来，以从事更具创造性的工作。**（2）对新闻生产机器人的价值负载问题的探讨**：目前为学术界普遍认同的是技术工具论或技术中性主义，即技术本身并不承载价值，其效应取决于使用该技术的人。这一观点将雅斯贝尔斯"技术仅是一种手段，它为什么目的而服务于人，人将其置于什么条件之下"的观点奉为圭臬，将技术仅仅视为一种工具、一种实现目的的手段，为此，需要比任何时刻都要重视机器人在新闻生产过程中的标准及价值取向问题。**（3）对机器人新闻业务进行的一般介绍**：如其应用场景、操作规范、适应困境、发展趋向等。目前学术界的共识是，机器人新闻在一些诸如灾难新闻、体育新闻、气象新闻、财经新闻等领域有着成熟且广泛的应用空间，而其在叙事的故事性、人情味、价值观建构等层面有极强的局限性。同时，机器人新闻的生产流程在学界也达成共识，即一个经由结构化的数据处理、新闻性的测量、报道角度的选择及排序、报道角度与数据点的匹配及文本报道的生产过程。

3. 新闻机器人与记者的比较：（1）作品的创意性：机器人所生产的新闻，一般是事件描述性、事实陈述性的新闻，在表达人类思想、灵魂、观念等层面难以介入；相较而言，职业媒体人所从事的工作是带有深入分析性的内容生产。**（2）对素材的挖掘**：机器人新闻依托传感器设备采集的结构化数据或既有的结构化生产资料进行新闻作品的生产，因而其作品总体上是量化的、依赖数据和历史文献的；而职业媒体人在处理大规模数据上有欠缺，但可以通过调查、访谈等方式来获取非结构化的数据。**（3）价值取向**：职业媒体人所秉持的价值取向是对新闻专业主义（西方语境）或马克思主义新闻观（中国语境）的坚守，而机器人新闻依据已经设定好的程序和模板来加工新闻。从表面上看，机器人新闻具有很强的客观性，但依然离不开机器人背后的人的价值判断、立场倾向对程序和模板设定的影响。**（4）双方关系**：新闻机器人会局部取代职业媒体人的工作，并最终在机器和人充分合作的基础上实现一种共生和协作关系，但新闻机器人的出现和广泛应用也将会对职业媒体人带来压力和挑战，迫使其从事更高层次的内容生产和更深层次的意义挖掘。

4. 自动化新闻生产的流程步骤：**（1）程序设计与开发**：通过典型的数据类、事实陈述类新闻的若干典型文稿，由具备新闻专业知识和信息与计算科学知识的复合型团队共同完成适应不同语境的新闻报道模板并调优。**（2）数据挖掘与收集**：通过传感器、计算机抓取或既有文献资料进行数据的结构化整理，完成新闻报道文稿必备要素的提取和优先性的判断。**（3）新闻稿自动化撰写**：将结构化处理的数据套用到现成的模板中完成稿件的撰写，或由机器完成规律性、趋势性的挖掘、分析和研判挖掘隐藏在数据中的规律（新闻性）。**（4）新闻稿件的把关和发布**：除非在机器人写作特别成熟的领域，否则由机器人生成的稿件需要经过人工的审核、修订和完善，最终完成新闻作品的发布。

5. 自动化技术在传媒业中的应用：**（1）数据采集自动化**：利用既有的历史数据或传感器设备根据报道的需求自动化地完成信息的采集，其特点在于有效节省时间的同时挖掘最大规模的数据。**（2）稿件生成自动化**：将采集的数据进行结构化的处理并根据人工设定好的模板进行自动化的数据填充，形成完整稿件。**（3）稿件分发自动化**：依据稿件性质和用户需求及兴趣标签对稿件进行自动化、精准化和高效率的分发。上述三种应用分别对应数据采集机器人、稿件写作机器人及内容分发机器人。**（4）自动化技术的优势**：缩短新闻发生与新闻报道的时间差，提高新闻传播的效率；完成借助人工几乎无法完成的某些领域的报道（比如，基于大规模数据的统计分析）；最大限度地增强新闻报道的客观性、准确性及传播的精准度。**（5）自动化新闻的局限**：新闻机器人所覆盖的领域是财经、气象、体育、自然灾难、犯罪事实等依赖结构化数据或对事实进行描述的报道；新闻机器人仅作为职业媒体人的辅助角色，并未介入新闻采编核心业务；绝大部分稿件依然由媒体人撰写，新闻机器人仍处在试验、探索阶段，尚未实现大规模的商业化；新闻机器人依赖大规模的开放性数据，目前数据公开的数量、质量及匹配政策远未达到机器人新闻发展的需求。

6. 新技术应用与新闻的客观性：**（1）作为新闻理想的客观性**：新闻报道是基于人的价值判断从海量信息中汲取符合某些特定标准的事实素材进行的呈现，尽管新闻业从未停止过对新闻客观性的追求，但真正的客观是人类永远无法实现的目标。**（2）客观性的通用准则**：以客观世界的本来面貌来报道新闻事实，将事实和观点分开，采用超越特定群体利益的视角来报道新闻事实，给争议的双方以均等的机会表达各自观点，将调查研究等力求客观的方法运用到新闻报道中。**（3）改进客观性的做法**：调查性报道、公民新闻运动、精确新闻学以及在精确新闻学基础上发展而来的数据新闻等都是从某些角度改进新闻报道客观性的做法，其共同的特点在于拓展新闻报道素材的来源、丰富新闻报道的视角，并试图通过科学的方式来增强新闻报道的说服力。**（4）新技术手段的运用**：精确新闻及在其基础上发展而来的数据新闻就是将调查研究等科学方法运用到新闻报道中以增强新闻客观性的一种做法，但数据价值、意义的挖掘，新闻选题的标准、倾向，机器人自动化程序的编写等不可避免地受到背后的人及当时的政治、经济、社会、文化等各方面因素的影响。

7. 人工智能对传媒业带来的影响：**（1）专业生产方式的转变**：新闻生产主体由过去的专业生产转向"专业生产＋社会生产＋机器人生产"模式，内容生产由传播者中心主义转向基于用户精准需求的受众中心主义。**（2）媒体人知识结构的影响**：从事简单化、程序化新闻生产的记者将被机器人取代，记者队伍将格外重视跨学科的知识背景和不同学科之间的交叉融合，推动记者向专家型记者、复合型记者转变。**（3）职业伦理的重要性凸显**：在大数据、人工智能等背景下，自然科学的价值显性化，人文素养、职业伦理、价值审美等的重要性也被空前提升，人文学科在人工智能时代的价值在于为技术的应用制定规范。**（4）应对人工智能挑战**：侧重创造性、创意性的劳动，将程序化、低端化的工作交给新闻机器人来完成，从这个意义上讲，新闻机器人的大规模应用将会极大地激发职业媒体人的创造性；强化人文理性，培育跨学科思维，将自身打造成全能型、专家型媒体人。

8. **人工智能的批判性观点**：**（1）技术崇拜**：对新闻机器人的迷恋将会导致新闻生产中的技术崇拜和数据崇拜。**（2）过程黑箱**：由机器人生产的文本往往以外在的客观性或数据理性遮蔽了隐藏在背后的权力结构所施加的影响。**（3）用户绑架**：新闻生产及分发的自动化将会削弱受众的主体性和主动性，从而变成兴趣和偏好的奴隶。**（4）信息泛滥**：自动化的新闻生产将会带来以伪原创、伪个性化为特征的信息冗余及信息过剩，稀释信息的价值密度。**（5）巨头垄断**：人工智能作为一种新出现的技术具有很高的门槛，大的互联网机构及媒介集团将进一步加速垄断。**（6）内容窄化**：将会导致少数人掌握绝大部分的信息生产，不仅会导致信息生产的垄断性，也会削弱信息供给的多样性，导致新闻生产个性化、创意性的缺失。

案例19 内容生产中的深度伪造现象

> **案例简介**：2019年8月底一款名为"Zao"的具有给视频"换脸"功能的APP引发舆论热议。主流媒体及专业人士批评称，软件存在信息不当收集、隐私泄露、非法用途等问题。实际上，用视频技术进行深度伪造，在互联网时代已屡见不鲜，这加剧了网络治理难度，也在客观上推动了网络治理手段的升级。

案例解析：（1）存在的问题：版权问题——视频素材来源版权不清晰，有可能侵犯视频版权；隐私问题——用户肖像及身份等隐私信息被平台过度收集；伦理问题——在国外，此类相似软件（deep fakes）已延伸出换脸色情产业链，而在视频效果已经达到以假乱真的情况下，有可能会被滥用；经济安全——在刷脸支付常态化、生活化的背景下，任由此类技术发展极有可能威胁交易安全。**（2）相关反思**：相比于国外此前同类软件，其技术创新色彩更加明显，这从侧面反映出中国互联网技术的创新能力。软件引发的争议也表明中国网民隐私意识的觉醒。网络传播的便捷性，用户的娱乐、猎奇心理及替代式成名体验是应用迅速传播的主要原因。**（3）管理对策**：技术的发展需要管理部门更积极地介入，通过立法、监管、行政等手段使互联网创新技术免于滥用，在技术平台严格落实主体责任的同时，公众个体需要增强隐私保护意识。**（4）新闻造假**："AI换脸"所带来的是全世界新闻业新的业态风险。谣言与新闻线索的造假成本逐渐降低，为新闻行业的新闻线索识别提出了更高的技术要求，也对新闻工作者的把关能力和受众的识别能力提出了更高的挑战。用新技术深度伪造新闻报道、伪造官方文书、篡改事件视频等都成为新技术滥用背景下的顽疾。**（5）技术伦理**：媒介技术既非天然的善，也非天然的恶，更非中性的，而是社会环境、商业资本、社会心理等各种因素综合作用的结果。用户权利的让渡和使用权的获得之间的平衡，不能仅靠使用技术的人的自律与自我素养的提升，需要社会整个环境、氛围的营造及合理制度的建构。

专题02　县级融媒体

在2018年8月召开的全国宣传思想工作会议上，习近平总书记明确提出，要扎实抓好县级融媒体中心建设，更好地引导群众、服务群众；2018年11月14日召开的中央全面深化改革委员会第五次会议认为，组建县级融媒体中心有利于整合县级媒体资源、巩固壮大主流思想舆论，该会议还审议通过《关于加强县级融媒体中心建设的意见》等文件；2019年1月15日，《县级融媒体中心建设规范》由中共中央宣传部和国家广播电视总局联合发布。

1. 县级融媒体中心建设的背景：（1）技术背景： 信息技术的发展带来了信息生产和传播方式的巨大变化，宣传思想文化工作的对象正在向互联网迁徙，传统的宣传思想文化工作的经验、机制、模式已经不能适应新技术环境的要求，迫切需要拓展以技术为支撑的新的传播阵地。**（2）舆论环境：** 新媒体空间为不同主体、力量的交锋提供了前所未有的空间，也成为影响网络舆论健康表达的最大变量，同时也是现今语境下重要的信息集散地、舆论策源地和思想交锋主阵地，故而应该受到重视。**（3）县域地位：** 无论是在中国的国家治理、社会管理实践中，还是在党的组织结构和国家政权结构中，县域一级都是承上启下的重要环节，也是发展经济、保障民生、维护稳定的重要基础。县域一级的重要地位和重要功能决定了必须重视县级融媒体建设。**（4）城乡差距：** 长期以来的由城乡二元结构等历史原因导致的城乡之间技术、人才、资金、教育、医疗等资源的分布不均衡状况及数字鸿沟问题，成为当前制约中国发展的一大因素，为此党和国家大力推进乡村振兴战略，奋力打赢脱贫攻坚战。

2. 县级融媒体中心扮演的角色：（1）主流舆论阵地：县级融媒体中心将主流舆论的触角延伸至中国基层社会，是中国区县一级主流舆论的策源地，是中央有关精神传达、地方新闻资讯传播、基层民众舆论疏导、满足群众精神文化生活的重要渠道。**（2）综合服务平台**：县级融媒体中心立足地方面向各级各类组织、机构及民众提供地域化、针对性、专业性的服务，满足其对生活、休闲、消费、教育、资讯、医疗等领域的服务需求。**（3）基层治理枢纽**：县级融媒体中心是政府基层治理方式在数字时代的升级，除了面向区县受众提供信息、资讯及服务外，还是进行新闻发布、实施政务公开、推进基层党建、进行政务办理的重要平台。

3. 县级融媒体中心建设的意义：（1）服务国家战略：在党和国家大力推进乡村振兴战略，实施脱贫攻坚战的过程中，互联网新技术在"三农"、城乡医疗、远程教育等领域均是重要的基础性力量，大力推进县级融媒体中心建设可以为国家重大战略提供支撑。**（2）体现执政为民**：党领导下的媒体始终坚持为人民服务的宗旨，大力建设县级融媒体中心反映出党和国家致力于推动互联网新技术服务民众、服务民生、服务基层、满足群众需求的重要举措，有助于强化党和人民群众之间的血肉联系。**（3）解决实际难题**：县级融媒体中心建设有助于通过优势资源的整合和国家政策的倾斜，有效解决此前区县一级新媒体舆论阵地发展过程中较多存在的服务意识不够、公开意识不够、精准程度不够、引导能力有限、传播策略简单、技术支撑不足、人才资源匮乏等系列难题。**（4）巩固舆论阵地**：县级融媒体中心建设将"政务＋服务＋舆论"的优势资源进行高度整合，有助于推动县级主流媒体转型升级，拓展主流意识形态的传播空间，巩固主流意识形态的传播阵地，推动主旋律内容"横到边、纵到底、全覆盖"。**（5）优化政府职能**：县级融媒体中心建设将大大提升区县一级政府机构的工作效率，优化资源配置，节省社会资源，激发中国基层社会发展活力，提升国家治理及社会管理的综合水平，提升区县一级政府的社会治理能力、治理效率和治理水平。**（6）服务县域经济**：通过"融媒体+'三农'""融媒体+电商""融媒体+旅游"等若干业务场景的开发，推进产业链上下游的整合，打破生产、流通、经营、消费过程中的信息与渠道壁垒，服务县域经济发展。

4.**县级融媒体中心建设的策略：（1）顶层设计引领**：贯彻和落实县级融媒体中心建设的有关会议文件精神，确保县级融媒体中心建设逐项工作能够始终贯彻党的路线方针政策；强化区县一级政府机构的主动意识、责任意识，推进政策落地。**（2）优势资源整合**：县级融媒体中心建设需要因地制宜，充分整合资金、技术、人才、信息等要素，打通不同政府机构、媒介组织、事业单位等的区隔，借助数字技术带来的便捷优势，促进优势资源的集中，避免重复建设和资源浪费。**（3）强化技术支撑**：县级融媒体中心建设要强化技术支撑，最大限度地释放以大数据、云计算、物联网、人工智能等为代表的新技术的活力，以技术手段撬动内容生产、信息传输与社会治理方式的转型升级。**（4）优化考评机制**：创新县级融媒体中心建设效果的考评机制，采用结果导向、实效导向，设计科学合理的考评指标。**（5）健全服务体系**：在充分尊重用户需求、尊重县域实际的前提下，架构基础完备、功能齐全、运转高效、地域特色明显的"资讯+政务+服务+商务"服务体系，推动县级融媒体事业有序发展，为智慧县城、智慧农村建设提供基础保障。

专题 03 非虚构写作

非虚构写作源于 20 世纪五六十年代美国的新闻和教育实践。中国尽管也有较长发展历史，但 2010 年《人民文学》在国内首创"非虚构"专题时才为学界和业界关注，2010 年以来，"非虚构"研究持续趋热并在 2019 年成为热门学术话题。2019 年年初，自媒体人"咪蒙"旗下公众号发布《一个出身寒门的状元之死》的文章引发舆论批评，"咪蒙"团队在回应质疑时称该文为非虚构写作，而非新闻作品，由此，学术界也引发了一场关于何谓"非虚构写作"的讨论。非虚构写作是创意写作的组成部分，非虚构作品是新新闻主义作品的一种形态，简单来讲，非虚构写作是以文学的写作手法对客观社会现实进行再现的一种新闻创作方式，兼具新闻作品的真实性和文学创作的技巧性。

1. 非虚构写作的定义：（1）定义：非虚构写作是"基于真实发生的事件，采用文学写作的手法，利用讲故事的叙事方式将事件重新结构化的一种新闻写作方式，注重人物的语言、心理以及行为等细节描写"[①]。简而言之，非虚构写作就是文学化的新闻报道。**（2）特点：**非虚构写作有别于虚构文学基于想象的虚假性和文学性，也有别于一般新闻报道的刻板和严肃性；本质要求是内容的真实性，即人物、事件、经历、采访过程的真实性；重视对社会基层、真实、民间生活细节、场景、对话及心理的细致刻画。

---

① 刘楚君：《新媒体环境下新闻领域非虚构写作的发展》，载《青年记者》，2019 年第 11 期，第 11-12 页。

2. 非虚构写作的特征：（**1**）**题材特征：**非虚构写作主要聚焦个人（特别是平民小人物）亲身经历与情感体验，由于创作群体庞大，因而题材较为广泛。（**2**）**创作主体：**覆盖面大，包括文学素质较高、具有专业背景的作家群体（如梁鸿等）以及数量庞大的平民写作群体（如姜淑梅等）。（**3**）**叙事方式：**非虚构作品大多采用第一人称、按时间顺序发展的方式书写，追求故事的真实性体验、亲历性"在场"感以及情景的逼真性。（**4**）**文体特征：**"口述实录""回忆录""现身说法"及访谈、田野调查报告等成为非虚构写作的常用文体与叙述方式，这些文体与写作水平不高的平民百姓进入非虚构写作相契合。（**5**）**传播平台：**与传统写作相比，非虚构写作的媒介极为广泛，除却传统纸质媒介，博客、网络空间、微博、微信朋友圈、电子书、视觉传达、微电影、直播等都成为非虚构写作的载体与传播平台。媒介的拓展不但为非虚构写作提供了创作平台，也扩大了传播平台。①

3. 非虚构写作的价值：（**1**）**对新闻报道方式的优化：**非虚构写作秉持新闻报道的客观性和虚构写作的文学性、故事性，为新闻报道注入了活力，有助于提升新闻信息的传播力、影响力、引导力和可读性，推动了新闻报道的平民化。（**2**）**优化社会现实的媒介建构：**非虚构写作采用原生态、民生化的叙事方式再现社会现实的细节，影响甚至重构了新闻叙事与社会现实之间的关系。（**3**）**满足受众多样化需求：**非虚构写作丰富了大众文化市场尤其是新媒体传播语境下新闻产品的形态，有助于满足不同层次受众的新闻阅读需求。（**4**）**契合新媒体传播规律：**非虚构写作的故事性、细节性、文学性叙事方式契合新媒体传播语境下新闻报道形式、方法、技巧、策略的创新，可以为主流意识形态增强引导力、公信力服务。（**5**）**非虚构作品的三种价值：**非虚构作品属于新闻报道与文学作品的交叉领域，也就是说，非虚构作品既属于纪实类文学作品，也属于活泼的新闻报道，因而具有文学价值、新闻价值和文献价值。

---

① 王光利：《新世纪中国文学的非虚构写作》，载《江西社会科学》，2019 年第 39 卷第 2 期，第 147-153 页。

4. 非虚构写作兴起的原因：（1）**虚构写作的困境：** 虚构文学程式化、模板化和写作风格所浮现出的内容的虚假性、情节的可预测性、对生活的疏离感等导致虚构作品的空洞，想象力和内容的匮乏。（2）**传统报道的局限：** 新闻创作者对传统新闻报道呆板、严肃、教条式的报道方式及新闻真实性、客观性不足质疑和不满，尝试采用深度体验、介入、观察、调查的方式来改善新闻报道。（3）**社会环境铺垫：** 社会急速转型背景下，源自社会不同维度、层面的实践经历为非虚构文学的创作、发展提供了肥沃的土壤。（4）**受众心理需求：** 在虚构文学及传统新闻报道难以满足受众的猎奇心理，也难以与个人成长历程产生某种共鸣的背景下，非虚构写作真诚、真实、细腻、生活化、个人化的叙事契合了受众对真实世界细节图景的认知需求和想象体验。（5）**大众传媒业推动：** 大众传媒产业的迅速发展和激烈竞争为非虚构写作提供了广阔的受众需求、多元化的传播载体和广阔的创作平台。（6）**典型作品的推动：** 早期非虚构作品《冷血》等成为畅销书，引发了业界（作家和图书经销商）的关注，并使得非虚构成为一种创作手法或创作技巧不断被学习、借鉴、复制，并由文学领域拓展至新闻传媒领域。（7）**调查报道的环境：** 近年来，调查性报道面临的压力较大、调查性报道记者数量减少等现实问题为大量的非职业记者从事个人类调查提供了相对宽松的发展环境，同时受众对深度内容的阅读需求也催生大量自媒体人以个人体验、深度调查等方式进行创作。

5. 非虚构写作的发展现状：（1）**非虚构写作的常态化：** 非虚构写作由文学领域走向新闻领域，从精英创作者走向大众创作者，从媒介机构专业化的新闻报道走向日常生活。（2）**创作主体的多元化：** 非虚构写作的主体不再局限于职业作家或记者等创作主体，在自媒体迅速发展的背景下，各级各类组织、机构、团体、自媒体人和普通网民都可以进行非虚构写作。（3）**传播渠道的多样化：** 除了报纸、电视、杂志、书籍等传统媒体之外，"两微一端"、短视频、电子书、网络博客等各类平台也成为非虚构作品的传播载体。（4）**受众基础的广泛性：** 因互联网新媒体成为非虚构作品传播的主平台，非虚构作品面向的受众是数以亿计的网民，相较于传统媒体时代有着更为广泛的受众基础。**（5）内容的深度性：** 非虚构写作以创作者亲历、见证、调查、访谈等方式介入事件现场或再现事件过程，是对社会现实深度性、个人化的一种再现方式。

6.非虚构写作面临的问题及挑战：**（1）创作伦理问题：** 创作者强调个人经历、个人体验在新闻素材获取中的价值，因此会面临个人主观判断、价值立场、利益倾向与新闻报道作为公共产品的公共性之间的平衡问题。**（2）底层消费问题：** 非虚构写作从内容选择来讲，对边缘群体、下沉群体、少数族群有特殊偏好，对其过度关注虽然能唤醒人文关怀意识，但也会导致对这些群体的过度消费，同时也导致素材选取和报道视角的狭隘。**（3）非虚构写作的滥用：** 近年来以贩卖焦虑、炒作底层、渲染猎奇为主要方式的"乡村体""乡愁体"不断出现，过多采用局部真实的技术嫁接、悲情叙事、放大冲突、渲染矛盾等方式来完成作品创作，是滥用非虚构"收割流量"的表现，也导致了新闻作品的庸俗化。**（4）技术操作问题：** 非虚构写作格外重视创作者的主观体验和个人经历，这也导致部分创作者将个人体验过程中带有偏见的"局部真实"取代完整、立体的社会真实，用情绪化表述取代真实素材获取不足等问题。**（5）归属范畴问题：** 如果将非虚构写作界定为一般性的文学作品，则其创作主体、发布平台较为宽松，但会使某些不具备新闻生产资质的主体以非虚构的名义从事新闻报道，使现行新闻监管体系形同虚设；若将非虚构写作界定为新闻报道，则要求创作者和传播平台都要有新闻采编及报道的资质，会限制非虚构写作的创作空间，因而不同的监管标准会催生不同的问题。

7.非虚构写作面临问题的成因：**（1）传媒行业的竞争压力：** 传媒产业在内容产品供给过载及受众注意力稀缺的背景下，对高关注度的爆款文章、热点话题格外推崇，导致部分不负责任的创作者忽视深度调查而迷恋创作技巧。**（2）创作者责任意识与专业素养缺失：** 自媒体环境下非虚构作者的构成十分复杂，相当一部分自媒体人既没有经受过专业的新闻报道训练，又因其不在现行媒介体制框架下，故受到现行媒介制度、规范的约束较少。**（3）市场导向**

生产逻辑的影响：互联网时代非虚构写作以商业类媒体和自媒体为主力，其更多遵循的是市场导向的新闻作品生产逻辑而不是新闻报道的价值导向和市场导向兼顾并将价值导向放在首位的逻辑，故导致追求猎奇、刺激、新奇的市场导向逻辑深刻影响了非虚构作品的生产。**（4）受众媒介素养的缺失**：新媒体用户的学历结构整体偏低，影响了其对有害信息、负面信息或失真信息的抵制、批判能力，被动的信息接收、不假思索的信息浏览和以个人好恶为标准的信息判断标准，客观上放任了有害信息的传播。

8.非虚构写作的优化思路分析：**（1）强化创作者的责任意识和专业素养**：强化各级各类媒体尤其是网络自媒体的责任意识、导向意识和主体意识，要求新闻报道不仅注重市场价值，更要注重社会价值，强化新闻报道的客观性、真实性。**（2）壮大媒介批评的影响力**：发挥媒体受众、新闻舆论、行业组织、学术机构在建构健康清朗的互联网空间秩序中的作用，共同探讨非虚构作品的审美及评价标准，避免新闻市场"劣币驱逐良币"的现象。**（3）体制内媒体要有更大的作为**：在新媒体传播语境下，体制内主流媒体作为互联网优质内容生产及供给的"国家队"要积极采用非虚构等新兴的新闻报道方式，增强主流话语的传播力、影响力、引导力与公信力。**（4）变革新闻专业教育的方式**：新闻传播专业教育要与时俱进地对新闻传播业界的最新实践动向有所观照，并纳入规范职业教育范畴，通过系统化、专业化的培训，为非虚构写作输出素质和能力过硬的优质人才，同时通过职业教育推动 UGC 向 P-UGC、PGC 转化。**（5）强化受众媒介素养教育**：拓展媒介素养教育的新范式、新领域，将认识互联网时代新闻作品的生产及传播规律作为当代媒介素养教育的重要内容，让受众不仅了解新媒体的使用技巧，更要了解新闻报道背后的规律机制。**（6）推动管理标准的规范化**：明晰界定非虚构作品的所属范畴，可以依据素材的差异将部分内容纳入一般性的文学创作，而将时政类等严肃内容纳入新闻报道的管理范畴。

案例 20　早期非虚构写作案例《冷血》等作品的分析

案例背景： 非虚构写作起源于20世纪五六十年代的"Nonfiction"，以诺曼·梅勒的《夜幕下的大军》、汤姆·沃尔夫的《名利场大火》、杜鲁门·卡波特的《冷血》等作品为代表。《冷血》为美国小说家杜鲁门·卡波特针对发生于1959年的堪萨斯州系列谋杀案进行调查研究后撰写的非虚构作品，该作品历时六年完成，是历史上最有影响力的非虚构作品代表，也是由于该作品的畅销，"非虚构"的创作手法被不断开发、挪用并由文学创作领域延伸至新闻报道领域。中国较有代表性的非虚构作品有钱钢的《唐山大地震》、杜强的《太平洋大逃杀亲历者自述》、陶若谷的《病榻上的"谋杀"》、陈少远的《庆阳跳楼少女：生死都是一座孤岛》、关军的《她说死也要回家，然后纵身一跃》等，此外，网易的"人间"专题[①]也刊发了大量优质的非虚构作品。

案例思考：(1) 非虚构作品的发展趋势： 非虚构作品在互联网新媒体尤其是网络自媒体迅速发展的背景下，信息的生产主体、传播平台、受众基础、反映题材和写作视角等方面都获得了前所未有的拓展，成为国民文化精神生活及网络文化内容供给的重要构成。**(2) 非虚构作品的共性特点：** 真实描绘、记录和再现社会中的真人真事，有别于一般新闻调查或纪实报道，更注重运用文学性叙事技巧；作品展示详细的调研、采访过程，采用故事化叙事方式，格外强调细节讲述的故事性和阅读过程中的沉浸体验；时效性不明显，深度性、人情味、可读性较强，文学色彩浓厚。**(3) 非虚构作品的文化意义：** 非虚构作品不仅活跃和丰富了文化产品供给，更为重要的是其"眼光向下"的人文关怀及其对社会部分不易被观察到的群体、人物、视角进行详细的描写、记录和再现，有助

---

① 详见 http://renjian.163.com。

> 于弥补宏大叙事在特定情形下所缺失的对细节的观照；此外，非虚构写作由于其在讲故事层面的特殊价值和魅力，也被吸收到主流文化作品的生产中，成为主流思想进行创新性表达的重要方式。

9. 非虚构写作的底层消费与底层关怀：（1）"底层消费"问题争议： 有研究者称非虚构写作存在过度的"底层消费"或"底层叙事"问题，如部分非虚构作品过多关注并不代表社会主流群体的边缘人物的生活状况，存在对底层群体的过度消费问题；也有学者认为，尽管出于猎奇或商业目的的底层消费确实存在，但社会上的"底层群体"也的确存在，而传统新闻生产往往忽略了对这部分群体应有的关注，如残疾人、快递员、"三和青年"等。**（2）底层叙事有深刻的现实意义：** 长期以来，在媒体中占据主流地位的是中产文化或中层文化，但基层群体仍是中国社会不容忽视的庞大群体，若非今日头条的底层表达和拼多多的底层商业，中国下沉阶层可能仍属于主流话语体系中被掩盖的群体，因此，非虚构写作对底层的"偏好"并非是过度关注而是社会真实状况的再现。**（3）让底层群体有发声机会：** 商业媒体和网络自媒体对底层叙事的偏爱，为底层群体的公共表达（尽管有时候是"被表达"或存在报道失真的状况）提供了渠道，也使得被遮蔽的群体有了被社会关注的可能，从这个意义上讲，尽管底层叙事有不少负面、不合理或过度消费的东西，但积极意义仍然大于负面意义。**（4）拓展底层群体的话语空间：** 在传统媒体时代，中国都市类、商业类媒体多以社会上占主导地位的中等收入群体或社会精英人士为目标受众，对底层群体、弱势群体、边缘群体的关注度较低，在新媒体时代，商业互联网平台、网络自媒体平台的迅速崛起，打破了传统媒体的话语权垄断，放大了底层社会自我表达和被关注的可能性。

10. 非虚构作品中"底层叙事"的问题：（1）典型案例： 近年来，一些较为集中反映基层乡村生活、边缘群体遭遇、城市务工人员辛酸等类型的文章不断涌现,尽管部分文章带有浓郁的人文关怀色彩,但部分反映农村颓败的"回乡体",讲述城市里悲惨人生的"绝望体",渲染阶层差距和区隔的"阶层体",以及讲述留守儿童、传销组织生活的"边缘体",鼓动"逃离北上广"的"逃离体"等不断充斥互联网,成为网络负能量的集散地。2019年3月1日的《北京日报》在评论文章中指出:"网络不应该成为负能量的集散地、焦虑情绪的策源地。更值得警惕的是,如果一些自媒体的成功,是建立在鼓吹负能量、宣扬自私自利的逻辑之上,这无疑是一种极大的错误示范,是对社会文明发展的诋毁与讽刺。"①**(2)案例思考:**其一,以上各种报道视角与素材选择的共同特点是消费弱势群体、消费底层群体、消费社会的情感与焦虑,是以追求流量为方式、追求流量变现为目的的商业营销和情绪消费。其二,尽管这类文章带有一定的人文关怀和民生视角,但它不具有正面的社会导向价值,是放大而非缓解焦虑、冲突、矛盾,是制造而非解决问题。其三,新闻报道应该注重细节,也应该顾全大局,即便报道的素材、内容属于真实客观的社会现实,但也应注重主流和支流的关系,以上诸种文体是被高度剪辑过的局部真实。其四,以上诸种文章即便能够迎合受众对陌生群体的想象、情感体验和对真实细节进行窥探的欲望,但从长期来讲,以解构主旋律、放大局部细节为方式的新闻报道,将会潜移默化地影响主流文化氛围,解构主流价值观的影响力。其五,对社会上真实存在的局部性、细节性的问题进行报道时,应该秉持客观、公正、积极的态度,从建设而非解构的角度报道,以营造整体向上向善的文化氛围。

11.《一个出身寒门的状元之死》文章争议。2019年年初,"咪蒙"旗下"才华有限青年"公众号发布《一个出身寒门的状元之死》(以下简称《状元》)文章引发争议。舆论批评认为,故事情节存在很多不实之处,比如,时间、人物、事件与现实无法对应等。"咪蒙"团队在回应质疑时称该文为非虚构写

---

① 晁星:《莫让网络成为负面情绪策源地》,载《北京日报》,2019年3月1日第3版。

作,而非新闻作品。**案例思考:(1)作品并非"非虚构写作"。**《状元》一文因关键时间、人物、事件与细节都不符合新闻报道的客观性、真实性,尽管其采用了文学化、故事性的写作技巧,但不属于非虚构作品。**(2)作品是商业变现行为。**《状元》套用"非虚构"名义进行的商品化创作,其目的不是呈现社会真实,而是通过贩卖焦虑和矛盾收割流量,是商业变现需求推动下对受众想象的取悦和迎合。**(3)"非虚构"也是新闻作品。**中国媒介机制下,自媒体人或一般的公司机构不具备从事新闻报道的资质,"咪蒙"道歉时称其文章是非虚构写作而非新闻作品,也是为自己绕开新闻监督体系辩解。

12. 新新闻主义的定义及其特点:(1)定义: 新新闻主义作为新闻报道的一种形式,其显著的特点是将文学写作的手法应用于新闻报道,重视对话、场景和心理描写,主张记者可以在新闻报道中描述人们的主观感受和心理活动,不遗余力地刻画细节;它是对传统新闻客观性的解构,是借助于文学等其他形式以求真实反映世界的探索。① **(2)词源:** "新新闻主义"又称"新新闻报道",这个名词首先由美国著名新闻记者汤姆·沃尔夫提出。他在1973年编选了一本名为《新新闻报道》的文集,并在该书中详细论述了"新新闻报道"的主要内容和发展历史,这个文学流派由此而得名。**(3)代表:** 新新闻主义以诺曼·梅勒、杜鲁门·卡波特为重要代表。他们认为美国的现实生活既然跟虚构的小说一样曲折离奇、荒诞不经,就不妨用写小说的手法来描绘现实生活中的真人真事,以达到暴露美国现实、探讨社会问题的目的。新新闻主义的主要特点是纪实化。② **(4)区分:** 新新闻主义与非虚构写作均出现于20世纪五六十年代,而非虚构写作被认为滥觞于新新闻主义;也有学者称,"非虚构写作"只是新新闻主义的另一称谓,两者是一种写作方式的不同命名,因而,新新闻主义还有"文学性新闻""亲近性新闻""创造性非虚构写作"等命名。

---

① 王丽华:《新新闻主义对新闻客观性的反思与扩容》,载《青海社会科学》,2018年第5期,第209-212页。

② 邹贤敏主编:《西方现代艺术词典》,成都:四川文艺出版社,1989年版,第146-147页。

准确地讲，在早期新新闻主义就是指非虚构类文学作品，是具有文学与记者双重背景的作家的发明，但像电视真人秀（如总统候选人电视辩论）、电视新闻杂志节目（如《东方时空》"讲述老百姓自己的故事"）等都是新新闻主义的代表。也就是说，相比于非虚构写作而言，新新闻主义的外延更广。

专题 04　建设性新闻

建设性新闻的正式概念由丹麦学者海格拉普于 2008 年提出，至今在欧美新闻界已实践 10 余年，其学术研究的积累影响在近两年尤其引人注目。2017 年我国学者晏青正式将建设性新闻作为一种新闻形式予以介绍，随后我国关于建设性新闻的研究逐渐增多。目前，建设性新闻的主要倡导者是凯瑟琳·戈登斯特，其在 2014 年出版了《建设性新闻手册》，2015 年又出版了著作《从镜子到推动者——建设性新闻学中积极心理学的五要素》。建设性新闻不同于一般新闻报道，它将积极心理学以及其他行为科学的方法引入新闻生产的制作流程，并将焦点放在对问题的解决上，致力于提出一套切实可行的解决方案而非仅仅报道问题，进而有效地参与到社会治理的进程之中去。

1. 建设性新闻的定义：（1）学术定义：凯瑟琳·戈登斯特认为，建设性新闻即将积极心理学方法应用到新闻生产过程，以创造有吸引力的报道，同时忠于新闻的核心功能。其强调通过新闻报道提出解决方案，从而激励受众，促进个人发展和集体与社会的繁荣。狭义来看，建设性新闻指的是互联网新媒体环境下一类积极参与解决社会问题的新闻实践；广义来看，建设性新闻则是在近年来此类新闻实践基础上将其宗旨进行概括而形成的一种新闻理念。**（2）两个强调重点**：积极和参与。积极，即以正面报道，给人"向上向善"的信念与力量，即便是揭露问题的报道，也应该提供方案；参与，指的是媒体和记者不再置身事外，而是作为社会成员之一，介入社会问题的解决过程之中，发动民众一起共筑美好生活。①

2. **建设性新闻的理论内涵**：（1）**基于"积极心理学"的乐观心理基模**：建设性新闻以乐观等积极情感，突破以往新闻骨子里的"破坏性"，重建公众的新闻认知与心理体验，更好地培养公众的乐观精神。建设性新闻的倡导者之一凯瑟琳·戈登斯特借鉴积极心理学的理念，强调新闻业需要用希望取代愤世嫉俗。（2）**问题解决导向**："问题解决"这一建设范畴也是建设性的核心特征，同时也是建设性乐观实现的重要路径，乌瑞克·哈根洛普认为建设性新闻这种新的理念通过提供方案与决议进行鼓舞人心的报道，从而解决世界面临的问题。（3）**对话协商方式**：媒体不再是冷静的旁观者与监督者，而是与公众保持联系的调节者，了解公众想法、洞悉公众日常、深描公众生活肌理，让公众在阅读新闻的过程中提升对建设性方案的参与意识，使其参与到社会中，实现对社会共识的维护。（4）**理性讨论语境**：人们对事件的认知需要嵌入语境当中，方能深入了解事件背后的深层次原因，建设性新闻报道常常提供充足的素材与背景资料，摆脱传统报道中惯用的二元对立的框架，引导舆论场获得更具理性的张力，促进公众产生积极态度。②

3. **建设性新闻的核心理念**：（1）**问题解决导向**：借鉴解困新闻学的理念，建设性新闻要求新闻业不仅能够揭示问题，同时也需要提供"问题解决导向"的报道框架。（2）**面向未来的视野**：建设性新闻在报道新闻事件的过程中，需要在传统新闻报道的"5W1H"的基础上加入"现在怎样"（what now）这一元素。不同于"扒粪"一类的调查性报道追溯"过去发生了什么"，建设性新闻立足于当下的情势，更加看重未来的发展趋势。（3）**包容与多元**：建设性新闻力求在报道中涵盖多元的声音，跳脱传统报道中秉持的"官—民""富人—穷人""施害者—受害者"这类极化的二元对立框架，调和新闻事件利益攸关方之间的冲突。（4）**赋权**：建设性新闻需要通过报道为民众"赋权"，通过广

---

① 唐绪军：《建设性新闻与新闻的建设性》，载《新闻与传播研究》，2019年第1期，第9-14页。
② 参考：https://mp.weixin.qq.com/s/-_FIdhGFQ-llqK1BHk_4rA。

泛的采访充分了解民意，并通过他们与官方、精英及专家的对话和互动，寻求共识和解决方案，避免既有冲突被进一步放大。**(5)提供语境**：建设性新闻要求记者在报道争议和冲突时充分挖掘事件背后的深层次原因，提供充足的背景和语境，引导公众全面理解新闻事件背后的张力，倡导舆论场的理性讨论。**(6)协同创新**：建设性新闻吸纳了公民新闻的理念，避免主流媒体与商业利益捆绑，要求新闻业吸纳公众的广泛参与和协同合作，以实现对公共领域和社会共识的维护。①

4.建设性新闻的社会影响：(1)有助于补充传统新闻价值，重塑新闻业角色：它呼吁记者重新定义新闻价值，强调对于以往报道中"冲突性"的纠偏，媒体的批判性应该在更广泛的意义上进行解释，不仅仅是重现问题，还应该包括针对现实问题人们可以做什么、如何改进以及如何减少问题。"建设性角色"是新闻业的第五个规范性角色，作为"建设性角色"，新闻业的中心作用是通过发挥建设性作用，为解决当前问题提供解决方案，从而为建设更美好的社会铺平道路。**(2)有助于改善社会关系，促进社会进步**：通过实验发现，建设性新闻可以唤起读者"希望"之类的情绪，对其产生积极影响，当人们提出有效的问题解决方案时，他们的消极情绪明显降低；另外建设性新闻被检验能够吸引传统新闻组织很难接触到的人群，进一步促进其社会参与度。**(3)有助于全球"向上向善"发展**：在全球范围内，只要"建设性"秉承"向上向善"的理念，面向公众、面向问题、面向未来、面向行动，促成一个更积极的新闻业，进而促进社会进步、全球问题的解决，就是富有意义的。②

5.建设性新闻与中国发展：(1)微观层面，重视解决方案：建设性新闻的目的不仅是告知公众问题的存在，更是期望未来能够提供解决方案来切实促进公众以积极的行动参与到社会发展的进程中。**(2)中观层面，重视协同生产**：

---

① 史安斌：《建设性新闻：历史溯源、理念演进与全球实践》，载《新闻记者》，2019年第9期，第32-39页。

② 蔡雯、凌昱：《"建设性新闻"的主要实践特征及社会影响》，载《新闻与写作》，2020年第2期，第5-12页。

建设性新闻体现"真实""正面报道"等新闻核心价值观的同时，应该更注重技术理性与人文感性的结合，以此来促进媒体舆论引导功能的发挥。另外，媒体应该将公众视为参与者与合作者，以更为均衡的方式处理好新闻生产中媒体与公众的关系。**（3）宏观层面，参与社会治理：** 建设性新闻不仅仅是一种新闻报道方式或解决方案，它更是媒体发挥社会治理功能的一种路径，以促进媒体切实参与到社会治理中，这里的参与不只是媒体揭露社会问题、报道问题解决方案，而更是切身参与到解决方案的制订与实施过程中。①

6. 建设性新闻的中国问题：（1）建设性新闻不等于"建设性舆论监督"： 在西方建设性新闻传入之前，我国早就在谈新闻的"建设性"，并明确提出了"建设性批评"或"建设性舆论监督"。西方所谓建设性新闻，是新闻界在实践中不断反思的结果，这种对报道范式的改造建立在百余年来新闻实践和理念创新的反复摸索之上。中国新闻界所说的"建设性"是特殊历史条件的产物，是与生俱来的品格。因此要将西方建设性新闻纳入中国特色社会主义新闻学理论，必须深刻认识到中国的特殊语境，不能简单移植。**（2）建设性新闻不等于"正面宣传为主"：** 虽然西方建设性新闻与我国的"正面宣传为主"都批评负面新闻过剩，但中西对"负面新闻"的认识存在一定差异。西方语境中，负面新闻过剩对个人和社会产生消极影响，造成受众对媒体的疏离。在我国，负面新闻过剩还被认为有另外一层影响，即破坏党和政府公信力。因此，"正面宣传为主"要求新闻报道不仅要有利于公民和社会福祉，还要对党和政府有利。**（3）建设性新闻不是"暖新闻"：** 暖新闻聚焦日常生活中的"暖心小事"、好人好事，试图树立引领社会主流价值观的典型，本质上仍是一种典型人物报道。而建设性新闻关注的是社会经济政治领域的重大议题，而不是"小事"。建设性新闻虽然也谈"典型"，但这种"典型"是解决重大社会问题的成功经验，而非践行某种价值观的典型。**（4）民生新闻与建设性新闻：** 民生新闻站在

---

① 殷乐、高慧敏:《建设性新闻:溯源、阐释与展望》，载《新闻与写作》，2020年第2期，第13-20页。

百姓视角,播报群众关心的事情,为群众排忧解难。它不仅涉及舆论监督报道,也提供生活服务类信息,还鼓励受众参与新闻生产,因此拉近了媒体与受众的距离,可以被划分为软新闻。西方建设性新闻关切的是社会生活中的重大问题,这些问题关涉全民福祉和社会进步,本质上是硬新闻。民生新闻容易出现报道内容的软新闻化,过剩的生活服务类信息挤占版面,对更重大的社会问题反而敬而远之。①

7. 新冠肺炎疫情期间的建设性新闻:(1)案例背景: 在社会情绪紧张、产业经济受损等背景下,"建设性新闻"因致力于解决问题的积极基调备受欢迎,如在新冠肺炎疫情期间,受疫情影响,各行各业面临的危机、困境以及民众的焦虑情绪是媒体报道的重点,"建设性新闻"是一种值得倡导的做法。**(2)叙事策略:** 媒体在报道某些负面问题时,采用"事实+对策"的方式进行指引,既提供关于问题的描述,又提供解决问题的方案的探讨;既能反映社会上存在的具体问题,又能引导社会舆论对面临的具体问题展开深入的探讨。**(3)相关案例:** 疫情期间,《经济观察报》记者意识到"停运仍交份子钱"导致百万司机"损失惨重"的问题后,采访了上海、北京等地的先进做法和先进经验,不仅正视了社会上客观存在的问题,还给出了有可操作性的解决办法。再如,电影行业受影响的背景下,《界面新闻》等媒体反映了影视从业者的真实处境,进而通过专家采访和案例分析,探索互联网电影产业模式创新的思路。

---

① 郭毅:《建设性新闻:概念溯源、学理反思与中西对话》,载《现代传播》(中国传媒大学学报),2020年第1期,第75-77页。

专题 05　合成主播

2018年年底至今，新华社等联合推出的"媒体大脑"及"AI合成主播"作为新闻报道与人工智能的深度融合成果引发产业界、舆论界和学术界的关注。据新华社等媒体报道，2018年12月底，中国第一个短视频智能生产平台"媒体大脑·MAGIC短视频智能生产平台"发布，是人工智能技术首次在媒体领域集成化、产品化和商业化的应用。据悉，MAGIC在2018年世界杯期间生产一条短视频最短耗时仅需6秒，整个平台日均短视频产量可达1万条。2018年第五届世界互联网大会上，新华社等联合发布的全球首个全仿真智能AI主持人通过语音合成、唇形合成、表情合成以及深度学习等技术，制造出具有和真人主播一样播报能力的"AI合成主播"。2019年6月，在第23届圣彼得堡国际经济论坛上，新华社联合多方共同推出全球首个俄语"AI合成主播"丽莎，引发关注。

1. "媒体大脑"与"AI合成主播"的产生背景：（1）**政策引领：** 近年来国家层面持续推出的网络强国战略、"互联网+"行动计划，以及在党和国家对新闻舆论宣传工作、媒体融合发展高度重视的基础上推出的传统媒体和新兴媒体融合发展部署等，为媒体的智能化发展提供了政策层面的宏观引领。（2）**技术积累：** 媒体的智能化转型是近年来在人工智能、大数据、物联网、云计算等新技术持续累积基础上进行优势技术资源整合并与传媒实务进行深度融合的结果。（3）**行业需求：** 新的媒介环境下主流媒体所面对的严峻挑战，紧迫要求主流媒体必须以积极的姿态拥抱信息革命的潮流，不断借鉴、汲取、整合、采用全新的技术手段实现对自己的业务流程甚至是产业生态的改造，以适应行业环境的巨变。**（4）专业优势**：新华社等国家级权威媒体在组织管理、创新机制、数据积累、资源整合等方面有着得天独厚的优势，故而其智能化转型之路是作为专业类媒体的"国家队"所具有的核心资源与互联网机构的创新技术进行优势叠加的结果。**（5）资本助推**：无论是"媒体大脑"还是"AI合成主播"，都能够适应于若干的应用场景，其大规模商用的可能性和无比广阔的市场前景契合了资本增值的需求，激发了各级各类主体的创造性。

2. "媒体大脑"的功能与应用场景：（1）具体功能："媒体大脑"具备自动采集生产新闻、新闻智能分发、语音识别转写、版权监测、人脸核查、用户画像、智能会话、语音合成等功能，是对新闻采编中心功能的全方位延伸。**（2）应用场景**：为记者、编辑提供"智能数据工坊"（自动收集数据并对数据进行格式化处理）、"智能媒资平台"（机器自动生成各种素材并按照标准存储，随时等待调用）、"智能生产引擎"（自动化、流水线般地生产新闻产品）和"智能主题集市"（为用户设置个性化报道主题）。**（3）智能编辑部**："媒体大脑"是新闻机构的智能编辑部，是以高速度、流水线、自动化生产为特征的内容智能处理中心，通过媒体人与"机器人"的分工与协作完成线索挖掘、素材收集、素材存储、内容加工、新闻分发、版权监测、用户识别等全过程任务。

3. 智能媒体对新闻业务的变革：（1）信息采集的自动化：借助传感器、无人机、摄像头、行车记录仪等智能化数据采集及转化设备，实时、动态洞察新闻线索，挖掘文字、图像、视频等形态的多维数据，并利用精准人脸识别、数据源追溯等精准分析手段，替代记者、编辑进行素材真实性的核查，有效降低新闻造假的可能性。**（2）作品生成的自动化**：依据海量的格式化数据和新闻报道素材库代替记者、编辑自动完成数据新闻、富媒体新闻等形态的作品生产，目前智能媒体能够生成的作品形态包括文字、图表、语音和视频等若干类型，并且在体育、财经及其他较为依赖数据的新闻报道领域应用较为成熟。**(3) 内容分发的自动化**：智能媒体在对用户人口统计学数据、媒介使用习惯数据、场景位置数据、行为偏好数据等进行分析的基础上对不同用户的媒介使用习惯和信息阅读偏好进行精准研判，实现内容生产定位与内容精准推荐的自动化。**(4) 新闻呈现方式变革**：利用"AI 合成主播"、虚拟现实技术、增强现实技术、智能接收终端等多种形态、方式和终端传输新闻报道，增强了新闻报道的针对性、场景化、时效性和沉浸感，能适应不同场景、不同终端的信息接收。**(5) 内容接收终端变革**：内容接收终端由此前的电视、电脑、手机等屏幕拓展为智能穿戴设备、智能家居设备、车载智能设备等，延伸了新闻内容的传播渠道和接收方式。**(6) 传受交互的智能化**：智能媒体采用智能语音问答、大数据智能学习、图文影音智能转换等新技术手段为用户互动能力赋权，促进了新闻用户与新闻生产中心交互的便捷性，改进了用户体验，也有助于新闻生产主体进行内容生产和传输方式的优化。**(7) 效果评估与版权维护**：通过全网大数据监测系统可以有效实现对已经生产的内容所达到的传播效果、覆盖群体、转载数量等的精准测算，并能够运用算法技术评估是否存在侵权现象，可以有效避免侵权、抄袭、洗稿、篡改等问题。

4. 新华社系列智能产品的影响及意义：**(1) 推动媒体转型升级**：新华社等联合推出的智能媒体产品以"网络强国战略的价值引领＋权威媒体的专业优势＋互联网机构的技术创新优势"为核心支撑，以技术创新和内容建设的深度融合创新了主流媒体信息采编及内容生产的方法、流程与机制，推动了传统媒体机构新闻采编业务向智能媒体的转型升级。**(2) 提升新闻生产效率**：有效压缩了新闻生产从收集素材到内容发布的全过程所消耗的时间成本，大大提升了新闻生产、分发与传播的效率，更加契合互联网时代新闻受众对新闻报道时效性的需求，提高了新闻生产效率和媒介机构的行业竞争力。**(3) 满足用户精准需求**：新华社系列智能产品具有精准勾勒用户画像、精准挖掘用户个性化需求的功能，有助于在确保主旋律高扬的背景下最大限度地生产契合网络传播规律，满足不同用户群个性化需求的内容。**(4) 巩固主流意识形态**：

新华社所推出的系列智能产品，使权威媒介机构以更具核心竞争力的方式壮大了"国家队"的影响力，有助于实现主旋律声音"横到边、纵到底、全覆盖"，能够有效提升主流意识形态的传播力、影响力、引导力与公信力。**（5）强化"国家队"的国际影响力**：新华社推出的系列智能产品是当前人工智能尖端技术与媒体实务进行深度融合的标志性产品，在国际传媒业务领域具有极强的示范、引领价值，同时也为世界各国媒介机构的转型升级提供了解决方案，是中国智慧在国际传媒领域的重要贡献，有助于强化传媒"国家队"的国际竞争力，壮大中国传媒界的国际话语权。**（6）带来强大的示范效应**：传统媒体向智能媒体转型需要集合自身优势顺应数字社会的发展潮流，运用人工智能、大数据等前沿科技对新闻生产流程进行改造；媒介机构与人工智能的深度联姻全方位、全过程、全链条地深入传媒领域将会带动新闻业务、媒介生态、产业格局的全方位变革。

专题 06　数据新闻

1. **"数据新闻"的定义及特点：（1）定义解释：** 数据新闻有广义和狭义之分，广义的数据新闻是指在新闻报道中使用了数据；而狭义的数据新闻则是指"数据驱动新闻"的一种更高级的新闻报道形态，是在大数据技术迅速发展的背景下，通过大规模的数据收集、处理、统计、分析和可视化呈现进行的新闻报道。**（2）概念区分：** 尽管新闻中使用数据也是数据新闻的一种体现方式，但数据新闻并非仅仅指在新闻报道中使用了调查数据的新闻，在今天更多强调基于大规模数据进行分析和统计之后生产出的新闻。**（3）产生背景：** 数据新闻并不是计算机时代独有的产物，但计算机、大数据的发展直接促进了"数据新闻"的常态化应用，大数据挖掘、分析和处理技术的发展是数据新闻在新媒体环境下迅速发展的重要推动力量。**（4）理论渊源：** "数据新闻"跟"精确新闻"有着一脉相承的渊源，即在新闻报道中使用数据，是当时媒体、记者为了改进新闻报道的客观性不足问题进行报道优化的结果。

2. **数据新闻的发展历程：** 数据新闻经历了精确新闻学、计算机辅助新闻（数据库新闻）到大数据新闻的发展历程。**（1）精确新闻学：** 数据新闻并非一种全新的新闻报道形式，其源头可追溯到 20 世纪六七十年代西方媒体的精确新闻报道。精确新闻报道的理念是由美国记者菲利普·迈耶（Philip Meyer）提出，强调将社会科学和行为科学的研究方法引入新闻采访报道中。**（2）计算机辅助新闻：** 计算机辅助报道更偏向于一种辅助工具，主要是把数据的收集与分析作为提高报道能力的一种手段，例如，新闻记者可通过对公共数据库的信息分析来发现新闻线索。**(3)大数据新闻:**基于人力无法胜任的大规模数据的抓取、处理、统计及可视化而生产的新闻,其特点为,数据规模体量大、数据处理难度大、对自动化信息处理技术和处理水平的高度依赖。

4.**数据新闻发展现状及趋势:(1)数据新闻生产社会化:**数据新闻生产不再是专业媒体所独有,一些第三方机构也加入数据新闻生产行列,开放与合作成为数据新闻生产的新趋势。例如,镝次元和武汉大学新闻与传播学院进行合作,在数据收集、内容可视化以及数据素养培训等方面系统培训数据新闻生产从业人员。**(2)公共服务导向:**数据新闻要遵循数据伦理,例如,过滤掉涉及个人隐私的数据以及使用脱敏数据;此外,在追求形式多样的同时,更加注重新闻的核心价值,以用户为导向,进行信息传递。**(3)盈利模式多元化:**除了采用广告这种变现模式以外,数据产品以及内容定制成为数据新闻机构新的盈利模式。例如,财新网的"财新数据通"产品,以为用户提供订阅服务盈利;在内容定制方面,澎湃新闻与蒙牛合作,探索出与品牌冠名的经营方式。

5.**数据新闻的生产流程:(1)数据获取:**数据的获取是数据新闻生产的前提,数据的发现与采集可以依赖不同的渠道。数据新闻的数据可来源于媒体现有的公开报道;政府机构、社会上各类组织以及企业发布的公开信息也是重要的数据来源,例如,国外许多政府、企业、媒体机构纷纷建立自己的数据库,向记者和公众免费开放;随着物联网的发展,各类传感器采集的数据将会越来越多,未来的物联网数据将会成为数据新闻的重要来源。例如,央视推出的"数说命运共同体"是基于 GPS 传感系统中的数据进行的分析。**(2)数据处理:**收集的数据必须是可靠的数据,因此需要对获取的数据进行处理。数据处理主要包括数据质量鉴别和数据清洗两个环节。对数据质量进行鉴别即对数据真实性的鉴别以及对数据产生背景的分析;数据清洗即去除所收集数据中的"脏数据",例如,重复出现的数据以及存在明显逻辑错误的数据等。**(3)数据分析:**数据分析是指寻找数据之间的关系,从而揭示其所蕴含的新闻意义。在对数据进行分析时，可以探究新闻发生的背景及原因，同样也可以发现事物发展的规律，用于预测未来发展趋势。**(4)数据呈现**：数据呈现通常是指数据的可视化，即用图形、图像等视觉符号来表达数据、知识等抽象信息。如中国雄安官网发布数据新闻《一组数据带你看雄安之变》展现雄安新区设立以来的建设成果，用数据更加直观地呈现出雄新区建设四年来的变化，央视发布的《大数据看五一假期有多火》全方位展现"五一黄金周"期间的产业、经济、民生数据。

6. 以大数据为依托的数据新闻：(1)大数据与数据新闻：数据新闻也是大数据技术的一个重要应用领域，主要为新闻机构或职业媒体人在海量数据收集、清洗、统计的基础上，以可视化为主要方式的一种新闻生产样态。**(2)大数据作为数据新闻的基础**：大数据技术是数据新闻勃兴的重要推动力量，这主要表现在两方面。一方面，大规模的数据累积为数据新闻的生产提供了宝贵的素材；另一方面，数据处理技术的更新为大规模的数据处理及可视化呈现提供了可能。**(3)数据新闻带来的隐忧**：数据新闻将新闻生产的过程隐藏于幕后，生产者发布新闻时只提供某些数据化的结果和结论，此时，数据的来源、数据处理的标准、新闻生产者的价值取向都将以不为公众所熟知的方式对新闻报道的结论产生影响，即新闻生产的"黑箱化"。**(4)数据新闻存在的问题**：数据新闻需要依托真实可靠的数据以及有效的数据公开，目前数据公开的程度、范围、质量存在的不足严重制约了数据新闻的发展前景；新闻从业者存在数据素养不足的问题，对数据的挖掘与处理能力有限，从而出现数据真实性以及媒介伦理等问题，限制了数据新闻的发展；此外，数据新闻也将会带来隐私侵犯等伦理和法律问题。

7. 数据新闻的价值意义：(1)提升新闻报道客观性：数据新闻最初因在新闻报道中使用调查、分析和统计数据发展而来，其初衷是解决西方新闻报道中普遍存在的客观性不足、煽情内容泛滥等问题；数据新闻依赖客观真实的数据生产新闻，对于传统方式而言，更能增强新闻报道的客观性。**(2)提供讲

故事的新方法：使用数据可视化软件，通过统计大量的数据，帮助记者使用数据图表讲述错综复杂的故事；同时能够帮助记者发现若干新闻事实之间的关联，解释宏大背景下若干因素之间的关系，甚至进行预测性报道。**（3）激活休眠数据的价值**：人类信息技术的发明和发展为大规模的数据储存提供了实现条件，"数据新闻"格外倚重对大规模数据的统计和处理，这将在很大程度上提高人类社会对已经累积的资料的利用率，使数据的价值充分释放出来。**（4）对新闻事件进行阐释**：将启迪新闻报道不再仅仅记录新闻事实、再现事实真相，更将进一步推动新闻记者由新闻事实的记录者、真相还原者转向新闻事件的解读者、预测者。

8. 精确新闻学（Precision Journalism）：（1）概念由来：20世纪六七十年代出现于美国的一种报道理念，强调数据资料在新闻报道中的使用，从而解决解释性新闻报道客观性不足的问题；最早为美国新闻学者菲利普·迈耶在1971年出版的《精确新闻学》中提出。**（2）操作方法**：该理念主张用问卷调查、实地实验、内容分析、量化统计、民意测验等现代社会科学的方法和新手段来收集资料、查证事实，以保证新闻报道的准确性与客观性。**（3）应用价值**：用精确的数据、概念来分析新闻事件，尽可能避免主观、人为的错误，从而使新闻报道更加客观、公正、令人信服；精确新闻学自提出后，不断向美国以外的地区扩散，成为一种被普遍接受的新闻观念和新闻报道方式。

9. 计算机辅助新闻（Computer-Assisted Journalism）：（1）定义：计算机辅助新闻（CAJ）又称计算机辅助报道（CAR），出现于20世纪90年代初，是使用计算机访问或链接其他计算机或依赖数据库，借以建立新的数据库或寻找现成的数据库，在此基础上对数据库进行统计分析进而生成报道的方式。**（2）特点**：计算机之间的链接与依赖数据库，正因如此，计算机辅助新闻又被称为"数据库新闻"。**（3）影响**：提升记者的生产能力和效率，增强对信息的接近性，强化新闻的准确性，摆脱记者对新闻解释及消息来源的依赖，加强记者对数据意义的解读和阐释；同时有助于节省新闻机构的采访成本，增强竞争能力，提升报道质量。

10. **数据新闻对传统新闻的影响**：（1）**新闻工作理念的变化**：数据新闻作为一种"数据驱动新闻"，格外重视数据的价值和应用，甚至引发"数据就是生产力"的思维革命。（2）**传媒人才结构的变化**：数据新闻导致新闻生产人才的结构变化，将会激发对数据挖掘、数据处理和可视化三方面人才的倾斜。（3）**新闻报道实践的创新**：用全面、完整、深入、有信服力的方式报道新闻，出现了依赖计算机智能进行自动化生产的新闻。（4）**对海量信息的再生产**：数据新闻从海量数据中发现之前研究方法无法发现的新规律、新动向、新趋势、新特点、新知识。（5）**对新闻产业链的影响**：将会围绕数据新闻的生产出现数据采集、数据整理、数据加工、可视化呈现的专业机构。

11. **数据新闻中的数据质量**：（1）**数据质量问题的提出**：网络舆情分析、网络精准营销、数据新闻以及基于大数据的学术研究等都需要凭借精确的数据才能得出有价值的结论，一旦数据是"脏数据"其研究结论的可靠性及参考价值就会大打折扣，甚至会导致出现错误的决策。（2）**数据质量瑕疵产生的原因**：直接原因是数据的清洗过程不能有效剔除假数据、"脏数据"和无效干扰数据，更为复杂的原因包括数据造假、水军营销等既极大降低了数据价值的密度也影响了数据的质量，如在舆情分析和社科研究中，很难识别出哪些信息是由水军甚至是高智能机器人发布的。（3）**数据质量瑕疵的应对策略**：在数据采集、数据清洗阶段进行更为严格、规范的数据质量把控，不要为求数据体量的大而放弃对数据质量的重视，政府有关部门要牢牢把控统计数据的质量关，避免"脏数据"通过权威的方式公开，同时，在研究的过程中充分整合"大数据"与"小数据"各自的优点，采用"全局数据＋典型样本"等手段来增强分析的科学性和准确性。

12. **突发事件中的数据新闻**：（1）**数据新闻的三大功能**：数据新闻可以用来讲述故事、预测趋势、进行科普。具体表现为：讲述故事，即在突发事件中，可以采用图表、数据的方式以简明、直观的方式呈现事件的来龙去脉，让受众迅速了解事实状况；预测趋势，即根据对历史数据的回溯和动态数据的跟踪，预测事件未来发展的可能性；进行科普，即采用图表、漫画、数据等方式对事件的背景、同类型事件、事件的应对措施等具体维度进行可视化呈现，使复杂的事实素材更加轻松易读。**（2）数据新闻的特殊意义**：用简洁、清晰、直观的数据、图表、动画等方式再现复杂的故事过程及事件中若干要素的关联性；在信息生产及供给海量化的背景下，有助于读者迅速了解事实的全局信息，解决用户注意力稀缺和难以阅读长篇调查报告的问题；契合互联网时代新媒体用户信息获取的图片化、视觉化、可视化需求；丰富新媒体时代内容生产的形态、种类，为受众提供多样化、多元化新闻产品；增强新闻报道的直观性、客观性、准确性与可读性。**（3）数据新闻的局限性**：突发事件一般具有紧急性、紧迫性，对新闻生产及报道的效率有极高要求，而数据新闻受制于其复杂的生产流程，难以满足受众对新闻报道时效性的要求；突发事件一般较为复杂，涉及较多利益主体和主客观因素，数据新闻在呈现极为复杂的要素关系上具有较大困难，故在报道复杂事件时，仅能从部分维度展开叙事；如果事件尚处在动态的进展过程中，数据新闻往往难以进行动态的、可持续的报道；从现实操作状况来看，数据新闻较多停留在对事实状况的描述和介绍上，在趋势预测、多因素关联分析上开发不足。

13. 延伸：大数据对传统研究范式的影响：**（1）大数据的优势特点**：大数据因为具有数据容量大、处理速度快、数据类型丰富等特点，对于传统的以抽样为方式的小样本调查来说是一项巨大的变革，意味着在大数据时代，社会科学研究有可能通过规模更大的样本发现无尽的可能性。**（2）拓展科学研究视角**：舍恩伯格曾经提及大数据重视相关性而不重视因果性的思维，尽管有人提出过疑问，但相关性研究思路也为社科研究提供了新的可能性，通过相关分析可以发现不同于以往研究方式的结论，如使用于营销和广告领域。**（3）推动交叉领域的研究**：大数据技术的热化催生了"数据科学＋具体领域"的跨学科研究范式，大数据正成为一个杠杆，不仅为之前的研究提供了新的思路和方法，也催生了若干新的交叉研究领域。如"数据科学＋法学"就拓展了法学在案例量化研究方面的新领域。**（4）大数据研究的局限性：**大数据技术不可能取代传统的研究方式，它只是量化研究的一种升级和发展，传统的基于抽样研究的范式依然有其存在的价值。此外，在现今语境下，数据质量普遍偏低、数据可信度不足、数据隐私问题、数据确权问题都严重制约了大数据技术在研究中的应用。

专题 07　中央厨房

2014年，人民日报社各相关部门成立联合工作团队，启动人民日报"中央厨房"的建设并于2017年1月投入使用，该模式遵循"一体策划、一次采集、多种生成、多元传播、全天滚动、全球覆盖"的设计理念，高效地实现了全媒体产品的采集、制作与发布。

1. "中央厨房"的概念及模式：（1）**信息生产的集成化模式**："中央厨房"是适应信息传播平台化的趋势而构思的一种内容生产分工与协作模式，其核心特点是"新旧融合、一次采集、多种生成、多元发布"，因而，它是以新闻采编业务为核心构筑的"集成化内容生产平台"，用以解决多传播终端背景下采编资源及流程的效率问题。（2）**"中央厨房"的业务流程**：全媒体背景下的"中央厨房"的业务流程是：专业的采编人员将素材汇聚到全媒体中心存储，由专门的人员进行二次加工和编辑，生成半成品新闻或素材，各业务板块再根据各刊播平台需要进行精编加工，最终成品节目用于传统媒体的播出、新媒体的发布或报业的编排等。（3）**"中央厨房"的典型案例**："中央厨房"实际上就是统一采集素材、统一制作新闻的形象比喻。在美国，这种"中央厨房"式的新闻采编与刊播机制被称为"全媒体中央指挥部"（Hub）；英国BBC的描述是媒介集团旗下"唯一的、统一的、多媒体的新闻编辑部"，简称"统一编辑部"（Unified Newsroom）。（4）**"中央厨房"的典型特点**：各地"中央厨房"模式不尽相同，但"新旧融合、一次采集、多种生成、多元发布"是共同特点，能够通过内容的集约化制作实现信息的多级开发，以充分整合采编资源、优化采编流程、节约传播成本、增强传播效果。**（5）"中央厨房"的价值意义：**"中央厨房"模式是拥有多传播平台的媒介机构在新媒体时代进行内容生产业务链条整合的结果，其最大的价值在于能够充分整合采编团队和新闻资源，提升内容生产的标准化程度，提升资源开发和利用的效率。

2. **"中央厨房"机制的优势：（1）顺应媒介融合趋势：**新媒体的发展使媒介融合的要求进一步提高，传统的媒介集团的内容生产流程及操作模式严重制约了自身的发展，其中内容生产方面的业务和流程整合是关键的一步；在信息传播平台化的背景下，可供媒体进行信息传播的渠道极为多元，如果以不同的平台为中心组织内容生产团队将会带来采编资源的浪费。**（2）推动建构新型主流媒体：**媒介融合已经成为国家战略，建构适应新媒体生存环境的新型主流媒体已是大势所趋，"中央厨房"模式是在用户信息获取习惯多样化、信息传播平台多样化背景下，传统媒介集团落实媒介融合战略，做大、做强新型主流媒体在采编队伍和内容生产方面进行的重要尝试。**（3）提升新闻生产效率：**一次采集，多次生成，多元发布，实现传播资源的最大化利用；特别适合整合媒体采编资源力量，围绕重大事件、重大主题活动展开报道，形成价值观统一、主题鲜明的跨平台影响力。**（4）形成内容竞争优势：**以统一、规范、科学、严谨的新闻生产和传播标准，以及系统的传播效果评价机制来规范新闻发布的所有环节与流程，可以最大化地确保新闻产品的导向价值与总体质量；以"事实速报+进展跟踪+专家解读+事后反思"逐项递进的"波纹式"传播，兼顾新闻报道时效性与深度性，可满足特定事件进展过程中不同时间段、不同平台受众差异化需求。**（5）构筑联动传播格局：**有助于打通媒体间的区隔，改变此前"分散的、封闭的、孤岛式"的新闻产品生产方式，实现技术、渠道、人才、资源的有效整合，在跨媒体的融合互通和优势资源联动中形成合力；尤其是在重大社会议题、重要政治活动、重大突发事件等特定议题的报道中，更容易形成联动传播优势。

3."中央厨房"模式的问题：（1）模式的可复制性："中央厨房"模式在国外和国内一些大型传媒集团使用，但需要以强大的人才、技术、资本支撑，因而被整个传媒业系统性借鉴复制的可能性不大，需要不同的传媒集团结合自己的业务和场景需求，设置符合自身特点的运作模式。（2）**适应场景局限性**："中央厨房"模式具有一定的适应场景局限性，根据对现行实践案例的观察，该模式在重大、重要新闻事件或主题活动中有更好的适应性，而对于相对日常化的新闻报道，难以充分发挥其"统一采编、高效整合、快速输出"的优势。（3）**新闻生产的同质化**：由于稿件是记者统一采写后放置在稿件库中由各传播平台挑选使用，这容易导致少数稿件被多个平台使用，虽然有助于形成跨平台传播优势，但也容易导致内容雷同或相近。（4）**面临人才短板**："中央厨房"模式要求新闻记者具有全媒体采编能力，要求每个记者在面对一个事件时能够撰写出若干个适合不同传播载体的新闻稿件，对记者的技能提出较高的要求，由于新闻教育的变革在全面适应新媒体环境需求方面还有一定差距，目前这类综合型人才仍是短板。（5）**盈利模式问题**："中央厨房"通过采编资源和流程的优化，格外注重内容的供给端，尽管能够保证优质内容的输出，但在盈利模式上较多依赖于不具备新闻采编资质的商业互联网平台的付费转载，在某种程度上会挫伤新闻生产者的积极性。

4."中央厨房"与媒介融合：（1）**"中央厨房"侧重采编环节的融合**：以人民日报为代表的"中央厨房"运作模式偏向于以新闻采编为核心的内容生产层面的融合，它是中国大力推进媒介融合战略过程中内容生产端的代表性结果。（2）**"中央厨房"是媒介融合的一部分**。"中央厨房"是媒介融合中新闻生产环节的融合，即"信息采集融合"，"中央厨房"只是媒介融合的一个维度，不能认为媒介融合就等于"中央厨房"，除此之外，还应包括经营管理的融合、传播平台的整合等。（3）**媒介融合的多维表现**：由"网络＋报纸"组成的"网络报刊"是媒介的平台融合，媒介机构同时经营广播和报纸是"所有权融合",在传播信息时综合采用视听、文字等多种方式是"传播融合",在传播信息时综合采用纸媒、客户端等多种渠道是"渠道融合",媒介除生产自己可用的信息外还给其他媒体提供新闻是"策略性融合"。

专题 08　众筹新闻

1. 众筹新闻的特点机制：（1）概念界定：众筹新闻，是指媒介机构或媒体人借助互联网传播技术的连接、动员能力及交互性优势，面向网络用户公开募集资金以支持其从事新闻调查、采访、报道的新闻生产机制。**（2）具体特点：**与一般的新闻生产相比，众筹新闻的生产过程具有更强的公开性；由于众筹面向社会筹集资金，因而受众在众筹新闻的生产中被赋予了较强的参与权，可以视为一种"参与式新闻"。**（3）作用机制：**众筹新闻凭借的前提是"项目发起者的可信度＋目标读者的参与度＋网络技术平台支撑＋项目的整体动员能力"，其流程是"公布众筹计划→进行网络动员→取得社会支持→完成项目计划→回馈提供支持的用户"。**（4）适应情境：**众筹新闻所生产的新闻产品一般为时效性不强的深度报道、调查报道等，而非时效性很强的消息；尤其适合非大众题材的小众领域，由于互联网用户基数较为庞大，即便是小众化的题材也有一定的市场需求。

2. 众筹新闻带来的影响：（1）拓展资金来源：由于众筹新闻直接面向社会公众筹集资金，它不再依赖体制内的财政支持或媒介机构直接面向市场进行的市场化经营，因而在很大程度上拓展了新的资金来源渠道。**（2）助推用户参与：**众筹新闻在生产过程中所激发的是对特定的新闻产品有强烈兴趣的公众的参与感，因而在很大程度上提升了受众在新闻生产及传播过程中的主体性、主动性，故参与新闻众筹项目的受众除了是新闻产品的间接的生产者外，还是极为活跃的反馈者、监督者和消费者。**（3）极易被收买：**由于众筹新闻需要获得受众及市场的支持，因而需要项目的执行者有更强的社会责任意识和职业道德规范，否则就容易使新闻生产因迎合受众趣味而变得市场化甚至成为"黑公关"的变种。

  3."众筹新闻"不能普及的原因：**（1）市场导向属性**：中国语境下的新闻业不仅是文化产业的重要组成部分，同时更是重要的公共产品，众筹新闻从根本上讲是一种以市场为导向的新闻业，它不可能介入新闻生产的所有领域。**（2）适应场景的局限**：众筹新闻往往采用项目制的方式运作，经过项目的策划设计、资金的募集、项目的开展、新闻产品的制作与发布等若干流程，因而它比较适合深度调查性、纪录采访类或小众化等周期性较长、时效性较弱、非高公众关注度的新闻产品的生产。**（3）较高的职业风险**：众筹新闻面向成分众多、来源复杂的社会大众筹集资金，"金主"的诉求可能直接影响到新闻报道的客观性、新闻生产的纯粹性，如以深度调查、深度报道等为由头实施的诱导性报道、揭黑性报道，在极个别的情况下可能会带来意识形态风险。

专题 09　乡村传播

早在 1990 年年初，中国社科院新闻与传播研究所就开展过城乡受众接触新闻媒介行为相关研究。① 但乡村传播正式成为一个学科方向的过程中，2005 年中国农业大学成立乡村传播研究所是乡村传播研究的标志性事件。② 此后，在新农村建设的背景下，乡村传播吸引了不少年轻学子投入其中进行研究，也将乡村纳入传播学的学术视域。本书将乡村传播设置为专题进行讨论，是基于新冠肺炎疫情期间，被组织化媒体、商业互联网平台和网络自媒体所广泛关注的乡村"大喇叭"等现象。

1. 乡村传播与乡村传播学：（1）乡村传播的内涵：根据学者的解释，乡村传播是"乡村社会内部以及与之相连接的外界进行的传播"；乡村传播关注的领域包括乡村社会的传播类型、传播模式、传播效果、传播文化、传播者、受传者以及与乡村社会发生信息交流的传播活动。③ **（2）乡村传播学的定义**：乡村传播学以发展中国家乡村社会及其与外部之间的信息传播系统为研究对象，关注以信息为核心的乡村传播系统中受传者的社会身份、社会角色、个人和群体的权利的问题，借助对信息内容、信息传播渠道以及影响力的研究，解读信息时代中乡村社会的内在变迁机制、变迁趋势及其外在的影响力和推

---

① 闵大洪、陈崇山：《浙江省城乡受众接触新闻媒介行为与现代观念的相关性研究》，载《新闻研究资料》，1991 年第 3 期，第 14-46 页。
② 沙垚：《乡村文化传播》，载《新闻与传播研究》，2015 年第 12 期，第 101-108 页。
③ 李红艳、左停：《乡村传播意义下的农村发展》，载《新闻界》，2007 年第 6 期，第 38-40 页。

动力。① **（3）乡村传播学的发展脉络：** 发端于20世纪五六十年代，主要研究如何利用外部力量推动乡村社会发展。初期的研究主要分为两类：一类是以村民个体为对象的效果研究，另一类是以村落整体为研究对象的农业推广制度模式。② 乡村传播学研究从参与式发展等单一角度发展为行动模式研究，现已逐步走向成熟。乡村传播在新农村建设、脱贫攻坚、精准扶贫等领域发挥了极为重要的作用。

2. 乡村传播在乡村发展中承担的功能：（1）宣传科普功能： 通过系列乡村传播活动，宣传党和国家关于农村建设、农村改革、农村发展的重要路线、方针、政策，宣传关于农村、农业、农民的先进技术、文化、健康、生活知识和理念，增强民众对国家政策的认知度、接受度和情感认同，丰富农村文化产品供给，活跃农村文化氛围，提升农民知识文化和审美水平。**（2）治理及服务手段：** 乡村传播是重要的执政资源，是执政党进行乡村治理和服务乡村的重要渠道和手段，通过政策宣传、政治沟通、知识科普、社会动员、典型示范、舆论批评等多种方式贯彻执政党意志，践行为人民服务思想，服务乡村经济社会发展。**（3）整合传承功能：** 乡村信息网络将乡村中的个体联结形成乡村共同体，借助信息流动和关系社交，构筑乡村民众的身份认同感和归属感，使优秀的传统文化得以沉淀、继承，使不同的利益诉求和纷争得以调和，使乡村能够形成地域和身份的共同体，应对外部世界的不确定性，维系农村社会稳定。**（4）经济社会发展功能：** 乡村传播是发展传播学的重要范畴，通过大众媒体、垂直涉农媒体、区域性和地方性媒体的宣传、科普、动员等多种方式，宣传新技术、新经验、新文化、新生活方式，助农直播、农民直播、直播带货等为乡村发展提供舆论支持，为乡村经济注入活力，对弥合城乡在信息资源分配上的差距、推动现代化农村建设进程起到积极作用。**（5）搭建**

---

① 李红艳：《乡村传播学概念解析——兼论乡村传播学与发展传播学之异同》，载《新闻界》，2008年第6期，第42-44页。

② 李红艳：《乡村传播学概念解析——兼论乡村传播学与发展传播学之异同》，载《新闻界》，2008年第6期，第42-44页。

城乡沟通平台：历史遗留问题及资源、政策分配和发展的不均衡、不充分使中国城乡矛盾较为严重，城乡二元区隔的结构性问题较为突出，这导致城乡交流渠道的缺失，制约了中国乡村经济社会发展，影响了社会大众对乡村的认知评价，乡村传播因而也是城乡沟通的重要渠道，承担着协调城乡发展的重任。（6）**展现新农村形象**：乡村传播是展示乡村建设巨大成就、讲述农村发展故事的重要方式，改革开放尤其是党的十八大以来，国家大力推进新农村建设，加快新农村建设进程，在活跃乡村经济、繁荣乡村市场、丰富乡村文化等方面取得了巨大成就，因而乡村传播也是反映乡村发展新风貌、展现乡村新形象、讲述乡村好故事、介绍乡村发展新经验的重要方式。

3. **关于新农村建设中乡村传播的思考**：新农村建设的国家战略提出后，对中国社会尤其是农村的现实发展和未来走向产生了巨大的影响。（1）**新农村建设成为传播界的重要议程**：党的十八大以来，党和国家格外重视乡村振兴，重视新农村建设，重视乡村议题在主流媒体上的呈现，近年来，在各级党政机构、社会组织和大众传媒的协同努力下，新农村建设成为乡村传播的重要议题。（2）**乡村传播主体意识与传播理性增强**：城市对农村的传播开始由居高临下转变为平等交流，主体平等意识的形成伴随着乡村传播理性的增强。[①] 新闻报道中格外重视对农村新风貌的展示，注重传播过程中农村作为重要传播主体的平等思维，在涉农传播、乡村传播中，农村、农民、农业的比重提升，农村和农民的主体性地位得到强化，乡村传播的理性化程度不断增强，"尊农""重农"思维成为主流趋势。（3）**乡村传播内容及传播模式的改变**：对农传播、涉农传播及乡村传播正在扭转乡村贫穷、落后的思维偏见。山清水秀的宜居之地、宜业之地、宜游之地等乡村形象不断被树立，多元化、立体化的乡村风貌得到全方位展现，乡村被传播、被塑造、被表述、被定义的格局得到改变；新兴青年农民群体自主传播意识和能力提升；乡村传播也由

---

① 安文军、杨萍：《新农村建设的传播视角解读与乡村传播的新变》，载《新闻界》，2007年第5期，第60-61页。

单一的宣传教育模式转向双向沟通、互动交流模式，乡村传播的内容也由政策宣贯和教育性的信息拓展为信息服务、产业经济、文化休闲等更为多元的领域。

4. 乡村传播中的"土味"传播：(1)"土味"传播与"土味"文化： 近年来，在抖音、快手、今日头条等资讯平台上，以反映乡村、农民生活和精神文化风貌的"土味"内容开始由乡村线下图景进入公共空间，成为值得关注的"土味文化"现象。其中的"土味"并非贬义修辞，而是表述一种以农民为主体，以涉农为素材的新传播现象；农民劳作的场景、农村的手工技艺、农民的生活场景等都是"土味"传播重点呈现的内容。**(2)"土味"传播现象的兴起：** "土味"现象的兴起是社交媒体背景下，农业、农民、农村圈层文化借助短视频和网络直播技术由线下走向网络、由边缘化走向大众化的结果。它反映出新兴农民群体表达群体身份、建构自身文化、塑造身份认同的强烈需求，契合了现代社会大众对多样文化的审美需求，是新媒体传播技术赋权乡村传播的结果。**(3)"土味"传播中的"土"：** "土味"中的"土"字有多重含义，既有突出"本土性""地方性"色彩的意义，也带有"乡土""乡村"的所指；在个别情况下，也会因不当审美趣味赋予"土味"以"落后""闭塞"等"污名"。"土味文化"是中国现代农村自我叙事和他者叙事共同作用的结果。**(4)"土味"传播的滥用：** "土味"传播是现代农村借助视频为主的传播手段在公共网络空间进行自我表述的重要方式，在一定程度上满足了现代都市社会中产、白领、知识阶层、办公室群体的想象，对拓展都市青年群体对乡村的整体认识有积极意义，但也因猎奇审美、"流量经济"等影响出现导向偏差、"土味"资源滥用、渲染低俗等问题。

5. 乡村传播与乡贤文化：(1) 乡贤文化的含义： 在乡村社会孕育形成的知识群体所建构的乡村文化。乡贤古时较多以乡绅等群体为代表，他们以非官员的身份介入乡村社会建设、风习教化、公共事务中等，是基层社会治理的重要力量，由此所形成的文化称为乡贤文化。**(2) 乡贤文化的发扬：** 新时代背景下，中国倡导新乡贤文化，旨在通过一批有信仰、有知识、有能力的群体承担起活跃乡村文化、服务乡村经济、推动乡村文明的使命，以此促进传统与现代、城市与乡村的文化融合。**（3）乡村新意见领袖**：乡贤是乡村人际传播、群体传播和组织传播中的意见领袖，中国乡村治理的复杂化需要一部分有识之士成长壮大，令他们以官民之间沟通桥梁、先进经验示范者、先进文化倡导者、党政政策宣讲者的角色填补乡村传播、对农传播的空白地带。**（4）乡贤群体的代表**：基层退休干部、乡镇企业成功人士、民间技艺传承人、基层退休教师、返乡创业的知识群体等都是乡贤文化的积极倡导者和弘扬者。他们的参与有利于传承中国乡村优秀的传统文化，联结乡村与城市。近年来，乡贤在新农村建设、革除陋习、移风易俗等方面发挥了重要作用。

6. 疫情中的乡村"大喇叭"现象：**（1）中国乡村的媒介格局**：在移动互联网迅速发展的背景下，尽管网络媒体在乡村传播过程中扮演着越来越重要的角色，但以电视为代表的传统媒体仍是主导性力量，乡村"大喇叭"是打通乡村传播"最后一公里"的有效途径之一。**（2）乡村受众的信息素养**：手机及其他各类移动互联网终端设备逐渐覆盖乡村的中青年群体，这部分群体有相对较高的媒介素养，而不断壮大中的中老年群体在移动互联网使用上依然存在接近、使用门槛问题和能力、素养层面的差异，而乡村"大喇叭"是最具有地方传播特色，能够融入乡村传播场景，契合数字弱势群体信息需求的信息传播载体。**（3）乡村"大喇叭"的话语特征**：传播学中劝服研究相关理论成果证明，面对专业程度较为复杂、有一定接受门槛的知识，采用"明示结论"的技巧比"寓观点于材料之中"更为有效，采用"诉诸恐惧"的传播策略比理性解读更为有效；同样对于知识学历相对较低的群体，也宜采用此种传播策略。乡村"大喇叭"传播疫情防控信息即是如此，有利于提升传播效果。

第二篇 舆论秩序建设

第 05 章　网络舆论环境

专题 01　网络舆论

1.舆论及网络舆论的定义：（1）舆论的定义：①在古代称为"舆诵"，有时也称为"公意"。社会或社会群体中的大多数人对于近期发生的、为人们普遍关心的某一有争议的问题的共同意见。②指公众的意见，是公众对社会上重大事件和有争议的问题的大体相同的看法。舆论反映了人心的向背，马克思把舆论看作一种"普遍的、隐蔽的和强制的力量"。③社会中一部分人或集团对某种事态及其发展所持有的对支配人们行为、道德有一定权威性和无形约束力的大体一致的意见。形成舆论的三要素是公众、问题、意见。**（2）网络舆论的定义：**①网民在互联网上公开发表的自己对某种社会现象或社会问题的共同意见，这种意见具有一定的影响力和倾向性；②公众（指网民）以网络为平台对某些公共事务发表意见的特殊舆论形式；③公众对公共事务通过信息网络公开表达的具有影响力的意见；④具有匿名性、交互性、快捷性等特点。**（3）舆论的功能：**舆论具有反映民情、表达民意、体现民心的作用，同时它对社会具有监督和调节功能。认识其功能、特性，掌握舆论形成、发展和变化的规律，可以更好地反映和引导舆论，使问题朝着有利的方向发展。

2. 舆论形成的条件：舆论的形成包含问题的发生、意见的表露与交换、意见的归纳与综合三个阶段。**（1）问题的发生**：舆论的生成必须有一个现实的、有争议的问题，且这个问题与人们的现实利益、社会关系、社会观念的相关程度足以引起人们的普遍关注。**（2）意见的表露与交换**：必须有相当多的个人对这个问题表明态度或发表意见，经过这些众多的个体意见的充分互动，最终达成某种为一般人普遍赞同，且能从心理上产生共鸣的一致性意见。**（3）意见的归纳与综合**：一致性的意见对问题的存在和变化及与此相关的人的行为能产生直接或间接的影响，即产生某种效力，这是舆论与意见相区别的关键。

3. 舆论的五大特点：**（1）客观性**：舆论建立在客观事实基础之上，是社会客观事态在人们思想认识上的反映。**（2）群众性**：一个人或少数人的意见形不成舆论，多数人甚至全社会的人比较一致的意见才能成为舆论。**（3）倾向性**：对于某些社会事态、社会现象，人们的舆论总是以赞扬或谴责、肯定或否定、支持或反对的形式表达出来，带有明显的倾向性。**（4）影响力**：由于舆论有着广泛的群众性，因此，它对于整个社会具有多种广泛而深刻的影响力。**（5）多样性**：受群体差异的影响，舆论往往不可能整齐划一、高度一致，而是呈现出差别性和变动性等特点。

4. 舆论引导：**（1）定义**：舆论引导，是一种运用舆论影响人们的意识，引导人们的意向，从而影响人们的行为，使他们按照社会管理者制定的路线、方针、规章从事社会活动的传播行为。媒体通过有选择的事实呈现和倾向性的意见呈现对公众对特定事件、话题的意见、情感及倾向施加影响。**（2）作用**：①让公众多一些独立思考而少一些盲目从众，给舆论增添理智的成分；②使社会在重要、重大问题上形成合力，凝聚共识，防止群体意见的撕裂影响社会稳定；③有助于净化舆论环境，构筑健康清朗的互联网空间秩序；④在突发事件中可以最大限度地消解危机，避免恐慌、骚乱甚至是群体性事件。

案例 21 "厉行节约、反对浪费"议题与媒体舆论

案例简介：2020 年 8 月，习近平总书记对制止餐饮浪费行为做出重要指示。他强调，要加强立法，强化监管，采取有效措施，建立长效机制，坚决制止餐饮浪费行为。要进一步加强宣传教育，切实培养节约习惯，在全社会营造浪费可耻、节约为荣的氛围。此后，各级各类媒体和网络自媒体平台纷纷报道了一系列厉行节约的新闻事例，在全国范围内形成了"厉行节约、反对浪费"的舆论氛围。

案例解析：（1）**多主体联动设置议题**。各级媒体进行积极报道、各地餐饮行业出台措施推进、各类直播平台整治不良"吃播"示范，政务新媒体集体发声宣传节俭风尚，持续设置社会舆论议题，形成联动效应、示范效应，积极引导"厉行节俭、反对浪费"的舆论氛围。（2）**多样化诠释节约精神**。各级各类组织机构利用传统媒体、网络媒体、社交平台采用图片、文字、漫画、视频、故事、案例、现身说法等不同形态增强节约精神的可读性、大众化解释，积极弘扬厉行节约的精神理念，营造了积极正向的舆论氛围。（3）**综合运用多种传播技巧**。新闻媒体及社会舆论通过示范性、倡导性、惩戒性方式明确健康饮食与铺张浪费的边界，通过批评性报道、监督性报道抵制不恰当消费行为，通过展示正面典型提供可借鉴、可学习的具体做法，通过诉诸恐惧、诉诸理性、诉诸情感等策略面向不同受众群体传播。（4）**新闻报道的相关反思**。在厉行节约的相关报道中，也有部分声音认为，节约属于个人领域的范畴，公权力不宜过度介入私人生活，对此，有学者认为，应该对公共空间和私人生活中的浪费现象做出区分，前者以禁止性、惩戒性报道为主，后者以示范性、倡导性报道为主。（5）**防止舆论误解误读**。厉行节约是中华民族的传统美德，倡导正向、积极、健康的消费和饮食习惯，符合中国的国情，也是宝贵精神财富的继承，但考虑到 2020 年极为复杂的全球和国内

> 环境，媒体应做好风险舆论研判及积极舆论导向，避免引发粮食焦虑甚至引发囤粮恐慌。

5. 垃圾分类中的媒介动员：（1）动员主体： 垃圾分类宣传动员中的主导者是政府机构的垂直职能部门和各类承担垃圾分类管理任务的责任机构，社会大众是媒介动员的主要对象同时也是网络化传播的重要主体之一。**（2）传播载体：** 各级各类主流媒体、网络新媒体、社区媒体、点对点宣传建构了"横到边、纵到底、全覆盖"的立体传播体系，而新媒体中的"两微"和以微信群为代表的具有动员属性的互联网群组扮演了尤为重要的角色。**（3）媒介规范：** 新闻媒介通过正面典型的表扬和负面案例的批评建构道德框架，形成公众对垃圾分类标准、方法和规范的认识，以推动其"认知→态度→行为"的转化。**（4）内容表达：** 垃圾分类以最普通的社会大众为传播对象，故而其叙事要遵循大众叙事逻辑，采用大众"听得到、听得进、听得懂"的方式进行内容表达，各类漫画、小程序、小视频等都契合了这一要求。

专题 02　舆论生态

互联网空间治理是现今的紧迫命题，新兴网络空间已经成为现今人类活动的重要空间，更关乎全体网民切身利益。早在 2013 年 8 月 19 日召开的全国宣传思想工作会议上，习近平总书记就强调："要依法加强网络社会管理，加强网络新技术新应用的管理，确保互联网可管可控，使我们的网络空间清朗起来。"

1. 互联网诞生之后的舆论生态变化：（1）舆论阵地的拓展： 1994 年之后，中国的舆论阵地从传统媒体拓展到互联网媒体，以主流媒体在报网（台网）互动、报网（台网）融合的基础上延伸出来的新闻类门户网站（如人民网），带有商业和技术基因的互联网原生综合门户网站（如搜狐网），带有延时社交属性的 BBS（如天涯、猫扑），带有媒体和社交双重属性的微博客等平台都成为重要的舆论阵地。**（2）舆论主体多元化：** 随着舆论阵地向新媒体空间潜移，各级各类原本没有直接面向公众发声的群体也开始借助社交媒体进行意见表达，成为互联网空间中的新意见群体，此前由媒体代表公众发声、极少公众可以直接面向社会发声的情况被改变，舆论主体日渐多元化。**（3）中产阶层崛起：** 不断成长和壮大的中等收入群体（或称中产阶级）成为网络舆论的积极参与者，也成为塑造和引领民众意见的舆论领袖，他们在社会热点话题中因知识构成、社会资源和表达能力方面的优势，往往有较强的话语掌控力。**（4）舆论表达圈层化：** 互联网平台的多样化、主体的多元化构筑了基于"趣缘""业缘""学缘""地缘"的舆论圈层,微博、知乎、今日头条、微信群、贴吧、豆瓣、B站等各类不同的平台凭借自己的内容差异和技术属性,聚集了不同知识结构、文化背景、从业经历的群体,舆论圈层之间既有交叉,又有沟通壁垒。(5)**主流话语统领**:互联网时代中国的主流意识形态也在不断构筑各个舆论圈层中的影响力,尤其是党的十八大以来,党的主流意识形态"横到边、纵到底、全覆盖"的局面已经形成,线上和线下的同心圆已经构筑,主流意识形态的传播力、影响力、引导力、公信力不断增强;不同的舆论主体以主流意识形态、社会主义核心价值观为最大公约数,缔造了健康的舆论氛围。

案例22　高考满分作文《生活在树上》争议现象分析

案例背景:2020年8月2日,某教育类微信公众号刊出一篇2020年浙江高考满分作文《生活在树上》,并配发语文阅卷组组长陈建新的点评。此篇满分作文旁征博引但语言晦涩,迅速引发网民热议。舆论焦点包括高考作文的评判标准、阅卷组组长泄露评卷细节、阅卷组组长靠高考作文创收、语文应试教育方式僵化等若干问题。实际上,在多年前就有教育界观察人士认为,中国高考作文进入了"滥用修辞"的误区。

案例分析:(1)**社会背景分析**:长期以来涉及教育、住房、民生、医疗等民生领域的话题极容易成为网络舆论关注的焦点议题,这与上述领域所积累的深层次问题和深层次矛盾有关,网络舆论反映这些民生热点问题的同时也在影响这些问题的处理。(2)**舆论基础分析**:由于高考作文评分标准涉及教育公平这一焦点话题,互联网时代发生在任何一个角落的事件都拥有广泛的受众基础,一旦经过专业媒体和互联网自媒体的聚焦,极容易形成全民参与的网络热点事件。(3)**舆论演化特点**:此次舆论事件与大多数舆论事件一样,首先在社交媒体发酵进而引发专业媒体的关注并形成具有广泛参与度的热点事件,其中,社交媒体是舆论扩散、议题讨论、观点沉淀和素材补充的主要平台，话题的低门槛和可参与性是话题迅速传播的推动力量。**（4）舆论监督价值：**新闻媒体和网络舆论就满分作文文本展开讨论，经过层层剥茧，构筑了"作文评分标准""应试教育弊端""教辅产业链条""教育公平"等系列延伸话题，是新闻媒体和网络民众发挥舆论反映现实、反思现实、改进现实功能的体现。**（5）满分作文反思：**满分作文具有极强的示范和引领意义，更是考生效仿、学习的对象，优秀的文化作品应该有温度、有品质、有思想，而非靠堆砌华丽的辞藻取胜，不恰当的满分作文实际上产生了一种错位的价值导向和误导性的审美标准。

2. 网络舆论表达中的问题反思：（1）泛娱乐化：商业资本、技术算法等在新闻生产领域的影响不断拓展，在增强意见表达便利性的同时，以市场为导向的新闻生产范式强势崛起，主流意识形态面临泛娱乐化等内容的挤压。**（2）双重标准：**在互联网语境下，主流媒体和商业媒体及网络自媒体尽管都被要求坚持社会效益和经济效益的统一，但在实际运作中，前者以规范、严肃的标准践行"正面宣传为主"的导向原则，后者则更偏向市场导向或受众导向机制下的"坏消息就是好新闻"原则。**（3）舆论错位：**近年来，主流媒体通过平台拓展、作风与文风优化等具体措施，逐渐增强了传播力、引导力、影响力与公信力，但依然在某些场合、某些议题的传播中存在对民众意见重视不够、回应不及时、沟通不顺畅等细节性的问题。**（4）舆论反转：**在互联网时代，网络舆论对社会现实的影响不断表现为一种基于互联网平台离场介入，舆论表达的碎片化、情绪化以及部分媒体在事实呈现时格外追求时效性等容易出现舆论反转等问题。**（5）"后真相"：**在社交媒体时代的信任危机、网络类媒体对情绪的刺激消费、算法推荐导致的用户信息获取窄化等背景下，以主观偏好、个人情感取代客观标准来评判媒体报道、评价社会事实的"后真相"

正在成为常态。

案例 23　理性看待"方方日记"引发的网络舆论争议

背景材料： 2020 年正月初一开始，身在武汉的作家方方以日记的方式，记录封城后在这座城市的所见所闻、所思所感，自 1 月 1 月 25 日至 3 月 25 日已经连续发布日记 60 篇，引发社会各界舆论广泛热议。有评论认为，"方方日记"（以下简称"日记"）所获得的关注度超越了作品本身的价值，也有声音认为，"日记"本身是个人化的记录作品，应允许社会不同主体对正在发生的时间进行自主记录、表达、公开。同时，"日记"本身也引发了社会上不同意见群体的对垒，有观察者戏称："当前中国互联网的矛盾是支持方方还是反对方方的矛盾。"本书仅从传播学的角度对"日记"引发舆论热议的现象进行阐释。

案例解读：（1）舆论争议的焦点： 有学者分析认为其作为个体作家的疫情记录如同每一个疫情期间的民众的记录，有一定社会价值，也是个体表达的自由，然而不要进行过度的政治化解读。支持"日记"公开的观点称，作品是真情实感且正常记录，代表的是民间从个人视角对疫情防控过程的细节感知。批评者认为，"日记"过多展示了负面情绪，漠视在党和国家领导下民众抗击疫情做出的巨大努力和牺牲，有赚"带血流量"嫌疑，且客观上为境外某些媒体提供了"素材"。**（2）舆论对抗的原因：** 普通"日记体"作品借助互联网传播且升级为网络民众集体参与的舆论事件的最大原因是部分"日记"相关的舆论和话题性事件，人为制造了"左"与右的冲突，渲染和放大了价值、立场、态度的对立，进而通过沉默的螺旋机制和网络舆论流瀑效应迫使不同的群体"站队"。**（3）"日记"是替补性叙事：** "日记"是非官方的表达，其所代表的是源自民间的个体的微观叙事，与主流媒体、职业媒体人的差异在于，"替补性叙事"是大众化叙事、主流叙事、宏大叙事之外的"另类叙事",其所聚焦的是琐碎的生活细节、日常化的生活片段和个人化的情感体验。

(4)"日记"的符号化: 态度、立场和观点之争在本质上是对"日记"这一文化符号的具体"所指"之争;持不同立场、态度和观点的群体分别赋予"日记"不同的所指,并以此"所指"作为事实依据表达个人观点,发表个人意见,释放个人情绪,争夺话语权力,放大个人声音,客观上反映出的是互联网公共空间中理性辩论规则的缺失。

3."两个舆论场"的提出、内涵及反思:(1)概念来源: 根据南振中的介绍,"两个舆论场"指的是这样一种现象,即"在现实生活中存在着两个并不完全重叠的'舆论场':一个是主流媒体着力营造的'媒体舆论场',另一个是人民群众议论纷纷的'口头舆论场'",在南振中看来,"两个舆论场"指的是"主流媒体舆论同人民群众口头舆论脱节的现象"[①]。南振中提出该问题的目的是要让新闻舆论工作"把体现党的意志同反映人民心声统一起来","力求缩短新闻报道同人民群众的距离"。**(2)概念变化:** 原本表示"主流媒体舆论同人民群众口头舆论脱节"的一种形象化的术语在社交媒体时代被转化为官方舆论场和民间舆论场,即官方舆论场是党报、党刊等代表公权力和国家意志的党政机构、知识精英所建构的舆论集群,民间舆论场是普通大众在日常生活中根据自身所处阶层、人际关系网络、生活经验和利益诉求形成的舆论集群。**(3)概念讨论:** "两个舆论场"是非学术性的概念,并非源自互联网语境下的产物,而是媒体从业者改进党报、党刊报道作风的一种自我审视,但在互联网尤其是BBS及此后的社交媒体时代,该概念被知识群体挪用为从学术的角度描述和解释中国舆论生态的一种视角。**(4)概念反思:** "两个舆论场"的表

---

① 南振中:《把密切联系群众作为改进新闻报道的着力点》,载《中国记者》,2003年第3期,第10-14页。

述存在争议，原因在于：第一，在中国语境下，党报、党刊始终坚持全心全意为人民服务的宗旨，这就决定了主流舆论代表群众利益、反映群众呼声的属性，因而主流舆论场和民间舆论场从本质上是一致的、统一的；第二，南振中提出这一概念的目的不是夸大或制造不同平台所存在的声音的对立，而恰恰是党的新闻舆论工作者站在如何让党报、党刊更好地服务群众、反映群众呼声的立场上对改进记者作风、报道文风提出的一种更高的要求。

4. 理性认识"两个舆论场"产生的原因：（1）立场和视角的差异："两个舆论场"表现为官方和民间在意见表达时持有的不同立场和倾向，也表现为两个群体所关注的话题、领域存在的差异性。其本质是官方和民间两个群体在意见表达时由于立场和诉求的差异而导致"共同意义空间"的缺失，是宣传导向逻辑和民众世俗逻辑两种信息生产主导范式的差异。**（2）新闻报道作风**：新闻记者及媒介机构在新闻采集过程中缺乏深入群众、了解群众生活的作风，使新闻生产的内容、角度和倾向与普通大众的需求脱节，这反映出部分新闻单位及工作人员缺乏深入调查意识、缺乏服务群众意识的根本问题。**（3）导向偏差问题**：新媒体语境下媒介机构和职业媒体人坚持"以正面宣传为主"的报道方针，而网络媒体遵循的是"注意力就是生产力"的市场导向原则，新闻报道的方针政策和新闻生产的流通机制使部分新闻作品在兼顾导向和市场时的效果不佳。**（5）内容定位差异**："官方舆论场"更具有大局意识、整体意识和导向意识，不可能事无巨细地呈现人民群众日常生活中的所有细节；而"民间舆论场"的表达主体往往立足世俗化、日常化细节，在寻求与"官方舆论场"的共同性上存在偏差。

5. 打通"两个舆论场"的策略与方法：（1）正视"两个舆论场"的问题："两个舆论场"的存在反映出官方和民间在意见表达和信息传播上存在的脱节问题，要正视"两个舆论场"的存在，不能通过压制、禁锢等强制性手段削弱某一方的影响力。**（2）推动主流话语表达创新**：主流话语要加强传播手段和话语方式创新，提升新闻舆论传播力、引导力、影响力、公信力，巩固壮大主流思想舆论，使主流思想舆论能够让老百姓听得到、听得懂、听得进；官方媒体及政府机构积极拓展新媒体传播平台、阵地和渠道，充分利用现代化信息手段和传播载体，搭建不同舆论场进行沟通、对话、协商的平台。**（3）加强网络公共空间治理**：对网络意见领袖、普通网络用户公开的意见表达进行规范管理，以开明、开放的姿态进行引导，强化不同群体间的对话意识、沟通意识；强化网络空间治理的制度化、法治化和科学化，营造良好的网络传播秩序与意见表达氛围；防止炒作、渲染矛盾。**（4）强化网络共识机制**：让社会主义核心价值观成为网民意见表达的共识基础，促成不同舆论场之间的交流和交互，寻找社会各界在情感、态度、倾向上的交汇点，以此强化主流意识形态在互联网空间中的整合能力。**（5）改善党的新闻舆论工作**：党的新闻舆论工作要遵循新闻传播规律和新兴媒体发展规律，坚持党性和人民性的统一，积极承担"举旗帜、聚民心、育新人、兴文化、展形象"的使命任务，努力构筑立体多样、融合发展的现代传播体系，推动舆论场间的融合。

6. 热点事件中"两个舆论场"的特点：**（1）呈现方式的差异性**：官方舆论场往往以更为客观、中立、公正的态度来呈现和报道事实，而民间舆论场则倾向于采用情绪化、主观性的方式来进行讨论、议论。**（2）关注角度的差异性**：官方舆论场立意较为高远、宏观，往往从大局和整体出发，进行宏观观照和政策、制度、行动的传达、解读；而民间舆论场更多从个人体验出发，角度较为多元、分散。**（3）舆论场影响的差异性**：在社会热点事件中，官方舆论场和民间舆论场扮演着不同角色，在涉及民族利益等大是大非的问题上，官方舆论场具有更强大的传播力、影响力、公信力与引导力，在社会民生的话题上，民间舆论场表现更为活跃，更容易激发公众的认同感。**（4）舆论场角色的差异性**：官方舆论场和民间舆论场经常就同一个话题设置议题并且时有交互，一般来说，民间舆论场是议题的发酵和沉淀平台，官方舆论场作为民间议题的回应者、引领者角色发挥作用，两者时有交叉、共鸣和博弈。

7. 热点事件中"两个舆论场"的融合策略：**（1）提供畅通的意见表达通道**：

国家新闻宣传系统对民间舆论场持更加宽容的态度,将合理、合法的民间意见视为国家治理、社会管理过程中问计于民的宝贵素材;通过制度、机制、平台等方式落实信息公开要求,保障公众在社会热点事件中发布理性观点的权利,鼓励从问题原因剖析、解决方案探讨等角度提出有助于社会发展的建设性意见。**(2)强化热点事件中的网络治理:**通过互联网法治化建设和持续的互联网空间治理,对散布不实信息、恶意引导舆论、曲解国家政策、诱导大众行为、进行流量炒作等舆论乱象进行依法治理,确保互联网公共空间讨论能够在法律和理性的框架下进行。**(4)强化信息公开回应力度:**官方舆论场开展积极的舆论研判,对公众所关注关心的话题、诉求、意见采用公众能够接受的话语方式,以新闻发布会、传统媒体及"三微一网"等平台进行及时的公开回应,避免"鸵鸟式"回应、过激回应和照本宣科式回应。**(5)强化正向舆论引导:**通过技术、手段、策略、形式等的创新,提升主流媒体、主流话语在重大突发事件中的传播力、影响力、公信力与引导力,注重对有所偏颇的议题进行合理、合法的引导,注重传播的时度效。

专题 03　网络秩序

1. 新闻传播中的舆论反转现象：（1）舆论反转的定义： 舆论反转，是指在新闻报道或舆论扩散的过程中出现的事实定性、立场态度、情感倾向发生逆转的现象。由于具体表达语境的差异，舆论反转又称为"新闻反转"或"舆情反转"。**（2）记者层面的原因：** 新闻记者在报道时带有明显的情感倾向；新闻记者采访时所获取的信息不充分、不完整；新闻记者介入了特别专业的领域的新闻报道；新闻报道采用了某些夸张式、标签式、情绪化、结论式的表达；新闻报道时的选择性报道问题。**（3）事实进展的原因：** 媒介文本对社会事实的呈现在特定时空场景下是被高度抽样的、静态的、局部的、人工化的事实，而社会事实则始终处于动态的演进过程中，随着更多真实素材的披露，事实真相被最终还原，从而产生反转。**（4）受众层面的原因：** 在真相还在逼近的过程中，受众在信息获取碎片化、信息阅读浅层化、知识获取快餐化、思维方式平面化和意见表达情绪化的情况下，凭借个人情感好恶和价值偏向以群体极化的方式，影响着舆论和议题的走势及偏向，一旦真相还原极有可能发生反转。

案例 24　"教师体罚学生"新闻遇反转事例分析

案例简介： 近年来，新闻舆论反转现象较为常见。2020 年有多起反转事件引发舆论关注，如有网友爆料称自己读大学期间曾被某单位的某员工强奸，在舆论发酵后又表示此指控非属实；再如，有网友发帖称其

"6岁女儿遭班主任体罚后哮喘发作留下严重后遗症,母亲被班主任抓伤并遭威胁",并附上"女儿吐血校服"照片,此后证明衣服血迹为化妆品和水。

案例分析:(1)新闻舆论反转常态化:移动互联网时代,人类前所未有地依赖互联网获取信息,且对争议性、轰动性、冲突性事件的关注度超越时间和空间的限制,这使得发生于一时一地的琐碎事件都极容易成为网络舆论的焦点,也正因如此,在新闻信息生产、发布和更新过快,新闻事件脱离时间和空间限制之后,新闻舆论反转就不可避免地存在常态化趋势。**(2)新闻反转的直接动因:**新闻舆论反转表现为态度、立场、倾向甚至事实与此前的巨大反差,其原因可能是受众的误解误读、新闻媒体对新闻事实的断章取义的报道、新闻从业者对其报道事物的认知局限、特定群体为实现某些诉求刻意编造的虚假信息等。**(3)根源是事实核查缺失:**新闻反转频发的直接原因多种多样,但本质原因是互联网时代去中介化传播背景下事实核查环节的缺失,中介化的内容生产使受众只接收被专业工作者核查过的信息,而去中介化背景下的信息由用户自主通过网络渠道发布,加大了新闻反转的概率。**(4)信息过载与真相匮乏:**新媒体传播去中介化的特征将事实、真相核查的义务交给了信息的发布者和信息的消费者,信息发布主体的多元化、流动性、匿名性及信息发布行为的随意性和偶然性与信息消费者精力、能力和意愿匮乏形成了媒介化社会的矛盾,这导致的结果是信息过载而真相匮乏。**(5)社交媒介的使用理性:**在"带血校服"示例中,学生家长发布不实信息,试图动用舆论的压力实现自身诉求,反映出部分网民在遭遇困境时的"微博上访"心态,也反映出互联网用户面对矛盾性、对抗性事件时"弱者有理"的惯性思维;提升理性使用互联网的意识,防止"网闹"思维蔓延是关键。

2. 网络推手与网络水军现象：（1）网络推手： 面向社会提供有组织、有目的、有计划的新闻舆论策划、包装、炒作服务，使特定的议题、事件、人物、产品迅速进入公共视野，获取公众舆论关注度，并以此获取相应报偿的一类特殊从业群体。**（2）网络水军：** 网络水军是服务于特定的组织、机构、个人或产品，通过大量虚拟网络账号或人工账号发布、评论、回应、关注、分享与特定话题相关信息的一类特殊从业群体。**（3）共同特点：** 带有很强的目的性，是高度组织化、专业化、商业化的群体，其目的是诱导网络舆论从而获得舆论关注，其作用机制是通过不为人知的手段人为操纵、影响媒体和公众的议程，左右舆论的价值判断和情感倾向。**（4）产生原因：** 特定群体的需求和商业利润的驱使是网络推手和网络水军产生的根本原因，操作的隐蔽性和互联网空间前台的匿名性为其存在提供了掩护，网络用户的群体非理性是网络推手和网络水军操纵舆论能够得逞的推动力量。**（5）治理态度：** "网络推手"和"网络水军"都属于贬义词，即不管是否在某种特定的情形下被用于公共利益，因其通过有目的的策划人为影响舆论，带有很强的欺骗性、煽动性，故而属于互联网空间中被重点治理的对象。**（6）概念区分：** 商业营销、公关广告、公益项目、节庆事件等场合下也存在通过人为因素影响舆论的行为，但这种行为一般称为"公关活动"；在重大危机、舆情、突发事件之后进行的有较强公共性的人为干预舆论情况，一般称为"舆论引导"和"舆情疏导"。

3.Facebook 信息泄露案例简析：（1）信息泄露成网络治理难题： 在互联网已经成为人类第五大空间的背景下，网络黑客、网络攻击、信息盗取盗用、信息泄露已经成为网络公害，同时也成为互联网空间治理的一大难题，且随着互联网信息技术的发展，这一问题始终没有得到有效解决。**（2）互联网空间治理需要各方协同：** 在全人类都面临的信息安全受到严峻挑战的背景下，所有的国家、政府机构、企业组织和普通用户都不能独善其身，而应该成为网络空间治理协同参与的主体。**（3）信息安全与国家安全：** 习近平总书记指出，"网络安全和信息化是事关国家安全和国家发展、事关广大人民群众工作生活的重大战略问题""没有网络安全就没有国家安全"。Facebook 信息泄露的警示意义是，要保障信息安全就要从制度、硬件、技术、服务、人才等多个角度入手推动互联网空间治理。

4. 新闻传播中的"悬疑新闻"现象：**（1）概念界定**：新闻是对新近发生的事实的报道，"悬疑新闻"是指以并无明确的事实根据而通过人为制造悬念的方式以诱导受众关注的新闻形态。与一般的新闻相比，悬疑新闻的最大特征是增强而非消解事物的不确定性。**（2）产生原因**：悬疑新闻主要是新闻机构和媒体人所掌握的事实依据不充分或过分追求叙事技巧、过度渲染故事情节、过度运用修辞策略等以刺激受众紧张情绪的结果。**（3）违背的新闻伦理**：悬疑新闻通过呈现片面事实、局部事实或捏造事实，不具备完整的新闻报道要素，以刺激和吸引眼球为方式，违反新闻报道真实性、客观性、公正性、全面性要求，违背新闻媒体应该承担的社会责任，消解新闻舆论的公共性。**（4）解决策略**：通过立法行政、媒介批评、技术手段等措施规范新闻媒体传播的表达秩序，强化新闻传播机构、从业人员和新闻资讯服务平台的主体责任，鼓励传播者从事高雅、严肃和高知识密度的新闻信息的生产传播活动，强化受众的媒介素养，提升其对有害新闻信息的识别、抵制和批判能力。

5. 舆论传播中的"污名化"现象：**（1）"污名化"的含义**："污名化"是"刻板印象"的表现方式之一，是媒体、公众有选择性地通过新闻报道或舆论表达，将偏向负面的特征强加并固定在某一群体、个体上的现象。概念的理论依据是李普曼在《公众舆论》中提出的"刻板印象"理论及戈夫曼在《污名》一书中的专门论述。**（2）"污名化"的本质**："污名化"是不具有污名特征的一方对另一方实施的"符号强加"，也是一种符号化的暴力，该行为使符号所承载的负面含义固化在特定对象身上并掩盖被污名对象的其他特征。**（3）"污名化"的成因**："污名化"是媒介符号建构的产物，是舆论选择性呈现、选择性放大并对某个对象进行价值判断的结果；媒体报道和舆论表达有失客观、中立、公正、全面以及被"污名化"的对象缺乏面向公众进行发声辩解的机会，是污名化产生的直接原因。**(4) 作为武器的"污名化"**："污名化"某一个对象是现今语境下特定群体进行媒介审判、舆论动员、媒介暴力以实现自己利益诉求的重要策略，采用"污名化"策略的个体或群体因对象的"污名化"而获得自身的道德优越感和行为合法性，如村民将花千骨"污名化"为"妖女"使"烧死花千骨"的行为理直气壮。**(5)"污名化"的案例**：被"污名化"的对象可以是国家、群体、职业、项目、个人等，如近代中国被"污名化"为"黄祸"、新闻报道中出国扫货的"中国大妈"、被舆论放大之后谈之色变的"PX"项目、在尚未审判时被定义成"强奸犯"的嫌疑人、因采用了污点艺人而被斥为"卖国贼"的导演等。**(6)"污名化"的影响**：以片面的事实和主观的倾向影响公众对特定对象的全面认知，制造紧张、对立的情绪影响正常的沟通表达，以道德评判和修辞术滥用来对被"污名化"的对象施加影响，消解媒体的公信力。

6. 公众人物的不当言论问题：**(1) 公众人物的责任**：公众人物是互联网中的意见领袖，其在公开场合的一言一行都具有示范效应。因此，公众人物不仅应该牢记和遵守社会道德、伦理与法律的底线，还应该以积极的姿态弘扬社会主义核心价值观。**(2) 粉丝经济的弊病**："粉丝经济"又称为"注意力经济"或"流量经济"，其运作机制是通过话题炒作和包装吸引注意力，再通过卖产品或卖广告实现注意力的变现，为了攫取注意力，通过不当言论进行自我炒作以吸引眼球也成为不少公众人物的惯常做法。**(3) 不当言论的警示意义**：无论是在前台还是后台、线上还是线下，公众人物都应该有底线意识，同时若干起公众人物不当言论的案例也表明，拥有巨大流量和庞大粉丝群的"网络大 V"未必就是在道德层面禁得起考验的公众人物，责任比流量更重要，道德比名气更重要。**(4) 个别"不当言论"反思**："不当言论"指特定的机构或人物所表达的明显背离其职业规范和公序良俗的意见、观点、态度。"不当言论"有一定的客观标准同时也有一定的主观性，且与言论表达者和受众所处的语境和文化环境有一定的关系。

7. 网络表达自由的边界问题：**(1) 他人利益边界**：任何机构及个人在行使

其自身权利时不得侵犯他人的名誉权、隐私权、肖像权等基本权利。**(2)集体利益边界**：任何机构及个人在行使其权利时，不得使合法的公共利益，如集体利益、社会利益和国家利益受到侵犯及损害。**(3)法律责任边界**：现行法律法规及司法解释界定了基于虚拟空间的"民事责任""行政责任"及"刑事责任"的不同依据及边界，这些界定分别对不同类型的基于网络的诽谤、造谣现象进行了有针对性的约束和应对。**(4)鼓励合法表达**：现行法律法规及司法解释对合理、合法的网络表达、信息传播、观点分享、舆论监督、网络举报进行保护。

案例 25 《网络信息内容生态治理规定》公布实施

案例简介：2020年3月1日起施行的《网络信息内容生态治理规定》明确：网络信息内容服务使用者和生产者、平台，不得开展网络暴力、人肉搜索、深度伪造、流量造假、操纵账号等违法活动。据媒体报道，该《规定》旨在营造良好网络生态，保障公民、法人和其他组织的合法权益，维护国家安全和公共利益。

案例解析：**(1)《网络信息内容生态治理规定》实施反映中国依法治网的常态化**：《网络信息内容生态治理规定》是通过法治化手段进行网络信息内容生态治理的重要举措，也是中国自1994年全面接入世界互联网至今在推动网络治理法治化过程中总结出的宝贵经验。近年来，中国互联网信息内容有关职能管理部门不断探索与新的媒介环境、媒介生态相结合的制度体系，出台了系列规章制度，反映出依法治网的常态化。**(2)网络信息内容生态治理是综合治理**：网络信息内容生态治理需要打通行业、产业、部门间的壁垒，实现系统化、综合化的治理，多元主体协同参与、治理手段多样、治理目标明确、突出各主体的权责利关系是综合治理体系的突出特点，有助于从整体上为网络生态系统和网络空间秩序的良性运行提供制度机制保障。**(3)网络信息内容生态治理的内涵：**国家互联网信息办公室有关负责人在解答记者提问中指出，《网络信息内容生态治理规定》中所称网络信息内容生态治理，是指"政府、企业、社会、网民等主体，以培育和践行社会主义核心价值观为根本，以网络信息内容为主要治理对象，以建立健全网络综合治理体系、营造清朗的网络空间、建设良好的网络生态为目标，开展的弘扬正能量、处置违法和不良信息等相关活动"。**(4)网络信息内容生态治理的意义：**官方解读称，《网络信息内容生态治理规定》深入贯彻习近平新时代中国特色社会主义思想，全面贯彻落实党的十九届四中全会精神，坚持系统治理、依法治理、综合治理、源头治理，系统规定了网络信息内容生态治理的根本宗旨、责任主体、治理对象、基本目标、行为规范和法律责任，为依法治网、依法办网、依法上网提供了明确可操作的制度遵循。

8. 网络自媒体中的浮夸文风：(1)流量变现是罪魁祸首："哭晕体"等浮夸文风是"标题党"现象在自媒体大规模普及后的一种新变种，是自媒体运营者在"信息盈余"背景下对流量变现的一种急迫的追逐。**(2)浮夸文风制造信息垃圾：**浮夸文风与黄色新闻并没有任何本质的差异，都是以所谓突出人情味和易读性的理由，尽可能地渲染并不重要的细节，这种信息的价值密度偏低却备受欢迎也表明社会上普遍存在的浮躁心理。**(3)警惕主流媒体的效仿：**浮夸文风首先为商业气息极为浓厚的自媒体使用，进而开始向主流媒体蔓延，这种趋势一旦不能有效缓解，将会大大污染互联网空间，影响网络舆论生态；主流媒体的效仿在很多情况下也是一种无奈——主流媒体不像自媒体那样只需要守住底线，而是有着更高的宣传任务，故在不平等的标准面前，主流媒体也被迫效仿。**(4)主流媒体的坚守：**《人民日报》等党媒的实践也表明，绝大部分的主流媒体都能牢固地坚守阵地，积极传播正能量，这也意味着，主流媒体在现今信息泛滥的社会中依然是社会大众的"定盘星",信息泛娱乐化背景下,更需要主流媒体的这种坚守。

9. **"网络义和团"现象解释**:(1) **定义解释**:"网络义和团"又称"网络塔利班",是对"网络暴民"的一种称谓。指在互联网背景下的用户以极端、非理性和盲目的网络言论表达和传播实践对某一特定对象进行的集体暴力行为的现象。(2) **产生原因**:"网络义和团"是社会现实因素(社会压抑感借助互联网宣泄情绪)、社交网络环境(互联网的匿名性保护机制)、社会群体心理(群体压力对个体理性的剥夺)和某种具体触发性因素(具体的事件或导火线)综合作用的结果。(3) **具体特征**:"网络义和团"往往通过贴标签等方式建构自己行为的合理性和正义性,采用简练、极端、情绪化的语言或行为对特定的群体施加暴力,参与群体以草根民众为主,网民在群体极化的作用下丧失个体理性。(4) **理性应对**:为网民情绪的宣泄和表达提供适当宽松的入口,建立健康清朗的互联网空间秩序并让法律意识、规则意识和理性意识成为网民的情感认同和行为习惯。

10. **网络民族主义问题**:(1) **网络民族主义**:网络民族主义是中国宏大的社会历史文化语境和日新月异的新媒体发展潮流下涌现出的网络文化与民族主义的结合体,其中,民族主义是中性词汇。(2) **价值意义**:理性的、正常的爱国理念的表达会转化为推动民族团结、国家振兴、文化繁荣的强大精神力量,在中国语境下的网络民族主义的核心和主流是爱国主义。(3) **潜在危险**:在网络用户整体素养普遍偏低的背景下,网络民族主义有可能在自发或外在力量的诱导下演变为极端民族主义或狭隘民族主义,不仅损害正常的爱国表达、损害互联网空间秩序,也会加剧国家、地区间交往、交流的误区和隔阂,甚至制造更为激烈的矛盾和冲突。(4) **理性态度**:爱国情感的表达要恪守法律秩序和理性规范,通过互联网空间秩序建设、大众新媒体素养教育、互联网中的自我澄清机制等多种方式消除网络民族主义中的极端和狭隘因素,确保主流价值观在网络民族主义思潮中的核心引领地位。

案例 26 "百度已死"与搜索引擎的转型

案例简介：2019 年年初，一篇《搜索引擎百度已死》的文章引发较大关注，该文章称，百度搜索结果一半以上会指向百度自家产品尤其是百家号，而"百家号"中充斥着大量营销和质量低劣的内容。此后，百度官方进行回应称目前百度搜索结果中，"百家号"的内容在全站占比小于 10%，同时表示，190 万的"百家号"原创作者已经覆盖了全部的权威媒体和咨询机构。

案例解析：**（1）搜索引擎的生存困境**：在互联网内容供给过载和用户注意力稀缺的背景下，搜索引擎是一种用户注意力分配手段，也是用户寻找精准信息的便捷渠道，但随着中国互联网进入移动时代，信息的生产、传播与交互的平台日渐多元，个性化的检索渠道更加契合用户需求，加之内容生产平台版权意识的苏醒，搜索引擎单一的检索服务已经日渐式微。**（2）搜索引擎的转型之路**：移动互联网迅速发展使用户对搜索引擎的依赖度降低，更加精准、个性化和高质量的内容成为用户的紧迫需求，同时搜索引擎是分配用户注意力的重要渠道，而内容生产恰恰是搜索引擎的短板，故而拓展自媒体平台业务，面向社会开放邀请各类信息生产主体入驻，有助于搜索引擎建构"搜索—导流—内容—收益"的完整生态。**（3）自媒体号泛滥的隐忧**：自媒体内容生产主体尽管包含大量的优质创作主体，但不容忽视的是整体质量远低于职业类媒体人和媒介机构所生产的内容，其问题突出表现在：知识密度偏低、内容重复雷同、娱乐八卦泛滥、伪原创与蹭热点现象突出等。这种现象普遍存在于各类自媒体平台中。**（4）搜索引擎的规范**：搜索引擎虽然为商业互联网机构开发并以赢利作为其存在的目标，但由于其充当了用户注意力分配的重要入口，更应该落实主体责任、强化其内容的公共性，不能为追求自身的流量与利益而降低其社会责任，尤其是在重大议题、严肃内容的推荐层面，应优先推荐国家机关、权威机构、权威媒体的声音，防止让知识密度偏低、严肃性匮缺的内容干扰用户正常信息的获取。

专题 04　信息公开

中国新闻发言人制度始于1983年，但大力推进新闻发言人制度化建设则从2003年开始；2003年，孙志刚事件、"非典"直接催生了中国各界对新闻发言人制度建设的全面关注；2008年中国颁布《政府信息公开条例》，政府信息公开的力度进一步加大。目前，中国已建立"横向到边、纵向到底"的新闻发布体系，全面覆盖党、政、军三大体系以及从中央到地方区县的各职能部门。新冠肺炎疫情期间，中国持续、滚动发布权威信息，建构了立体发布、多元发布、全天候发布的格局，既满足了公众的知情权，又向国际社会分享了中国新冠肺炎疫情防控的宝贵经验。

1. **政府信息公开：(1) 定义：**政府信息公开，是指国家行政机关和法律、法规以及规章授权与委托的组织，在行使国家行政管理职权的过程中，通过法定形式和程序，主动将政府信息向社会公众或依申请而向特定的个人或组织公开的制度。**(2) 特点：**因政府信息公开属于政府行为，故具有行政性；公民有宪法和法律赋予申请政府信息公开的权利，因而具有权利性；信息公开是基本原则，不公开是例外情况，故而具有例外性。**(3) 意义：**有助于推动法治政府、廉政政府、高效政府，有利于满足公众的知情权；是推动反腐倡廉、推动依法行政、提升政府公信力、改善官民关系的重要方式，有利于推动社会发展、优化社会管理方式。

2. **新闻发布会：(1) 概念：**童兵主编的《新闻传播学大辞典》中将新闻发

布会定义为,党政机关、社会集团、企事业单位等各种机构或个人邀请多家媒体的新闻记者参加以发布新闻或介绍情况为目的的公开会议,是各机构和个人通过新闻媒介向社会发布新闻的一种常见方式,又称记者招待会。**(2)特点:** 新闻发布会因发布主体是专业性的组织机构,因而具有信息发布正式、规格高的特点;新闻发布会大部分包括情况介绍与回答提问两个环节,因而具有很强的双向性,新闻发布会往往有较为集中或明确的主题,同时因信源主体权威、信息供给集中、媒体密集关注极容易形成强大的影响力。

3. 新闻发布会的举办:(1)会前筹备: 事先明确发布会的议题,事先做好发布机构、发言人的统筹协调,事先准备好发布会使用的素材、数据,对现场可能会出现的问题进行预判,做好预案;选择恰当的时机(如一些普通的新闻发布会要避开政治及社会事件,以免削弱传播效果);发布会场需事先布置(包括资料、道具、桌椅等);事先对公众及社会所关注的话题有所预判。**(2)会中安排:** 参加的媒体应有代表性和权威性;新闻发布的主体应有权威性、专业性,或有重大利害关系;新闻发言人应避免照本宣科阅读书面材料;新闻发言人应注重发布主题、发布场合、身份职务与措辞的恰当性;新闻发布会应主动回应社会关切的问题,不能避重就轻、含糊其词或转移话题;新闻发言人及主持人应有较好的现场秩序掌控能力;尊重新闻传播的基本规律、常识、法律与道德底线。**(3)会后评估:** 留意新媒体报道的角度是否与新闻发布会所试图传达的信息相吻合;留意公众在获取信息后的反馈和反应,对媒体传播及公众议论过程中出现的误读、误解进行及时纠偏;对本次发布会出现的问题、教训做出总结。

4. 新闻发布活动中的政府、媒体与公众:(1)三方关系: 新闻发布制度的直接相关者包括信息发布者、媒体与公众三者,他们都是新闻发布制度的介入者,扮演着不同的角色,新闻发布会的举办者借助媒体建立与公众的联系,三者间围绕信息的交互共同构成完整的新闻发布过程,三方力量的合作与博弈也影响着中国新闻发布制度的发展。**(2)各自角色:** 新闻发布主体不只是各级政府，也包括党务信息和军队；媒体是新闻发布活动的中介载体，是新闻事实、新闻事件的定义者和诠释者；公众是新闻发布的最终归宿，决定新闻发布活动的成败。**（3）身份规范：**政府由社会及公共事务的管理者、统治者转变为公共事务的治理者和公民的服务者；媒体由权力和资本的传声筒、放大器转变为新型的执政资源及公共意见商讨的平台；新闻发布会的受众由单纯的信息接收者变成借助媒体进行公共事务参与的公民。**（4）现实挑战：**新媒体使"媒介"面临重新定义的可能，具有重要影响力的商业互联网机构、网络资讯平台都成为重要的信息发布渠道；数字媒体带来了话语权的解放，使作为执政资源的媒介的边界得以拓展的同时也拓展了风险的边界，因技术赋权的公众要求"知情权"和"话语权"，公众的"在场意识"和"离场介入意识"不断强化。

5. 司法信息公开中的庭审直播：（1）直播依据：①信息公开的需求：透明度决定公信力，传播力决定影响力，话语权决定主动权。②公众知情权的需求：公众对于涉及公共事务的议题均有知情权，这也是法律赋予公民的基本权利。③法律依据："人民法院审理案件，除法律规定的特别情况外，一律公开进行。被告人有权获得辩护"（《宪法》第一百三十条）；"人民法院依照法律规定独立行使审判权，不受行政机关、社会团体和个人的干涉"（《宪法》第一百三十一条）；"人民法院审判案件，除本法另有规定的以外，一律公开进行。被告人有权获得辩护，人民法院有义务保证被告人获得辩护。"（《刑事诉讼法》第十一条）**（2）直播效果：**①审判公开不仅有利于舆论对法院、法官审判的监督，同时也能够最大限度地满足社会公众对重大敏感案件及涉及公众切身利益的话题的知情权；②我国宪法和法律都要求将审判的时间、地点对外公开，并允许公民和媒体旁听，庭审直播打破了旁听的人数受场所限制不能无限扩大的局限性；③庭审直播形成了三大阵地的无缝对接：线上线下无缝对接，场内场外无缝对接，新旧媒体无缝对接；④信息公开量大，同时又确保了信息的准确性、公开性与透明性，从而彰显了司法审判的公信力。**（3）直播意义：**①直播打破了旁听场地空间局限性对人数的限制，扩大了公开的受众人数；

②新媒体直播打破了时空限制，直接覆盖大规模、分散化的受众；③新媒体与传统媒体交互联动形成共振效应，最大限度地提升传播效果；④更为迅速、快捷地传播给目标受众，缩短信息编码、解码的过程，避免信息的误传与误读；⑤新媒体"直播"是历时性文献和共时性公开的整合，既可以旁听也可以回看；⑥新媒体直播的过程，展现丰富的庭审细节详情，在传播案件庭审的过程中，同时实现对公众的法制素养的教育；⑦新媒体直播展示了党和国家依法治国、公开、公平的法治社会的理念。

案例 27 "豪车女司机"事件与教科书式通报

案例简介：2019 年 8 月出现两起较有戏剧性的舆情事件：一是重庆保时捷女司机掌掴奇瑞车男司机，视频发酵后，女司机被扒出家庭背景，其任派出所所长的丈夫受调查被停职。另一起是北京妇产医院劳斯莱斯女司机占道不下车，被曝光后遭拘，又被查出涉刑事案件。两起事件都起于网络舆论监督，都有戏剧性的发展与结果。

案例解析：（1）**舆论监督的新特点**：社交媒体环境下的舆论监督呈现出由"中介化"到"去中介化"、由"舆论倒逼"到"主动出击"的转向，使宪法和法律所赋予民众的舆论监督权重回公众受众，在拓展舆论监督的力度、广度、深度的同时，也在重新调整着公权力机构、专业化媒介组织及社会力量三者的角色及分工关系。（2）**两则案例的特征**：对"贫富分化""阶层对立""社会背景"等标签化、情绪化的渲染，对"人肉搜索"的采用以及借助短视频进行的传播是此次两起舆论监督事件的典型特征；官方机构超出民众期待的积极响应彰显其在"扫黑除恶专项斗争"背景下积极作为、主动出击的作风。（3）**事件演化机制**：事件的演化过程可以概括为"网民借短视频爆料→社交媒体迅速传播→新闻机构账号关注→新闻网站聚焦→官方机构介入→多舆论平台反思"；事件从爆料到尘埃落定的过程，离不开爆料者、转发者和公权力机构三方力量的协作，三者各司其职，在场但不越位且不能互相取代是良性舆论监督的保证。**（4）教科书式通报**：两则案例中，官方给出的通报不仅规格高、内容详细，而且其公开的内容直接回应民众舆论的焦点和沸点，通过"有一说一""问一答十"的方式深层次满足了公众的知情权，凸显了公权力机构的主动意识、公开意识、透明意识。**（5）案例中的问题**：案例都带有"女司机"的刻板标签，对贫富分化、阶层矛盾等的渲染炒作，以及对"人肉搜索"的运用，纵使其最终结果并未偏离社会预期，但客观、公正、理性的原则始终是舆论监督的前提，即便最终目的是捍卫公共利益，也应避免在挖掘真相、建构事实及表达意见的过程中留有法律或道德瑕疵。

6. 新闻发言人制度：（1）"新闻发言人"的概念：国家、政党、社会团体任命或指定的专职（比较小的部门为兼职）新闻发布人员。其职责是在一定时间内就某一重大事件或时局问题，举行新闻发布会或约见个别记者，发布新闻或阐述本部门的观点，代表有关部门回答记者的提问。①**（2）发言人制度的意义**：①采用制度化的方式确保信息公开的常态化、规范化、科学化；②满足公众知情权，实现公众的民主权利；③引导舆论，协调政府与社会公众沟通之间的矛盾；④促进政府形象的建设，提高政府在公众中的公信力；⑤是政府管理和服务的必要和有效方式；⑥搭建政府和有关部门与公众对话的平台；⑦在重大、突发、意外事件中作为权威信源，对事件的情况做出权威解读（赢得主导权，把握话语权）。

7. 中国新闻发言人制度建设历程：（1）正式建立：1983 年 4 月 23 日，中

---

① 刘建明：《宣传舆论学大辞典》；童兵：《新闻传播学大辞典》。

国记者协会首次向中外记者介绍国务院各部委和人民团体的新闻发言人，正式宣布我国建立新闻发言人制度。**（2）大力推进**：2003 年，孙志刚事件、"非典"助推"大力推进中国新闻发言人制度化建设"，此后各级各类部门纷纷设置新闻发言人，并不断推进发言人的专业化和专职化。**（3）制度建设**：2008 年 5 月 1 日，《中华人民共和国政府信息公开条例》正式实施，同年的汶川地震中，政府信息公开的专业化水平、制度化水平得到检验。**（4）其他节点**：2011 年 "7·23" 甬温线动车事故，中国新闻发言人制度建设面临新的拐点；2013 年，十八届三中全会《决定》明确提出"推动新闻发布制度化"；2019 年 4 月 3 日，发布《中华人民共和国政府信息公开条例》修订版。

8. 中国新闻发言人制度的现状：**（1）成就**：①新闻发言人制度已经常态化；②"横向到边、纵向到底"的新闻发布体系已经建立；③在政府信息公开的过程中扮演了极为重要的角色；④在重大事件、议题的传播中扮演了重要的舆论引导者、事件定义者、意义阐释者的角色；⑤新闻发布规格、新闻发布水平均有不同程度的提升。**（2）问题**：①新闻发言人水平、层次、专业化程度、突发问题的应对能力有待进一步提升；②新闻发言人的权、责、利问题需要进一步明确（想说不敢说，想说不能说，想说说不好）；③突发事件中的协调、统筹问题还存在一些经验和技巧不足的问题；④受制于权力关系、上级部门、外部压力等，新闻发布工作往往面临两难境地；⑤新闻发言人因直接面对媒体和公众，经常被当作挡箭牌，获得不公正的评价（新闻发言人只是官方对外发布权威信息的代言人，而非导致灾难的罪魁祸首）；⑥因部分突发事件中新闻发言人的不当表现，新闻发言人和新闻发言人制度有被妖魔化的情况；⑦部分地区尚未建立完善的新闻发言人制度。**（3）对策**：①进一步建立健全新闻发言人制度；②对新闻发言人进行持续性、系统化的培训；③注重日常的演练和危机应对的技巧提升；④进一步明确新闻发言人的角色、权利、义务和责任关系；⑤建立新闻发布会和新闻发言人的评价体系和奖惩机制；⑥尝试和推进新闻发言人的专职化（目前很多新闻发言人都是由部门副职领导兼任）。

案例 28 新闻发言人的失当表现案例分析

案例简介：近年来，随着中国新闻发言人制度建设力度的加大，部分新闻发布会举办过程中，发言人的一些失当表现也引发舆论关注。例如，"7·23"甬温线动车事故发生后，新闻发言人"不管你信不信，我反正信了"的表达成为网络流行语，"8·12"天津爆炸事故中发言人"很高兴见到各位"及"没有时间看《焦点访谈》"等引发舆论讨论，2020年新冠肺炎疫情防控过程中，部分新闻发言人现场戴错口罩、未戴口罩、数据打架等招致舆论批评，甚至部分新闻发布会被嘲讽为"翻车现场"。

案例解析：**（1）发言人的短板与发布会议题的失焦**：新闻发言人的表现直接决定了新闻发布会的内容是否有效传达，直接影响着新闻发布会的实际效果，尤其是新闻发言人在发布会现场的不恰当细节极容易被媒体和舆论聚光灯放大，进而影响到后续的舆论传播，如疫情防控期间发言人戴错口罩、未戴口罩等细节直接吸引舆论密集关注，而忽略了发布会所传达的重要信息。**（2）新闻发布会对发言人素质的要求**：新闻发布会属于官方机构高规格、严肃性进行对外信息公开的渠道，因而发布会对新闻发言人的言谈举止所表达的专业化程度、资料掌握的扎实与详细程度、多位新闻发言人之间的协调配合有着极高要求；作为组织对外公开信息的官方代言人，新闻发言人代表的是组织的形象。**（3）正视发布会现场新闻发言人的尴尬**：新闻发布会及新闻发言人所表现出的问题与新闻发言人的素质、新闻发布会的协调筹备有关，也与背后复杂的权责利关系及资源、权力、职责划分不均衡有关；新闻发布会及新闻发言人暴露出的问题不能说明中国的新闻发言人制度是失败的，不能借此妖魔化新闻发言人制度。**（4）在既有制度基础上强化发言人的专业水平**：中国在大力推进新闻发言人制度建设的过程中，已经形成了科学、完备的制度机制体系，但发布会组织能力建设、新闻发言人专业水平建设还存在较大短板，历次新闻发布会上引发较大争议的表现是反映新闻发言人综合素质的一面镜子，需要在今后的工作中加强发言人水平能力培训，加大常态化技巧演练，尤其要提升在突发事件中的新闻发布水平。

专题 05　舆论监督

1. 舆论监督的定义、价值及特点：（1）定义：舆论监督，是指人民群众通过各类信息传播工具对党和国家机构及其工作人员进行的监督。其中，监督的主体是人民群众，监督的手段是各类传播工具，监督的对象主要是党政机构及其工作人员，监督的性质以批评缺点和错误为主。**（2）价值：**舆论监督是人民群众间接参与国家治理的重要方式之一，是保持党和国家与人民群众之间血肉联系的重要方式，是国家治理的重要资源和财富，有助于建设廉洁、高效、透明的政府，提升公权力机构的公信力。**（3）溯源：**马克思、列宁等就将舆论监督视为新闻媒体的一项重要职责，如马克思将报刊视为"无所不在的眼睛""无所不在的喉舌"，列宁称"愿意让政府时时受到本国舆论的监督"等，新中国成立之后，舆论监督也多次被写进党和国家的各项文件中。

2. 新媒体环境下舆论监督的特点：（1）舆论监督主体的多元化：互联网时代的新媒体用户都成为理论上可以实施舆论监督的主体，借助各级各类信息发布门槛较低的社会化媒体，舆论监督的主体由此前的媒体人代为实施转变为新媒体用户自主实施。**（2）舆论监督平台的多样化：**互联网时代民众实施舆论监督的平台已经由此前的电视、报纸等传统媒体拓展至各级各类互联网新媒体，并且已经实现了舆论监督主平台从传统媒体向互联网空间的迁移。**（3）舆论监督行为的常态化：**在舆论监督主体多元化和平台多样性的背景下，随时随地的舆论监督已经成为常态，大众传媒的舆论监督和网络自媒体的舆论监督共同构筑了公开、透明、立体、全景的监督体系。

3. 新媒介环境下舆论监督的问题：(1) 新闻敲诈：媒体机构及从业者利用自身所拥有的新闻报道及舆论监督的权利，以批评性报道、监督性报道为由头向报道对象施加压力获取经济收益的行为；近年来，新闻敲诈已经由职业媒体机构及媒体人向网络自媒体迁移。**(2) 舆论审判**：新闻媒体或民众借助各类信息传播平台以舆论监督的名义在案件正式判决结果下达之前代替司法机构的判决施加影响的情况也因互联网的发展日渐普遍化，对法治秩序构成严重干扰。**(3) 情绪表达**：在商业化媒体和网络自媒体的推动下，民众在借助互联网表达意见的过程中，主观情绪、主观偏好的影响日渐增大，甚至在某些场合受众的偏见和情绪已经取代社会事实、法律事实成为是非对错的判断标准，导致了"后真相"问题的产生。**(4) 舆论失焦**：在一些涉法涉诉或其他严肃类的新闻报道中，时常出现新闻媒体或大众舆论在公开传播时回避核心议题、回避深度问题，专门就其中并不重要的细节、花边进行深挖、渲染，导致公共性缺失、监督力度不足、回避民众期待、逃避舆论焦点等问题。

案例 29 "高官性侵养女案"中的新闻与舆论

案例背景：2020 年 4 月 8 日，一则《上市公司高管被指性侵养女四年 警方立案》的新闻被推上头条，报道称女孩兰儿被养父鲍某长期性侵，众多媒体对此展开报道。最后，公安部公布调查的结果显示性侵不成立。其间，某媒体特稿《高管性侵养女案疑云》引发舆论争议，记者在导语中声称"这更像是一个自小缺少关爱的女孩向'养父'寻求安全感的故事"。有批评声音称，新闻罔顾报道平衡，将批评对象指向"受害者"，明显袒护其中较有影响力的一方。此后，媒体也报道出兰儿的年龄造假等问题。媒体该如何报道有争议性的事件、如何恪守舆论监督的边界、如何坚持新闻产品的公共性原则、如何疏导社会舆论等细节引发较多争论。

> **案例分析：（1）新闻报道应坚持客观、理性、中立原则。** 新闻媒体实施舆论监督、开展新闻报道要坚持服务公共利益至上原则并充分尊重新闻事实，用独立、理性、客观、中立的态度对待自身掌握的新闻素材，坚持将事实与意见分开，以超脱情感的中立观点呈现社会真相，努力给当事人各方提供应答的机会，避免新闻报道成为一方的扩音器，也避免从记者主观的情感出发生产情感色彩过于强烈的内容。**（2）舆论热度折射涉法涉诉报道困境。** "高管性侵养女"经过媒体持续关注和网络舆论持续热议后，形成了激烈的舆论张力，尤其是调查结果公布之前，民间舆论形成了"将鲍某明绳之以法"的结果期待，尽管发酵的舆论风暴推动了司法程序的加快，但也反映出社会大众秉持朴素正义而非法律思维来看待争议案件的困境。**（3）积极回应舆论关切是争议性事件的处理态度。** 此次"鲍某性侵养女案"中，最高人民检察院、公安部派出联合督导组对该案办理工作进行督导反映出国家公权力机构在回应具有重大舆论反响的涉法涉诉议题时所持有的依法冷静处理、及时公开信息的态度；此举有利于提振司法公信力，有效疏导网民不断累积的负面情绪。**（4）深度报道及新闻舆论要注重正向效果。** 新闻媒体要超越对局部事实细节的简单考问，除了还原事件真相之外，还要通过还原事实真相来挖掘新闻故事背后更为深层次的社会意义，如此案例中，"收养法"的短板细节问题、未成年人监护人的责任问题等，通过理性的报道传达知识性信息、疏导冲突性舆论，建构理性的公共议论空间，为推动社会进步营造积极正向舆论氛围。

4. 深度报道的概念、特点及类型：（1）深度报道的概念： ①通过系统的背景材料和客观的解释、分析，全面深入地展示新闻内涵的一种报道形式，它要求对新闻事件进行全方位、多层次、立体化的观照与表现；②某些通过展示宏观背景，对新闻事实进行分析（包括因果分析）、解释或预测并达到相当深度的报道的总称。**（2）深度报道的特点**：深度报道要求对新闻事实的表述既有深度，又有广度；既要介绍新闻事件的状态，又要介绍详尽的前因后果、来龙去脉，"采访体现深入性，思想体现深刻性，视野体现宏阔性，背景体现厚重性"。**（3）深度报道的类型**：①在西方，深度报道包括解释性新闻、综合新闻、特稿、连续报道等。在我国，还包括典型报道、述评新闻、调查报告等。②深度报道的类型包括独立文本的深度报道（如某些体现出深度报道理念和效果的调查性报道、解释性报道、预测性报道、深度人物访谈等）和非独立文本的深度报道［如某些跟踪报道（连续报道）和系列报道，以及以特殊的版面编辑形式出现的组合报道］。①

5. 批评性报道的概念、宗旨及要求：**（1）批评性报道的概念**：①对现实中缺点、错误或问题的报道，俗称"批评稿"。②揭露现实生活和实际工作中的缺点、错误或问题的报道。③对现实生活及工作中较突出的矛盾、问题、错误或不良现象所做的新闻报道。**（2）批评性报道的宗旨**：①中国语境下的批评性报道的宗旨不在于"揭丑"，而在于"治病救人"，所以在进行批评性报道时，记者应从正确的立场出发，客观地提出问题，全面分析，公正报道。②其目的是扫除消极因素，发扬积极因素，扶助新生事物的成长，促进社会主义事业的发展。**（3）批评性报道的要求**：这类报道在采访中要争取领导与群众的支持，全面、客观、公正地分析问题和收集材料，并对批评的细节进行严格的审核。**（4）批评性报道的具体要求**：①利用新闻工具开展批评必须采取积极慎重的态度和正确的方法。②必须选择有典型意义的、有代表性的问题，抓住那些带有倾向性的问题，群众普遍关心、议论最多、意见最大的问题展开批评。③以实事求是、客观中立的态度进行报道，不放大夸张和渲染矛盾。④开展

---

① 根据刘建明主编的《宣传舆论学大辞典》中"深度报道"词条及丁柏铨的《深度报道：概念辨析及深度探源》一文汇总整理。详见刘建明：《宣传舆论学大辞典》，北京：经济日报出版社，1993年版，第238-239页；丁柏铨：《深度报道：概念辨析及深度探源》，载《新闻记者》，2014年第10期，第73-78页。

批评要适时、适量、适宜,注重报道的"时度效"。①

6. 舆论监督中的"烂尾新闻":(1)学术定义: 所谓的"烂尾新闻"实际上是对新闻报道缺乏后续跟进或虎头蛇尾的一种形象说法,有学者将"烂尾新闻"定义为"一些地方在处理社会热点事件时表态多,后续跟进少;道歉多,问责整改少;调查多,真相公布少,恰似烂尾楼一样,无法'封顶'"②。进一步讲,"烂尾新闻"就是一种典型的"媒介遗忘""媒介失忆"或选择性报道现象。**(2)产生原因:** "媒介失忆"现象产生的原因主要在于新闻事件经过持续发酵后新闻媒体不能提供持续的轰动性信息,受众在持续关注某一热点事件后形成了审美疲劳,相关部门或当事人对舆论界施加压力导致新闻报道无法持续,或者新出现的热点事件出现后重新支配了媒介空间和受众注意力资源。**(3)社会影响:** "媒介失忆"现象带来的直接影响是媒介自身的舆论监督的功能不能完全生效,最终导致某些社会上实际存在的问题不能从发生根源、预防机制等层面得到很好的沉淀和反思,这为后续同类事件的发生埋下了隐患,因而,"媒介失忆"是媒介失职的表现,有损其公信力和影响力。**(4)解决策略:** 克服"媒介失忆"的根本之策是强化新闻媒体的社会责任,尤其是强调新闻媒体的深度报道、批评性报道;但由于各类主客观原因的制约,在上述工作不能推进的情况下,还有一种解决策略是"媒介记忆"与"记忆唤醒"。

7. 公共事件中的批评性报道:(1)媒体的优势: 突发公共事件因与人民群众的切身利益紧密相关,新闻媒体有着得天独厚的专业素养优势、渠道平台优势、话语权和影响力优势、受众覆盖面优势。**(2)批评性报道:** 批评性报道及深度报道是突发公共事件中最能体现媒体的舆论监督优势的报道方式,是人民群众间接地参与政策监督、国家治理、社会管理的重要渠道,在突发公

---

① 根据刘建明等《应用写作大百科》、甘惜分《新闻学大辞典》及邱沛篁等《新闻传播百科全书》中的"批评性报道"词条整理。详见刘建明:《应用写作大百科》,北京:中央民族大学出版社,1994年版,第776页;甘惜分:《新闻学大辞典》,郑州:河南人民出版社,1993年版,第153页;邱沛篁等:《新闻传播百科全书》,成都:四川人民出版社,1998年版,第130页。

② 陈世香:《"烂尾新闻"的套路与成因》,载《人民论坛》,2013年第15期,第62-63页。

共卫生事件中不可或缺。**(3) 媒体任务：**新闻媒体应致力于事实真相的挖掘，还原事件的来龙去脉，剖析问题产生的根源，评估事件带来的影响，敦促社会各界的关注，致力于问题的反思，探索从根本上解决问题的长效机制。**(4) 避免问题：**避免成为公权力的简单传声筒，避免对正在发生的新闻不闻不问、失明失聪，避免对新闻素材进行选择性报道，避免新闻报道受到公权力机构的过度干涉。**(5) 基本态度：**新闻媒体的深度报道和批评性报道不能以骇人听闻的标题党、煽情报道吸引眼球，渲染恐慌、焦虑情绪，扰乱舆论秩序，应该坚持客观、公正、中立、理性的原则，注重时度效，尊重事实，尊重人民群众的知情权，以理性的批评者和积极的建设者的姿态致力于问题的解决。

8. "典型报道"中的"选择性关注"：(1) 典型性报道：对具有重大新闻价值的人和事的突出报道形式，反映当前受众普遍关注、具有较强的现实意义、能产生广泛而又强烈的社会影响的人物和事件或者介绍推广经验，或反映一种问题，是中国新闻宣传事业中常用的一种报道形式[①]。**(2) 作用机制：**大众媒体在对特定的社会事件、新闻事件进行报道时，往往根据特定政策、环境、诉求和报道效果预判等各种因素，有选择地报道其中的部分内容，并且对特定的细节进行突出呈现。**(3) 社会影响：**长期以来，以正面报道为主的叙事规范要求在特定事件的报道中尽可能地遵循弘扬主旋律、传播正能量，这导致在许多报道中存在掩盖和弱化社会实质问题的状况，往往从复杂的社会事件、社会事实中抽取那些符合教育意义、思想意义和典型意义的细节予以放大。

9. 超级"网络大 V"的批评性舆论监督：(1) 典型案例：近年来某些拥有巨量粉丝的超级"网络大 V"借助互联网媒体就某些争议性话题进行较为频繁的猛料曝光和话题炒作，从而向特定的人物或机构施加压力，甚至在个别情况下拥有超过权威媒体及公权力机构的社会影响力。**(2) 关键节点：**超级

---

① 童兵、陈绚：《新闻传播学大辞典》，北京：中国大百科全书出版社，2014 年版，第 309 页。

"网络大 V"即社交网络中的关键意见领袖,是社交网络中的关键节点,网络社会的去中心化使所有用户成为网络节点,加大网络空间治理难度的同时,也使得这些个体凭借强大的信息转述能力成为超级节点。**(3)非制度化:** 超级"网络大 V"作为网络社会关键节点所具有的影响力直接转化为一种强大的舆论压力,此过程实际上是公民个体绕开或取代政府职能部门行使职权的做法,作为一种解决问题或表达诉求的非制度化渠道,尽管在效果上有助于形成倒逼机制,但并不值得鼓励。**(4)思考建议:** 畅通组织化解决问题、表达诉求的方式和通道,建设廉洁、高效、公开的政府,加大对民众的媒介素养、法律素养的科普教育,强化公权力机构回应舆论关切的能力和积极性。此外,还要遵循网络社会逻辑,推动公权力机构的网络化建设进程,并增强其在网络空间中的传播力、影响力、公信力和引导力。

10. "离场介入者"与"键盘侠":(1)概念解读: ①"离场介入者"即"不在场的在场者",指在特定的社会事件中,借助虚拟空间的开放性和表达自由机制,对该事件进行表达实践的不在事件现场的非利益相关方;②在 2013—2014 年有一个比较时髦的用词叫"键盘侠"或"键盘超人"(Keyboard Man,带贬义色彩),跟"离场介入者"有点相似,即在社会现实中不直接面对问题,但在网络上却以道德、正义的形象自居,对社会事件评头论足。**(2)概念解析:** "离场介入"的前提是:新媒体技术赋权使公众拥有公开表达自己意见的能力和机会;"离场介入"的作用机制是:通过若干个体借助虚拟空间进行表达,对社会事件进行监督、影响舆论或对事件处理施加影响;"离场介入"不能触犯法律、法规和道德底线,否则就容易导致网络暴力、侵犯隐私或触犯法律;同时,"离场介入"除了可能导致网络暴力和侵犯隐私等违法问题之外,因为不是事件的亲身经历者,在参与特定的议题讨论时,往往以不充分的信息供给为前提,其言论和行为可能会出现翻转、无序、混乱的状况。

专题 06　"后真相"

"后真相"源于西方民主制存在的严峻问题，新媒体技术发展以及民粹主义思潮泛滥成为"后真相"的催化剂，因而"后真相"也逐渐从政治领域拓展到舆论领域。"后真相时代"预示着新闻生产、舆论表达的理性受到前所未有的挑战。

1."后真相"的定义解读：（1）定义1："诉诸情感及个人信念，较陈述客观事实更能影响舆论的情况"（《牛津英语词典》），其中"后"（post-）的含义是"不再重要或不再相关"，因此"后真相"概念的核心是情绪和信仰对形成民意的影响力超过了客观事实[①]。**（2）定义2：**"后真相"，是指"一些人为了自身利益，无视客观事实，盲目迎合受众的情绪与心理，使用断言、猜测、感觉等表达方式，强化、极化某种特定观点，攻讦抹黑对手，或博取眼球效应和支持率"[②]。**（3）中西比较：**中国语境下的"后真相"和西方语境下的"后真相"有所差异。中国语境下表现为"大众传媒在新媒介环境下出现了话语危机"，是"post-fact"的问题；而西方语境下更多表现为"民主政治的技术基础在新的媒介环境下遭到了怀疑和挑战"，是"post-truth"的问题[③]。

2."后真相"时代的基本特征：（1）用情绪化的表达建构事实："后真相"

[①] 唐绪军：《"后真相"与"新媒体"：时代的新课题》，载《传媒观察》，2018年第6期，第5-11页。
[②] 史安斌：《"后真相"冲击西方新闻舆论生态》，载《人民日报》，2017年11月3日第7版。
[③] 胡翼青：《再论后真相：基于时间和速度的视角》，载《新闻记者》，2018年第8期，第23-29页。

表现为事实让位于情绪、理性让位于偏见、客观让位于主观的一种状况,它直接颠覆了传统的新闻报道和舆论生成中事实决定真相的基本规律。(2)**舆论表达中的群体极化**:"后真相"语境下的舆论表达表现为一种强调主观感受和去中心化、去权威性狂欢的集体非理性,通过以社交媒体为主的信息传播平台,借用、挪移、拼接和篡改碎片化的事实,达到用主观偏好定义甚至重构事实以服务于自身诉求的目的。(3)**对事实真相挖掘的浅层化**:"后真相时代"的来临与深度调查、深度报道等严肃新闻的缺失有关,"后真相"同样也预示着在社交媒体时代新闻报道在建构真相时存在的客观性、深度性和公信力的缺失等问题。(4)**社交媒体的狂欢**:权力、资本和受众对社交媒体的严重依赖是"后真相"的一个结果,也是"后真相时代"的重要表现,社交媒体作为非专业性的信息传播平台已经开始取代严肃的新闻媒体,严肃新闻话题的报道存在去中介化的严峻问题。(5)**舆论表达中的民粹主义倾向**:在"先有观点再有事实,让事实为观点服务"的运作逻辑下,对大众情绪和偏见的无条件迎合,甚至用包装、拼接、篡改的事实刺激大众的情绪从而构筑舆论倾向是"后真相时代"的常用做法。

3. "后真相时代"的产生原因:(1)**"后真相"产生的技术因素**:技术赋权了个体的信息生产效能,消解了机构生产者的专业约束;信息技术不仅重构了信息生产和传播的方式,也改造了人际关系的结构;个体认知的局限性以及社会救济手段的无效性,使受众缺乏对"后真相"进行突围的可能性[①]。(2)**西方政治竞选的媒介化和公关化**:西方的民主政治是一种表演政治或媒介政治,即采用好听好看的方式迎合选民的趣味、刺激选民的情绪,而不是用理性的辩论和事实依据来说服选民,是西方政客在新媒体时代颇有效果的做法,这导致事实和表达分道扬镳。(3)**社交媒体取代专业媒体**:社交媒体与专业媒体相比而言其特征在于弱把关、弱审查、情绪化、浅层化和任意性,它

---

① 参见虞鑫:《语境真相与单一真相——新闻真实论的哲学基础与概念分野》,载《新闻记者》,2018年第8期,第30-37页。

不像专业媒体有着严格、苛刻的信息核查机制,从这个意义上讲,移动互联网时代社交媒体取代专业媒体的过程也是用主观情绪和个人偏见取代专业报道的过程。**(4)虚拟空间中的信任危机:**无条件的信任和强迫性的不信任构成了乱象丛生的互联网虚拟空间中的两种极为普遍的极端倾向,这是一种社交网络的"信任异化"(trust alienation)问题,构成了"后真相时代"极为重要的文化和社会动因[①]。**(5)算法推荐技术的弊端:**算法推荐技术根据个人的兴趣偏好有针对性地推送某些信息,也有针对性地过滤掉某些信息(过滤气泡),使用户永远沉浸在自己所认同的信息环境(信息茧房)中,遮蔽了自己对真相的挖掘。**(6)用户媒介素养中的动机问题:**新媒体用户所拥有的高表达自由度和低媒介素养问题构成了互联网时代一对重要的矛盾,同时,普遍存在的知识沟问题在互联网时代以信息沟、数字鸿沟的姿态出现,其中,用户的动机(desire)问题变得极为重要,较多情况下受众并非不愿意挖掘真相,而是不能挖掘真相。

4.**"后真相"催生的时代隐忧:(1)消解新闻业的严肃性:**尽管新闻业有自身的运作规律及职业守则,但在"后真相"语境下,当情绪和偏见取代对客观事实的尊重成为一种主流氛围,新闻业的专业主义精神尤其是对新闻事实进行严肃审核的精神将会被情绪化、肤浅化的新闻生产逻辑取代。**(2)助长群体的非理性:**在"后真相"语境下,碎片化的事实、带有偏见的观点、情绪化的意见将日益取代理性、严肃的商讨和辩论,用户以此类信息作为依据做出决策或付诸行动时,就极易滋生非理性的行为,甚至出现群体极化现象。**(3)影响公权力机构的运作规范:**在美国总统竞选、英国脱欧等若干严肃性的政治事件中,公众的情绪、偏见和先入为主的态度最终影响了政治进程,这也意味着,如果不能对"后真相时代"的舆论表达机制有所警醒的话,公权力机构的运作也将进一步遭受民粹主义等的影响,从而背离政府机构自身的

[①] 全燕:《"后真相时代"社交网络的信任异化现象研究》,载《南京社会科学》,2017年第7期,第112-119页。

运作逻辑（如政府的作为不再严谨，而是充满戏谑和偏见以迎合大众或选民）。**（4）严重污染互联网空间秩序：** 网络谣言、舆论反转、舆论绑架等若干负面案例都与"后真相"有着千丝万缕的联系，一旦"后真相时代"的舆论表达成为常态，那么互联网中的谣言、舆论反转和舆论绑架等现象也会成为常态，甚至将严重冲击结构正常的互联网空间秩序。**（5）催生"后真相"政治现象：** "后真相时代"的政治运作"强调价值先于事实、真相让位于情感的秩序逻辑，在催生传统政治传播格局解体和新兴社交媒体生态成熟的同时，也加速了精英群体的溃退和'后政治心理'的初具雏形，并在一定程度上引发了理性坍塌、信任异化、道德相对主义泛滥和'第三种现实'滋生等政治危机"[1]。

5. "后真相时代"新闻业的发展契机：（1）受众意识的苏醒： "后真相时代"成为舆论话题意味着公众及社会已经充分认识到人们在处理主观现实、社会现实与媒介现实时可能存在的严峻问题，一旦用户将这种对"后真相"的焦虑、质疑和批判转化为对媒介使用习惯和信息获取习惯的调整，就会为新闻业的发展带来新的契机。**（2）专业主义的紧迫需求：** "后真相时代"舆论表达的乱象并不能说明新闻业面临着新的危机，对于新闻业来说，这恰恰是一种新的生存机会，新闻业或新闻媒体有着自身严格的运作逻辑，尤其是通过职业信仰、职业教育所培养的根深蒂固的专业主义精神，"后真相时代"的来临也从某种程度上呼唤传媒业的"浴火重生"。

6. "后真相时代"新闻业的转型策略：（1）重塑新闻媒体的角色： "后真相时代"的新闻业或新闻媒体要坚守自己的社会责任，努力挖掘真相、建构真相、捍卫真相，同时也要根据时代和环境的变化重新调整、界定自己的角色，比如，有学者提出，"'后真相时代'需要改变对新闻事实核查的方向，实现从'核查客观事实'到'协助理解现实'的转变"[2]。**（2）发挥媒体专业主义**

---

[1] 庞金友：《网络时代"后真相"政治的动因、逻辑与应对》，载《浙江社会科学》，2018年第3期，第77-84页。

[2] 周海娟：《2017年新闻传播学研究的十大热点》，载《新闻与写作》，2017年第12期，第38-44页。

优势:"后真相时代"之所以来临与社交媒体取代传统媒体成为受众信息获取的主要平台有关,传统媒体或新闻业有着独一无二的权威性优势、深度调查优势、真相挖掘优势,"后真相时代"的新闻业应立足以上优势,而不是让自己的优势屈从于社交媒体"情绪化新闻生产"的逻辑。**(3)厘清不同媒介形态间的关系**:因在社交媒体中分享信息的绝大部分人都是非职业的媒体人,其分享的信息的质量、可信度都难以评价,故而社交媒体应该是传媒业的"替补性力量"而非主导性力量,传媒业的转型需要利用社交媒体拓展自己的生存空间,但不能用社交媒体的情感逻辑、庸俗叙事和煽情主义取代自己对待新闻、事实的标准。**(4)利用新技术手段实现自我赋权**:近年来的大数据技术、算法推送技术和区块链技术等都为传媒业的转型升级提供了前所未有的机遇,对于传媒业而言,要充分利用这些技术手段,以更富有传播力、阐释力的方式优化新闻生产及传播方式,壮大自身话语权。

第06章　网络舆论治理

专题01　网络舆情

"网络舆情"是2008年以来备受关注的热词,尽管"舆情"是一个很古老的概念。同时,"舆情"也是一个颇具中国特色的概念,它与"舆论""民意"等词的含义有较大差别。"舆论"是"公众的意见",民意是"人民群众的共同意愿"。"舆情"一词相比而言所蕴含的意思更为复杂。有学者认为,"舆情"是"舆论情况",也有学者称之为"公众情绪",也有部分研究者将"舆情"视为舆论中有"情报"价值的部分,也有研究者认为"舆情"特指具有潜在威胁意义的舆论状况。之所以会有如此之多的解读,原因在于汉语中"情"字的多意性及解释者所立足的视角的差异(其中,"舆"是"众人"的意思)。

1."舆情"的学术定义:(1)**丁柏铨**解释为,"舆情"即民意情况。涉及公众对社会生活中各方面的问题尤其是热点问题的公开意见或情绪反应,是社会动脉和公众情绪的自然而然的流露和体现。(2)**孟建**等学者解释为"公众的态度和意见,主要指公众对社会生活中各方面的问题尤其是热点问题的公开意见或情绪部分"。(3)**齐中祥**解释为,"舆情就是指公众的情绪,究其本质是指公众的社会心理在可见的形式下寻求的表达"。**(4)童兵**在《新闻传播大辞典》中解释为"舆论情况的简称，泛指公民意见，也可称为群众看法、群众意见，简称群情、民情。指在一定的公共社会系统中或空间内，民众主体围绕相关共同关注的客体事件产生的态度和意见及这种态度和意见的发展与变化情况，尤其是指相关大多数人对社会管理层面及政治价值取向的态度，是他们表现出的信念、态度、意见和情绪的综合"。

2. **"舆情"与"舆论"的差异**：有学者考据称，"舆论""舆情"与"民意"三者在英文表述中都与 Public Opinion 对应，但也有学者将"舆情"翻译为 Public Sentiment，即公众的情绪。丁柏铨认为，两者的差异性主要体现在：**(1)主体的差异**：舆情的主体是民众，不包含官方；舆论的主体可以是民众也可以是官方（因而有了"不同的舆论场"这一说法）。**(2)内涵的差异**："舆论"偏重"论"，是一种行为活动；而"舆情"偏重于"情况、状况"，是一种客观状况。**(3)形态差异**：舆论是公开的意见表达，而舆情"并非均为公开意见的表达"（舆情不一定是舆论）。为此，丁柏铨认为，"舆情即是民意情况。涉及公众对社会生活中各方面的问题尤其是热点问题的公开意见（外露部分）或情绪反应（既可能外露又可能不外露的部分）。它是社会动脉和公众情绪的自然而然的流露和体现"。此外，姜胜洪认为，舆论是民众对于公共事务公开表达的具有影响力的意见；舆情则是民众关于现实社会中各种现象、问题所表达的政治信念、态度、意见和情绪的总和；网络舆情热点则是网民思想情绪和群众利益诉求在网上的集中反映，是网民热切关注的聚焦点，是民众议论的集中点，反映出一个时期网民的所思所想。

案例30 "响水爆炸"事故中的危机管理

案例简介：2019年3月21日，江苏省响水县陈家港化工园区内化工企业爆炸，次日媒体报道称爆炸已经导致44人死亡。响水化工厂发生爆炸后，除却对本次事故的一般性报道之外，互联网上一篇以响水县委宣传部口吻撰写的，对2007年响水"11·27"爆炸事故后如何阻挠记者采访进行经验介绍的文章《沉着应对突发事件 全力做好舆论引导——响水"11·27"事故新闻协调工作的主要做法》引发关注。文章中称，"重要媒体重点对待，一般媒体一般对待"，对待某中央级媒体"24小时陪同，先后4次成功劝阻了他们的私自采访活动"等。

案例解析：（1）危机管理的常态化：因全球化的世界生产、技术的突进式发展、人类目标和实现手段间的错位等一系列原因，由人为因素导致的危机正在成为常态，与此相适应也要求危机管理的常态化和日常化；与此同时，中国处在经济和社会转型期的特殊历史阶段，正面临着从较高发展速度向较高发展质量的转型过程，一些不确定性因素也推动了危机事件的常态化。**（2）危机管理的要义：**危机管理是组织机构（可以是政府、企业、政党或公众人物）为应对不确定且可能招致灾难性后果的事件进行的系统化安排；危机管理应该包括日常防范、危机处置和事后部署，危机管理的目的在于维护组织机构的正常运营，危机管理应有的态度是"危机成为常态，舆情无处不在，平时就是战时，防范大于一切"。**（3）危机管理的误区：**危机管理应是旨在推动管理优化的系列安排，既包括事前的制度性防范，也包括危机发生后的紧急应对，还包括事后的修复等，并非仅仅指危机来临之后通过媒体管制、行政命令、公关技巧、修辞策略制止、消除媒体报道和网络议论。恰恰相反，媒体报道和网络议论是组织机构发现自身问题，进行管理优化的一面镜子。**（4）危机发生后的沟通：**危机发生后，组织机构或相关责任方应在第一时间借助媒体的力量发布权威信息，满足公众的知情权需求，避免谣言、流言的传播，同时也要积极配合媒体的报道和监督，以改进自己的工作。"响水经验"所体现出的媒体应对误区是将舆情视为"敌情"，将防范记者当成防

> 范"灾难"。**(5)对"响水经验"的反思**：危机潜伏期要做好细节排查，防范危机发生；危机发生后要正面回应、正视问题，积极配合媒体做好对外沟通；危机衰退期要做好反思沉淀，防止危机卷土重来。简单概括就是——潜伏期：风险隐于平时，像定时炸弹；爆发期：情绪急速升温，像飞天火箭；反思期：如果留有隐患，就会卷土重来。

3. 网络舆情诱发的原因分析：**(1)线下矛盾冲突升级**：社会现实中具体的矛盾因线下不能获得有效解决而借助互联网制造影响，线下矛盾的源头包括利益分配与切割的失衡、制度机制设计中的短板导致部分问题长期得不到解决、源自不同群体的价值观念及思维认识存在的分歧转变为观点冲突等。**(2)社会心理铺垫作用**：在社会环境、社会心理、群体意识、社会道德处在紧张状态且正常的传播渠道失灵、社会治理机构不能有效顾及的背景下，具有暗示性的谣言、流言和传闻，具有刺激性的事例、举措等容易刺激社会情绪，引发大规模的舆情甚至是群体性事件。**(3)新闻舆论的议题铺垫**：新闻媒体既在反映舆论情况，又在为新的舆情的产生提供线索。媒体在报道争议性、暴力性、灾难性、对抗性、道德类议题时，部分素材将会成为网络舆论的谈资，在众人的想象、拼贴、复制和再生产过程中，某些未被关注的线索或留置的悬念为社会舆论提供了讨论空间和话题素材。

4. 新冠肺炎疫情防控中的舆情诱发。舆情诱发主要涉及六类原因：**(1)政府官员层面**：包括基层政府及官员的治理能力、工作作风、职权滥用、立场态度及消极应对、过激应对、形式主义问题。**(2)宣传报道层面**：表现为断章取义的碎片化报道、正能量细节的过度渲染、批评性内容反复删帖、人为制造过高预期、灾难报道"丧事喜办"。**(3)产业民生层面**：表现为复工复学困境、产业经济困境、发国难财现象、发论文重于抗疫、租房机构趁机涨价等。**(4)民众呼吁层面**：表现为社会舆论结合疫情防控具体进展提出各类强烈诉求，包括防控国外输入、善待医护人员、推动法律制度修改等。**(5)信息需求层面：**表现为官方所公开的信息与民众所期待了解的信息或民众的具体感受不一致，引发信息焦虑或对官方透明度的质疑。**(6)次生舆情层面：**面对已经发酵的舆情，一旦有关单位和部门不能提供有效解决方案，或公布的调研结果不能满足民众期待，既有的舆情非但不会消解，反而会引发新的舆情危机。

5. 舆情演化的周期规律：舆情演化的周期大体分为潜伏期、发展期、爆发期、衰退期、反思期等若干阶段，根据具体事例和语境的差异有所变化。**(1)舆情潜伏期：**舆情潜伏期即舆情的萌芽期或舆情的酝酿期，舆情处在非公众可见的状态下，如组织机构管理过程中存在的短板问题一直未得到有效解决。**(2)舆情的发展期：**舆论开始浮现有指向性的意见，声音零散但在活跃的意见领袖、部分专业媒体的关注下，吸引更多公众的目光，引发民众自发卷入话题讨论，推动议题热度升温。**(3)舆情爆发期：**舆情沉淀出具体的指向、明确的诉求，表现为各方力量的集中关注，其中，利益相关主体的公共表达、专业媒体的深度介入、网络民众的持续讨论是典型特征。**(4)舆情衰退期：**因相关机构、责任单位对舆论指向的具体议题做出回应，当事人及民众所关注的焦点问题得到处理，舆论热度开始降温，反思性、回顾性的声音开始出现；在个别情况下，虽然有关机构没有做出回应，因同期出现其他热点议题，该舆情也会走向衰退。

6. 新冠肺炎疫情中舆情消解的规律性：疫情舆情走向消解主要有舆论关注的问题得到解决、新的舆情热点出现两种情形，但也存在很多变数。其规律为：**(1)问题主动解决：**媒体报道及民众发现的问题得到有效回应或迅速解决后，情绪会陡然转向正面或走向消解。**(2)舆论热点转移：**从大量舆情事例相关数据的走势来看，新出现的更具有轰动性的问题会使民众所关注的焦点转移，但这并不代表此前的舆情事件已经消失。**(3)回应社会关切：**官方回应中，具体举措行动类信息、有详细依据的数据及结论、对问题官员查处的信息极容易使舆情消解并迅速提振公信力。**(4)降温后的舆情：**舆情降温后，并非意味着舆情的彻底消失，一旦其存在的土壤即实质性的问题没有解决，尽管舆情声量衰退，但舆情会在另一个时机迅速卷土重来，且更为猛烈。

7. 舆情管理中"网络删帖失灵"现象探讨：（1）对"删帖"行为的解读： 部分部门将网络"删帖"和"封号"当成对有害信息、虚假信息、批评性信息进行管理的策略，是基于"有害信息会误导受众""集中批评会导致工作被动""正面宣传要反对负面声音"等错位的认识，是传统社会控制和管理思维的体现。**（2）"删帖"失灵的原因：** 去中介化的网络传播、媒介化社会的节点化网络信息流动结构使所有的机构、个人都成为网络中的节点，其直接结果是无法通过控制媒介和发声者的方式来控制信息的流动；尤其是社会化媒体中，除非系统性断网，否则"删帖"或"封号"无法应对数以亿计的节点。**（3）"删帖"与次生舆情：**"删帖"或"封号"尽管能在一定程度上有效阻止一些有害、误导性的言论在广泛的范围内传播，但"删帖"是以"堵"为特征的对抗逻辑，而非以疏导和商谈为特征的对话逻辑，如果将舆情视为对抗性声音的集中宣泄的话，"删帖"实质上是推动了对抗性声音的升温。**（4）"删帖"何时可用：** 信息的公开和公共空间的辩论有助于明辨是非、达成共识，"删帖"在大多数情况下并不值得鼓励，但如果能够明确识别是谣言或假新闻且在误导性声音刚刚出现、尚未升级为热点事件之时，通过删帖可以阻断有害信息的传播，但需要配合以详细的背景解读、扎实的事实依据。

8. 舆情管理工作的思路与方案：（1）将舆情视为优化管理的资源： 正确认识舆情，舆情不是敌情，将舆情视为组织机构优化自身管理能力的宝贵资源，从中汲取有助于提升管理水平的智慧、经验。**（2）舆情应对及舆情管理：** 舆情应对与管理不是"漂白术"，不是通过网络删帖、网络公关、过激应对来消解互联网上出现的批评性言论，或通过大量的修辞技巧的运用将存在的问题"洗白"。**（3）信息公开是舆情管理的根本：** 舆情处置要积极回应民众关切，通过持续、滚动的信息公开和新闻发布，不间断提供有价值的信息，其基本的逻辑是"组织如果缺位，谣言就会越位；权威信息失声，小道消息发声"；信息公开有规范的操作技巧,但公开的同时还要配合具体的实际行动,如切实解决真正存在的问题。**(4)舆情管理工作的制度化建设:** 通过潜在风险排查、日常传播管理、日常发布演练、传播资源维护和舆情管理应对机制建设等方式加强舆情管理的制度化建设;增强风险问题的预判、预警和预防能力,以"曲突徙薪"的前瞻思维取代"焦头烂额"的应急响应。

案例 31 如何看待"网络上诉"现象?

案例简介: 2020 年新冠肺炎疫情形势好转后,各地有序复工复学,但部分学校封闭式管理引发学生的抵触情绪;知乎平台上出现了大量的"如何看待××大学不让学生自由出入校园"等讨论。此类讨论引发不少高校学生模仿,知乎发帖讨论成为解决学生诉求的"尚方宝剑"。同样,在国庆节期间,有学生对学校放假安排存疑,也借助知乎发布"讨论帖",引发舆论关注。此类案例被网民戏称为"知乎治校",这些做法与近年部分网民和自媒体频频通过"爆料""发帖"等方式表达诉求或实现权利救济并无二致。

案例解析:(1)"网络上访"反映替补性机制的越位: "知乎治校""微博上访"等实际上是一个隐喻,是对现今社会中民众借助于网络而非线下组织化渠道解决个人诉求或实现权利救济现象的形象概括。此类做法是用诉诸可见的方式吸引网络用户关注进而用形成的舆论向管理机构施压以达到个人目的,因而,其本质是一种反制度化思维。**(2)现象产生的多层原因分析:** 现象产生的原因未必就是官方渠道失灵,而是根据情景不同有复杂原因:个人表达诉求的线下渠道受挫(如有正当合理诉求,但诉求无法表达),官方提供的制度化渠道信任感的缺失(如用户认为这些渠道会损害自己利益),用户对所谓"围观正义"的依赖(如用户认为"上网"比"上诉"更有效率),个人诉求难以通过正当渠道获得满足(如用户本身的诉求并不具备正当合理性)等。**(3)替补性机制是非制度化**

> **救济手段**：正常运转的社会秩序中，官方提供的意见表达渠道及意见回应机制均被纳入制度化的管理体系，以管理者为主体、民众为客体的思维强化社会治理中的不对等地位；在部分情形及案例中，社交媒体是组织机构权力无法触及的地带，因而容易成为民众常态化采用的替补手段，此举也意味着"上网"也成为一种"反权力"。**（4）"网络上访"等现象的相关反思**：网络发帖爆料是非常态及非制度化的权利救济措施，都采用"线下渠道失灵→网络公开发帖→形成舆论议题→影响管理者决策"的步骤，其中，线下渠道失灵或因各种原因被弃用是直接原因，公共议论形成舆论压力是权利救济达成的关键；此类机制经多起事件沉淀已常态化，推动的不是"程序正义""法律正义"而是"上诉不如上访，上访不如上网"的"围观正义"，这也反映出部分网民法律素养和制度素养的缺失。

9. 舆情管理工作中常见的思维误区：（1）将"舆情"视为"敌情"：将"舆情"视为"敌情"，会导致将正常的意见表达视为对组织机构的威胁，在回应过程中容易采用激烈对抗的手段压制批评声音，最终会导致组织的支持者转变为"围观者"，"围观者"转变为反对者，将个别性的问题升级为全局性的问题。**（2）回应的"大客户思维"**：部分机构在舆情事件的回应过程中不能一视同仁地对待所有民众提出的意见、呼声、诉求，而是格外关注"网络大V""超级网红"等"自带流量"的用户的诉求。这种现象被视为"大客户思维"，客观上将推动舆情管理中的"按闹分配"现象，倒逼声音微弱的维权者行动的极端化。**（3）"形式绩效导向思维"**：网络传播的规律特征影响了组织机构的绩效考评方式。当网络取代线下成为民众意见表达的主要渠道后，绩效管理的方式和手段也逐渐由以"问题解决"为目标的实质绩效转变为以"消除影响"和"防止可见"为目标的"形式绩效"。

专题 02　网络谣言

谣言自古有之，辟谣紧随其后。谣言是社会情绪的产物，是信息生产过程中产生的一种畸变，往往又与社会情绪合谋，以转型社会矛盾频发语境下公众的非理性想象为依托，以扭曲的方式呈现某种诉求。谣言的治理既是一种政府的行为，又是一种社会行为。

1. 谣言与流言的概念：（1）谣言的概念： 李若建在《虚实之间》中解释为"一种非官方的，在一定时期和一定范围内传播的包含有虚假成分的信息"；芮必峰解释为"为达到某种（可预见的明确）目的故意编造的事实陈述"；周裕琼解释为"未经官方证实却在民间广为流传的对现实世界的假设，或人们在议论过程中产生的即兴新闻，它可以作为一种工具性说法，帮助人们解读当前模糊而重要的情境"；桑斯坦的《谣言》中解释为"一类言论，这些言论声称某些人、群体、事件和组织机构发生了某些事情。这些言论尚未被证明真伪，却从一个人传向另外一个人"；卡普费雷的《谣言》中解释为"与当时事件相关联的命题，是为了使人相信，一般以口头媒介的方式在人们之间流传，但是缺乏具体的资料以证实其准确性，并在未经官方证实的情况下广泛流传"。**（2）流言的概念：**《汉语大词典》中界定为"散布没有根据的话；没有根据的话。多指背后议论、污蔑或挑拨的话；众人流传的话"；蔡静的《流言：阴影中的社会传播》中界定为"经非正式渠道广泛流传的未经证实的信息；某个传播系统中历经若干发展阶段而未加证实之信息"。**（3）概念区分：**在大部分情况下,两个概念都可以混用,两者都指"没有事实依据的传言";如果要做区分,流言往往不带有故意传播的成分,而谣言则是故意传播和捏造(如"狼来了"是谣言,"咕咚来了"是流言)。

2. 谣言的特点及规律:(1)谣言的特点: 很难追溯根源,传播速度极快,往往带有一定的目的性;越重要越容易传播;大部分通过非正规渠道传播。**(2)产生原因:** 转型期的社会矛盾频发为谣言提供产生土壤;信息供给和需求的矛盾(供给的信息少,需求的信息多);信息公开不及时导致不实信息传播;新媒体技术助推谣言信息扩散;个别新媒体用户有意无意散布不实信息。波斯特曼等在《谣言心理学》中认为谣言产生的直接原因是"删减重要信息"和"添加渲染成分"。**(3)谣言的类型:** 捕风捉影、凭空捏造、断章取义、移花接木、偷梁换柱。**(4)传播机制:** 奥尔波特·波斯特曼在《谣言心理学》中将谣言传播的强度公式概括为 $R \approx I \times A$,学者克罗斯补充为 $R \approx I \times A/C$(R 是 Rumor,即"谣传";I 是 Important,指事件的重要性;A 是 Ambiguous,表示信息的模糊性;C 是 Criticize,指民众的批判力即受众的媒介素养);国内学者张国良补充为:流言速率=事件重要性 × 状况模糊性 × 技术先进性 ÷ 权威公信力 ÷ 公民判断力。**(5)新近趋势:** 在"依法治网"大力推进的背景下,通过编造谣言来吸引眼球的情况正在减少,在重大、突发、灾难事件中存在的谣言、流言,大部分源自突发事件中的信息不对称,少部分源自有恶意动机者的主观故意;在健康、生活等与民生相关领域的谣言比重增多,尤其是各类伪科普信息充当了谣言的角色。**(6)辟谣的常用做法及机制:** 建立预警机制,动态跟踪情况,及时公开信息,依法惩治造谣者,加大受众的媒介素养教育,加强网络空间的法治化建设,强化媒介平台的把关角色,发挥网络舆论的自我澄清机制。**(7)辟谣中存在的问题:** 选择性辟谣、辟谣不及时、信息不透明、方法不得当、解释不权威、渠道不畅通、互动不及时、辟谣反应过当、以辟谣的名义压制正常表达。

3. 对"依法治谣"的思考:(1)谣言中的动员: 网络舆论具有社会动员的潜质,能够将舆论议题转化成社会群体事件或群体行为;网络谣言存在转化成线下群体行为的可能,甚至在某种程度上带来极为负面的社会影响(扰乱公共秩序等)。**(2)"依法治谣"的边界**:治理谣言,"造谣入刑"需要跟谣言所产生的社会危害相结合,坚持"依法治网"的同时,确保执法行为本身的合法性。既不能对网络谣言漠视不理,也不能肆意拓展其边界。**(3)舆论的治理与沟通**:对社会带来危害的谣言是重点治理对象,但治理谣言不能成为压制舆论和堵塞民意表达的借口。因而,要区分普通的舆论现象和有重大危害的社会谣言。"谣言止于法律",并非意味着"谣言止于抓捕",长效的机制应该是以及时的信息公开、畅通的上传下达、便捷的反馈渠道等建构起官民之间良性的沟通机制。**(4)政府危机公关**:危机发生后,面对来势汹汹的网络舆论,公权力机构的第一任务应该是迅速查明真相,及时公开信息,建立畅通的信息沟通渠道,变对抗为沟通、协商,而非通过自身掌握的权力资源对舆论进行压制,对信息和情绪进行围堵。

案例32 传播学视角下的"谣言止于智者"

案例介绍:中国有俗语称"谣言止于智者";现代法治社会,"谣言止于法律"成为共识,也有人称"谣言止于信息公开"。那么,该如何从传播学的角度来看待上述表述?

案例解析:**第一,"谣言止于智者"** 是强调公众的判断力即媒介素养对瓦解和击破谣言起到决定性的作用。根据通俗的谣言传播公式 $R \approx I \times A/C$,其中的 C,即公众的"判断力"对应着"智者",可以引申为"舆论领袖"或"普通公众的素养"(素养高=智者),它与谣言的强度成反比,即"智者"越聪明,谣言的强度越低。但若刻意强调"智者"的贡献,那么其前提必然是不能仅仅依赖个别的舆论领袖或知识精英,而且全社会公众尤其是网络用户的媒介素养必须得到全面、普遍的提升。但问题在于,我国的高等教育普及程度还不理想,超过80%的网民属于高中及以下学历,而网民的智慧以及对谣言信息的识别往往是以碎片化的方式完成的,其集体非理性和普遍较低的媒介素养困境与专业化、智能化、团队化、有组织、有投入、有计划的谣言制造、传播团队相比,力量有限,因而不能成为根除谣言的决定性因素。

第二,"谣言止于公开" 是从信息论的角度强调信息不对称是谣言的根源,这里的"信息不对称"指的是信息论中的"熵"(谣言强度公式中的 A,即信息的模糊性),若将信息看成一种商品的话,那么信息的供需矛盾(对信息的需求多,而能够提供的信息少,必然会产生供需矛盾,从而使谣言作为一种另类信息以"真相的代替品"的形式出现)又是谣言产生的一个根源,而"公开"则意味着提供更为丰富的信息,一方面可以消除信息传播中的"熵"值,另一方面可以缓解信息供给与需求的矛盾。因而,单纯从学理的角度来说,"公开"是消除谣言的重要动力。但"公开"是不是决定性的因素呢?这里就涉及两个问题:其一,"保密"及"例外"的原则:涉及国家机密、信息安全的内容是不便于公开的(如重大军事战略,重大政策调整);其二,很多谣言都是无中生有、凭空捏造的,这就导致要么无从公开,要么公开的成本太高。因而,"谣言止于公开"是消除谣言的重要保证,但并不是万全之策。

第三,"谣言止于法律" 是强调社会规范、制度约束对谣传的事先警告和事后惩治,从而避免谣言,惩罚造谣和传谣行为。通过规范立法、司法解释以及司法机关的介入,可以对规范网络及信息传播秩序起到警示作用,提高造谣和传谣的违法成本,从而最大限度地打击造谣行为和造谣现象。但法律是否为消除谣言的决定性条件呢?根据马克思主义的观点,法律作为一种意识形态属性的上层建筑,其作用在于指引、评价、教育、预测和强制五种。另外,加之司法介入的相对滞后性,以及司法介入的高成本等因素制约,很难对谣言的消除起到决定作用。

> **综上分析**，三种观点都有道理，都从某一个侧面或角度强调了根除谣言的方法或依据。但诚如文中所论述的那样，笔者很难苟同某一种要素可以单独发挥决定性的作用。因而，若就三者做一个比较选择的话，个人倾向于采用适度公开的方式，缓解信息的供需矛盾，消除信息传播中的"熵"值。

4. 深度阐释谣言产生的原因：从信息生产与需求的角度讲，谣言产生的根源在于信息的供需矛盾。此外还与受众的传媒素养、媒介技术的特性、信息的重要性以及各类基于私利的动机助推有关。**首先**，据谣言的传播公式 $R \approx I \times A/C$ 可以得知，谣言的产生、传播及其流通的强度与事件的重要性及信息的模糊性成正比，与公众的判断力成反比。因而，当某一事件发生后，来自事件的信息越少、事件本身越重要、公众的判断力越低，则谣言越容易产生及传播，其传播的速度越快，强度越大。**其次**，谣言还与技术的便捷性、匿名性、去门槛化有关，技术是一把双刃剑，便捷的技术一旦为造谣和传谣者使用，谣言必将插上翅膀，在转瞬间弥漫于各个角落，使辟谣变得费力，也印证了马克·吐温所言的"真相还没穿上鞋子，谣言就已经跑遍世界"。**再次**，谣言的传播与法制滞后有关。一方面，在司法解释出台之前，我国在惩治谣言方面存在一定的司法困境；另一方面，司法取证、事后惩治的成本太高，而造谣和传谣的违法成本则较低。这就为谣言的制造和传播创造了条件。**最后**，谣言的传播与部分商业因素的助推有关，部分不法分子在商业利润的驱动下，通过所拥有的资本、技术的包装，伪装成公共舆论领袖或民意的代言人，以隐蔽性、欺骗性和煽动性的方式通过造谣、传谣等方式来获得商业利润。此外，我国目前处在政治、经济及社会的快速转型期，各类累积的矛盾为谣言的生成提供了话题，而各类矛盾也就成为造谣者刻意利用、篡改和包装的话题，因而能够迎合一部分公众复杂的社会心理。

5. 谣言、假新闻与社会心态："假新闻"或"谣言"可以看作社会情绪的万花筒，是社会心态的多棱镜。**（1）社会心态的内涵**：社会心态是一段时间内弥散在整个社会或社群中的宏观社会心理状态，它包括社会的情绪基调、社会共识和社会价值观。**（2）社会情绪的表达**：社会心态往往包含一定价值倾向、情感诉求、意见态度，并与社会的政治、经济、文化等外在环境有关；公众的焦虑、愤懑、不安等都要通过一定渠道予以表达、宣泄，而"假新闻""谣言"不仅提供意见，而且提供捏造的事实作为证明。**（3）批判性的缺失**：尽管受众的批判能力与谣言的流通量成反比，但谣言本身对特定社会情绪的满足则会削弱社会的批判性，情感及情绪的刺激会使受众倾向于相信谣言所指向内容的真实性。**（4）情绪的感染力**：社会情绪往往具有感染力，如"仇官"、"仇富"、恐慌、焦虑、危机、认同感等，在传播中容易形成情绪的共振，引发情绪共鸣；在社会动荡不安、矛盾加剧、关系紧张等背景下，流言、讹言、妖言、谣言、谶言等各类变种信息会加速"舆论流瀑"效应与社会心态产生共鸣。

6."后真相时代"的网络谣言：**（1）"后真相时代"的情绪化传播**："后真相"包括先入为主的情绪和情感影响对事实的判断和认定，也包括社会民众对特定主体的不信任感；一旦能够契合民众的某些情绪及对特定机构的偏见，网络谣言就更加容易传播，且辟谣更加困难。**（2）"后真相"谣言与社会心态**：谣言有时候也表现为一种社会抗议，是社会焦虑、紧张情绪、社会心态的投射，部分谣言之所以有受众基础，是因为谣言提供了一种集中宣泄压力的特殊机制，关注和转发谣言的群体通过网络参与表现为一种"反权力"特质，挑战官方权威。**（3）"后真相"谣言的治理问题**："后真相时代"因用户在主观上倾向于用情感来取代事实对社会实践做出判断，加快了谣言传播的速率，增加了辟谣的难度，故而需要多个权威、第三方机构形成联动机制进行具有公信力的调查，进而基于扎实的证据和完整证据链，采用高规格、多渠道、持续性的新闻发布和信息公开。**（4）关注谣言产生的土壤**：有时候谣言虽然表现为单条信息的广泛流传，但辟谣并不是简单地澄清真相、阻断扩散，而应以谣言为线索，在更为宏大的社会语境中去诊断社会现实切实存在的问题,如社会信任机制问题、二元结构问题、政策资源分配问题等都可能是谣言滋生的"温床"。

案例 33　新冠肺炎疫情防控期间的谣言现象

案例简介:新冠肺炎疫情期间,网络社交媒体上陆续出现了不少谣言,如"宠物狗感染新冠肺炎并传染给人""某地医院领导逃离工作岗位""吸烟生成的烟油可以有效防治新冠病毒""某地华商惨淡经营面临关门处境"等。以上谣言涉及不同类型,需要区别对待。

案例解析:(1)网络谣言的传播机制:根据谣言、流言传播的强度公式:$R≈I×A$(奥尔波特·波斯特曼)及克罗斯补充的 $R≈I×A/C$,谣言传播的强度与事件的重要性、信息的模糊性成正比,与受众的判断力成反比,新冠肺炎疫情中的谣言均涉及人民生命财产安全的重大议题,故能引发关注。**(2)依法打击虚假信息**:法律层面的谣言特指"虚假信息",新冠肺炎期间着力要打击的是那些"编造、散布,或组织、指使他人散布虚假信息造成社会秩序混乱的"机构及个人;因而厘清谣言治理对象既要严惩恶意造谣,又要提供容错空间。**(3)法律对谣言的界定**:避免误伤正常的意见表达和正常的舆论监督,法律所惩治的谣言需要符合主观上有恶意、客观上有严重危害的标准;因而,要对非恶意散布、无严重危害的信息持宽容态度。**(4)需要宽容的其他"谣言"**:由于受认知能力局限而表达了失实内容,由于误解、误读和接受能力限制而传播了不准确的内容,由于信息公开不透明不及时而传播了非权威的声音,由于传统认识和生活阅历的偏见及局限性而传播了违背科学的内容等并非恶意散布,也未带来严峻的社会后果,应被宽容对待。①

---

① 参见唐兴华:《解决谣言问题,依法处理是治标,信息公开是治本》,详见 https://www.jiemian.com/article/3921381.html。

专题 03　公益传播

1. **网络公益传播的定义：(1) 公益传播的定义**：指特定的主体借助互联网媒体面向社会大众或特定的受众群体发布公益理念、传播公益知识、倡导公益行为、实施公益援助的传播现象；互联网公益是公益事业在互联网时代借助社交媒体的传播、动员功能进行公益运作的扩展。**(2) 公益传播的特点**：具备公益传播本身所拥有的公开性、社会性、公益性特点及因新媒体加入所带来的开放性、低门槛、高效率、便捷性、低成本、平民化和交互性等特点；相比于以往的公益传播与公益动员，其参与主体、传播方式、动员形式和覆盖议题更加多元。**(3) 公益传播的类型**：以网络公益传播旨在达成的目标为区分点，可以梳理出公益传播的集中领域或具体类型包括理念倡导型公益传播和行为促成型公益传播两类；根据其主体的差异性可以区分为官方倡导性和民间自发性两种。**(4) 公益传播中的媒介**：公益传播的媒介是公益信息发布的平台、公益动员开展的载体，在公益传播中发挥着信息扩散、教育大众、凝聚共识、示范引导、表彰惩戒等功能；而广义上的媒介，如各类社交平台和专门性的公益平台还发挥着整合公益资源、规范公益项目等作用。**(5) 公益传播的拓展**：中国移动互联网大规模普及中国民众公益参与意识不断提升的背景下，公益传播除面向社会大众开展的旨在提供社会道德文明水平，倡导与社会主流价值观相符合的社会行为之外，还包括一些面向特定群体、特定对象、特定行动的细化领域，如大病众筹、环境保护、公益诉讼等。

2. **网络公益传播的规律机制：(1) 网络公益参与主体的平民化**：互联网为

支撑平台的网络公益因新媒体技术的开放性、便捷性和交互性优势,改变了此前公益活动、公益项目和公益传播的主体结构,大大降低了信息发布、信息传播和公益动员的门槛,因而民众参与度较高,各级各类组织机构及普通新媒体用户都可以成为网络公益理念的传播者、公益行动的发起者、公益项目的参与者。**(2)网络公益的核心是"议题+动员"**:网络公益与传统公益都依赖于基于特定议题的舆论和行动动员能力,但网络公益与传统公益相比,网络传播具有更强的动员属性、交互属性和圈层化特点,网络公益项目的落地既为网络技术赋能,又格外依赖社交媒体的议题设置能力和社会动员能力。**(3)网络公益的去中介化与再中介化**:传统媒体时代的公益事业以媒介作为公益信息的中介传输通道,是中介化的公益;网络公益中的行动主体直接通过各类社交平台面向社会进行公益传播和公益动员,因而具有很强的去中介化特征,同时,互联网平台的公益动员又格外依赖具有强大动员能力和受众基础的互联网意见领袖,因而又具有一定的再中介化特点。

3. 网络公益传播中的新媒体赋权:**(1)赋权理论解释**:所谓"技术赋权"或"媒介赋权",在师曾志等学者看来,是指"媒介成为权力实现的重要源泉与力量,它通过个体、群体、组织等获取信息、表达思想,从而为其采取行动、带来改变提供了可能"[①]。按照梁颐等人的观点,则是指"社会中有机会使用互联网并有可能通过使用互联网而提升自己权力的人,通过使用互联网进行信息沟通,积极参与决策和采取行动的实践性互动过程,通过这个过程实现改变自己不利处境或者提升权力和能力,从而使得整个社会的权力结构发生改变的社会实践状态"[②]。**(2)网络公益传播中的赋权**:新媒体技术的开放性和低门槛使传统背景下无法自主面向社会发布公益信息、发起公益项目的群体的"失权"状况得以扭转,在理论上讲所有社会大众均可通过互联网发起公益项

[①] 师曾志、胡泳:《新媒介赋权及意义互联网的兴起》,北京:社会科学文献出版社,2014年版,第3页。

[②] 梁颐、刘华:《互联网赋权研究:进程与问题》,载《东南传播》,2013年第4期,第19-22页。

目、传播公益信息、介入公益行动,使其原本被动、无权、无力、无资源的状况得以改善;其结果是部分"失权"群体被赋能,部分边缘项目获得可见性,分散的公益行动者得以聚合。**(3)网络赋权的背后问题**:公益传播主体和范畴借助互联网得以拓展的同时,也带来了部分以流量生产及营销宣传为目标的"表演公益""网红公益""流量公益""营销公益""卖惨公益"等问题,如"卖文救女""网红摆拍""恶意营销"等现象不断出现;此外,由于网络公益捆绑了"公益"标签,部分借公益之名进行诈骗或兜售有害思想的公益行为也增加了公益事业管理难度。

4. 网络公益传播中的粉丝公益:**(1)粉丝公益现象界定**:粉丝公益是粉丝文化的一部分同样也是网络公益的重要组成,是具有较强情感黏度的粉丝群体在偶像的动员下参与公益知识传播或介入公益行动的现象,其本质是公益行为与情感消费的混合体,旨在建构和维护偶像的声誉资本。**(2)粉丝公益的运作机制**:粉丝公益将"偶像—粉丝"的情感关系转化为公益理念传播与行为实践,其目标是树立明星偶像的公共形象,以争取和维系社会资本;粉丝群体在偶像号召或自发动员下参与公益行为是基于情感关系的消费,客观上使公益理念得到传播,公益行动得以落地。**(3)粉丝公益的规范引导**:要对粉丝公益现象和粉丝的公益行为进行积极的规范和引导,对因公益之名进行道德绑架、攀比消费、炒作话题、挤占公共资源等问题进行精准治理,鼓励形成正向、积极的基于"明星—粉丝"关系的公益舆论氛围,使粉丝公益成为社会主义公益事业的有益增量。

5. 网络公益面临的问题及挑战:在公益主体下沉至所有用户、网络公益参与主体全民化的背景下,网络公益也同样面临着一些新的问题和挑战。**(1)公益流量个人化**:在大病众筹、扶危济贫等案例中,部分个人用户作为公益行动主体,通过商业化、开放性强的公益动员软件倡导公益理念、实施资金募集,以达到救济目标;尽管此类公益行动对于推动公益理念有一定的积极作用,但也推动了公益的流量化和公益流量的私人化。如2016年"罗尔事件"中,个体凭借微信公众号的文章即可获得超越专业性的公益组织无法获得的捐赠量。**(2)公益资源配置失衡**:尽管互联网使全民公益成为常态,但由于公益项目所帮扶对象往往偏向于弱势群体,其自我借助公共网络平台面向社会发声并获得社会支持的可能性较小,因此具有对网红、主播、网络大V等群体的依附性,其结果是网络公益资源配置上往往向拥有网络动员能力、社会网络资本及话语阐释能力的群体倾斜。**(3)网络公益的角色偏差**:网络公益项目发起的主体虽然包括政府机构、公益组织、社会团体和一般民众,但从项目数量、发起频率、覆盖对象来看,碎片化、自发性的民众日益成为网络公益中占据主导地位的力量,因此,网络意见领袖等个体化力量有日渐取代传统公益组织、公益机构的趋势。

6. 网络众筹中的社会动员:**(1)社会动员的含义**:任何形式的网络众筹都要借助互联网的社会动员能力才能达成,或者说,互联网的社会动员能力是网络众筹得以存在的前提。所谓的"社会动员"从本质上讲是"一定的国家、政党或社会团体,通过思想发动充分激发和调动社会成员的积极性、主动性和创造性,广泛参与社会实践,共同完成社会任务的活动。社会动员是有组织的社会活动,核心是思想动员,重点在于通过组织引导,发动社会主体参与和推动社会实践活动。社会动员作为思想发动群众的重要的社会活动,往往具有目的性、参与性、协同性、反复性等特点"[①]。**(2)网络众筹与社会动员**:网络众筹的社会动员表现为项目发起者及项目核心支持者所具有的社会影响力的彰显,包括项目关键信息的传播力、信息中所嵌入的公益行为、公众从认知到付诸实践的过程。动员能力较强的发起者或核心支持者往往能够募集更多资金,影响动员能力的因素包括项目发起者或项目核心支持者中有关键意见领袖参与、项目发起者或核心支持者拥有较强社会资源优势。

7. 网络众筹与互联网的连接理论:**(1)连接理论解读**:网络众筹得以实现

---

① 甘泉、骆郁廷:《社会动员的本质探析》,载《学术探索》,2011年第6期,第24-28页。

的重要前提之一是互联网具有连接一切的能力，这种连接使社会上分散的个体、资本、知识、信息等得以通过人与人之间的互动形成一种"无组织的组织力量"。**(2) 众筹与连接理论**：公益众筹中互联网的连接能力主要体现在社交媒体的大量使用上，社交媒体从本质上讲是一种关系媒体，它实现了在虚拟空间中对社会资源的重新组织和重新分配，同时也建构起一种超越时间和空间的新型的互联网公众集合体。**(3) 众筹的连接机制**：从互联网连接一切的角度来看网络众筹，它存在三个作用机制：一是互联网通过连接使分散的资源得到聚合；二是聚合的公众因共同的目标和行动构成临时性的集合体；三是社交媒体的强连接、弱连接各自发挥不同的作用。

专题 04　网络维权

以社交媒体为渠道进行的网络动员是近年政治传播、法治传播、社会抗争领域颇受关注的议题。无论是在西方世界还是在当下中国，新媒体不仅已全方位取代传统职业媒体成为各类动员的主要渠道，并且呈现出日常化、生活化和去中介化特点。

1. 媒介动员理论：（1）概念阐释： 以媒介为渠道通过特定议题的传播与扩散，鼓动并吸引数量庞大的受众参与到更大规模的议题建构、意见表达和信息传播的过程中，并推动议题由媒介空间向社会现实空间转化。**（2）作用机制：** 媒介动员是社会动员的一种方式，主要借助媒介的弱连接优势和传播力优势，采用非组织化或半组织化方式进行集体的信息协作和意见交流，直接目的是推动更大规模的群体认同、认可或实现某一目标。**（3）主要特点：** 信息传播和流动的网络化，群体的非组织化或半组织化，参与群体的分散性、匿名性和群体成员间的互动性，动员过程对媒介尤其是社会化媒介的依赖性。**（4）典型案例：** 西方总统竞选过程中利用社交媒体传播政治理念以赢得公众支持，"帝吧""饭圈女孩"等利用互联网表达爱国理念、传播主流思想的行动，争议性事件中利益受损者的抗争过程等。

2. 媒介化抗争理论：（1）理论概念： 利益受损者或利益被剥夺群体借助媒介宣泄情绪、表达诉求、维护权益的行动或过程，是一种制度外的利益表达、权利救济的媒介动员或社会运动方式。**（2）过程机制：** 一场典型性的媒介化抗争经历"受损者的利益公开表达→社会网络的传播动员→组织化力量的集中介入→利益受损感消失"过程。**(3) 作用原理**：媒介化抗争是一个"事件化"过程，即经由媒介化传播，使特定的议题、话题、案例、案件在较短的时间内成为具有新闻价值的媒介事件，吸引舆论的关注，借由舆论压力推动诉求解决。**(4) 时代特点**：互联网时代的媒介化抗争表现为以带有动员属性的社交媒体及互联网群组为主要平台的网络抗争，由于社交媒体的普及，媒介化抗争出现了去中心化的特点，即由他者救助转向自我救助。

3. 媒介化抗争的特点：**(1) 利益高度相关**：利益受损或受威胁的个体或群体通过制造新闻舆论焦点，主动、有意识地利用媒体的力量，以期间接达成利益诉求的目的，因此，从抗争的直接发起主体、动员主体和参与主体来看，满足特定利益诉求是直接目标，将个体和群体的利益诉求上升为更大规模群体的利益诉求是其策略之一。**(2) 公共空间的可见性**：媒介化抗争的策略往往是线下问题的媒介化，以追求公共空间的可见性为主要方式。因此，媒介化抗争是"公开的文本"而非"隐藏的文本"，行动主体非但没有隐藏抗争行为，反而通过仪式、表演、剧目等吸引外界关注，因此，西方学者又将其称为"抗争性公共领域"的建构过程。**(3) 以第三方为诉求**：不以"侵害"自己的机构、个人为诉求对象，而是面向大众、媒体和舆论公开个人诉求，试图通过问题及诉求的公开暴露形成舆论议题，借"网络围观"的力量间接向"侵害"自己的机构或个人施加压力，因此，这种诉求表达和权利救济的本质是流量和注意力的争夺。**(4) 非制度性维权**：媒介化抗争是一种非制度性维权方式，与"作为武器的弱者身份""表演式抗争"相似，尝试用非制度化（不采用规范程序，也不借助官方提供组织化手段）或超制度化（自己建构一套有别于官方所提供的诉求表达机制）的权利救济机制；是现代社会一种替补性的维权手段。**(5) 深层原因分析**：媒介化抗争是非制度化的权利救济手段，其原因为：一是制度化渠道效率偏低、渠道受阻或机制失灵问题；二是抗争主体法律素养、制度素养缺失，缺乏制度化渠道的认识或信任；三是抗争主体的个人诉求不被制度化渠道支持，而今选择非制度化手段实现诉求。

4. 媒介化抗争的过程：媒介化抗争或社会动员大体上都包括五个环节：**（1）策略选择阶段**：个体在利益受损后会进行"策略—行为—收益"的判断，即会依据具体的情形判断采取何种策略维权更有收益，而线下救济渠道受阻、成本过高或诉求不能获得有效满足则会推动抗争的媒介化。**（2）公共表达阶段**：利益受损者借助以社会化媒体为主的渠道进行公开的网络表达，将个体话题进行有选择的加工后传播至公共空间，推动话题、矛盾、诉求和纷争在公共空间的可见。**（3）关键节点传播**：网络社会的关键节点借助其强大的信息转述、加工能力，扩散议题的影响力进而推动个人化的议题演化为网络空间的公共议题，其中，原始爆料者的情感动员和事实材料是支撑力量，而作为网络中核心节点的意见领袖是议题"出圈"的关键推动力量。**（4）获得社会支持**：在多方力量的参与下，细节性信息的呈现及多方细节的填补引发社会的道德、情感及行动的支持，其结果是个体事件演变为公共事件，个人话语演变为公共话语，个体诉求演变为社会共识。**（5）组织力量介入**：组织化的体制内力量介入事件的处置过程，以行政、法治等专业化的手段推动诉求得到妥善解决，事件的网络影响力急速衰退及媒体关注度的骤降是一次媒介化抗争事件终结的表现。

5. 媒介化抗争的评价：**（1）媒介化抗争作为非制度化的抗争**，是制度化抗争的一种补充方式，尽管在某些情况下能够实现利益救济，但不应该成为常态，否则会助长"上诉不如上访，上访不如上网"的"网闹"逻辑。**（2）媒介化抗争表现为一种"按闹分配"的诉求表达与网络传播逻辑**，而非"以事实为依据，以法律为准绳"的法治思维和法治逻辑，会削弱现行制度体制机制和行政司法机构的公信力。**（3）抗争效果的偶然性**：大部分的网络爆料和诉求表达都会淹没在信息的汪洋大海中，只有极少数的案例能够进入大众视野，成为媒介热点事件或热点话题，其关键在于传播者所掌握的社会资源、网络核心节点的关注、转发。**（4）传播的节点化**：媒介动员及媒介化抗争在社交媒体时代具有典型的节点化传播特征，即网络用户作为网络社会中的"节点"存在，信息的流动呈现出网络化特征，个别节点的消失不会导致传播的中断，但对关键节点的依赖性很强。**（5）经验的累积性：**任何一起成功或不成功的媒介动员及抗争行为都会为后续实践提供行为示范、经验累积，如各类拆迁案例、邻避运动等的表达机制、动员方式都带有此前案例的经验身影。**（6）对网络表演及修辞的依赖：**媒介化抗争是"弱者有理"的逻辑，格外取决于对网络符号表述系统的综合运用能力，即在网络空间中，能够运用网络逻辑的个体更容易获得公众支持，即"会哭的孩子有奶吃"。

6. 网络维权现象批评：（1）猎奇性消费：数量庞大的新媒体用户对热点内容的关注来源于实用心理、表达欲望、情感认同和朴素正义，但也不排除个别案例中，在猎奇心理驱动下的内容消费及对各类冲突、矛盾、隐私、细节和八卦内容的过度消费。**（2）舆论监督：**网络公共表达要求所有参与辩论的当事人通过事实、证据和理性辩论而不是道德评判、朴素情感等非理性因素构筑事实，媒介事实不代表客观事实，也不代表法律事实。因而，通过诉诸网络而非诉诸法律的方式实现权利救济，尽管是舆论监督功能的体现，但运用不当就有可能演变成为舆论审判。**（3）非常态救济：**诉诸网络的抗争行为是制度化救济不能奏效的情况下一种退而求其次的选择，尽管客观上有助于权利救济意识的科普并能形成震慑效果，但在法治社会被鼓励和倡导的应是规范的、线下的、法律的手段；新闻媒体和大众舆论行使的只是一种监督职能。**（4）效果的偶然性：**事件或议题的发起者在日常生活中的地位及其可支配的社会资源影响动员效果，有较高的社会地位、有较强的动员能力并掌握有较多社会资源的议题发起者拥有较高的被关注度和维权成功率。因而，以网络方式维权的成败取决于维权者的个人动员能力尤其是自身的社会资源。

7. 互联网中的"表演式抗争"现象：（1）概念释义："表演式抗争"是"一种崭新的抗争形式和实践形态，即通过制造某种戏剧化的、消费性的、参与性的表演行为来传递并表达抗争诉求的一种底层行动方案和政治实践"[①]。**(2)本质特点：**将舞台中戏剧性、夸张化的表达方式移植到现实生活场景中，并借助媒介进行传播以放大表演的效果，从而实现权利的救济。**(3)作用机制：**表演式抗争的核心机制是"正义诉求＋夸张表达＋舆论动员"；其中"正义诉求"是抗争合法化的道德依据，"夸张表达"是吸引注意力的方式，"舆论关注"是诉求得以实现的直接原因。**(4)相关补充：**"表演式抗争"并非仅仅针对公权力机构或相关公职人员，抗争的主体一般为自我感知上的弱势群体，面向对象一般为社会结构中较为强势的组织或个体。**(5)相关案例：**奔驰车主坐在引擎盖上哭诉维权的视频在2019年3月成为网络传播的热门案例，借助"三微一端"的大量传播，车主的诉求得以解决。同类案例还包括"讨薪发布会""讨薪跳楼秀""赠送'不作为'锦旗""跪拜包青天申冤"等，其背后反映出的是弱势群体权利救济渠道的匮乏。

8."表演式抗争"的原因：(1)环境与渠道：公权力机构所不能触及的场所为表演式抗争提供了可以施展的余地，社会化媒体的开放性为"表演"提供了低门槛和便捷的渠道。**(2)救济方式缺失：**传统维权渠道受阻和弱势群体维权意识的增强是表演式抗争的直接原因，如奔驰车主在引擎盖上哭诉事件中，车主通过线下渠道不能获得有效的权利救济或线下虽能获得权利救济但程序烦琐、复杂且成本较高，而借助互联网进行维权成本低廉，成为制度化渠道之外的另一种性价比较高的选择。**(3)舆论的聚焦：**新闻媒体和大众舆论对猎奇性、话题类内容的关注偏好使表演式抗争成为新闻报道和公众议论的最佳素材，而舆论的聚焦则是抗争者博取社会资本实现与抗争目标对抗的武器。

9."弱者有理"现象的思考：(1)"罗宾汉情结"："弱者有理"或"同情弱者"的现象在西方又被称为"罗宾汉情结"（罗宾汉为锄强扶弱的侠客），

---

① 刘涛：《情感抗争：表演式抗争的情感框架与道德语法》，载《武汉大学学报（人文科学版）》，2016年第5期，第102-113页。

表现为人们普遍存在的锄强扶弱的关怀心理,也契合了民众追求公平公正的良好愿望。**(2)情感转化**:互联网中,媒介和舆论对"弱者"的关怀和同情是舆论动员能够奏效的根源性力量,是"弱者"能够成功"逆袭"的社会资本,也是"弱者"借以"对抗强者"的武器。**(3)网络修辞术**:部分网络意见表达者采用将自己包装成"弱者"的修辞术以博得舆论同情和支持,而反对者则通过"污名化"抗争行为予以回击,如在一些特定事例中"弱者有理"被嘲讽为"卖惨"。**(4)话语逻辑冲突**:网络空间中,"弱者"与"强者"的逻辑还体现为大众逻辑与专业逻辑的冲突,即公权力机构遵循的是专业化、规范性的"事实—规则"意识,而舆论和媒体遵循的是"市场—注意力"逻辑。

10. **媒介作为弱者的武器**:**(1)媒介赋权机制**:新媒体尤其是以微博为代表的社交媒体为弱势群体维权提供了便捷的方式和渠道,社交媒体赋予用户前所未有的媒介接近、使用和表达权,可以将个体诉求面向公众发声,此即媒介的赋权机制。**(2)匿名保护机制**:媒介的赋权除却给用户以媒介接近、使用和表达权之外,社会化媒体的连接能力和节点化的社交媒体也构筑了群体传播的网络形态,每一个参与的个体都获得了一种隐藏在芸芸众生中的匿名保护机制。**(3)简单二元对立**:维权抗争案例中,个体的利益通过整套的符号话语体系抽象和上升为"贫—富""弱—强""正义—邪恶""官—民"等的简单二元逻辑对立,借助社交媒体的放大效应和聚焦效应,鼓动更多的围观者参与舆论传播实践,继而形成群体的压力。**(4)抗争与"后真相"**:当媒介所呈现的事实与自己的认知和判断不一致时,受众宁愿相信自己的判断,在涉及价值、情感和司法判断的案例中,一旦民众的意见与官方的意见出现错位,官方机构如何在来势汹汹的舆论审判面前保持自身独立性就成为一个严峻的问题。

11. **媒介化抗争现象的管理对策**:**(1)完善制度化救济渠道**:在制度化救济渠道不完善、不畅通的条件下才会迫使利益受损者借助互联网进行诉求表达,建立健全制度化的救济渠道可有效减少媒介化抗争行动。**(2)提升大众**

法律素养：大众法律素养的缺失是选择非制度化抗争进行权利救济的重要原因之一，通过"场景—策略"式的法律知识科普，提升大众在利益受损时做出理性选择的能力，规范和引导其利益诉求的制度化表达方式。**（3）理性对待民众的诉求**：互联网是网民情绪宣泄、意见表达的窗口，起到"泄洪槽""减压阀""黏合剂""出气筒"的作用，组织机构应给予民众一定的表达空间，允许其理性合理表达意见，并将网络意见视为组织机构优化自身管理方式的宝贵资源，但应恪守事实与法律底线，防止"按闹分配"。

专题 05　危机管理

1. 危机管理的含义、意义及程序：（1）危机管理的含义： 危机管理，是指针对组织自身情况和外部环境，分析预测可能发生的危机，然后制定出有针对性的措施，一旦发生危机，就能有条不紊地将危机化解，重新恢复组织信誉和市场的一整套机制。**（2）危机管理的意义：** 对于一般的组织机构而言，危机管理有助于提高组织的知名度、美誉度，降低组织的隐性成本；对于承担社会公共治理职能的机构而言，危机管理有助于通过预判、预测、预防与预警在紧急状态下调动各方力量、资源有序协调和组织的高效运转。**（3）危机管理的程序：** 平时以危机预防、查找短板、建章立制、模拟演练等为主；危机发生后的管理程序包括深入现场了解事实、分析情况确立对策、安抚受众缓和对抗、联络媒介主导舆论、多方沟通化解风险等。

2. 危机公关的含义及价值：（1）概念界定： 危机公关，是指机构或企业为避免或者减轻危机所带来的严重损害和威胁，从而有组织、有计划地学习、制定和实施一系列管理措施和应对策略，包括危机的规避、控制、解决以及危机解决后的形象修复等。**（2）具体外延：** 危机公关包括预防、监测和处置三个环节，即围绕以舆论沟通和信息发布为中心的工作，预防潜在的危机、监测组织的状态、处置已发生的危机。**（3）具体职能：** 保持组织系统健康、稳定、有序的运行状态，建构组织内部成员、组织与社会大众及与其他各类组织（如银行、媒介、行业协会等）的融洽关系，从而为组织生存和发展营造稳定、正向的外部环境，同时将突发状态下危机带来的负面影响降到最低。

3. 危机事件中公共关系的职能：（1）收集信息：危机事件发生后帮助组织获取关于危机的信息，提供用于决策的各种依据。**（2）咨询建议**：向组织决策层和各级管理者提供有关危机的情况报告和建议，充当"智囊"和"参谋"。**（3）舆论沟通**：利用各种信息传播渠道与公众进行信息、意见与情感的双向沟通，使危机发生后组织的表态能够有效向外传输并获取公众的意见。**（4）社会交往**：通过各种活动为危机当事机构建立稳固、广泛和具有一定感情基础的社会关系网络。**（5）协调疏通**：使组织内部的所有组成部分的行为达到和谐一致，使组织同外部环境间的关系达到最佳状态，尤其突出表现在危机事件中消除矛盾、化解危机的"消防队"作用，改善组织内部、组织与外部环境之间的关系。

4. 危机公关的主要理论流派：根据孟建教授的研究，当前主导危机公关的理论主要有五个流派：**（1）企业辩护理论（Corporate Apologia Theory）**：主要指组织通过修辞、辩论等语言技巧的运用为组织自身辩护，该理论强调在危机发生之后组织要站在自身立场为组织利益辩护，避免危机发生后的"信息真空"。**（2）形象修复理论（Image Recovery Theory）**：提出者班尼特认为个人或组织最为重要的资产是它的声誉，声誉和公众形象需要从战略的高度去维护，具体策略包括否认、逃避责任、减少错误行为的传播、亡羊补牢和自责等。**（3）阶段分析理论（Stage Analysis Theory）**：斯蒂芬·芬克提出危机过程的四段论，即危机潜在期、危机突发期、危机蔓延期和危机解决期，每一个阶段都有不同的危机处置重点，该理论较为全面地提供了一个综合性、循环性的危机处理全过程。**（4）焦点事件理论（Focusing Event Theory）**：由托马斯·伯克兰在议程设置理论和对危机传播事件的公共政策运用的基础上提出，那些突发的危机事件在促进公共政策讨论方面起着重要作用。**（5）卓越理论（Excellence Theory）**：该理论建立在格鲁尼格卓越公共关系理论的基础上，依赖和强调公共关系的四个模型：新闻代理模型、公共信息模型、双向非对称模型和双向对称模型。

5. 公共关系的沟通原则：（1）双向沟通原则： 沟通双方创造沟通的共识区域，互为角色进行积极的传播和反馈；**（2）平衡传播原则：** 追求组织与公众之间态度、感情的一致和关系的平衡；**（3）整分合原则：** 从系统原理出发，把公关视为一个复杂的社会目的组织系统；**（4）有效沟通原则：** 通过信息量与信息的真实性、特定的方式与态度、传播技巧与传播渠道的畅通等使公众理解、喜爱、支持组织。

6. 危机公关的基本原则：（1）快速反应原则： 如果不及时处理，社会负面效应持续扩散会给组织带来不可挽回的损失；**（2）有责任感原则：** 一定要承担相应责任，树立正面形象；**（3）引导舆论原则：** 如果自己是对的，就要澄清事实；如果自己是错的，就要道歉；**（4）借助权威原则：** 发生危机时企业容易被社会质疑，这时通常要借助权威机构来建立话语的可信度；**（5）稀释危机原则：** 最大限度地稀释危机的负面影响，并可借社会注目的时机，推出正面话题，树立正面形象。

7. 危机公关的"5S"原则：（1）承担责任原则（Shouldering the matter）： 危机发生后组织要勇于承担自己该负的责任，不能推卸责任。**（2）真诚沟通原则（Sincerity）：** 危机发生后，要积极并且真诚地与外部公众和媒体进行沟通。**（3）速度第一原则（Speed）：** 危机发生后，作为组织要及时、准确地把危机事件的真相告诉公众和媒体，以最快的速度做出反应，掌握处理危机事件的主动权，在第一时间赢得公众的理解和支持。**（4）系统运行原则（System）：** 在危机事件处理过程中，组织者要按照应对计划全面、有序地展开工作，将危机的处理视为一个环环相扣、各个环节都不能出问题的完整系统。**（5）权威证实原则（Standard）：** 作为组织，在面向公众表达态度、意见、观点时尽可能使用第三方权威机构的观点而不是自说自话。

8. 危机公关的"3T"原则：（1）原则的提出： 3T原则由英国危机公关专家里杰斯特在《危机管理》一书中提出，强调危机处理时组织要把握信息发布的重要性。**（2）具体内涵：** 3T原则指的是"Tell Your Own Tale"，即"以我为主提供情况",强调组织牢牢掌握信息发布主动权;"Tell It Fast",即"尽快提供情况",强调危机处理时组织应该尽快不断地发布信息;"Tell It All",即"提供全部情况",强调信息发布全面、真实,而且必须实言相告。**(3)相关评价**:"以我为主"可以避免组织被他人言说、解读的情况,"尽快提供"可以避免组织失声带来的信息真空,"提供全部"强调沟通的真诚性,满足公众知情需求。

9. 危机沟通的"7C"原则:由特立普等在《有效的公共关系》一书中提道:**(1)可信赖性原则(Credibility)**:建立对传播者的信赖。**(2)一致性原则(Context,又译为"情境架构")**:传播须与环境(物质的、社会的、心理的、时间的等)相协调。**(3)可接受原则(Content)**:内容的可接受性,指传播内容须与受众有关,必须能引起他们的兴趣,满足他们的需要。**(4)表达的明确性(Clarity)**:信息的组织形式应该简洁明了,易于被公众接受。**(5)渠道的多样性(Channels)**:应该有针对性地运用传播媒介以起到向目标公众传播信息的作用。**(6)持续性与连贯性(Continuity and consistency)**:沟通是一个没有终点的过程,要达到渗透的目的,必须对信息进行重复,但又须在重复中不断补充新的内容,这一过程应该持续地坚持下去。**(7)受众能力的差异性(Capability of audience)**:沟通必须考虑沟通对象能力的差异(包括注意能力、理解能力、接受能力和行为能力),采取不同方法实施传播才能使传播易为受众理解和接受。

10. 危机公关的"3W"原则和"4R"原则:孟建教授梳理了危机公关的3W和4R原则,分别为:**(1)3W原则**:我们知道了什么(What did we know)、我们何时知道的(When did we know)、我们对此做了什么(What did we do about it),这一原则可以很好地用在危机事件发生后第一时间面向社会进行信息发布时。**(2)4R原则**:要求组织在突发事件发生后与公众沟通时做到遗憾(Regret)、恢复(Recovery)、赔偿(Restitution)和改革(Reform),危机事件发生后组织要表达遗憾或类似情感,切实采取解决措施,提供应有赔偿，防止危机再度发生，该策略可以帮助组织在危机事件处置过程中占据道义制高点，表达组织的高度关注，从而使组织、媒体和公众站在同一"战线"上，为成功化解危机赢得机会。

第三篇 媒介文化透析

第07章 新媒体平台文化

自1994年互联网进入中国,人们的阅读习惯就开始发生明显变化,互联网为大众提供了便捷的信息获取渠道的同时,也为全民写作提供了无限可能。从1998年"痞子蔡"创作网络作品《第一次的亲密接触》开始,中国网络文学已经有20多年历程。

专题01 网络文学

1. 网络文学的起源与发展背景:(1)市场经济的发展: 20世纪90年代以来,以经济建设为中心的主流话语支配社会生活和文化发展方向,商业文化的生长和发展拥有了前所未有的空间和合法性。一些海外和港澳台的流行歌曲、小说、影视作品采用日常化的内容、大众化的趣味、快餐式的节奏占领中国内地文化市场,用迎合百姓心理和趣味的方式实现商业诉求。**(2)通俗文化的发展:** 在海外及港澳台通俗文化抢占中国内地大众文化市场的同时,中国内地本土的文化市场也通过挖掘历史、开发"肥皂剧"等方式创造市场化、大众化的通俗文化,电视剧、流行小说、通俗音乐、娱乐节目等文化产品丰富了受众的选择、适应了文化消费需求,也使主流文化一体化的生产格局发生转变。**(3)文化市场的井喷**:20世纪末期以来,通俗文化进一步发展,中国进入移动互联网时代之后,网络文学作品迎来井喷式发展,但在同时也涌现出了"三俗"文化,制造了拜金主义、享乐主义、个人主义倾向,充满低级趣味的文化更是借助互联网平台得到快速传播。**(4)行业规范化运营**:随着中国互联网治理方式、机制、制度不断完善以及市场开发模式的进一步成熟,中国网络文学呈现出版权化、产业化、主流化、国际化的趋向,尤其是网络文学的IP运营及中国网络文学进军海外市场,正为中国文化"走出去"注入新的活力。

2. 中国网络文学的发展动因:(1)互联网的普及:互联网新媒体降低了小说创作的门槛,使每个人从理论上都有可能成为小说的创作主体,庞大的网络用户群体为网络文学提供了广泛的受众基础;移动互联网的便捷性、伴随性使读者可以利用碎片化时间随时随地进行阅读,契合了移动互联网时代用户的信息消费习惯。**(2)传统文化素材**:中国迄今为止的优秀历史文化素材为中国当代网络文学、网络小说的发展提供了源源不断的"源头活水",使传统文化的经典元素、通俗小说的历史积淀与受众的审美期待借助新传播技术手段得以完美结合。**(3)受众审美心理**:社会结构、社会情绪、群体文化心理构成了网络小说生产及消费的土壤,网络小说成为文本消费者的一种社会心理投射,网络小说以日常化、通俗化和低消费成本的世俗文化特征,以及奇观化叙事、英雄主义、藐视权威等通俗文本特征满足读者"白日梦式的幻想"。**(4)社会环境铺垫**:网络游戏的兴盛、大众文化的市场机制、宏大叙事的阐释乏力,以及国家职能部门对网络小说创作相对宽松的政策为网络文学的发展提供了充足的外部空间,在此背景下,自上而下的商业文化驱动与自下而上的消费驱动的融合,推动网络小说成为商业与草根的共存体。**(5)载体的延展性**:互联网空间的延展性使信息生产摆脱了印刷出版在更新频率、篇幅容量方面的限制;新媒体信息传播技术为小说的生产、复制、传播和阅读提供了便捷的渠道、低廉的成本。**(6)市场经济动因**:网络文学作为一种文化产品具有商品化和市场化的可能性,契合了资本追逐利润的需求,相对健全的市场竞争机制,使网络小说市场拥有了以文本为中心,包含生产、付费订阅、打赏的消费机制,以及以 IP 和小说的再开发为中心的产业链条。

3. 网络小说的特点、传播与接受:**(1)网络小说的创作主体**:网络小说创作主体呈现出平民化及去精英化的特点,即网络文学的创作主体不再是传统印刷时代的知识精英,而是变成了来自大众或草根群体的写作者;其创作的目的是以迎合受众的多样化的阅读需求实现由普通的小说文本到商品的转化,进而通过读者的消费过程获得最大化的商业利润。**(2)网络小说的传播渠道**:网络小说以互联网为传播载体,以手机、电脑等各类屏幕为接收终端,其核心形态是文字、漫画、有声小说、实体书等,而网络游戏及影视作品改编是对原有书写文本形态的延伸和转换,以适合不同消费群体差异化的消费需求。**(3)网络小说的内容特征**:生活化的审美、奇观化的叙事、极致的情感体验、时空场景的拼接糅杂、反宏大叙事的平民视角、模式化的创作风格、游牧式的盗猎与改写、反传统权威的个人体验与个人英雄主义、注重平面体验的消费与狂欢、对经典与传统的反讽揶揄、流畅直白的口语式表达、文本的未完成性(连载)及超长文本等构成了网络小说多面向的内容特征。**(4)网络小说的受众分析**:小说读者是有着多样化阅读需求的积极的受众,在消费文本的过程中实现了替代性满足的同时也获得了意义和快感;小说受众也因积极地介入文本的传播与再生产转变为"生产型的消费者"(粉丝);在部分学者看来,网络小说的读者也是沉迷虚幻体验且缺乏高雅品位和社会责任意识的"瘾君子"。

4. 基于 IP 的网络小说改编:**(1)概念阐释**:IP,即 Intellectual Property,直译是"知识(财产)所有权",含义为"有独特吸引力并能借助吸引力捕获受众注意力并带动用户参与的素材或产品",或简称"可供多维度开发的文化产业产品"。**(2)概念外延**：IP 原本虽然特指"知识产权"概念，但在现今语境下其所指已经发生改变，包含的范畴包括小说、漫画、系列"表情包"、流行文化等一切拥有开发价值的文化产品或文化现象。**(3)典型案例**：《花千骨》《盗墓笔记》《甄嬛传》等由小说改编成电视剧、游戏等，其依据为稀缺、优质资源的开发利用、对用户需求和关注度的开发、产业链条的延伸等；其本质上是对已经具备 IP 特质的文本的二次生产和再加工，即对已经成形的产品在其已有影响力的基础上进行再度创作。**(4)商业基础**：原 IP 产品拥有持续、稳固的粉丝群，这些粉丝不仅是原有产品的忠实用户，还是新开发的产品的用户以及积极的传播者；已经具备 IP 属性的书写文本意味着已经历过市场的试水并获得了初步的受众认可，是 IP 文本产业链的延伸，也是影视作品降低风险的考量。**(5)可预期的受众**：电视剧由同名小说改编而来，在改编之前大部分已经是非常畅销的小说，更为重要的是它已经有了广泛的受众基础，可以降低电视剧播放无人问津的风险，获得可预期的收视率保障。**(6)IP 的深度开发**：从书写文本到影视文本的转换，是传播形态和消费方式的转化，也是商品价值的二次开发，是 IP 产业链摆脱产品和形态单一，与更大规模的受众和更强大的资本力量进行深度整合并架构新的产业形态的结果。

5. 中国网络小说的海外传播与消费：**(1)发展现状**：一方面，中国的网络小说为全世界的网民提供了更为丰富多元的内容选择；另一方面，中国网络小说成为世界各国网民了解中国传统文化的一个窗口。这就意味着，中国在进行跨文化传播的过程中，网络小说正在成为一个极佳的传播中国形象、讲述中国故事的载体。**(2)背景动因**：国产网络文学为海外读者提供了低成本了解中国的渠道，使得网络文学逐渐成为中国文化进行跨文化传播的重要载体之一；国产网络文学行业在国内经过长期、激烈的竞争，已经拥有相当高的产业成熟度，作品数量和质量均相比从前明显提高；中国网络小说以自身独特的时空观念、人文特色、文化风格构成了与西方通俗文学不同的文化景观，这成为中国网络文学吸引西方受众的最大魅力。**(3)特殊魅力**：中国的网络作品有异于西方通俗文学的鲜明特点，契合了西方受众在较为同质的叙事模式下的另类审美需求；中国传统文化与西方传统文化的多元共生和地理区隔，构筑了西方语境下对中国传统文化元素的神秘想象，尤其是中国的志怪、修仙、传奇、市井文学等成为世界网络文学的新奇景观；中国网络小说作品题材、内容、视角的多元性和多样化契合了西方受众的多元阅读需求。**（4）跨文化意义**：中国网络文学作为"中国文化走出去"和"讲好中国故事"的一个缩影，预示着中国文化的魅力和国际阐释力，有助于改变通俗文化消费中"西强东弱"的处境，其跨文化传播也可看作民间交往互动的形式，其主体是网民，渠道是互联网，内容是网络小说，受众是异域公众，这种基于通俗文化的传播载体具有大众的普适性和接受度，且不容易跟意识形态等硬性话题建立勾连。

6. 中国网络文学的批评及反思：**（1）价值观的错位导向**：网络小说经常渲染弱肉强食的丛林法则，宣扬对暴力、权力的崇拜，这些内容以传统文化再现的方式植入网络小说，并暗含了这些规则的合理性，与现今社会的主流价值观念相背离；甚至不少网络小说为了博取关注度，在内容生产中穿插大量淫秽色情、狭隘民族主义等有害内容。**（2）文本生产的伪个性化**：尽管大量的网络写手在积极地贡献文本内容，但小说在叙事结构、剧情模式上都有着大同小异的构思，被视为"文学创作"的网络小说也因文本生产的模式化而变得同质化。**（3）网络受众的虚假满足**：网络小说作为一种文化产品除了丰富精神文化生活、满足受众的需求之外，应该承担一部分人文教化的功能，网络小说在这方面的功能总体上是缺失的，它在通过"打怪—升级""抗争—逆袭"等叙事策略让受众获得代入感的同时，剥离了人文教化功能，使受众以单纯的低级娱乐获得暂时的虚假的满足，思维变得更为单向、顺从。**（4）网络作品的版权保护问题**：尽管国家各级部门格外重视网络作品的版权问题，但小说的盗版、抄袭一直没有得到有效解决，网络小说侵权严重损害了小说作者和经营平台的创作积极性，干扰了网络小说市场正常的经营秩序，损害了网络小说读者的阅读体验。**（5）评价标准及机制问题**：自付费阅读模式引入网络小说之后，点击率、评论数、推荐数、订阅量、打赏数等严重商业化的数据化指标成为考评网络小说优劣的主要标准，而价值导向、人文内涵、启蒙精神在小说评价的标准中是被弱化的，这就从总体上导致了网络小说在生产过程中往往以迎合受众的偏好和趣味为主要标准。

专题 02　网络游戏

1. 游戏的起源、功能及特征：（1）游戏的起源： 斯宾塞的"精力过剩说"认为游戏是精力过剩后的一种释放，古罗斯的"准备说"认为游戏是儿童为成年过程进行的准备，斯坦塔尔的"保养说"认为游戏是为了恢复身心活力进行的保养性活动，拉诺的"奢侈说"认为游戏是一种追求优越的快感的活动。**（2）游戏的功能：** 游戏以象征性社会交往、象征性社会实践、替代性满足、承载价值及文化审美等方式，一方面能够辅助人类习得社会技能、构筑社会关系，推动人的社会化；另一方面还具有宣泄压力、释放情绪、陶冶情操和娱乐身心的功能。**（3）游戏的特征：** 社会关系、社会角色、社会实践的象征性是游戏的本质特点，是人类在物质实践和精神交往中的一种拟态式呈现。**（4）网络游戏的特征：** 以机器为中介的人际互动，游戏空间、场景、角色和道具的数字化及非物质化，由游戏玩家主导建构虚拟世界中的自我形象，让虚拟角色成为玩家的代言人。

2. 网络游戏体现出的传播理论：（1）麦克卢汉的游戏观： 游戏是对日常压力的大众反应的延伸，因而成为一种准确可靠的文化模式。它们把整个人的行动和反应熔为一炉，使之成为一个动态的形象。任何游戏，正像任何信息媒介一样，是个人或群体的延伸。它对群体或个人的影响，是使群体或个人尚未如此延伸的部分实现重构。**（2）戈夫曼的"戏剧理论"：** 戈夫曼的"戏剧理论"认为社会是一个舞台，人是舞台中的角色，人的角色区分为前台和后台，并且在不同的场合适应不同的规范，据此，人在现实中和游戏中分别处在不同的场景中，其中现实是"后台"，游戏是"前台"，在不同的场景中，人分别有不同的角色，并且两者都受特定的规则约束不能互换，否则就会引发错乱。**（3）游戏与身份认同**：网络游戏是人类社会实践、人际关系、社会资本在虚拟空间中进行的戏剧性的再生产，用户借助游戏的虚拟性、象征性，在虚拟空间中创造出一个符合用户期待的另一个自我，并赋予这个被建构出的自我一种角色期待和文化身份，以此来展现用户的身份认同。

3. 网络游戏中的使用与满足问题：**（1）基础解释**：受众使用媒介是有目的的，受众基于心理或社会的需求，借使用某种媒介来满足内在需求，用户玩游戏的动机反映了其内在需求。**（2）满足类型**：国外学者巴特根据玩游戏的动机将游戏玩家分为四类：杀戮者、社交者、成就者和探索者，国内学者钟智锦在此基础上依据玩游戏的动机将玩家分为成就型（获得荣誉与成就）、社交型（进行社交，建立和巩固人际网络）和沉浸型（沉迷虚拟空间，逃避社会现实）三类。**（3）具体特点**：在网络游戏中，用户具有一定的主体性，包括玩家可以自主决定是否玩游戏、玩何种游戏以及玩游戏的方式和过程。但网络用户在具有强大的沉浸感和吸引力的游戏面前，由于自身及社会环境的原因导致其主体性丧失，以至于沉浸型的游戏体验更为普遍。

4. 网络游戏与格伯纳的"培养理论"：**（1）理论观点**："培养理论"认为，由于媒介的某种倾向性以及其长期作用于受众的认知，会通过长期、潜移默化的"培养"过程，在不知不觉当中制约着人们的现实观、社会观。**（2）培养效果**：网络游戏中的暴力内容、对拜金主义的呈现、架空历史等文化观念都将对玩家产生潜移默化的影响，甚至影响到用户的现实观、文化观和历史观。**（3）反思意义**：网络暴力游戏以娱乐的面貌呈现暴力内容，利用未成年人玩家心智不成熟的状况对其施加潜移默化的影响，从而影响其消费观、历史观、文化观和社会观，以此来获得收益。

5. 作为"热媒介"的网络游戏：**（1）热媒介**：麦克卢汉将那些传递的信息比较清晰明确，接收者不需要动用更多的感官和联想活动就能够理解，且在处理信息时不需要进行"热身运动"的媒介称为"热媒介"。**（2）冷媒介**：即相对模糊的信息能够提供充分调动人们再创造的可能性；相反，热媒介充分调动人的积极性、创造性的能力有限，因为不需要充分动用各种感觉系统，就会使用户陷入被动接受的境地，丧失创造性。**（3）作为热媒介的网络游戏**：网络游戏是一种典型的热媒介，不需要游戏玩家综合平衡多种感官系统，因而，游戏的玩家多是被动的参与者，在网络游戏所设计的沉浸式体验中失去自己的主体性和主动性；同时，网络游戏以固定的模式排斥、规训、监视玩家，作为游戏用户的玩家只能是规则的使用者，而无法从根本上获得参与的主动权。**（4）网络游戏反思**：麦克卢汉的冷热媒介理论不仅预示着作为热媒介的网络游戏要以丰富的声像、动画设计营造沉浸体验，更意味着网络游戏需要承载更为正确、丰富的价值观和多元的知识性内容。

案例34 未成年人沉迷网络游戏现象分析

案例简介：2021年7月发布的《2020年全国未成年人互联网使用情况研究报告》显示，2020年我国未成年网民规模达到1.83亿，未成年人的互联网普及率为94.9%，高于全国互联网普及率。另据CNNIC发布的最新数据显示，截至2021年6月，我国网络游戏用户规模达5.09亿，占网民整体的50.4%。网络游戏成为中国数字产业、文化产业重要组成部分的同时，也带来了若干问题；为此，中央宣传部、国家新闻出版署先后发布《关于进一步严格管理 切实防止未成年人沉迷网络游戏的通知》《关于开展文娱领域综合治理工作的通知》，对包括游戏在内的文娱领域进行重点治理，并专门提及对未成年人沉迷网络游戏的规范管理。

案例分析：**（1）网络游戏发展的背景分析**：网络游戏产业一直作为国家文化产业、数字产业的构成被鼓励发展，其作为市场经济的一部分所带来的产业价值构筑了游戏大规模发展的合法性基础，网络游戏多元的盈利模式又充分刺激了各类资本的涌入，游戏本身又以其丰富的场景、故事、角色设定和可沉浸、可交互的体验感吸引了规模庞大的玩家。在政策、市场和玩家三方共同作用下，网络游戏成为互联网时代集刺激性、趣味性、娱乐性和高黏性为一体的应用，也因此带来网络游戏的野蛮式生长。**（2）网络游戏作为特殊的文化产业：**网络游戏是新兴文化产业的代表，作为文化产业应该与其他产业一道共同遵守基本的社会道德与伦理规范，但网络游戏除了作为商业工具达成经济目标之外，还客观上承载价值观教化、促进未成年人社会化等功能；同时，以青少年为主要用户的网络游戏又是虚拟与现实交织的网络空间，不得不需要更为严谨的规范和控制。**（3）未成年沉迷网游的原因分析：**未成年群体沉迷网游由多方原因造成，根据场景差异大体原因包括资本对未成年的无底线掠夺、网络游戏运营机构自律意识和管理能力的缺失、网络游戏沉浸式体验带来的吸引力、青少年群体的身心及价值观特点、家庭及教育环境下陪伴的缺失、网络游戏运营商对游戏的美化包装、青少年同侪群体的模仿和借鉴、隔代教育中的数字鸿沟等。**（4）网络游戏引发的负面问题：**未成年人沉迷网络游戏只是网络游戏若干负面效果之一，此外还包括网络游戏中的内容暴力、玩家交互中的语言暴力、未成年群体的过度消费甚至因重度沉迷游戏带来的未成年人系列犯罪行为等。尽管网络游戏未必是上述问题的"元凶"，但网络游戏的可供性为上述问题的产生创造了环境和条件，同时又诱发、刺激了某些非理性行为的产生。**（5）网络游戏的规范管理：**建立健全网络游戏综合治理监管体系，通过法律政策、制度机制、平台规范、行业自律和社会监督等多种渠道，营价值观导向更加积极、教育功能更加彰显的游戏产业氛围，确保游戏本身能够承载正确的价值观，实现娱乐、科普、审美、教育等多重效果兼顾，最大限度上压缩网络游戏的负面效果，将游戏的负面影响和社会危害降到最低。

6. 批判视角下的网络游戏分析：（1）卢卡奇的物化理论：卢卡奇的物化理论认为，在发达商品经济条件下，人的活动的结果或人的造物变成了某种自律的并反过来统治和支配人的力量，这种物化体现在主体的客体化（人的自主性丧失及物的反客为主）、人的数字化（用计量数字来评价人）、人的原子化（用物的关系重建社会关系，导致人成了社会机器中的零件）。依据卢卡奇的理论，在网络游戏现象中，网游原本是人的创造物却反客为主成了主宰人的力量，玩游戏的人也被抽象为"攻击力""排行榜"等数字。在此背景下，以游戏所建构起来的关系取代了社会现实中的关系，人也成了游戏中的虚拟性的角色及符号。**（2）马尔库塞"单向度的人"理论：**马尔库塞认为，发达工业社会主要是因为技术的发展，成功地压制了人们内心中的否定性、批判性、超越性的向度，使这个社会成为单向度的社会，而生活于其中的人成了单向度的人，这种人丧失了自由和创造力，不再想象或追求与现实生活不同的另一种生活（理想的状况应该是具有顺从和批判两个维度，但在现今社会中只剩下了顺从而没有了批判）。马尔库塞指出，大众传媒及其造就的文化工业在使人成为单向度的人的过程中发挥着决定性的作用。网络游戏正是发达工业社会的产物，它以资本为后盾，以技术为支撑，以无比绚丽的诱惑使用户卷入其中，得到一种虚假的满足。玩家只能顺从游戏的规则和思维进行操作，失去了自身的批判性和独立思考的能力，不再具有超越性和创造性。**（3）鲍德里亚的批判理论：**鲍德里亚提出"拟像""仿真""超真实""内爆"等概念，指被数字代码所主宰的时代的符号化现实取代了社会现实这样一种情况；在鲍德里亚看来，拟像社会就是一个超真实的社会，拟像不再是对社会现实的模拟、扭曲、篡改、遮蔽，而是直接取代社会现实，它比社会现实更为现实，即超真实。正如同鲍德里亚所批判的那样，网络游戏创造了一个超真实的社会，这种创造物架空了历史，取代了社会现实，并将真实的现实"杀死了"（符号化的现实反客为主地取代了社会现实）。**（4）阿尔都塞的"召唤主体性"：**阿尔都塞认为，受众经常被大众媒体等机构的权威声音所"召唤"，而后顺从地占据社会秩序给其指定的位置，主动地承担社会秩序所给予的角色，这种"召唤主体性"实际上是"伪主体性"，即用主体的形式掩盖了被压制、被剥削的过程；一些网络游戏标榜的是"国民游戏"，宣称是为"玩家"创造快乐，传播知识，实际上是为其攫取最大化的利润服务，通过这些自上而下的标榜，游戏掩盖了商业机构极力赚取利润的事实，营造出受众主动去玩的潮流。**（5）尼尔·波兹曼的批判理论：** 尼尔·波兹曼在其《娱乐至死》中称，现实社会的一切公众话语日渐以娱乐的方式出现，并成为一种文化精神，我们将毁于我们热爱的东西；在《技术垄断：文化向技术投降》中称，人类社会正在进入技术支配文化的一个新阶段，正面临失去传统、失去驾驭技术能力的危险。如今的网络游戏正带有非常鲜明的"娱乐至死"的痕迹，也体现出技术以其强大的驾驭能力凌驾于制造技术的人之上的一种危险。

7. 网络游戏的正面功能：（1）娱乐及经济功能： 网络游戏基于娱乐这一人类的普遍需求和竞技心理，以此延伸出文化产业、娱乐产业和游戏竞技等若干领域，人的需求的满足、产业经济的发展需要共同构筑了网络游戏合法化的前提；同时，在产业、政策的规训和收编之下，游戏也成为体育竞技的组成部分。**（2）文化及知识教育：** 网络游戏也是一种信息传播的载体，它拥有着与媒介相似的传播信息、暗示价值观念的作用和能力，尤其是通过寓教于乐的方式，将一些有益身心的元素植入其中，可以使游戏成为知识及价值观教育的载体。**（3）交往及社会化功能：** 网络游戏还具有社交功能、社会认知功能、情感体验功能、替代满足功能，这些功能辅助玩家建立和巩固社会关系、认知社会、获得关于社会及生活的知识、宣泄其生活中的情绪与压力、丰富情感体验。**（4）宣泄及压力释放：** 生活、工作和学习过程中带来的压力、焦虑通过虚拟空间中的角色扮演得以宣泄，实质上充当了社会紧张情绪的"润滑油"和"泄洪槽"。

8. 媒介暴力内容对儿童的影响：（1）媒介暴力研究： 佩恩基金会关于暴力电影对儿童的影响的研究证实，电影对儿童信息获取、态度、感情、健康、道德水平以及行为方式等都产生深刻的影响。**（2）网络游戏的暴力效果**：网络游戏通过提供信息、奖惩机制、感官刺激、激发欲望等方式对游戏玩家施加影响，扮演了甚于暴力电影的角色，并且网游用户年龄越低、介入游戏的程度越高、介入的时间越长，受到的这些影响就会越大。**（3）新近研究结论**：美国心理学家安德森等人对暴力游戏与人类攻击性之间的关系进行的研究表明：长期沉浸网络暴力游戏可能增加玩家的攻击行为，唤醒其攻击认知、攻击情感；可能产生暴力冲动，减少其亲社会行为；这些行为通常会导致青少年远离群体，甚至被群体排斥。**（4）网络游戏带来模仿问题**：网络游戏所建构的现实并不等同于社会现实，却通过作用于用户的认知影响其社会实践。一方面，网络游戏的价值观会潜移默化地影响着游戏玩家对现实世界的看法，如助长消费主义等思潮；另一方面，对于价值观尚未成形、缺乏媒介有害信息抵抗能力的未成年群体而言，更容易受到其中的动画暴力、语言暴力等负面内容的影响。

9. 网络游戏的"麻醉"功能：（1）理论的提出：拉扎斯菲尔德和默顿在《大众传播、大众鉴赏力和有组织的社会行动》（1948）中认为，大众传播的产品把人们吸引到对事物的关注和讨论上，而不是对这些事物采取相应的行动，此为大众传媒的麻醉功能，是媒介产品的一种负功能。**（2）网络游戏的麻醉功能**：网络游戏跟一般的大众文化产品一样都具备麻醉功能，即为用户提供各种娱乐、刺激和满足，长期的游戏体验会使玩家满足于浅层次的游戏体验与消极、被动的娱乐，在虚拟空间中，获得暂时的、虚假的满足或快感，从而削弱其参与社会公共事务的热心和热情，对社会现实冷漠、麻木。

10. 网络游戏的价值观导向：（1）资本崇拜：尽管网络游戏也承载一定的知识科普及身心娱乐功能，但运营商开发和经营网络游戏的本质目的不是弘扬社会主义核心价值观而是最大化地攫取利润，这就导致网络游戏在设计时尽可能地进行诱导性消费，使玩家沉迷在"人民币高于一切"的逻辑中。**（2）丛林法则**：网络游戏体现为一种虚拟社会的竞争，宣扬的是"暴力—奖励"

机制，服从的是适者生存的逻辑法则，在游戏这一被高度压缩的虚拟空间中，以暴力、竞技、竞争为特征的适者生存逻辑被无限放大。**（3）错位史观：**网络游戏为追求宏大的历史叙事和夸张的展示效果，通过架空历史等方式将不同时空场景、不同历史维度下被游戏化的人文知识压缩、糅合到平面化的网络游戏中，极容易对游戏用户尤其是青少年游戏用户的历史观、文化观产生影响。**（4）逃避社会：**网络游戏的普及会稀释主流价值观念的统领地位，消解主流文化的核心影响力，削弱正统教育所传播的知识和价值观；网络游戏以紧张、刺激、畅快的感官体验让游戏玩家沉迷其中，导致精神的空虚、批判力的匮乏，滋生消极避世的负面情绪。

11. 网络游戏开发存在的问题：（1）产品同质化：市场经济及商品批量化生产的工业复制逻辑，追求的是产品生产和资本回收的效率，故而在较低竞争门槛和较强竞争压力背景下，游戏因创新乏力而导致的在形式、内容和盈利模式上同质化就成为网络游戏的一大弊病。**（2）版权问题：**尽管网络游戏的版权意识已经开始被各大开发、运营主体所重视，但在游戏迅速发展及网络游戏著作权并未通过明确的法律规范予以明确的背景下，以复制为特征的"私服"、以技术破坏为方式的"外挂"，以及篡改游戏表现方式的"换皮游戏"等现象较为常见，且游戏版权诉讼数量逐年上升。**（3）过度营销：**游戏的运营严重依赖广告宣传，尤其是各类低俗庸俗广告、强制性弹窗广告，以及带有欺骗性、诱导性、渲染性的广告等。**（4）内容问题：**网络游戏本身的教化性、知识性内容不足，暴力、低俗甚至色情内容充斥其中，严重偏离了网络游戏寓教于乐的初衷，变成了低俗、庸俗的"愚乐"。**（5）短视效应：**不少网络游戏采用"重金广告→吸引玩家→迅速变现→推出新游戏"的"薅羊毛"式的运营策略，将迅速变现当成唯一经营目的。

12. 网络游戏存在负面问题的原因：（1）游戏的沉浸感：网络游戏通过美术、动画、音乐、音效等对场景、故事、角色、任务等的设定及对时空的压缩，营造出虚拟空间中的沉浸感和超现实感，网络用户用虚拟空间中的体验取代现实生活中的交往与实践。**（2）虚幻的满足感：**现代社会中人们所普遍面临的生活、工作、学习中的压力与缺乏关爱及人际沟通等现实因素使网游成为人们暂时的"避风港"和"灵魂栖息地"，网游用户将玩游戏过程中获得的虚假的满足当成真正的满足并乐此不疲。**（3）商业资本的包装：**大众媒体、商业资本对网络游戏进行的美化和包装，将用户的欲求美化为正当合理的需求，并尽可能营造出"玩游戏是流行现象"的氛围，而批判力稍弱的受众在媒体和资本的灌输下毫无抵抗能力。**（4）主体责任的缺失：**在对网络游戏市场进行规范管理的法律、制度不够健全的背景下，网络游戏开发商、运营商坚持经济利益至上的经营准则，漠视必要的社会责任。

13. 对网络游戏负面问题的规制：（1）政策层面：国家有关职能部门从法律、法规、行业政策、产业规范等角度对网络游戏进行制度化管理，使网络游戏运维在纳入法律轨道的同时，自觉秉持社会责任。**（2）教育层面：**从家庭、学校、大众传媒三个角度对新媒体用户尤其是未成年群体进行媒介素养教育，增强其对不良信息的识别、批判和抵制能力。**（3）运营层面：**从游戏开发商及运营机构的角度来看，不能简单地让自己停留在"不违法"高度，而是应该通过游戏分级制度、未成年人约束机制等方式坚持社会责任，确保社会效益和经济效益的兼顾，并将社会效益放在首位。**（4）社会监督：**发挥大众媒体、行业组织等的监督、纠偏能力，共同"规训"网络游戏"既有意思又有意义"的健康发展方向，确保网络游戏以健康的姿态呈现在用户面前。

专题 03　直播文化

1. 网络直播的定义及特点：（1）官方定义： 网络直播即"互联网直播"，根据《互联网直播服务管理规定》的界定，是指"基于互联网，以视频、音频、图文等形式向公众持续发布实时信息的活动"。**（2）形态特点：** 网络直播是直播技术与大众文化的结合，具有电视直播的仪式感，也具有网络媒体的草根性，具有交互性强、视角平民化、审美差异化、弱审查化、注重体验、题材多元及内容碎片化等特点。**（3）内容特点：** 网络直播在不同层面上弥补了网络平台中文字、图片和普通影像信息传播时效性、即时性、完整性和逼真程度不足的问题，是互动性强、画面感强、真实性高、信息形态丰富的多媒体传播。**（4）互动优势：** 网络直播具有极强的即时交互性，主播和受众在同一互联网时空维度下借助视频、语音、弹幕等进行近距离的交流，是极富受众主观体验的沉浸式的信息传播与分享方式。**（5）非公共性：** 网络直播不以官方意识形态的单向度诉说和教化为主要诉求，也不以公共议题为主要聚焦点，而是站在用户立场上通过场景化、生活化、个人化、个性化的信息生产满足受众的多样诉求，因而其价值导向较为多元。

2. 网络直播的价值与意义：（1）娱乐功能： 网络直播具备一般传播活动所具备的教育、娱乐、分享信息和经济功能，但首要功能是为受众提供个性化的休闲娱乐，以满足受众缓解压力、舒缓情绪的日常化需求。**（2）产业经济：** 网络直播作为一种技术手段被广泛运用到游戏产业、旅游观光、产品销售中，成为拉动文化消费升级、促进创业就业、助推经济结构优化的重要推动力量。

(3)价值导向: 网络直播是一种典型的文化服务,是进行大众审美教育、社会价值引领的重要平台,优秀的传统文化、经典的文学艺术等都可以通过网络直播"飞入寻常百姓家"。**(4)身份认同:** 网络直播的受众呈现出圈层化特点,即对同类型的直播内容感兴趣的群体往往有着相似的价值观和生活阅历,通过网络直播这一方式可以建构起相近、相似群体的身份认同,并借助同一个屏幕进行仪式性互动。**(5)平民在场:** 网络直播赋予普通民众以前所未有的在场感,即在互联网技术的应用为普通大众所掌握后,使面向大众"即时在场"的权力为普通民众掌握,可以随时随地以自主言说主体面向公众发声。

案例 35 新冠肺炎疫情防控期间的"直播带货"

案例背景: "直播带货"并非近几年来才有的案例,据文献资料分析,"网红电商"始于 2014—2015 年,是伴随着社交媒体和网络电商事业迅速发展而兴起的一种流量变现现象。2020 年在常态化统筹疫情防控与推动有序复工复产复商复市的背景下,各地商业互联网机构、各大电商平台纷纷整合主播、"网红"、供货商、物流公司等推出"直播带货",使"直播+电商"常态化。

案例解读:（1）"直播带货"与"流量经济": "直播带货"是"流量经济""粉丝注意力经济"在垂直领域的延伸,是以流量生产和流量价值转化为目标的互联网内容在国家和地方政策的支持下与实体经济结合的产物,因网络"直播带货"同时满足了疫情防控、居家消费和复工复产的需求,成为活跃疫情期间经济的重要引擎。**(2)"直播带货"的社会动因:** 除了迅速发展的互联网信息技术、数量庞大的网络用户的消费需求,以及便捷、快速、高效的消费体验外,网络消费文化对网民消费需求及欲求的刺激、网络媒体"连接+共享"机制充分打通供需信息不对称、特定环境下网络购物对线下购物的替代等都是"直播带货"发展的动因。

（3）被消费文化放大的欲求：网络"直播带货"的作用机制是"消费文化土壤＋消费欲望刺激＋满足欲求的供给"的思路，"网红"、主播在资本的推动下，反复暗示、放大和强化消费的必要性、合理性，不断刺激用户的消费欲望，并将这些欲求包装成正常的需求，进而获取利润。**（4）被"网红"召唤的"主体性"**：消费者是直播带货的看客，更是目标消费者，"网红"通过场景性消费、炫耀性消费、满足性消费强化商品与看客的匹配性，以品位、能力、地位、形象等外在符号因素，赋予了消费者"主体地位"，实际上消费者仍处在资本、媒体和"网红"共同营造的消费文化的控制之下。**（5）倡导健康的"直播带货"**："直播带货"是互联网"流量经济"转向实体经济的体现，正常的"直播带货"、旨在解决供需信息不对称问题的"直播带货"、以精准扶贫等带有公益性质的"直播带货"、倡导理性消费节约消费的"直播带货"等有助于带动实体经济发展，营造健康理性的消费习惯，但要避免对消费主义、拜金主义文化的过度追捧。

3. **"网络直播"与平民的赋权**：**（1）平民叙事**：网络直播不是权力、资本或知识精英主导下的单向度的宣传教化，它与刻板、严肃、正统、严谨的叙事风格截然相反，而是通过说唱、展演、调侃、戏谑等日常化、生活化的方式表现为一种全民的狂欢。**（2）解构权威**：网络直播直接打破了权力、资本对直播这一技术的垄断，使传统媒体主导下的权力格局和权力资源以偏向大众的方式进行重新调整和重新分配。**（3）赋予地位**：网络直播实现了受众以技术为渠道的自我赋权，使普通网民直接通过掌握麦克风和摄像头面向社会进行公开的表达，使其有可能成为全民注意力的焦点（如"草根"到"网红"的过程、农民借助直播卖水果等）。

4. **网络直播与电视直播的比较**：**（1）直播主体与话语结构**：电视直播是精

英主义的话语，代表少数人士的意志，并将少数人意志伪装成全社会的利益；网络直播是平民化和全民性的信息呈现，更有民生和生活化趋向，更为多元，意味着权力更加平等，它带有民主的意味，也带有技术生活化的意味，还带有普通公众反抗主流话语的意味。电视直播建构的是权威的神话和全民共享的盛大仪式，塑造的是国家主流意识形态话语的霸权地位；网络直播建构的是日常化的公众生活场景，不再以主流意识形态的建构、阐释和诉说为动机，而更多关注身边的事情和生活化的内容。电视直播呈现的是盛大的媒介事件，带有强烈的仪式感和文化认同；网络直播也带有媒介事件和仪式的性质，但更多的是一种参与式的民主，它不以强化某种共有的观念为目的，重在参与过程中的体验感。**（2）服务对象与直播动机**：电视直播往往服务的是在政治或商业地位上具有统治优势的阶层的利益，技术和资源向其倾斜，它以占社会主导地位的价值观念和意识形态为指导，服务的是国家发展和社会实践的全局性问题或重点性问题；网络直播服务的是普通的社会公众，主体更为多元，以迎合公众的需求为直接方式，网络主播和资本之间通过直播所建构的注意力来实现转化，因而网络直播往往有意无意地规避社会重大问题，娱乐与经济构成了网络直播的内在动机。**（3）直播内容及专业程度**：电视直播往往以高关注度的重大事件为内容，它体现出传播主体较高的专业水准，具有事先策划、精密安排、专业性强等特点；网络直播往往以公众感兴趣的内容为话题，展示的往往是日常生活中的场景和细节，迎合的是公众的新鲜感和窥探他人的欲望，具有非正式性、草根性、专业程度弱等特点。电视直播是公共性事件的集中呈现，是官方话语权力的延伸；网络直播使私人领域和公共空间的区隔被打通，是私人生活的集中呈现。

5. 网络直播面临的问题：**（1）内容侵权**：在法律体系尚未覆盖网络直播之际，存在不少主播通过非法截取其他正规渠道的直播资源用于牟利的问题，侵犯了第三方的知识产权。**（2）内容低俗化**：在以注意力及注意力变现为直播诉求的背景下，各类迎合受众低级欲望的"身体美学"不断涌现以实现利润的最大化;宣扬的拜金主义、物质主义、消费主义及"颜值高于一切"的观念解构了传统伦理道德及社会主义核心价值观在互联网空间及日常生活中的阐释力和凝聚力,并反作用于社会现实生活,对公众的社会认知、行为施加潜移默化的影响。**(3)泛娱乐化**:网络直播获取收益的方式为取悦围观者从而获得流量,在缺乏有吸引力内容的背景下只能借助于社会热点问题、隐私八卦问题和身边琐事进行娱乐化的呈现;泛娱乐化的内容解构了时政问题、社会现实问题的严肃性,使一切严肃问题都被贴上了泛娱乐化的标签,使网络虚拟空间变成了绯闻八卦、"三俗"内容的娱乐秀场。**(4)非专业化**:由于网络直播面向全民开放,使理论上的所有人都可以进入直播平台,故而网络主播往往以平民化、草根化的互联网用户为主,这部分群体缺乏严谨的广播电视、新闻传播等领域的系统化的知识背景,具有很强的非专业化特点。**(5)消解公共性**:在互联网信息供给海量化、用户注意力极为有限的背景下,网络直播大行其道抢占用户注意力资源,消解了互联网空间的公共性。

案例36 "女孩模仿抖音视频烧伤离世"事件

案例简介:2019年9月初,多家媒体报道称两个女孩模仿抖音视频"易拉罐爆米花"被烧伤,其中一个女孩因重度烧伤不幸离世。据媒体报道,近年来在短视频、网络直播等平台迅速崛起的过程中,存在不良示范内容的短视频或因模仿短视频而受伤的案例已经不是个案。短视频在提供内容的过程中,也应该落实主体责任,避免引发不良后果。

案例解析:(1)模仿效果:媒介所展示的内容为观众提供一种行为示范,而媒介所展示的行为过程越简单且效果越直接,也越容易导致观众的模仿行为,相比于成年群体而言,青少年群体受制于知识结构、生活阅历的局限性,在抵制有害信息侵蚀层面缺少抵抗力,更容易产生模仿效果。**(2)媒介真实**:短视频中所呈现的真实是一种经过人工高度加工、高度筛选和高度浓缩过后的媒介真实,或者称之为一种增强现实、虚拟现实,它并不等同于日常生活中的客观真实,但媒介素养较为缺失的受众无法分辨媒介现实与社会现实之间的关系。**(3) 后台现实**:网络视频所展示的内容仅为前台行为,而视频素材选择性呈现的内容仅仅是生产者所展示给受众观看的内容,这也是网络视频刻意营造其传播效果的常用手法;媒介未曾展示的后台区域实际上包含了部分值得被关注和重视的部分,刻意隐藏的后台区域与刻意展示的前台区域影响了青少年的认知判断。**(4) 主体责任**:短视频平台虽然仅为内容的展示提供空间,但因为其所提供的服务已经成为互联网时代重要的公共空间,因而也要承担主体责任;对于平台方而言,要恪守责任底线并严格落实其为受众服务、为公众利益服务的主体责任,至少在一些危险性的内容呈现上要尽到安全提示义务、内容审查义务,防止成为有害内容的传输通道。**(5) 对策建议**:短视频服务平台应通过内容审查、严肃实名制等方式落实主体责任,避免有害信息进入公共空间;内容制作主体要坚持社会责任底线,不能为了追求流量而忽视其可能引发的不良后果,并对有可能导致不当模仿的内容进行安全提示;家长、社会及学校应为青少年的健康成长营造良好的网络环境,同时在落实好监护人的义务的同时,加强青少年媒介素养教育。

6. 网络直播的管理策略:**(1) 国家职能机构**:国家有关职能部门在已经出台网络直播规范管理相关政策的基础上,加大对整个网络直播行业秩序的规范和管理,包括平台运营资质、主播参与直播的资质等,进一步明确各方的权利义务责任,建立健康清朗的互联网空间秩序。**(2) 直播服务机构**:网络直播运营机构应坚持社会效益和经济效益的统一,并将社会效益放在首位,坚守道德与法律底线,严格落实国家有关职能部门所颁布的直播规范政策,强化把关,加大内容审查制度。**(3)传播主流内容**:倡导网络直播主播积极践行社会主义核心价值观,强化自律意识和主播的素养,鼓励有价值、有教育意义、有专业技能的网络用户介入直播领域,提升网络直播主播的专业性和内容的价值。**(4)强化受众素养**:加强网络受众的传媒素养教育及互联网审美教育,培育积极向上的媒介使用习惯,提高其对高雅信息的审美能力及对有害信息的抵制能力。**(5)拓展盈利模式**:探索多元化的盈利渠道与盈利方式,以"网络直播+垂直领域"为方向拓展产业链条,培育"优质内容+优质服务+导向积极+盈利清晰+多元开发"的盈利模式。

7. **网络直播的发展趋势:(1)规范管理:**在国家互联网信息办公室及广播电视总局等部门的联合整治下,一系列对网络直播进行规范管理的政策、制度不断推出,强化了对网络直播服务平台及整个网络直播秩序管理的规范化,从方向上确保了网络直播新技术在法律和法规的有效监管下运行。**(2)多元格局:**以 OGC 为主导的电视直播将和以 UGC、OGC、PGC 三种主体为主打的网络直播形成一种优势互补的角色,而 OGC 也将逐渐向 P-UGC 甚至是 PGC 转向。最终,网络直播会成为电视直播的候补性渠道和新的传播方式,同时也为普通公众提供了更为丰富多元的文化内容。**(3)主流化:**网络直播这一平民化、视频化的传播方式为资本和官方"收编",在此背景下的网络直播不仅植入了主流意识形态和主旋律内容,也成为主流意识形态传播的阵地,有助于拓展主旋律的传播空间,同时拉近主旋律与普通大众的距离。**(4)垂直化:**在国家有关管理部门将网络直播纳入法治化管理轨道之后,"网络直播+垂直领域"的信息生产格局开始出现,例如,"直播+游戏""直播+扶贫""直播+培训"等逐渐与专业领域相结合,延伸出具体的应用场景,这既为网络直播找到了适合自己的生存空间,又为其可持续发展提供了保障。

8. **网络直播的主流化趋向:(1)表现:**网络直播的主流化指网络直播在运用过程中贯穿主流意识形态或主流价值观,表现为两种方式:一是官方机构运用网络直播,二是直播的内容贯穿主旋律内容。从本质上讲,网络直播的主流化是主流意识形态与直播技术联姻的结果，是官方对新技术的"收编"和新技术"合法化"的一种策略。**(2)意义**：以"网络直播+精准扶贫"等为代表的运作方式将网络直播这个互联网新技术的"变量"转变成助推社会发展文明进步的力量，有助于营造健康清朗的互联网空间秩序，实现官方话语的平民化、非主流话语的主流化。**(3)启发**：意味着网络直播并不只是信息娱乐的平台，也是经济社会发展的重要引擎。技术并非天然的恶，也非天然的善，需要看技术是在何种社会制度下为持有何种价值观的主体使用。

案例37　多部门集中整治网络"吃播"乱象

案例简介：在短视频、网络直播行业迅速发展的背景下，网络"吃播"备受追捧，但以"大胃王"为代表的"吃播"乱象为博取流量，宣扬不健康饮食理念，既浪费食物，又误导消费。根据《北京青年报》报道，2021年8月13日开始，不少直播平台增加相关提示，用户在搜索关键词时，被增加"拒绝浪费"的提示性用词，部分账号根据情节严重程度，给予删除作品、关停直播、封禁账号等处罚。

案例分析：(1)网络"吃播"的传播学原理：网络"吃播"是"吃饭+网络直播"的组合简写，是互联网时代满足受众个性化内容消费需求，以受众"美食"消费的替代性满足及猎奇性、窥探性消费为特征的网络直播文化；因具有较大的受众基础，网络"吃播"形成了一套"注意力吸纳→流量转化资本"的运作机制。**(2)"大胃王"反映直播文化乱象**："大胃王"直播的诉求是内容及粉丝的收益变现，在"吃播"门槛偏低、主体多元化和内容同质化严重的背景下，部分"吃播"在内容创新乏力的背景下，其吸引力取决于"吃播"所展示的内容的猎奇程度，无底线浪费就成为一种策略。**(3)网络"吃播"反映的受众心理**：网络"吃播"是用户的猎奇消费、休闲娱乐和内心欲望的替代性满足，同时也是受众

> 与"网红"借助观看和"礼物经济"的虚拟互动,是传受双方在交互参与内容生产与消费过程中互相满足的过程。**(4)网络"吃播"引发的社会效果**:网络"吃播"展示了不健康的饮食习惯、宣扬了不恰当的消费理念,使网络直播内容停留在低层次的"炫耀"及"猎奇"层面,营造"直播经济"的虚假繁荣,倡导了有悖公序良俗的消费文化,误导了社会大众对健康消费习惯的认识。

9. 网络直播中的"网红"现象:(1)话语权的平民化:直播的方式从电视建造神话、共享盛大仪式转向全民参与,制造的不再是国家主流意识形态话语的霸权和高高在上的娱乐明星和社会精英,而是普通的草根大众和网络明星,塑造了由平民自主生产出来的偶像。**(2)资本的持续在场**:直播造就"网红"背后仍然是资本的力量在发挥作用,永远无法否认的是资本和利益促生了这种现象的萌发和成长,"网红"和资本之间通过直播所建构的注意力来实现转化。**(3)日常化的民主**:直播从目前的内容来看,大部分都是日常生活中的琐事和一些并不纯正的所谓艺术,迎合的是公众的新鲜感和窥探他人的欲望。所以,从形式上来说,它带有民主的意味,也带有技术生活化的意味,还带有普通公众反抗主流话语的意味。**(4)独特文化景观**:内容层面存在的低俗化和庸俗化状况就决定了靠隐私、猎奇、窥探和哗众取宠并不能走得长远,但毫无疑问的是,这种技术形态本身带有创新性,一旦跟公众更高层次的需求结合起来,将会缔造一种全新的网络文化景观。

案例 38 社会热点事件中的"直播即正义"现象

> **背景材料**:2021 年 7 月 2 日,一段"徽州宴"老板娘遛狗不牵绳还口出狂言的视频在互联网上引发争议。舆论发酵后,蚌埠的徽州宴酒店

成为网红、主播打卡地。据《界面新闻》报道，蚌埠徽州宴酒店门口"大批网红主播汇聚"，以至于"当地出动多名民警维护秩序"，"主播冒雨扎堆直播、拍摄"，路过市民抱怨称："别再挡路了！"另，"保姆纵火案"事发地的杭州某高档小区，因房屋原主人林某在2021年成为网络热议对象，不少自媒体创业者前往该小区"做直播""拍视频"。有自媒体称，"围观即良知，直播即正义"。

案例分析：在近年来多起热点新闻事件中，几乎都伴随着网络主播、网红们的身影，从网络发帖爆料到网络舆论扩散，这些自媒体创业者提供了关于新闻事件的若干信息，甚至也奔赴事件"现场"，成为影响舆论走势和沉淀舆论议题的重要力量。也因如此，有不少自媒体将"围观即良知，直播即正义"等表述作为自己介入社会热点事件的论据。

（1）网络围观中的网络民粹主义：以"网络围观"为方式向特定的目标对象施加压力，是一种典型的网络集合行动，本质上是网络民粹主义的短视效应和以正义之名发动的舆论暴力的混合体。在近年来各起网络围观事件中，网红和主播塑造了"围观即良知，直播即正义"的"一般性认识"（general idea），因契合民众朴素正义的心理为社会大众广泛接受，也能充分调用民众情绪、迅速整合注意力资源。**（2）"围观即正义"的道德逻辑**："围观即正义"的概化理念采用非黑即白、二元对立的逻辑来审视在道德、行为上有瑕疵一方，以此强化自我的正义信念并鼓动舆论的支持，强调用所谓的社会共识促成集体行动，进而向目标对象施加舆论审判。因此，借助"网络围观"的力量施加道德审判，其"正义"和"良知"均是被创造出来且被滥用的话语符号，其本质仍是网络暴力和群体极化。**（3）"围观即正义"的社会基础**："围观即正义"的直接动因是民众对公序良俗类议题持有的情感和情绪，根本原因是转型期社会积累的各类矛盾、问题中酝酿的情绪通过偶发事件得以释放和宣泄；网

> 红、主播以流量为目标的直播和围观行动是重要的推动力量。此外，数字技术的内容可供性、社交可供性和移动可供性是围观行动得以实现的技术保证。**（4）建构理性表达的网络秩序：**具有高关注度的社会热点事件也意味着一场事关正义与流量的争夺，"围观"尽管在客观上能够促成一定的社会教育意义或警示惩戒效果，但社会秩序的维系并不能依赖朴素的网络正义，也不能凭借社交媒体构筑的道德法庭，更不能通过所谓"批判丑恶""伸张正义""推崇良知"的包装来推动网络民粹的狂欢和极化，真正有序的网络环境应该是基于理性协商的社会问题的解决。

10. 网络直播与"网红经济"：（1）"网红经济"的定义："网红经济"实际上也是"粉丝经济"，或者"注意力经济"，其本质是注意力延伸出的经济行为：以用户变现为方式的直接经济行为（打赏、道具、付费问答等）和间接的经济行为（广告、品牌、代言等）。**（2）"网红经济"的本质：**网络直播和"网红"现象以及由此引发的"直播经济"或"网红经济"从本质上都是资本在新媒体领域的渗透，也是资本在日常生活中的影响力的扩张，它表明的是资本无所不在追求商业利益的逻辑，其运作过程包括"网红"的塑造、粉丝网络的维系、商业价值转化三个环节。**（3）"网红经济"的特征：**格外强调注意力或流量的价值转化（商业变现），格外强调用户在消费过程中的情感、情绪和人际体验，"网红经济"较为依赖社群网络和社群营销，较为依赖"网红"个体，其生命周期相对较短。

专题 04　娱乐文化

"娱乐文化"现象源于社会公众的娱乐需求,是大众传播时代信息批量生产的结果,以媒体的传播为载体,以娱乐为主要功能,以消费的刺激为最终目标。在中国语境下,"娱乐文化"不能仅仅聚焦于娱乐,也不能因刻意迎合公众的需求而提供过度娱乐化的信息。娱乐是大众媒介和信息传播的重要功能,但不是唯一功能。相较于涉及公共事务的政治、经济、社会、民生类信息,娱乐化的信息不是不可以存在,而是应该有一定的尺度和边界。

1. 关于娱乐的相关理论及概念:**(1)大众传播的娱乐功能**:大众传播具有满足人们的精神生活的共同需要,使人们产生精神上的愉悦的社会作用。社会学家查尔斯·赖特在《大众传播:功能的探讨》(1959)一书中,在拉斯韦尔提出的三功能(环境监测、社会协调、传承遗产)基础上补充了传播的第四个功能即娱乐功能(提供娱乐),指媒介在满足精神生活需要层面扮演的角色;威尔伯·施拉姆在《传播学概论》一书中,将传播功能定义为雷达功能、控制功能、教育功能、娱乐功能。**(2)信息娱乐(Infortaiment)**:又称"娱信",根据童兵教授在《新闻传播学大辞典》中的解释,指"媒介用娱乐方式提供信息和制作新闻,由 information 和 entertainment 两个词合并而成,这个概念的出现昭示了信息与娱乐合流的新闻现象。学界把 information 一词所反映的、在新闻领域新闻与娱乐信息相融合的趋势称为'新闻娱乐化'"。**(3)门德尔松"大众娱乐理论"**:该理论在《大众娱乐》(1966)一书中提出,他认为,电视以及其他大众媒介因为使普通人放松或得到娱乐而实现了重要的社会功能。学者们对媒体娱乐的批评是精英主义和家长式的，因为以电视为代表的娱乐为人们提供了放松和无害的空想，如果没有电视娱乐，人们也会寻找其他途径舒缓日常生活中的紧张情绪，电视仅仅是比其他途径更容易、更有力也更有效地满足了人们的这些需求。娱乐信息并没有使人们从重要的活动如中奖、政治、家庭生活中分心，相反，它帮助人们放松，使其事后可以以全新的兴趣和活力投入这些活动中。少数人可能会因娱乐内容受害，但如果没有娱乐内容，这些人有可能会对其他事物上瘾，相对而言，电视等娱乐信息带来的危害较为缓和，甚至还有可能带有一些教育作用。**（4）约翰·费斯克的"通俗文化理论"：** 费斯克认为，大众文化是人民大众对"意义与愉悦的主动需求"，同样的文化产品可以用不同的方式来解读，文本的意义具有多样性而受众的需求和解读也可以有多样性；通俗文化是反映受众需求的文化，能够满足不同群体的兴趣，因而它是最具有"人民性"的文化，受众通过注意及选择行为，决定了某种文化是否具有生存空间。

2. 大众文化的娱乐性及负功能：（1）娱乐的正向功能： 大众文化从其诞生之初，就带有娱乐色彩，追求感官愉悦是其基本宗旨；以娱乐为中心的产业已成为一项重要产业，娱乐经济席卷全球成为极富宰制力、创造力和经济贡献力的经济形态；娱乐信息满足了公众日常的休闲、放松及缓解生活、工作压力的需求，并且，这些需求的满足是以较少的社会危害为代价实现的，如果没有娱乐信息，公众就会自发地寻求其他满足需求的渠道。**（2）大众传媒的负面功能：** 拉扎斯菲尔德与罗伯特·默顿在其合著的《大众传播的社会作用》中提出了媒介的负面功能，他们认为，大众媒介是一种既可以为善服务，又可以为恶服务的强大工具，若不加以适当的控制，其为恶的可能性更大，大众媒介持续不断的宣传会使人们完全丧失辨别力，从而不假思索地顺从现状；媒介是使大众的审美鉴赏力退化和文化水平下降的重要原因；媒介以低廉的代价占有或剥夺人们的时间；媒介具有麻醉精神的功能，使人们沉醉在虚幻的满足中。

3. 娱乐化与泛娱乐化现象：（1）娱乐： 在新闻传播学领域，"娱乐"指的是大众传播具有的满足人们精神生活需求并使人们产生精神愉悦的一种社会作用。它体现在查尔斯·赖特、施拉姆等人关于传媒的功能论述中。**（2）娱乐化（Entertainment-oriented）：** 指各类媒体信息都朝着娱乐的方向发展，在内容的生产、流通和消费过程中全方位掺入娱乐元素的现象；将娱乐性放在首位，以吸引住观众眼球为目的，把传播内容进行娱乐性的修饰，重点突出娱乐性，人为降低信息的严肃性和真实性。**（3）泛娱乐化：** 指的是"一股以消费主义、享乐主义为核心，以现代媒介为主要载体（电视、戏剧、网络、电影等），以内容浅薄空洞甚至不惜以粗鄙搞怪、噱头包装、戏谑的方式，通过'戏剧化'的滥情表演，试图放松人们的紧张神经，从而达到快感的思潮"[①]；泛娱乐化中的"泛"可解读为"遍在""泛化""泛滥"之意，指所有的文化都在以娱乐化的方式呈现并且这种趋势正在向所有的平台扩散。

4. 泛娱乐化现象的具体表现：（1）价值取向的娱乐化： 信息的选择以娱乐至上作为至高标准，纯粹满足公众的娱乐需求，追求简单的快感和浅层次的满足。**（2）内容生产的娱乐化：** 信息的内容、形式、包装等各方面掺入娱乐元素，格外强调娱乐色彩，如若干新闻中格外倾向于报道娱乐新闻，一般新闻中挑选娱乐元素报道，灾难、时政等严肃新闻采用娱乐化的方式呈现等。**（3）数量与比重的提升：** 娱乐化的信息占所有类型信息的比重越来越大，包括各类媒体及平台中娱乐信息的种类、数量的比例大幅度提升，如电视媒体中娱乐节目比例的提升，自媒体中娱乐信息的一边倒现象。**（4）娱乐思潮泛滥：** 娱乐思潮的泛滥表现在娱乐化不仅成为内容生产的主导力量、媒介经营的生存手段，甚至导致课堂教学、政府通告都开始走娱乐化的道路。

5. 泛娱乐化现象产生的原因：（1）缺乏有效监管： 政府主管部门在对待泛

---

① 吕绍刚：《"泛娱乐化"为何屡禁不止？》，载人民网，http://culture.people.com.cn/GB/46104/46105/5617825.html，2007年4月16日。

娱乐化现象上缺乏行之有效的监管机制，尽管各类行政命令、通知等不断下发，但缺乏落实的实效。**（2）行业自律欠缺**：娱乐相较于严肃内容更具有市场，传媒机构漠视自身社会责任，将对经济利益的追求放在首位就容易导致其格外重视娱乐内容的生产。**（3）市场经济刺激**：在激烈的市场竞争环境下，受众的总体规模被视为一个巨大的蛋糕，在蛋糕无法做大的背景下，各媒介机构只能各显神通迎合受众需求，抢占市场份额。**（4）娱乐思潮蔓延**：改革开放以来，西方的拜金主义、享乐主义思潮不断涌入中国，自20世纪90年代开始，在社会经济发展和大众心灵释放的双重背景下，娱乐化逐渐成为市场经济中的一股重要思潮，渗透至生产生活的各方面。**（5）社会文化背景**：中国转型期在房价、就业、工作等若干层面的压力需要通过对通俗文化的消费来转移和缓解，娱乐化和泛娱乐化的内容满足了受众的这种文化消费需求。

案例39　文化娱乐领域综合治理的相关思考

背景材料：针对流量至上、"饭圈"乱象、违法失德等文娱领域出现的问题，中央宣传部于2021年9月印发《关于开展文娱领域综合治理工作的通知》。随着文娱产业迅速发展，天价片酬、"阴阳合同"、偷逃税等问题有以新方式新手段死灰复燃迹象，流量至上、畸形审美、"饭圈"乱象、"耽改"之风等新情况新问题迭出，一些从业人员政治素养不高、法律意识淡薄、道德观念滑坡，违法失德言行时有发生，对社会特别是青少年产生不良影响，严重污染社会风气，人民群众反映强烈。为此，中央宣传部会同有关部门集中开展文娱领域综合治理工作。

案例分析：**（1）文化娱乐领域综合治理的背景**：近年来，文化娱乐行业对于丰富我国民众的精神生活提供了丰富、多元、多彩的文化产品，也出现了一些顽疾，中宣部印发《通知》对文娱行业的饭圈乱象、流量至上、拜金主义等问题有针对性地开出了药方，是正本清源地解决文娱行业粗放式发展过程中遇到的一些问题,也是为更好地推动文化娱乐行业的健康有序发展提供保障。**(2)文娱行业综合治理的必要性**:文化娱乐行业不同于一般的行业,因为它能释放巨大的精神力量,是社会价值体系的承载者和践行者,会对整个社会的价值体系形成潜移默化的影响,应该有更高的道德标准要求,主动让自己成为带头践行社会主义核心价值观的标杆力量,故而不能用简单的底线思维和法律思维去规范文娱行业发展,更不能让文娱行业成为主流价值体系的短板。中宣部印发的《通知》将会从根本上扭转近年来文娱行业出现的歪风邪气,推动文娱产业更高质量的发展。**(3)《通知》体现文娱行业治理的三大特点**:《通知》明确了文娱领域治理的对象、任务和具体要求,系统性聚焦了近年来文娱行业存在的各类短板问题;《通知》从文娱企业、平台方、制度保障、组织领导等方面都进行了明确,体现出了工作的扎实水平和精细化标准;《通知》既认可文娱行业发挥的积极作用,又正视短板问题,实现了尊重文娱行业发展规律和正面检视问题、力补短板的统一。**(4)有利于维护健康有序的行业秩序**:《通知》明确了文娱相关领域的价值引领,对规范市场秩序、严格内容监管、强化行业管理、加强教育培训、加强舆论宣传及强化组织领导的具体要求,明确了文娱行业的治理思路,提供了精细化的治理方向,对于有力遏制近年来出现的流量至上、饭圈乱象、违法失德等问题具有极强针对性,有利于进一步规范我国文娱行业的健康发展,维护有秩序的文娱行业生态。**(5)系统性地解决文娱领域的短板问题**:互联网时代的文化娱乐是文化创意产业的重要组成,更是社会主义核心价值观的重要支撑平台,新时代需要有情感、有温度的文化作品,更需要有责任感、有正确价值导向的明星艺人和文娱圈,中宣部的《通知》高规格、大力度、有聚焦地对各类乱象进行集中治理,是对症下药的重要举措,预示着中国文娱产业将进入更高质量发展、更负责任发展的新阶段。**(6) 对症下药解决文娱领域根本难题**：文化娱乐行业是浸润情操、引领道德的重要阵地，对社会大众尤其是青少年群体的价值观培养和互联网空间的舆论秩序有着极大的影响，圈子风气、艺人动向都会对未成年人带来深远的影响，文娱行业近些年来出现的一些乱象彰显了行业的影响力与其社会责任感不相匹配的状况，《通知》提出的"坚持社会主义核心价值观为引领""有效遏制不良倾向，廓清文娱领域风气"的要求有利于整体上形成风清气朗的文娱风气。**(7) 文娱治理需要社会各方面共同努力**：文化娱乐圈对青少年儿童群体的影响非常大，对文娱领域开展综合治理工作，可以为青少年的健康成长营造更好的环境，防范青少年频繁受文化娱乐领域的一些负面案例和问题的影响形成错误的价值观念。国家管理部门有了新的举措，学校、家长、社会都应携手形成合力，为下一代的健康成长营造积极正向的空间。

6. 娱乐化的价值与意义分析：(1) 满足大众的娱乐需求：媒介文化具有娱乐大众的功能，而娱乐也是大众使用媒介、获取信息的重要动机之一，娱乐类的信息正是媒介发挥其功能、满足公众需求的一个重要方式。**(2) 尊重受众主体地位**：娱乐文化是以受众的需求为导向的信息生产方式，暗含了对受众的主体性地位的尊重，在为受众提供多样化文化产品的同时，能够最大限度地满足受众的个性化、多元化需求。**(3) 抚慰社会情绪**：娱乐内容为受众心理放松、情绪宣泄、压力缓解提供了便捷、有效的渠道，是社会稳定的黏合剂、社会压力的泄洪槽、社会矛盾的减压阀。**(4) 价值观的放大器**：娱乐文化也承载一定的价值观，一旦将正能量贯穿于适度娱乐的文化，就会在很大程度上助推主流价值观的快速传播和被广泛认同（如《国家宝藏》）。**(5) 发展市场经济**：娱乐文化是文化产业的重要组成部分，在满足人民群众精神文化需求、扩大和引导文化消费、带动就业、促进经济发展等方面具有重要作用。

7. 娱乐化的边界及适度娱乐化：（1）适度娱乐： 适度娱乐指媒介产品的供给不能为了娱乐而娱乐，而应在恪守基本的价值导向、伦理规范和社会责任的前提下，发挥娱乐文化的寓教于乐功能。**（2）两个平衡：** 适度娱乐要求实现对经济效益和社会效益的兼顾并将社会效益放在首位，力求让文化产品做到"既有意思又有意义""既不趋利媚俗，又不远离市场、忽视市场"。**（3）审美格调：** 将宣传引导、教育服务等功能放在首位，避免追求娱乐至上、忽视思想内涵、排斥审美追求、拒绝承载社会责任和主流价值的文化产品。**（4）边界区分：** 要保持正史、学术、时政、灾难、财经等内容的严肃性，避免通过增添娱乐元素或以娱乐的方式重新改造而导致喧宾夺主、稀释主题、冲淡人文内涵的做法。**（5）效果原则：** 倡导主题积极、格调健康，能够振奋精神、愉悦身心的文化内容，避免可以吸引眼球、追求浅层次情感宣泄和快感满足的低俗、庸俗、媚俗内容。

8. 泛娱乐化现象的社会危害分析：（1）价值导向危害： 泛娱乐化以娱乐至上的态度宣扬低俗、庸俗、媚俗的文化产品，"价值诉求上愈益背离中国人文传统与中国受众的审美习性，抽空了娱乐内容中的人文内涵，使娱乐本身愈益成为一种'无意味的形式'，走向'泛娱乐化'"[1]，对社会主义核心价值观起到消融、消解的作用。**（2）内容同质化：** 泛娱乐化的一大后果是同类、同质的信息通过批量化、模式化的方式加工，所生成的文化产品只有空洞的形式，而无真正的价值内涵，导致各类屏幕上都充斥着相似的内容，艺术审美和价值取向日益单调、片面，抑制了文化艺术市场的多元化发展。**（3）产业生态：** 导致文化产品越来越不重视品质、内涵和创新，反而格外注重炒作、噱头、包装，影响了文化产品的质量，降低了中国文化市场的总体格调，影响了文化产业的良性、可持续性发展。**（4）文化审美：** 泛娱乐化不仅削弱了严肃文化、传统文化、主流文化的审美功能，更通过功利主义、拜金主义、消费主义、

---

[1] 邹定宾：《走出"泛娱乐化"的审美误区》，载《当代电视》，2004年第10期，第74-75页。

煽情主义的宣扬降低了大众的审美能力和文化品位，从而影响社会整体的精神风貌。

案例40　公序良俗事件中的"流量虹吸效应"

案例背景：2021年期间发生多起引发极大舆论关注的公序良俗类事件，如"都美竹爆料吴亦凡性丑闻事件""父亲摔死亲生儿女事件""狗命比人命贵事件"等。此类事件呈现出极为突出的流量集中现象，本书将这种现象概括为"流量虹吸效应"。

案例解读：（1）**负面话题中流量虹吸效应的体现**：2021年多起产生流量虹吸的案例均以价值观强烈冲突或关涉公序良俗话题为典型特征。流量虹吸效应的大小并不取决于事件本身的严重性，而是取决于事件所反映出的价值观冲突的强烈程度，即便是普通的社会治安新闻，只要能够捆绑道德与公序良俗等议题，极容易让围观者产生强烈情绪共鸣。（2）**突出表现为流量向少数议题及账号集中**：负面议题的流量极易向少数议题、少数账号和少数帖文集中。突出表现为，在成千上万的新闻事件中仅有个别并非当前社会主要议题的事件成为全网皆知的网络事件，在数十万、数百万条信息中，个别信息拥有占支配性地位的流量，在数以亿计的互联网用户中，个别用户拥有占支配性地位的流量。（3）**公序良俗议题是流量虹吸集中点**：负面话题因与道德议题和公序良俗议题捆绑，可以让每个围观者站在道德制高点的角度旁观事件，拥有"高举正义旗帜"理直气壮对所涉及对象展开激烈批斗、人身攻讦、猛挖隐私的底气；同时，此类议题多以娱乐八卦和一般的社会新闻为主，议题所获得的流量与事件本身的重要性并不成正比。（4）**流量虹吸效应加速轰动性新闻的内卷化**：流量虹吸效应推高负面新闻"出圈"门槛。极富舆论震荡性的负面新闻能给发布者带来可观流量，一旦虹吸效应成为常

> 态，网民在面对一般负面新闻时很难产生新鲜感和围观效应，对"很黄很暴力"内容的期待就会升格为对"更黄更暴力"的期待。这将迫使负面新闻向更极端的方向发展，以更极端、更夸张的方式爆料。**（5）被放大的社会矛盾与冲突**：网络流量虹吸效应多集中于一般的民生类、治安类、道德类、娱乐类等领域，属于社会新闻的范畴，通过流量虹吸效应，个别性、个人化、地方性、偶发性的新闻事件和新闻议题被层层拔高，掩盖了当前社会更为重要的其他话题、制造了紧张的舆论氛围、带来价值观判断的涵化效果。

9. 泛娱乐化对主流价值观的影响：（1）解构主流价值体系：娱乐文化规避宏大叙事与主流价值，暗含了个人主义、拜金主义、享乐主义等与主流价值观相悖的意识形态内容，通过生活化、日常化的传播解构了主流文化及主流价值观的传播力、阐释力和影响力。**（2）挤占公共话语空间**：娱乐文化以无孔不入的方式挤占了公共话语空间，使原本传播主流文化与主流价值观的时空资源被压缩，也使得受众的注意力被牢牢束缚在娱乐信息上而无暇顾及其他。**（3）推动消费主义思潮**：娱乐文化凭借强大的资本及媒体资源力量，强势侵入受众的日常生活，并将一些跟政治、经济、教育、宗教等相关的信息甚至主流价值观都纳入被消费、娱乐的对象，从而使主流信息丧失了其主流意义变成了被娱乐和解构的对象。

10. 娱乐文化的泛化与"愚乐"效果：（1）低质量的娱乐文化：娱乐文化具有娱乐功能，本质特征是消费性、大众化和商业化，其最终的目的是获取最大限度的剩余价值，它不以传播有价值的信息、提升大众审美的趣味或丰富人们的文化生活为目的，而是最大限度地摄取受众的注意力，追求利润的最大化。**（2）降低公共参与意识**：公众因为过度地关注娱乐内容导致对那些事关教育、政治、公益等严肃信息的关注丧失，使受众过度沉迷于虚幻世界的替代性满足中，掩盖了对真正的社会现实问题和公共利益问题的关注，从而也削弱了公众参与社会公共事务的热情和积极性。**（3）降低社会文明水平：** 娱乐文化的内容中的智慧性、知识性、道德教化性信息量偏低，总体上是文化工业背景下被批量生产出来的机械式和快餐式的文化，并混杂若干拜金、淫秽、反智等非理性内容，从社会效果和社会文化作用看，娱乐信息破坏和降低了社会文明、文化、道德水平。**（4）弱化媒体正面社会功能：** 大众传媒具有教育大众、监测环境、整合社会等多样化功能，但在娱乐文化中，娱乐功能和以娱乐为形态的经济功能被无限放大，而其他功能则被无限挤压，严重削弱了媒介的公信力和其作为社会公器的公共形象。

11. 批判理论视域下的文化观：（1）文化工业与机械复制： 娱乐文化是大众文化或通俗文化的一种，是工业社会背景下面向社会大众批量生产的、伪个性化的、低品质的文化。**（2）意识形态工具：** 娱乐文化充当"精神鸦片"的角色，它通过为大众提供"安慰奶嘴"的方式，麻痹和削弱受众的主体意识，使之放弃对不合理社会现状的反抗，从而维护资本与权力合谋下的统治。**（3）文化的商品化：** 作为大众文化重要组成部分的娱乐文化是一种典型的商品文化，其目的是将一切文化形态都以商品的形式进行生产、流通和消费，从而为攫取利润服务，是资本至上的逻辑在文化领域扩张的结果。**（4）人的异化：** 大众文化尤其是娱乐文化以降低受众的批判能力、批判思维和审美趣味为主要方式，以看似满足受众多元需求的方式剥夺了人的主体性，更使得传播者和受众之间的交流、分享的关系被异化成商品化的关系。

12. 文化内容生产与传播的伦理：（1）两个效益统一： 中国是社会主义国家，更是公有制经济占主导，这决定了中国的传媒业不能以市场为唯一的评判标准，故任何传播活动或文化实践都需要坚持经济效益和社会效益统一，并将社会效益放在首位的原则。**（2）坚守社会责任：** 坚持道德、伦理和法律底线，不违反法律和相关的政策，遵守社会公共秩序、伦理规范和道德底线；传播主体、传播平台均应坚守社会责任，尽可能强化传播活动的积极效果，弱化其负面效果。**(3)弘扬先进文化**：中国占主导的文化是以马克思主义为主导的中国特色社会主义文化，而不是以资本及注意力为导向的享乐文化和拜金文化。**(4)注重社会导向**：中国文化产品的检验标准是是否有助于促成积极的社会实践，助推社会发展精神文明的进步。**(5)强化价值引领**：中国的媒体及新闻工作者应该坚持全心全意为人民服务的原则，坚持正确的舆论导向，有政治意识、大局意识、责任意识，自觉弘扬主旋律，传播正能量，自觉践行社会主义核心价值观。

13. 针对泛娱乐化现象的应对策略：(1)优化市场监管：政府机构、行业组织要加大对泛娱乐化现象的规范化管理，通过内容审核、市场监管、总量调控、税收政策等多样化的手段，确保流通于市场中的文化能够坚守道德与责任的底线。**(2)创新文化产品**：泛娱乐化市场经济下文化商品生产者急功近利缺乏创新意识的表现，对于生产经营者而言，要走出泛娱乐化、同质化的怪圈就需要通过技术、方式、题材、形态等的创新，摆脱浅层次的模仿、抄袭，为受众提供多元化的选择。**(3)文化生产主体**：大众文化的生产者（包括运营机构、新闻媒体、传媒工作者等）要坚守社会责任和职业道德底线，坚持经济效益和社会效益的统一并将社会效益放在首位，不能为了娱乐而娱乐。**(4)受众审美素养**：培育并提升受众的审美素养、审美情趣和道德情操，增强其对主流文化、经典文化的认同能力，增强对堕落的、庸俗的娱乐文化的批判和抵抗能力。**(5)主流话语传播**：泛娱乐化内容之所以有市场与主流文化传播力、阐释力、吸引力和认同度的缺失有关，通过内容、形式和手段的创新，壮大主流话语的传播力和阐释力，可以有效压缩泛娱乐化内容的市场。**(6)社会监督与批评**：通过新闻媒体、行业机构、社会大众的批评和监督，通过批评落后文化、褒扬进步文化等多种方式为文化产业的良性发展营造健康向上的舆论环境。

案例 41 "流浪大师"沈巍的"网红"之路

案例简介：某机构长病假工作人员沈巍，流浪 20 多年后在抖音、快手等视频博主的推动下成为"网红"。"流浪大师"沈巍除却引发各类自媒体和网民的关注之外，不少主流媒体也发表相关评论，其角度涉及文化人的无奈、网络直播的狂欢、家庭教育的反思等问题。与此前互联网中的"网红"相比，"流浪大师"沈巍成为都市社会、新媒体空间中的一个话语符号，不同的群体都在赋予这个符号以特殊的含义。

案例解析：**（1）网络狂欢**：网络自媒体和互联网网民共同挖掘了沈巍这一人物"流浪汉+读书人"这一反差特质，并将这一反差通过网络直播、网络视频等方式予以聚焦和放大成网络空间的媒介景观，迎合了互联网受众的娱乐、猎奇、戏谑、狂欢心理。**（2）话语符号**："流浪大师"沈巍成为一种反衬不同群体社会认知及心理的话语符号，即不同的群体均从自己的知识结构、社会阅历、价值观念、兴趣偏好出发去赋予"流浪大师"不同的含义，也借此宣泄自己的情绪，以此为镜也折射出当代社会不同阶层、群体、个体的心态。**（3）文化他者**：对于此前的"网红"而言，"流浪大师"沈巍的网络形象是一种由网民进行的集体创造，而非"网红"个体的自我塑造，网民在集体无意识的生产中将沈巍作为现代社会、文明秩序及象征规范、传统与正统身份的对立面而审视、消费。

专题 05　视频文化

1. **"短微视频"的定义及特点：**（1）**学术定义：**短微视频是相对于传统以电视、电影等屏幕为载体的视频而言的一种主要借助互联网信息技术和移动智能终端进行传播的视频形态。生产主体、视频内容及受众群体的平民化、形式上的短小和借助移动终端观看是其最大特点。（2）**高度浓缩：**短微视频以极短的时间浓缩丰富的信息量和故事性，具有高强度的素材压缩感，契合移动互联网信息传播的特点和移动智能终端用户的媒介及信息使用偏好。（3）**移动观看：**短视频时长高度压缩，适合以手机为主要终端的伴随化、碎片化的场景观看，满足受众在不同场合的信息获取需求。（4）**制作门槛低：**短微视频制作、发布、分享的技术门槛偏低，可以充分调动 UGC 的力量，完成对日常生活、新闻现场、突发事件的即时速写和分享，因而也使"所有人对所有人"的传播成为可能。（5）**生产效率高：**借助移动终端的视频摄制软件或第三方应用平台，可以在极短的时间内生成视频内容并可借助专业类的视频平台或社交媒体进行即时分享，大大提高了传播效率。（6）**平民展演：**短微视频极富平民化特征，网络民众借助便捷的视频拍摄、剪辑和发布工具，让普通大众由观众转变成视频的拍摄者、执导者及移动屏幕中的主角，是一种技术赋权下的平民化、生活化的展演，也是普通公众在移动互联网时代彰显自身身份、实现网络在场的一种方式。

2. **短微视频的发展背景：**（1）**技术背景：**视频采集、编辑、传播技术的发展及移动终端的普及为短微视频的发展提供了可能性。（2）**受众基础：**移动互联网用户数量的激增以及受众对视频信息的获取偏好为短微视频市场的发展提供了扎实的受众基础。**(3)政策扶植**：中国政府通过国家政策、税收等多样化的方式持续鼓励数字技术、信息技术的发展，为各类新技术的发展和新平台的开发提供了宽松的政策环境和优越的市场环境。**(4)媒介趋势**：媒介发展的历程是形态日渐丰富、手段日渐多元、优点不断集成的过程，文字、声音、图像、视频等信息形态伴随着技术的进步不断实现优势的集合。

3. 短微视频的应用领域：(1)突发事件即时报道：网民或职业媒体人利用短微视频的制作、发布和传播优势，可以在第一时间快速完成对新闻事件的采写加工及发布传播，提高了新闻生产的效率，也丰富了新闻产品的内容。**(2)耗时减压型娱乐**：短微视频是信息传播进入视频时代后最受欢迎的娱乐方式之一，它通过故事性、趣味性、冲突性的浓缩呈现，为受众利用碎片化事件进行休闲娱乐提供了便利，尽管此类短微视频较为消耗用户的时间。**(3)形象宣传及广告片**：短微视频叙事紧凑，利用社交媒体的覆盖面和传播速度优势可以在较短时间内取得意想不到的效果，故在国家形象、城市形象、产品广告、品牌宣传等方面有着独特的优势。**(4)重大素材的二次加工**：不少主流媒体也将自身的新闻节目剪辑成独立的短视频借助社交媒体进行传播，这可看作主流媒体借助自身优势、社交媒体传播优势和短微视频形态优势进行的二次生产，有助于扩大特定新闻议题的传播力、影响力、引导力。

4. 严肃新闻报道中的短微视频：(1)应用举例：在较为严肃的新闻话题或新闻事件中，短微视频成为传统媒体和主流媒体自身主力传播平台之外的又一重要阵地，例如，在"两会"召开时推出的《我是代表委员》《两会三分钟》、两会创意短视频《Rap动画唱两会》等短微视频节目。**(2)作用机制**：短微视频采用见微知著、以小见大的方式就某一事件话题的具体视角呈现，通过场景再现、个体叙事、碎片整合、故事讲解等多样化的方式，将新闻本身的严肃性、短微视频形式的活泼性和传播方式的便捷性高度整合。**(3)形式特点**：以PGC为主要报道者，将声音、图像、视频、文字的优点整合于一体，具有主题鲜明、叙事紧凑、内容突出、易于传播、互动性强的特点,能够满足不同场景下的受众信息获取需求。**(4)传播效果:** 有助于拓展主流话语的传播空间,构筑基于新媒体的主流话语传播矩阵,丰富主流话语的传播形式,进而增强新闻舆论的传播力、影响力、引导力和公信力。

案例42 疫情期间《新闻联播》主播的短视频发布

案例简介: 2020年新冠肺炎疫情期间,央视《新闻联播》主播借助短视频抖音、快手平台持续发布关于疫情防控形势相关短视频,其"该高大上绝不低姿态,该接地气也绝不端架子"的风格获得网民的好评。其灵活多样的叙事风格、贴近民生百姓的话语基调,不仅在短视频平台上获得广泛关注,更成为微信朋友圈及中老年互联网群组中被高频分享的内容。

案例解析:(1)案例背景: 短微视频已成为现今新媒体时代重要的信息传播载体,凭借其内容的丰富性、多元化契合了网络用户不同层面的信息需求,契合了移动互联网时代内容消费的视频化趋势,为互联网4G、5G技术的普及和推进提供了技术层面的支撑,电视媒体的受众正向互联网迁移,以央视为代表的主流媒体不断探索契合互联网传播规律的做法、机制,实现互联网时代的变革与创新。**(2)传播策略:** 释放出电视媒体主动拥抱互联网,借用最新传播方式、传播技术建构新型互联网传播阵地的积极信号,有效确保权威声音能够横到边、纵到底、全覆盖地拓展至互联网空间,同时在内容呈现和话语表达方式方面也更接地气,能有效覆盖网络视频的精准受众。**(3)网络逻辑:** "主播说联播"等案例表明主流舆论机构的"网络在场",既让传播机构成为网络结构中的重要节点,并将主流媒体上的语言和话语形态转化为网络语言和网络形态,推动了电视媒体以教化、宣传为特征的话语转向日常化和平民化,

> 也使这些内容更加可观、可感、可读、可亲近。**（4）案例启发**：主流媒体要建设新型的互联网平台，除了建立新的平台之外，更为重要的是，一方面要遵循网络社会逻辑，让发声者成为网络社会中的节点；另一方面要实现话语和修辞方式的网络化，即借用网络语言进行网络表达。简而言之，网络逻辑即"网络在场＋网络语言"。

5. 热点新闻事件中的短微视频：**（1）应用举例**：在一些突发性、争议性的社会热点新闻事件中，短视频是一种常见的由网民自发分享、传播的信息形态。例如，红黄蓝幼儿园虐童事件、高铁"霸座""扒门"事件等都有大量的短视频借助自媒体平台进行传播。**（2）作用机制**：热点新闻事件中网民成为自发的信息传播主体，短微视频以内容的冲突性、矛盾性激发用户的猎奇心理和主动分享的欲望，使短微视频借助人际网络和社交关系实现"病毒式"传播。**（3）形式特点**：短微视频除却内容、形式和传播特点之外，网民自发的传播、视频内容的冲突性、"视频＋字幕"的组合方式、信息原始来源的模糊性等是最为典型的特点，能够满足用户的猎奇心理和围观心态。**（4）传播效果**：传播速度极快，在较短时间内迅速覆盖整个互联网空间；因信息来源一般较为模糊且考证出处较有难度故经常有大量的移花接木、张冠李戴式的网络谣言。**（5）舆情管理**：突发事件中的短微视频的传播往往很难管控，尤其是伴随性谣言不易按照信息扩散的路径进行管控，一旦为不法分子利用就有可能对社会舆论环境带来严峻威胁，比如，渲染恐慌、放大冲突、散布谣言。

6. 网络短微视频的侵权问题：**（1）典型案例**：2018年9月9日，北京互联网法院受理"抖音短视频"诉"伙拍小视频"信息网络传播权纠纷案，这是"短视频侵权第一案"；同年9月14日，国家版权局约谈抖音、快手等15家重点短视频平台企业，要求短视频平台企业进一步提高版权保护意识，加强版权制度建设。**(2)侵权解读：**短微视频侵权主要包括侵犯隐私权和侵犯著作权两种，其中侵犯著作权是最受社会关注也是发生频率最高的侵权行为；短微视频侵权与短视频行业的迅速发展、行业竞争中的法律意识淡薄、维权难度较大、平台方滥用"避风港原则"等有关。**(3)侵犯隐私权：**不少短微视频采用偷拍、偷录或摄像头监控的方式获取素材，在未确定是否构成侵犯用户隐私的情况下上传至互联网进行分享，就有可能侵犯他人隐私权，如摄像头抓拍的尴尬场景等。**(4)侵犯著作权：**用户未经许可对他人享有著作权的作品进行剪辑加工及平台非经许可使用其他平台中具有独家排他信息网络传播权的内容均属于侵犯著作权。

7.网络短微视频的低俗问题：(1)低俗现象：短微视频正成为"流量高地"和"道德洼地"，甚至有"低俗信息的搬运工"之称，如"未成年人怀孕生子""生吞章鱼、老鼠"等。**(2)产生根源：**在"流量就是收益"的盈利模式和导向思维下，视频的点击率与内容的反主流、反传统和猎奇性程度成正比，在监管缺位和自律缺失的背景下，"三俗"内容反而成为变现的最大利器。**(3)社会影响：**污染舆论环境，宣扬低级趣味和非主流价值观念，对主流意识形态和健康向上的生活方式起到对冲作用，甚至导致观众尤其是未成年群体的跟风和模仿。**(4)具体对策：**通过制度、法律强制性地要求短微视频服务商、运营商落实主体责任，实行总量控制和价值引导的方式避免泛娱乐化尤其是"三俗"内容的大肆传播，引导网络短视频积极承担社会责任，将社会效益和经济效益统一起来。

8.网络短视频与谣言的传播：(1)谣言视频化：谣言一般为没有事实根据的消息，互联网为谣言的传播插上了翅膀，短微视频作为新媒体的最新传播手段更为谣言的传播提供了便利，尤其是剥离具体语境的细节片段通过夸张的方式呈现极富吸引力和欺骗性。**(2)传播机制：**短视频往往采用掐头去尾、移花接木、张冠李戴的方式来传播谣言，通过"事实"的"场景化"再现将毫无关联的素材贴上某一具体事件的标签从而诱导舆论，欺骗受众。**(3)具体场景：以短视频传播谣言的方式频繁出现在食品安全（如网民自己拍摄的"科普"视频介绍某种食品不能吃，多年前报道的食品卫生新闻被再次热炒）、突发事件（如将某一事件的视频资料编辑成另一个事件的现场）等民生领域，这些领域往往具有高公众关注度、高受众参与感和高个人利益关联性的特点。

9. "短微视频"的主流化现象：（1）案例简介：近年来，以今日头条"三农"频道、新浪微博的精准扶贫等为代表的社会公益项目及以"小六搞野""巧妇九妹"等为代表的"三农"达人，成为短微视频平台及用户介入社会公益的典型案例，不仅传播了公益文化、公益思想，也在精准扶贫、脱贫攻坚等方面发挥了重要作用。（2）价值意义：短视频平台及以微博为代表的社交平台主动对接国家重大战略、计划，积极承担和落实平台的主体责任及社会责任，通过资源、资金及流量支持，推动自身由泛娱乐化、泛内容、泛资讯平台转向内容生产和服务对象的主流化，顺应互联网扶贫等国家政策的趋势和潮流。（3）案例启发：互联网平台主动对接国家政策需求，积极介入主流内容生产表现为"以主流化追求合法化"的生存策略；同时，国家重要战略、社会公益项目积极采用网络直播、网络视频等新传播技术手段，也反映出国家政策对新技术的接纳和收编，推动了互联网新技术这一变量转化为社会进步和事业发展的最大增量。

10. 短视频时代的Vlog：（1）定义及其特点：Vlog即Video weblog或Videoblog的缩写，是视频化的网络日志，源于内容视频化传播背景下博客技术的转型升级，其典型特征为素材多记录日常生活，内容短小适合移动场景观看。（2）日常生活展演：Vlog多展示记录者的日常生活，且与私人日常场景中的生活有关，体现的是新媒体用户由信息的观赏者、消费者向视频内容的执导者的身份转换，是发布者的身体、审美和生活实践以视频为形态在网络空间进行的仪式化展演，也是一种生活方式的细节描述。（3）公私场景的打通：Vlog将私人场景的生活细节和个体经历放置于网络公共空间，用视频化的方式进一步打通了私人空间与公共空间的区隔，使前台和后台两者之间的界限更加模糊。**(4) Vlog 的使用与满足**:Vlog 体现的是内容发布者的表达欲望、社会交往和被关注的需求,其内容浏览者体现的则是窥探猎奇、生活审美、休闲娱乐和替代性满足等多种使用动机的满足。

专题 06　数字知识

1. 新媒体知识传播的特点及问题：（1）网络知识传播的新特点：①知识传播主体的多元化、平民化和去精英化；②知识传播渠道的多样化、多媒体、超链接、交互式特征；③基于众人协作的知识生产和更新成为可能；④知识信息的海量化和易检索方便了知识的获取。**（2）新媒体知识传播的问题：**①知识传播的主体往往以精英知识分子为主，这也是知识传播长期以来的特点，但在互联网时代这一特点被打破，普通的公众也可成为知识传播的主体，带来的结果是知识传播门槛的降低及众人的知识生产成为可能；②知识传播与接受的流程包括知识信息的获取、知识信息的评价、知识信息的内化三个阶段，随着互联网时代的信息生产、更新及传播速度的加快，信息获取变得极为容易，但使信息的评价和内化变得困难；③互联网提供了便捷的知识获取渠道，使每个用户获得了广泛的接近和使用知识的可能，但使知识沟差距呈现出两极化的状况，一部分群体借助便捷的互联网资源可以缩小知识沟差距，但另一部分群体也因此而拉大与他人的差距；④继知识沟、信息沟之后，动机沟成为互联网时代知识使用的新问题，即互联网时代人们信息的获取由"不能"转变成了"不愿"；⑤因注意力经济、商业资本的渗透，网络知识传播带有很强的娱乐化倾向，以至于对知识的评价标准由知识的质量让位于分享者的知名度和信息内容的话题性，于是各类以隐私和争议为代表的伪知识大行其道。

2. 网络知识付费的运作逻辑：（1）支付成本转移：信息或知识没有天生就是免费的，所有免费使用的信息都在其生产和传播过程中消耗了成本，只是因为"支付成本转移"（通俗比喻为"羊毛出在猪身上"），使用户在不需要直接支付成本的情况下就可以获取信息或知识。**（2）知识具有商品属性**：知识本身是一种信息产品，因具有价值和使用价值也可以成为商品，相比于互联网的免费时代，付费知识的差异在于信息的专业性和服务对象的针对性，免费知识分享是一种"撒播"，付费知识是一种精准高效的"窄播"。**（3）知识付费时代的条件**：知识付费普及取决于三个因素：大量的知识付费产品涌现、根深蒂固的免费阅读习惯被付费意识取代、版权保护成为全民共识并且有保障机制。**（4）知识经济的贡献**：知识是以知识的生产、流通和消费为基础的经济，与农业经济、工业经济相对应的概念，是一种新型的富有生命力的经济形态；工业化、信息化和知识化是现代化发展的三个阶段。

案例43　疫情防控期间直播网课的传播学分析

案例背景：在统筹常态化疫情防控和有序复工复产复学的过程中，"不见面，线上学"的网络直播授课成为2020年上半年新学期的一道风景。互联网直播课程为学生提供了便捷、灵活、多样的学习方式，极大方便了"疫情防控+知识学习"的双重需要。然而，在上半年开课伊始，一些"忘记关麦""不雅细节""网络弹窗"等话题也频频成为舆论热点。直播网课能否取代线下课程、如何从传播学的角度来看待网络课程与直播课程的差异等也值得我们思考。

案例解析：（1）跨时空的网络共享：网络授课是网络知识共享的一种方式，借助互联网内容生产主体多元化、授课内容多样化、用户选择自主性、传受双方交互性、网络课程的可复用性、接收终端的可选性及网课对时间和空间限制的超越，使网络授课拥有了传统授课不可比拟的优势。**（2）网络课程的仪式感**：网络课程与线下课程同样存在仪式感，前者是通过屏幕、异时空在线、授课纪律约束等数字技术构筑仪式，后者通过线下的教室、讲堂、师生间的礼仪等物理的手段构筑仪式；因而两者都具备授课的仪式感，但前者体现平等、民主，后者突出面对面的控制力。**（3）场景的重叠与错位**：网络课堂是信息技术对私人场景和公共场景的重新组合，在网络授课中，私人场景与公共场景的区隔被打通，个人的身份因置身的场景的重叠存在多重交叉，故授课时，教师同时具有"授课老师""孩子父亲""家庭主夫"角色，而学生可能同时扮演"好学生"兼"淘宝常客"及"游戏玩家"的角色。**（4）网络授课的失控与脱域**：在监视机制缺失、时空场景交叉、多元身份切换等背景下，脱离传统授课秩序的矛盾就会经常出现，这是网络社会及虚拟空间信息、身份、角色的流动性所致，因而私人屏幕不当曝光、起居室细节呈露于众等都会引发错乱感，导致授课的失序与脱域。

3. 网络知识生产与"认知盈余"：（1）"认知盈余"（Cognitive Surplus）概念：克莱·舍基在《认知盈余》一书中给出的定义是受过教育，并拥有自由支配时间的人，他们有丰富的知识背景，同时有强烈的分享欲望，这些人的时间汇聚在一起，产生巨大的社会效应。克莱·舍基认为，"认知盈余"就是人类在大型、全球化的项目上自愿贡献和合作的能力，它由两部分组成：大量的空闲时间和分享的激情，同时还要有可以由用户任意支配的工具。**（2）"认知盈余"提出的背景**：①互联网诞生之前，人们的闲暇活动往往是个体化、孤立和消极的娱乐，比如，看电视、读报等，这些活动的参与者很难互动起来，也很难将这些消极的娱乐（单纯的消费或娱乐）变成积极的生产（分享）；②新媒体时代人们可以用互联网连接在一起，使每个人碎片化的力量得以通过互联网整合，可以从事互联网诞生之前不可能完成的大规模的协作；③"认知盈余"在四个条件的基础上实现知识生产协作：专业领域的知识、自主分享的热情、闲暇的弹性时间、便捷的交流渠道。**（3）"认知盈余"典**

型案例：①维基百科、百度百科、知乎等都是典型的认知盈余案例，因其符合"专业领域的知识+自主分享的热情+闲暇的弹性时间+便捷的交流渠道"基础上的协作；②有学者和业界人士认为"百度知道""微博问答"也是一种"认知盈余"现象，主要考虑到提问者和回答者都是利用闲暇时间、互联网技术、分享热情及专业知识进行的分享，"知识=问题+答案"的生产也可看作知识分享的协作。**（4）"认知盈余"的货币化：**"认知盈余"要从观念构想变成商业模式需搭建知识和货币的转化渠道，部分付费平台提供了可能，比如，"值乎"（付费问答）、"在行"（付费面谈）、"分答"（付费问答）以及"付费午餐"等；"认知盈余"货币化（变现）依赖几个要素：提供者有某一方面的专业知识并且有分享的热情，有特定受众愿为专业化的知识买单，弹性工作时间的可能性，完备的运行规则或机制。

专题 07　数字民主

在互联网媒介赋予公众以更广泛的政治议题参与的前提下，数字民主成为影响政治权力分配的重要力量。传播学与政治学交叉领域的研究者对数字时代的政治参与、数字协商民主、政治权力的重组等问题进行了持续研究。近年来，西方社会的系列案例印证了数字民主的严重弊端；在系统反思数字民主背后影响力量、作用机制及互联网运作逻辑的基础上，有必要结合中国全过程民主的丰富内涵，探索能让数字技术服务中国政治传播的自洽性理论及规避西方数字民主问题的实践路径。

1. 信息技术与政治传播的关系：（1）信息技术推动现代政治传播体系的形成：信息技术与政治传播的关系十分密切，拓展了政治传播的活动空间、覆盖群体、影响范围，丰富了政治传播的手段、方式和方法，改变了民众参与政治生活的方式，推动了以广泛、公开、高效、交互、参与为特征的现代政治传播体系。**（2）信息技术形塑了西方政治传播逻辑：**现代西方社会的信息技术与媒介系统的运作逻辑深刻影响了西方政治传播的逻辑，尤其是技术和媒介开始由工具性、中介性力量转变为媒介化力量之后，信息技术和媒介系统自己所负载的价值偏向就影响到了政治传播的规则，如政治传播活动要架构在适合媒体传播的逻辑上并得到传媒力量的认可。**（3）技术—资本—权力结构权力关系：**西方社会背景下，从大众传媒作为自负盈亏的市场主体开始，媒体与资本和权力之间就形成了一套相对稳固的结构关系，该关系结构决定了媒介为资本或权力服务的属性并受到权力和资本的制约；在权力有效规训媒介及技术的背景下，媒介的工具性凸显，在权力不能规训技术的背景下，媒介代表资本凌驾于权力之上。

2. "数字民主"的发展历程："数字民主"泛指现今以现代信息传播技术为支撑的政治民主。其经过发展阶段大体分为四个阶段：**(1) 前数字民主阶段**：以邮政技术、大众报刊、大众广播为代表的信息及传播技术所开创的"邮政民主""报刊民主""广播民主"等延展、再造了传统民主生活的组织形态和表现方式，建构了传统民主之外的新型民主方式，同时也为"数字民主"的发展提供了技术、资本、受众和法律制度的基础准备。**(2) 电视民主阶段**：20世纪80—90年代，以数字电视为代表的信息传播技术运用到政治传播和其他民主政治活动中后，西方社会的电视辩论、电视演说等广泛运用到民主政治生活中，较大拓展了民主参与的群体，但也带来了民主生活的原子化、娱乐化和形象政治等问题。**(3) 赛博民主阶段**："赛博民主"又称"网络民主"，指web1.0和web2.0初期以新闻网站、个人门户、网络BBS和网络博客为代表的新媒体技术在民主政治生活与政治传播领域广泛应用后诞生的民主方式；与此前相比，赛博民主的特点是虚拟化、跨时空、匿名性和一定程度的交互性，它为小群体和个体的公共意见表达提供了充分的空间。**(4) 数字民主阶段**：以社交网络、大数据、算法机制、云计算、虚拟现实、增强现实等新信息技术为支撑所构筑的新型民主方式，它具有很强的技术依赖性，不仅从广度、深度上延展了此前诸阶段政治传播和其他民主活动的空间、范围和领域，同时也进一步加速了媒介技术作为制度性、环境性力量对政治传播的影响。

3. 数字民主的乌托邦想象：**(1) 观点缘起**：信息社会的到来提升了信息在现代社会组织管理中的作用，影响了社会资源的分配。互联网自20世纪90年代进入民用后，部分学者对"网络如何影响人类政治生活"这个命题进行了系列思考。有学者提出，互联网革命将前所未有的变革人类政治世界的组织方式、政治系统的运行方式和政治参与的规模深度，会极大促进民主政治的正向发展，这类观点实际上仍是典型的技术乐观主义者。**（2）观点依据**：网络是民主的、自由的、平等的、多元的、去中心化的、全球化的，网络可以也必将连接一切，这承载着人类社会诸多美好政治价值目标的新技术革命，必将打破旧的政治版图，为不满于现实世界种种不民主、不自由、不公平、不平等的人们创造一个美丽的新政治世界，这种对网络空间的浪漫主义政治想象弥散在现实世界的各个角落①。**（3）观点反思**：对数字民主推崇备至的学者实际上仍是技术乐观主义者，其观点的依据站立在对媒介技术的特性、新媒体的传播方式等角度对信息自由流通、意见自由表达、公众参与规模等表层现象的盲目乐观，忽视了媒介技术与政治权力交互作用过程中，社会政治制度、媒介系统运行规则、互联网传播逻辑对政治生活施加的影响。

4. 西方语境下的数字民主批评：西方语境下的数字媒体并没有改变媒体作为权力代言人的角色，相反，数字媒体因为其"人人皆主编"的表象掩盖了西方社会"民主"标签伪装下的数字极权主义问题，因而西方的"数字民主"只是一种乌托邦式的想象。**（1）媒介公共服务职能的弱化**：西方背景下的传媒和信息领域呈现"马太效应"的加速趋势，突出表现为少数传媒集团控制了大部分的内容生产与渠道分发资源，这一趋势不仅体现在传统媒体领域，更体现在数字媒体领域。这使媒介的公共服务功能被大大削弱，服务资本增值的功能凸显；政治权力以更加隐蔽的方式向民众的私人领域渗透。**（2）公民被培养成理想的消费者**：西方语境下的媒体并不注重对理性、民主的公民的培养，而是着力培养商业资本眼中最为理想的消费者，公众不被媒体视为有政治参与能力的公民，而是被千方百计设计为实际的或潜在的消费群体。也因如此，媒体优先服务的是西方社会的精英群体，而非一般民众，而其结果是加速普通民众与精英群体在政治参与上的不平等。**（3）媒介制度设计存在根本缺陷**：西方语境下的媒介系统在法律制度、运作机制、算法逻辑的设计

---

① 陈雪飞：《网络政治的知识图景：评〈数字民主的迷思〉》，载《公共行政评论》，2017年第6期，第199-206页。

上有袒护资本和权力的倾向，媒介与商业资本及权力的联姻在数字时代更容易导致数字极权主义，而且媒介代表少数群体对民众进行控制的方式越来越隐蔽。其结果是，规训媒介系统的法律制度以及媒介系统自身的运作规则都在实际上大大压缩了普通民众进行政治参与的空间，造成"赢家通吃"的局面。**（4）被忽视的公共意见表达**：西方语境下，公众尽管拥有较为充分的表达自由，也可以借助各类大众化、分众化、小众化的平台充分表达自己的意见、观点，但受算法机制、过滤机制、推荐机制、搜索引擎、商业广告等因素的影响，被尊重的意见往往是掌握公共表达技巧或掌握特定传播资源的群体，大部分真正反映民众诉求的观点难以被听到、看到。① **（5）被操纵的公众非理性**：理想中媒体应该成为公民政治参与的积极启蒙者和理性引导者，但西方社会的媒体往往受制于政治和商业利益的影响，不断刺激、挑拨民众的非理性参与，其结果是，媒体和操纵媒体的精英群体一旦发现民众的非理性倾向，非但不去进行理性引导和教育，反而试图利用并操纵这种非理性，以达成其商业和政治目的。**（6）数字时代的西方民主遭遇系统性危机**：英国脱欧、美国大选及美国亚裔群体反歧视运动暴露出西方民主制度天然的局限性，意味着在数字时代，西方社会的民主制度并没有因技术理性、数据理性、算法理性的普及而克服其本身的局限性，反而进一步暴露出数字时代西方民主不可调和的根本矛盾，其结果不是制造更加温和、理性和普遍的民主，而是带来分化、僵局、不满、误解和冲突的升级，推动了以粗鲁、野蛮、肤浅为特征的公共"辩论"的升级，使西方民主制背景下"政治家"和"食人怪兽"间的界限更加模糊。

5. 中国语境下的数字民主思考：与西方的民主制度不同，中国的全过程人民民主通过制度设计有效规避了西方民主制存在的根本性问题，同时也通

---

① 参见，[美]罗伯特·W. 麦克切斯尼：《富媒体 穷民主：不确定时代的政治传播》，谢岳译，北京：新华出版社，2004年版；[美]马修·辛德曼：《数字民主的迷思》，唐杰译，北京：中国政法大学出版社，2016年版。

过制度机制设计确保了新媒体时代的数字技术成为推动社会主义民主的增量。**（1）社会主义民主制度是全过程人民民主**：中国语境下的民主制度是全过程人民民主，这是社会主义民主政治的鲜明特点，它通过"一系列法律和制度安排，真正将民主选举、民主协商、民主决策、民主管理、民主监督各个环节彼此贯通起来，是全链条、全方位、全覆盖的民主，是最广泛、最真实、最管用的民主"[①]。中国社会主义民主的制度设计，从根本上保证了无论在前数字时代还是数字时代，中国民主制度的科学性不会因时代环境和媒介语境的变化而改变。**（2）中国的制度设计有驾驭资本的能力**：西方民主制在数字时代之所以面临更为严峻的危机，根源在于资本主义制度语境下的民主成为资本的附庸，资本凌驾于政治权力和人民利益之上的制度设计，使西方社会包括所谓"数字民主"在内的民主在实质上变成了"口号民主"和"金钱民主"；而中国的制度设计确保了国家拥有强大的驾驭、驯服资本的能力，建构了"有效的市场＋有为的政府"的理想模式，从根本上避免了资本对政治的过度介入，最大程度上确保了媒体的公共利益服务属性。**（3）传媒业对马克思主义新闻观的坚守**：马克思主义新闻观指导下的传媒业，始终将公共利益和社会效益放在首位，始终坚持为人民服务的基本原则，始终坚持新时代党和人民赋予的使命任务，确保任何新技术的发明应用都能纳入社会主义法治轨道，确保以数字平台为载体、以数字技术为支撑的数字民主最大程度上体现全过程人民民主。

---

① 新华社：《栗战书与全国人大常委会会议列席代表座谈时强调 全面领会习近平总书记关于全过程民主重要论述的深刻内涵 支持和确保人民当家作主》，http://www.rmzxb.com.cn/c/2021-06-10/2878200.shtml。

第08章 影视文化与传播

习近平总书记强调要"讲好中国故事""传播好中国声音"。党的十九大报告提出要"加强中外人文交流,以我为主、兼收并蓄。推进国际传播能力的建设,讲好中国故事,展现真实、立体、全面的中国,提高国家文化软实力"。实际上,影视作品也是传播中国文化、讲述中国故事的重要载体。近年来,《人民的名义》《战狼2》《破冰行动》等影视作品不断进军海外市场,成为中国文化走出去的典型案例。

专题 01 影视文化理论

1.**习近平总书记对文艺工作的论述**:(1)作品要"传播当代中国价值观念、体现中华文化精神、反映中国人审美追求,思想性、艺术性、观赏性有机统一"。(2)"优秀的文艺作品,最好是既能在思想上、艺术上取得成功,又能在市场上受到欢迎。"(3)低俗不是通俗,欲望不代表希望,单纯感官娱乐不等于精神快乐。(4)精品之所以"精",就在于其思想精深、艺术精湛、制作精良。(5)文艺工作者要自觉坚守艺术理想，不断提高学养、涵养、修养，加强思想积累、知识储备、文化修养、艺术训练，认真严肃地考虑作品的社会效果，讲品位，重艺德，为历史存正气，为世人弘美德，努力以高尚的职业操守、良好的社会形象、文质兼美的优秀作品赢得人民的喜爱和欢迎。

2. **中国电视剧的发展规律：(1)产品形态与市场规模：**中国电视剧发展经历了由品类结构单一、播放平台单一、卖方市场主导向品类结构丰富、播放平台多元、买方市场主导转化的过程。**(2)电视剧所承载的功能：**中国电视剧在发展过程中呈现出由偏重教育、教化的宣传属性向偏向商业及大众文化的商业属性转变的规律性，并最终形成了宣传教化功能和市场经济功能兼备的大众文化形态。**(3)电视剧的制播方式：**中国电视剧也经历了从制播合一到制播分离再到制播合作的过程，体现出市场在资源配置整合中的决定性作用，以及政府职能机构在政策、行政上的指导、规范和在管理中的约束、调整作用。**(4)电视剧的生产模式：**中国类型化的电视剧经历了一个由借鉴海外模式到本土化创作，再到完全本土化并日渐走向成熟的过程，体现在中国电视剧的产量丰富、电视剧的国际竞争力不断提升、本土内容和本土元素对电视剧创作贡献力度的提升等几个层面。**(5)电视剧的日常角色：**电视连续剧已经成为与电视真人秀节目并列的两大收视王牌节目形态之一，商业剧日渐走向成熟，电视剧所营造的大众文化全方位渗透至日常生活，成为反映社会变化发展的一面镜子。

3. **中国影视文化的发展经验：(1)坚持"双百""二为"：**坚持党和国家关于发展文学艺术和科学技术的"双百""二为"方针，处理好内容形式多样化与弘扬主旋律的关系。其中，"双百"指的是"百花齐放，百家争鸣"，鼓励艺术上的不同形式和风格可以自由发展，"二为"指的是"文学艺术要为人民服务，为社会主义服务"。**(2)兼顾双重属性：**影视文化作品要发挥国家宏观调控和市场调整机制的作用，通过放开市场促进有助于繁荣社会主义文艺市场的资源优化组合，通过国家宏观调控保障影视文化作品能够弘扬主旋律、传播正能量，确保经济效益和社会效益的统一。**（3）发展中国文化：**影视文化产品始终坚持全球视野、家国情怀，坚持用优秀的文化艺术作品对传统优秀文化进行创造性转化和创新性发展，培育出具有中国特色、民族特色和地方特色的优秀文化市场。**（4）植根社会现实：**中国改革开放的伟大实践为中国影视艺术作品的创新发展提供了丰富的素材，对社会现实的关注、对民生百态的关注使优秀文化作品既能够赢得市场口碑，又能够壮大主流思想的动力之源。**（5）借力互联网：**重视互联网在电影宣发、播放和发行三个环节的应用，推动传统影视与互联网之间的深度融合，以阿里巴巴、腾讯、爱奇艺等为代表的影业机构凭借自身的互联网基因、资本力量、技术力量和受众基数，为中国电影市场发展带来新的契机。

4. 影视作品的文化规范功能：（1）文化规范理论：大众媒介及其文本具有文化规范功能，即媒介通过有选择性地呈现某些话题、事件、人物并暗示某些行为、现象是被许可、禁止或鼓励的，可以起到规范信息接收者行为的作用；媒介或其文本的文化规范功能体现在强化既有社会规范、改变现存文化规范和创新文化规范三个层面。**（2）理论启发意义：**影视文化作品是大众媒介文化作品的重要组成部分，且具有容易流通、易于接受、影响力大、覆盖面广等特点，因此，影视文化作品所建构的价值观念、行为方式、生活习惯等都会对受众产生潜移默化的影响，正因为影视作品具有这种功能，故而要考虑如何运用影视作品承担特定的教化功能。**（3）典型案例分析：**近年来优秀的影视文化作品如《国家宝藏》《破冰行动》等都是极佳的从正面层面运用影视文化作品的文化规范功能的典型代表，这些作品承载了重要的教育意义，也契合了文化艺术作品"既要有意思又要有意义"的要求。其中，"有意思"指的是文化作品要通俗易懂易于流通和接受，"有意义"可以理解为影视作品要承载积极向上的文化规范功能，而"小三不能有好结果"则可视为对媒介文化规范功能进行约束的体现。

5. 影视文化作品对社会现实的建构：（1）理论渊源：从李普曼的《公共

舆论》中提出的"拟态环境"概念到麦库姆斯和肖的议程设置理论，再到伊丽莎白·诺依曼的沉默的螺旋理论等，都强调了媒介对社会现实的建构作用，但媒介文本对社会现实的呈现是一种象征性呈现、一种重构式再现，它经过了多重的以人的价值导向为依据的选择、过滤和加工。**(2) 三种现实**：媒介对社会现实的建构有别于社会现实本身，也有别于媒介作用于公众之后在其头脑中所形成的主观现实，在此基础上形成了社会现实、媒介现实、主观现实三种现实；电视剧作品作为媒介文化产品也具有再现社会现实的能力，它以社会现实为蓝本进行艺术化再造，形成了以影像为形态的艺术化的媒介现实，进而，媒介文本为受众所接收后在其头脑中形成了对社会现实进行解读的主观现实。**(3) 理论思考**：影视文化作品虽然在反映社会事实上与新闻报道的客观性、真实性有着天壤之别，但其对社会现实的建构依然带有很强的示范、暗示、引导作用，这也是习近平总书记在党的新闻舆论工作座谈会上提及"电台电视台要讲导向""新媒体也要讲导向"的理论依据之一。**(4) 案例解析**：以《人民的名义》《破冰行动》《战狼2》为代表的影视作品虽然是面向市场，追求收视率、票房的商业化产品，但其对检察官、缉毒警察和中国军人优良品质的呈现却是立体的、丰满的，实现了"正能量+故事性"的统一。

6. 电视收视率造假问题分析：**(1) 收视率的逻辑前提**：收视率评价暗含的一个前提是电视节目的供给十分丰富而用户的注意力资源极为稀缺，高的收视率意味着特定的节目在市场竞争中享有更多的注意力资源。**(2) 收视率的意义**：收视率是数字化地评价节目传播效果最为直观的标准，是媒介文化市场上的"通用货币"、电视媒体商业化运作的评价依据和决定"二次售卖"能否达成的关键，高收视率一般被视为节目获得市场认可、经受市场检验、能够吸引观众关注的标准，因而拥有高收视率是所有电视节目的梦想。**(3) 收视率至上主义**：收视率至上是市场经济背景下催生的一种不健康的节目运营理念，收视率作为数据化的表述应该有其客观、科学的行业标准和严格、规范的测算流程，通过收视率造假来美化节目背离了收视率这一指标产品的初衷。

（4）收视率与市场秩序：收视率是检验节目成败的试金石，是文化产品市场流通的重要尺度，一旦尺度错位、造假，试金石的作用就无从谈起，正常的市场交易秩序就会被破坏。因此，从操作层面来讲，要提升收视率测算的科学性、规范性、透明度和公信力，这是确保节目市场交易秩序的必然要求。

专题02　中国影视产业

近年来，影视行业迎来了从"野蛮生长期"转向"规范稳定发展"的重要时刻。全国各省市对电影产业的扶植力度不断加大，涌现出一些好的做法、机制、经验。舆论认为，中国电影已经经历了由狂飙突进到去泡沫化，再到高质量发展的阶段。后疫情时代，得益于统筹常态化疫情防控和经济社会发展的显著成果，中国影视产业发展整体趋好，形成了若干现象级的影视文化作品。

1.中国电影行业发展现状：（1）国家政策落地，效果明显："片酬限价""台网同标"等具体措施迫使电影格外重视内容和质量。对明星片酬的限制遏制了明星出场费抬高影片制作成本的现象，"台网同标"使粗制滥造和投机者难以生存，从政策环境上迫使影视作品制作重视"内容为王"，同时又为优质影片脱颖而出提供了空间。**（2）各地精准发力，优化产业环境：**为响应国家政策，各地结合中央要求，纷纷出台推动影视产业发展的实施意见，瞄准痛点、难点问题精准发力，多措并举起到了优化产业环境、鼓励优质作品、净化市场秩序的多重效果。**（3）硬件设施不断完善：**影片的播放设备、环境影响了观影的消费层次，进而影响了票房收入，IMAX、中国巨幕、杜比等特殊设备影厅对国产电影的贡献率不断提升。在电影质量有所保障的前提下，针对不同的群体、地区提供多样化的播放环境、硬件设施的选择，以及对特殊设备影厅与普通影厅结构的优化，带动了票房的提升。**（4）"共同信仰"和"话题素**

材"贡献突出**：用"共同信仰"撬动增量人群，用反映现实的素材营造"话题电影"。优秀的电影能够使观众产生情绪的共鸣，故事中承载了大众共同认可的信仰容易撬动增量群体并能营造"主流意见"，通过社会现实与屏幕故事进行对话的电影容易成为"话题电影"。2019年以来反映社会现实或致敬新中国成立70周年等重大主题的影片均表现突出。**（5）抱团发力，合作共赢**：电影业界面对不确定的环境风险，不断摆脱个体出品机构"单打独斗"的作战方案，探索出机构间进行联合出品的方式来共同抵御各种无法预料的风险问题，如2018年《红海行动》的出品方多达31家。**（6）重视品质演员，注重挖掘新人**：高价聘请一线明星是此前中国影视作品较多采用也备受诟病的做法，此举带来了影视产业发展的恶性循环，近年来的一些案例表明，无须"天价片酬"也可以创造超高收视率，挖掘新人、培育新人，注重演员的道德品质正成为行业共识。

2.中国电影市场的发展建议：（1）优化排期结构：优化电影排期，提供多样化、多元化的产品，避免引进片排片垄断。中国消费者的观影需求已经进入多样化、多元化和精细化阶段，要通过计划性调控、市场化选择和政策性约束等方式，对电影排片的结构、秩序进行优化，尊重电影观众的选择权，满足观众的多样化需求，要尽可能避免个别引进影片"独霸银幕"的现象。**（2）用好网络传播**：激发社交媒体用户参与传播、讨论的积极性，让在线讨论成为一种现象。影片"泪点合集""冲突场景""人物细节""场景表情包""台词亮点"等高关注度、高话题性、高参与度的内容是天然的新媒体传播素材，充分运用"两微一端"传播渠道，调动网民自发传播的主动性和积极性，营造"让粉丝狂欢、让路人好奇"的舆论氛围。**（3）挖掘电影盲区**：通过"类型片+故事+场景+价值观"的巧妙组合，挖掘电影市场盲区。悬疑片、恐怖片、犯罪片、科幻片等都是常见的类型，普通的故事采用新的影片类型、不一样的故事场景，新的故事、素材采用常见的影片类型进行呈现都会产生意想不到的效果。**（4）培育行业新人**：在"影片限酬""个税改革"等政策落地的背景下,可通过政策支持(如税收、补贴、奖项等)鼓励影视公司开发和培育德艺双馨的电影行业新人,为中国电影行业健康发展积蓄后备力量。**(5)培育新观影群体**:《战狼2》《红海行动》等影片的票房之所以创下纪录,与充分调动30岁以下的青年群体和三四线城市的市民群体的观影积极性有关,中国电影较之于海外引进大片,在反映这两部分群体共同观影兴趣的素材上更有优势,可以充分整合开发。**(6)拓展海外市场**:进一步了解海外电影市场的产业生态、行业规律、内容机制,借助"一带一路"倡议、中国文化"走出去"战略等已经积累的资源和渠道优势,采用世界市场通用的电影叙事语言和影视剧制作风格,强化中国电影市场在国际上的影响力和辐射面。

3. 电影大片的叙事创新策略:(1)电影《雪暴》的启发:①此前的影片几乎没有涉及东北极地这块土地的(地点在以往影片中不常见);②森林警察的形象在国产片中长期处于缺席状态(故事内容不常见);③用犯罪片的形式讲述了现实生活中的英雄(对英雄的刻画没有走科幻片的老路)。最终,《雪暴》既给观众呈现出一场惊心动魄的犯罪大戏,又传递出森林守护者所承载的思想意义。**(2)电影《撞死了一只羊》的启发**:该影片讲述的是因一宗复仇事件而引发的关于救赎和放下的具有东方神秘气质的故事(故事新颖),呈现了美到无以复加的藏区风景(地理位置的特殊性),希望观众能够更多地理解藏族人民作为一个生命个体的情感和处境,而不只是对于一个族群的宽泛了解(价值观)。

案例44 《囧妈》线上放映开启互联网观影模式

案例背景:2020年大年初一,《囧妈》在抖音、西瓜视频、今日头条等平台免费首播。消息引发网络舆论关注,其中影视行业专家、影视界从业人员、影视观察人士对《囧妈》影片"免费首播"做法提出不同看法。有观点认为互联网观影模式是"造福民众",也有观点认为这是"抢占市场"等。此外，新冠肺炎疫情期间保持社交距离的需要使影视产业面临系统性的生存危机，而《囧妈》开启的互联网观影模式能否为电影发展找到一条新思路也值得思考。

案例分析：（1）特殊行业背景：《囧妈》在新冠肺炎疫情及民众居家隔离期间借助互联网平台上映，契合了特定社会背景下电影爱好者在保持社交距离情况下的观影需求，同时又因该片是疫情期间首部借助网络渠道免费首播的电影，故而能够以窗口期的话题性吸引关注。**（2）来自业界的争议：**与民众免费观影的喝彩声相比，业界的舆论则较多持批评性意见，不少业内人士认为，《囧妈》互联网首播的行为是一种破坏行业基本规则的行为，损害了线下影院的前期宣传同时给各大影院造成损失；由此可见，批评性的意见多牵涉利益问题。**（3）模式能否常态化：**《囧妈》网络观影的新尝试预示智能媒体时代下电影院线的大屏壁垒已被打通，院线应顺应环境的变化，思考如何在行业本身发生变化和用户发生迁移的趋势下顺应时代潮流，重塑用户思维，升级观影体验。**（4）消费仪式观：**影院观影与网络观影的差异性不仅是视觉体验效果的差异，更有仪式感的差异，在共时空的物理场景中，观众共同凝视大屏幕的氛围所生产的仪式感也是电影产品的一部分，而网络电影是个人化的视觉体验，剥离了影院观影的仪式感，变成了单纯的内容消费。**（5）院线会否遭淘汰：**《囧妈》热映后，也有声音担忧网络观影模式常态化后会导致电影院跟电商面前的实体店一样遭遇被淘汰的结局。目前的结论是，院线是集体共享的盛大仪式，有网络渠道无可比拟的视觉效果，中短期内两者将以各自优势吸引不同观影群体的需求，但未来增强现实技术、虚拟现实技术成熟后，院线电影除非有系统性的革新举措，否则其市场空间将会进一步压缩。**（6）电影的竞合之道：**笔者认为，更多分众化的电影产品将受新冠肺炎疫情期间《囧妈》等产品的营销和盈利模式启发，探索多样化的产品,比如,引入以屏幕特征为划分类型的不同电影,针对大银幕、手机端、电脑端、虚拟现实技术等不同场景下的观影需求,推出基于虚拟现实技术的电影、基于大银幕仪式感的电影、基于手机端的竖屏电影等。

专题 03　影视文化作品

影视作品是重要的文化传播载体，也是重要的经济及产业力量，优秀的文化作品不但要占有市场，更要引领主流价值。优秀影视文化作品的评价标准是"既要有意思，又要有意义"，做到"既不趋利媚俗，又不远离市场"，以剧情和演技打动群众的同时，发挥文化传承、社会教化、价值凝聚的积极作用。

1. 影视文化与主流话语的传播：（1）媒介对社会现实的建构：媒介具有建构社会现实的能力，媒介在对社会现实的建构的过程中所嵌入的价值取向和意识形态倾向也将对受众产生潜移默化的影响，这就要求商业化再强的影视作品都要弘扬主旋律传播正能量。**（2）主流话语的大众化过程**：主流话语的建构、传播要实现横到边、纵到底、全覆盖，就需要拓展主流话语的传播力、影响力、引导力和公信力，而影视文化是传播主流话语的日常化、通俗化载体，有助于推动党的创新理论"飞入寻常百姓家"。**（3）实现双重效益兼顾**：市场经济背景下作为市场竞争主体的电视台及电视剧制作机构不能单纯以追求收视率从而对接经济收益为目标，因而需要国家职能机构通过政策、规范、制度等方式予以调控和约束，从而实现作为大众文化产品的电视剧承担其商业和主流话语建构的双重功能。**（4）主动坚守主流价值观**：近些年来一些影视作品呈现出过分注重收视率、倚重"网红"、过度炒作IP、颠覆和恶搞传统经典、核心价值观缺位等问题，只有将现代社会的核心价值观转化到影视文化作品中并内化为一种文化自觉才能有效解决此类问题。**（5）市场与导向的统一**：文化作品要弘扬主旋律传递正能量，这与电视连续剧所具有的娱乐和市场属性并不矛盾，故事性很强的影视文本如果能够融入正能量和主旋律，主旋律和正能量话题如能突出故事性、艺术化和审美价值，也能取得理想教育效果，其对文化艺术作品创作的启发是"主旋律（导向）+故事性（手段）+精品化（内容）"。

案例 45　革命历史题材电视剧之《觉醒年代》

案例背景：作为建党百年献礼之作的《觉醒年代》以 1915 年《青年杂志》问世到 1921 年《新青年》成为中国共产党机关刊物为主要线索，讲述了从新文化运动到中国共产党成立一批以知识分子、青年学生和工农大众为代表的爱国主义先行者历经坎坷、追求真理的热血故事。

案例分析：（1）内容叙事：该剧将历史逻辑、政治逻辑、思想文化逻辑贯穿"新文化运动—五四运动—中共建党"的叙事主线，重点展现中国积贫积弱时期一代中国知识分和青年学生的思想觉醒过程，独具深意和强烈的思辨价值。借助个体和细节叙述突出具体的个人叙事，塑造具体化、形象化和日常化的人物形象，再现接地气、贴民意和生活化的历史故事，让革命故事融入当下传播语境，打破人们对革命历史题材电视剧的刻板印象，创新艺术表达方式。**（2）社会功能**：重大革命历史题材电视剧担负着表现重大革命历史、展现革命历史规律的使命任务，作为党史革命故事影视化的表达形式，是讲好党史故事的强有力输出路径。《觉醒年代》始终坚持史由证来、论从史出、以史鉴今、资政育人的创作原则和以历史唯物主义为基础的现实主义创作道路，发挥艺术作品的教育功能和审美价值，提升一代青年对百年党史的浓厚兴趣，而观众自发前往合肥延乔路献花更是体现历史和现实的同频共振，在潜移默化中推进党史学习教育。**(4) 启发意义**:《觉醒年代》把握历史真实与艺术真实的平衡点,兼具思想深度、历史深度和艺术深度,摆脱枯燥乏味的说教方式,激发观众了解历史、深入历史的热情,坚持政治效益、经济效益、文化效益和社会效益的有机统一,是破解新时代爱国主义精神建构现实困境的生动教材,对新时代爱国主义精神建构有着重要的启迪意义。

2. 文博探索节目《国家宝藏》分析:**(1) 典型意义**:《国家宝藏》将"正确的历史观、民族观、国家观、文化观"融入文化作品,凭借思想精深、艺术精湛、制作精良的标准,成为新时代优秀文化艺术作品"既占领市场,又占领阵地"的生动案例,实现了新时代文艺创作"意识形态属性与文化产业属性"的统一。**(2) 团队策略**:节目在团队层面充分整合了中央电视台权威播放渠道、电视节目组优质工作人员、国家博物馆的专业知识和演技精湛、德艺双馨的表演艺术家等各方资源,实现了"制作+演员+内容+渠道"四个平台的优势资源叠加。**(3) 内容策略**:节目融入正确的历史观、民族观、国家观、文化观,既承载国家大义,又不忘细节关怀,将宏大叙事和微观叙事结合起来,将教育意义、审美意义和场景化再现结合起来,实现了静态的、神圣的、远离生活的、高高在上的国家宝藏的动态化、立体化、形象化和生活化。**(4) 叙事策略**:《国家宝藏》通过"知识科普+前世演绎+当代守护"的叙事结构,将承载文化认同、民族信仰、历史传承、时代担当的宏大叙事与承载志愿者精神、匠人品质、科普知识、生活哲理、法治理念等具体的百姓感悟结合起来,缔造能够激发认同也能促进实践转化的优秀作品。**(5) 传播策略**:采用"用优质艺人吸引流量→用精湛作品留住用户→用文化魅力感染观众"的注意力转化路径,并借助B站、微博等互动性极强的平台形成舆论共振。此外,明星演员"自带流量"让粉丝群体对演员的关注转移到对优质节目的关注上,实现了"用明星吸引用户→用作品留住用户→用文化感染用户"

的注意力转化。

3. 科幻电影《流浪地球》案例解析：（1）案例简介： 2019 年春节档收获 46.55 亿元票房，超越此前《红海行动》创造的票房纪录，仅次于《战狼 2》的 56.83 亿元票房（《流浪地球》位居亚军榜 195 天后被《哪吒之魔童降世》取代），正因《流浪地球》所带来的轰动性，有媒体将 2019 年称为"中国科幻电影元年"。**（2）叙事策略：** 电影将中国亲情观念、英雄情怀、奉献精神、故土情结和国际合作理念融入故事讲述中，采用"人类共同改变自己的命运"而不是"超级英雄拯救世界"的叙事方式，突破了好莱坞传统的叙事套路。（《人民日报》）**（3）启发意义：**《流浪地球》以商业大片的方式讲述中国的思想文化和价值观念，并将"全球人类命运共同体"诠释得淋漓尽致，因而既是一部"思想性＋市场化"的商业大片，也是中国向世界阐释自己立场、表达自己思想的载体。**（4）中外对比：** 中国式科幻片与好莱坞影片的共性在于，两者都是工业社会中的大众文化产品，都植根本土的历史文化资源和物质实践且经过高度的商业化运作，都带有浓郁的意识形态色彩（反映本国共享的思想观念和价值取向），其差异在于所植根的历史文化语境的差异、所承载的价值观念及审美取向的差异。

4. 电视连续剧《破冰行动》分析：（1）案例简介：《破冰行动》是 2019 年最受关注的电视连续剧，由公安部宣传局、广东省公安厅、爱奇艺公司等联合拍摄制作的刑侦类电视连续剧，是继《人民的名义》等优秀电视剧之后又一经典案例。**（2）题材选取：** 新中国刑侦事业发展过程中的鲜活实践为电视剧编剧提供了丰厚的素材资源，《破冰行动》的素材来自社会现实中的真实案例，以戏剧化、故事化的方式讲述了缉毒警察侦破制毒贩毒案件的全过程，刻画了警察恪尽职守、舍己为公、机智勇敢、除恶务尽的职业形象，电视剧是对社会现实的观照和艺术化的再现。**（3）内容叙事：**《破冰行动》将社会大众较为关注关心的毒品问题和舆论较为关注的大案要案以艺术化、视觉化、形象化、故事化的方式呈现在公众面前，实现了严肃问题的通俗化和大众化；在叙事上借鉴了流行美剧的风格，故事情节跌宕起伏、剧情进展扑朔迷离，充分调动了受众的观看积极性和好奇心。**（4）教育意义**：让主旋律和正能量成为电视剧的灵魂，将反映人民缉毒警察机智勇敢等精神风貌的主流价值观，通过电视镜头语言予以传达，实现了中国现实素材、主旋律传达与电视剧艺术审美的结合，也推动了主流价值观的生活化和日常化，加强了受众对人民警察的认同感。**（5）舆论共振**：在"扫黑除恶"专项斗争持续推进的过程中，社会大众对于危害人民生命财产安全的黑恶势力深恶痛绝，《破冰行动》契合了当前的社会舆情和公众期盼，实现了影视作品叙事空间与日常生活现实空间的重叠，强化了公众对深挖黑恶势力保护伞的认同感。

5."振兴国漫"之《哪吒之魔童降世》(以下简称《哪吒》)：（1）国产首部 IMAX 动画电影：《哪吒》是国产首部 IMAX 动画电影，上映 30 小时后票房破 3 亿元，刷新国产动画电影"最快破亿"纪录，上映 1 个月后票房突破 45 亿元。**（2）影片的典型意义**：该片引发动画界、影视界和舆论界好评，认为这部改编于我国传统神话的国漫火热进入观众视野，引发行业内外关于"振兴国漫"等话题的讨论，极大振奋了国产动漫电影的信心，成为中国动画电影发展过程中的一个新的里程碑。**（3）影片的示范价值**：《哪吒》的示范价值是"中国传统神话+主流价值观+现代技术手段+现代工业体系"的巧妙组合，该片立足当今社会的主流价值观念，通过现代化的技术手段和现代化的电影工业生产体系对中国的传统文化进行了创造性的加工和转化，契合了现今社会主流观众的观影心理，能够引发全年龄段群体的共鸣。**（4）对海外市场的思考**：《哪吒》在海外上映也引发对国产影视作品"走出去"的反思，《哪吒》在海外个别国家遇冷，其原因为故事所承载的人文元素（家庭教育、传统文化、网络语言、流行文化等）缺乏与特定海外受众共同的理解环境和文化语境；此外，影片本身在宣传和发行渠道方面的不足也是影响其票房的原因之一；故而国漫"走出去"需要优化讲故事的方式和技巧，采用世界通用语言积极融入西方文化语境，确保海外受众不仅看得到、看得懂，还看得进。

6. 社会现实题材《我不是药神》:(1)影视是现实的重构: 影视文本是对社会现实的一种艺术化的重构,影片之所以能够成为全民关注的热议话题,除了宣传方借助各种手段进行积极的营销推广外,与影片本身所反映及建构的中国医疗现状有着密切的关系,影片艺术化地再现了中国在重病患者渴求"救命药"面前的无奈,引发了社会大众的广泛共鸣。**(2)影视形塑现实:** 李克强同志在《我不是药神》热播并引发热议后做出批示,要求加快落实抗癌药降价保供等相关措施,印证了媒介文本不仅具有建构和再现社会现实的能力,也具有通过反映现实形成舆论压力形塑社会现实的能力。**(3)优质文化作品的动力:** 优秀的文化作品和文艺工作者要"深入生活、扎根人民,把高质量作为文艺作品的生命线",《我不是药神》植根于中国医疗改革的宏大背景,直接聚焦人民群众最为关心的寻医问药问题,反映时代呼声,直面社会问题,是来源于群众一线生活的优秀文艺作品。

7. 建设性纪录片《城市梦》:(1)案例简介:《城市梦》是中国首部围绕城管与商贩矛盾的电影纪录片,它用写实的方式再现了城市治理过程中执法城管与占道商贩之间的错综复杂关系,该影片于 2020 年暑期上映后获得网络好评,豆瓣评分甚至高于同期热播的《八佰》。**(2)典型意义:** 纪录片不回避社会热点、争议及敏感议题,而是聚焦城市一线治理过程中的痛点,通过对城管及商贩各自诉求和实现诉求策略的展示再现不为公众知晓的背后故事,并采用对话的姿态和建设性视角来弥合冲突双方的矛盾,摆脱了对城管群体的刻板偏见。**(3)示范意义:** 纪录片采用了"角色差异→立场冲突→情况调研,作品既能满足受众对较高质量文化作品的需求,也能为中国的改革、发展和建设营造积极、向上、向善的舆论氛围"的解决方案,和"场景—矛盾—方案"叙事手法,既呈现矛盾产生的始因,又提供矛盾的解决方案,不放大和消费城管和商贩的二元对立,而是提供"变革的蓝图",是"建设性纪录片"的典型。**(4)延伸思考:** 在中国改革开放进程加快的背景下,城乡差距、医患矛盾、官民关系、师生关系、警民关系、贫富关系等都为中国影视作品提供了鲜活的素材，以"展现矛盾根源+提供解决方案"为叙事模式的影视作品既能满足受众对较高质量文化作品的需求，也能为中国的改革、发展和建设营造积极、向上、向善的舆论氛围。

8. **西部扶贫题材《山海情》：（1）案例简介**：是国家广播电视总局策划组织指导下"理想照耀中国——庆祝中国共产党成立100周年电视剧展播"重点剧目之一，讲述20世纪90年代以来，在国家扶贫政策引导和福建对口帮扶下，宁夏西海固移民攻坚克难将"昔日的干沙滩"建设成"今天的金沙滩"的奋斗故事，是一部反映西部扶贫题材的现实主义剧作，为主旋律影视作品提供了新的范本。**（2）叙事创新**：以小见大，聚焦闽宁镇人民的脱贫攻坚大业，通过小村镇的搬迁故事反映了脱贫困奔小康的大时代。全景式呈现西部小镇发展生产、易地搬迁、移民就业、发展教育等生活图景，从个体成长入手，用戏剧化、故事化的表达方式展现东西部对口扶贫协作的"闽宁模式"，深刻反映了党带领人民群众创造美好生活取得的辉煌成就。以真动人，该剧通过真实人物还原、真实故事重塑、真实细节刻画映射出脱贫路上的真实群体记忆，"充满烟火气""自带土气"等热评恰恰说明下沉至基层的创作态度和贴近实际的创作方法有着深入人心的力量。**（3）示范意义**：《山海情》贴近"平民视角、国家叙事、国际表达"的创作要求，借助中国脱贫故事的微缩景点彰显扶贫攻坚的时代精神，传递攻坚克难的担当精神、因地制宜的求实精神、自立自强的奋斗精神、锲而不舍的钉钉子精神。该剧在口碑和收视上"双开花"表明，真正有广度、有深度、有温度的主旋律作品能够穿透社会不同圈层形成强有力的对话和共鸣。影视作品不仅反映着人民生活，也反映着人民真实情感和喜怒哀乐，与人民血脉相通的真实艺术具有长久的生命力。

9. **现实题材电视剧《小舍得》**：继《小别离》《小欢喜》后，"小系列"电视剧《小舍得》再度聚焦中国式家庭的教育焦虑问题。**（1）关注现实**：该剧全方位、多维度剖析当代中国家庭的教育困局，以南俪、田雨岚、米桃父母为典型代表呈现不同家庭在阶层流动、代际变迁、亲子关系中的矛盾和挣扎。

其关注的"素质教育""鸡娃教育"等话题推动全民对中国教育行业展开讨论，深刻反映了阶层焦虑、原生家庭等社会现状和痛点，清晰表征了当代中国教育与精神症候。**（2）媒介化现实：**媒介所建构的现实是符号化现实，往往经过了多重的过滤机制和复杂的话语建构，以使社会现实中的问题获得更广范围内的关注；影视作品在内容生产上将社会上较为普遍的教育焦虑问题放置于公共空间，形成了"媒介建构现实→引发社会讨论"的连锁反应，这是大众传媒的重要功能之一，也是其影响力得以实现的基础，一旦其反映的议题与当下的社会心态形成共鸣，就容易转化成变革社会现实的力量。**（3）争议与反思：**现实主义题材作品不能仅仅停留在批判现实、揭露现实、抱怨现实、不满现实，更应该用一种积极的建设性的态度去表现人们如何推动现实的改变。该剧用社会议题引发关注和讨论进而转化为热门议题，有利于提高其传播力度、广度与深度，但也产生"粉饰现实问题""人物塑造样板化""负能量过重""放大教育焦虑"等争议，可见，极端化情节、脸谱化人设和传统家庭伦理剧的桥段已不能满足当下观众观剧需求，观众对现实题材作品的期待不应局限于反映并提出问题，还要对解决问题提供方案。

10.《我和我的祖国》等献礼影片：近年来，围绕重要时间节点或重要纪念日期推出的主流献礼片已经成为常态，如建党百年期间推出的《1921》《长津湖》等主旋律影片均获得口碑与票房双丰收。本书以《我和我的祖国》为例分析此类主旋律献礼片的共性经验与特征。**（1）影片受众群体的广泛性：**影片选取新中国成立以来不同历史时段的七个重大历史事件，每个历史事件都有亲历者，能够充分唤醒这部分群体的历史回忆感和强烈的文化认同感，有利于调动全民的观影积极性，为影片的传播和接受提供良好的受众基础。**（2）优质制作团队深度整合：**影片由陈凯歌任总导演，六名经验丰富的中国著名导演联合执导，德艺双馨的演员对历史人物进行精心演绎，同时邀请历史事件的亲历者参与演出，共同构筑了阵容强大的制作团队。**（3）以小见大的叙事方式：**献礼影片将宏大的家国情怀与微观的生命、情感体验结合起来，通过普通人的经历来呈现历史上刻骨铭心的场景，摆脱了对英雄人物、历史事件叙事中格外追求"高大全"形象的一贯做法，实现了叙事技巧、叙事视角的创新。**（4）思想性和故事性的统一：**影片充分遵循影视文化作品的市场规律，兼顾文化作品的市场导向和价值导向，将影视文化作品的思想性、艺术性、故事性与社会民众的观影需求结合起来，使民众既能接受爱国主义教育，又能满足日常的文化娱乐需求。**（5）主旋律电影"未映先热"：**该献礼影片创新宣发方式和渠道，借助各级各类社交媒体、APP进行传播，借助主流、权威媒体设置公众议程，实现了"未映先热"，预示中国主旋律电影有着广阔的市场空间，也反映出中国影视制作机构在主旋律题材的选取、拍摄、制作方面已经获得了广泛的市场认可。

专题 04　宫斗剧的反思

中国拥有的丰富的历史文化素材借助大众化的传播手段得以艺术化再现，其中宫廷剧、古装剧是典型体现。作为古装剧代表作品的宫斗剧和宫廷剧为民众提供了多元文化产品，满足了不同受众群体的文化及娱乐需求，但在20多年的发展历程中，宫斗剧及宫廷剧存在的问题也值得反思。

1. 对国产宫斗剧的批评分析：（1）价值导向错位问题： 有学者总结宫斗剧的价值导向问题集中表现在"歪曲历史，侵蚀主流文化""侵害青少年心灵，腐蚀青少年思想"两个方面①。有学者认为，当前市场上很多宫斗剧都在展现人性的恶，或者通过"以恶制恶"的方式宣扬权力欲望、厚黑学、阴谋论，展现扭曲的人性，推崇收视率至上的"受众中心主义"。**（2）文化审美属性缺失：** 电视剧作为大众传媒作品应该具备最起码的文化属性，要让观众在观剧的同时获得精神上的收获和提升，在民族历史文化中发现人性的光辉，传达正确的历史观，而不应该为了收视率而失去人文关怀的立场和态度②。**（3）对现代文明文化的背离：** 有学者认为，"题材单一、情节单一逐渐让观众审美疲劳，而文化困境与价值迷失，则是制约宫斗剧生命力的根本原因"，在文化层面上，在"对传统文化缺乏审视"的同时"对现代文明欲迎还拒"，集中表现在对传统文化中的中庸思想、男尊女卑、依附人格、宗族观念、江湖义气、忠君思

---

① 余锐：《"宫斗"剧传播问题探析》，载《青年记者》，2012年第26期，第6-7页。
② 刘晔原、郑璇玉：《"宫斗剧"的文化视点反思》，载《当代电影》，2012年第7期，第138-140页。

想等的宣扬，而对用现代文明来反映人性、观照现实浅尝辄止[①]。**（4）宫廷剧备受诟病的其他问题：**宣扬对社会现实的逃避心态，让观众沉浸在白日梦式的虚幻满足中，过度追捧收视率，文化审美价值密度偏低，内容上普遍存在的程序化、同质化的叙事结构及对传统文化中的糟粕进行的过度渲染、宣扬、展示，严重稀释社会主流意识形态及反思性、艺术性、思想性及启蒙意义的匮乏。

2. 女性主义视角下的宫斗剧：（1）宫斗剧中女性的被支配地位：宫斗剧所刻画的主体以女性为主，实际上是将女性当作被凝视、被消费的群体，而宫斗剧在皇权高于一切的背景下展开，女性群体的话语权处于弱势、从属地位，从属于皇权高于一切的男权社会，宫斗作品中的女性角色无一例外的都是靠取悦掌握至高权力的男性来取得话语权。**（2）从女性观众的角度来看：**宫斗剧之所以受到热捧，原因在于女性观众在潜意识里否定了女性主义，以女性搞权谋为卖点的宫斗剧，从表面上看是女性地位得到了提高，实则是对男权思想控制的认同。**（3）从男性观众的角度来看：**后宫宫斗剧中看似被赋予话语权的女性形象，其实是为迎合男性观众的欣赏习惯及心理需求而设计的，剧中的女性往往较为明显置于被对象化的位置[②]。因此，宫廷剧仍逃离不了对女性进行消费的根本问题，也难以实现对女性独立自主形象的真正超越，有效推动创作主体的多元化，从历史素材中挖掘更能契合时代主题的文化作品才是理想发展方向。

3. 宫斗剧热播的原因分析：（1）特殊审美价值：宫斗剧以宫廷为背景，以"斗"为核心卖点，用历史素材重新演绎现实生活或用现实生活重写历史故事，"表露出来的某种气氛、情调、思想十分契合当下人们的生活状态与生命体验，

---

① 贾梦雨：《宫斗剧的文化困境与价值迷失》，载《传媒观察》，2016年第2期，第51-53页。
② 参见朱潇娴：《女性主义视域下宫斗剧流行原因分析》，载《长江大学学报（社会科学版）》2013年第10期，第206-207页。

十分符合时代文化心理"[①]。**(2)受众的满足体验**:影视作品使观众获得替代性满足(白日梦式的幻想),从影视作品中习得关于生活、职场的经验(使用与满足理论),通俗文化中所蕴含的娱乐元素及受众的娱乐心理,满足对宫廷、历史、皇宫等的怀旧及猎奇心理。**(3)经济及产业价值**:宫斗剧是大众文化或通俗文化的重要形态之一,具有媒介文化所具有的市场及产业属性,传统文化、历史故事通过与商业资本的结合及市场化运作以 IP 开发等多种形态攫取利润,刺激了宫斗剧的发展。**(4)通俗文化的批量生产**:电视剧跟其他的通俗文化一样尽管在表现形式上较为丰富多彩,但在现代工业社会及后工业社会都在以某种高效率、模板化、程序式的方式生产,这极大地提升了此类作品的生产和更新效率。**(5)公关宣传与炒作**:借助网络媒体,尤其是以微博、微信及各类自媒体为代表的互动平台,明星、剧组极容易通过有组织的、有计划的炒作、包装在极短的时间内设置网络议题,俘获人气。**(6)多元化的传播渠道**:"主流媒体+新兴媒体"的跨平台、多渠道的传播方式,为电视剧的广泛传播提供了可能,使电视剧可以经由不同的渠道最大限度覆盖并聚合分散的受众群体。

4.宫斗剧与传统文化传承:**(1)文化传承的载体**:对传统文化的创造性转化和创新性发展的方式可以如同《国家宝藏》般的恢宏大气,也可以如同《延禧攻略》般的畅快淋漓,同时也宣告了历史文化可以跟现代生活进行完美融合。**(2)历史文化的转化**:传统文化、正向能量的传播和弘扬可以不拘一格,中国优秀传统文化所蕴含的思想观念、人文精神、道德规范可以通过表达方式、演绎形式、传播载体的创新,与社会生活紧密结合就有可能创造出无愧于时代的作品。**(3)主流价值观的坚守**:宫斗剧近年来颇受关注也招致诸多批评,虽然对于传承中国历史文化有着一定的积极作用,但在对传统文化元素进行吸收、转化的过程中要始终坚守主流价值观念,尤其要防止借用文化传

---

① 李新根:《谈古装电视剧创作与时代文化的互动》,载《中国电视》,2001 年第 11 期,第 57-59 页。

承、人文科普的名义宣扬与现今主流话语体系相悖的价值观念。**（4）两个效益的统一：** 任何大众文化商品都需要考虑经济效益和社会效益的统一，并始终将社会效益放在至高无上的地位。宫斗剧作为具有广泛市场需求的通俗文化产品，其对受众的潜移默化效果尤为强大，更需要用主流价值观念贯彻始终，防止宣扬有害思想。

专题05　影视作品出海

1. 中国影视作品"走出去"战略：（1）文化"走出去"的重要载体：电影产业是文化产业的重要组成部分，由于电影本身承担着意识形态教化功能并具有大众文化的商业属性、大众基因，故而是中国文化"走出去"不可或缺的一个组成部分，也是中国面向世界讲好中国故事的重要载体，同时也是壮大中国文化软实力的重要构成。**（2）广阔的前景和空间**：中国历史文化的深厚积淀、中国改革开放以来取得的丰硕成果为中国电影产业的发展壮大提供了源源不断的储备材料，习近平总书记提出的"一带一路"倡议及中国持续推进的文化"走出去"战略，世界各国民众对中国文化、中国魅力的兴趣和期待为中国影视作品"走出去"提供了扎实的基础。**（3）持续积累的经验**：近年来，中国的影视作品如《战狼2》《人民的名义》等都在海外市场获得了较大的影响力，尽管在国际市场上还有较大的上升空间，但这些影视作品在海外的上映为中国影视作品"走出去"积累了宝贵的经验。**（4）面临的困境与压力**：中国影视作品"走出去"面临着跨文化沟通区隔、中国故事的国际表达、中国影视作品在国际影视市场中的竞争能力、中国电影在海外上线的渠道压力等多方面的挑战。**（5）优化机制与策略**：在对国际影视产业规律、影视产业生态进行准确研判的基础上，在素材选取、叙事技巧、后期制作等层面进行契合国际影视作品行业规律的优化和提升，尤其重视国际通用电影语言的运用、重视国际影视人才的培养。**（6）坚持主流审美**：中国的影视文化作品"走出去"并非意味着要以迎合、讨好或取悦海外受众的方式刻意选取素材或对故事表现方式进行过度加工,以中国局部性、历史性、边缘性、非主流的内容讲述中国故事,是自我的贬损和矮化,真正的态度应该是中国元素的真实再现、中国故事的立体表达。

2. 海外影视作品中的中国元素:(1)中国文化的世界魅力: 近年来,中国的一些传统元素、历史素材被西方影视产业广泛借用,如此前的《花木兰》《功夫熊猫》系列及2019年备受关注的《美国工厂》等,这反映出中国历史文化和现代改革开放实践在世界范围内所拥有的魅力。**(2)"西方叙事+中国素材":** 不同文化语境下的影视文化作品都会受到该语境自身的历史文化、价值取向、思维观念的影响,海外影视作品中尽管使用了较多的中国素材,但其叙事的框架、传达的思想、弘扬的价值观念不可避免地带有自身的立场。**(3)跨文化传播中的误读:** 由于受中西历史、文化、价值观等各方面的影响,对相同的素材、故事、事例进行呈现时,不同文化语境的群体会有不同的理解,这就意味着,中国元素的国际表达一方面需要借助国际通用电影语言,另一方面也要强化自身的主体性和主动性。

3. 典型案例之《美国工厂》分析:(1)案例简介:《美国工厂》植根中国制造业崛起、美国制造业衰落的宏大历史背景,讲述了一家中国企业在美国投资经营的故事,故事在呈现中美企业文化差异、管理模式差异等若干具体问题的同时,也暗含了"全球化趋势势不可当"这一观念。**(2)特殊意义:** 该片的特殊价值在于在中美贸易摩擦、反全球化趋势抬头的背景下,用美国的主流视角来看待中国企业在美国的各种经历,呈现对劳资关系、管理模式、企业文化、国际分工等话题的思考。**(3)时代价值:** 影片对"全球化趋势势不可当"的呈现、对中国企业对美国就业的贡献进行了较为细致的呈现,契合了全球化浪潮的宏大历史语境及中美贸易摩擦特殊舆论环境下中美两国的想象和期待。**(4)影片反思:** 针对影片对中国元素的呈现,中美观众在讨论的角度和思考的方向上有着较大的差异,而影片本身所暗含的对中国企业"走出去"的思考也不尽一致,这意味着海外民众对近些年来中国改革开放的政策、成果和经验还存在一定的误解,中国的主流声音进入国际话语体系需要加强自主传播的能力。

专题 06　天价片酬反思

1. **"天价片酬"产生的社会动因：**（1）**市场动因**：影视产业市场化背景下，对市场收益的追逐使产业发展存在重视经济效益而忽视社会效益的倾向，从而成为市场和资本的奴隶。（2）**艺人操守**：文艺工作者在市场经济的浪潮中迷失了追求的方向，忘记了自身教化人心、捍卫精神家园的重任，忽视了自身所应承担的社会责任，将对收视率、点击率、知名度、出场费的追求凌驾于演技、品德、质量之上。（3）**行业生态**：影视产业领域长期以来一直存在盲目追星、过度依赖一线当红明星等问题，如影视剧收购"以星定价"，甚至不少播出机构以明星为唯一议价标准，不仅助长了部分艺人自满自大的心态，也扭曲了影视行业的正常生态，导致影视行业的畸形发展。（4）**社会环境**：消费主义、拜金主义等思潮在中国的蔓延，催生了"一切向钱看"的不良价值导向，在监管薄弱但市场需求甚广的影视文化领域，这种拜金思潮更为严峻。（5）**粉丝经济**：影视作品在缺乏必要的收视率和市场收益保证的情况下，依赖一线当红明星"自带粉丝"进行营销宣传成为不少影视制作方的"救命稻草"，"天价片酬"是影视作品"唯明星论"的恶果。

2. **"天价片酬"的社会危害：**（1）**节目质量**：过高的片酬一方面挤压影视作品用于编剧、道具、布景等其他方面的支出；另一方面也会极大推高影视作品制作成本，从而影响创作整体品质，如影片内容漏洞百出、粗制滥造等。（2）**影视行业**："天价片酬"和"阴阳合同"将催生影视行业领域的不正当竞争，影响影视行业的产业秩序，进而不利于影视行业的健康发展。（3）**税收**

制度： 中国的税收制度旨在调整过高收入，保障社会公平，"阴阳合同"以偷逃税为目的，损害社会主义税收制度，违反宪法和法律规定，使税收制度无法实现其最终目的。**（4）社会教化：** 明星过高的收入尤其是"天价片酬"极容易导致金钱至上的拜金主义思潮蔓延，误导青少年盲目追星，扭曲社会价值观。**（5）明星自身：** 天价片酬将使一些明星不思进取，追求奢靡生活，背离"文艺是铸造灵魂的工程，文艺工作者是灵魂的工程师"的理念，葬送自身艺术前程。

3."天价片酬"等问题的整治策略：（1）强化管理： 影视有关管理部门通过政策、行政命令等方式加大对影视行业的约束、管理及监督，优化产业行业环境，平衡经济效益和社会效益并将社会效益放在首位。**（2）明星素养：** 通过舆论监督、影视批评、行政手段等对明星艺人的道德素质、文化责任感进行强化，使其树立崇高的文化精神品格和艺术人文修养。**（3）优化投入及分配机制：** 通过市场调节、行政干预和行业自律三种渠道建立科学合理的影视文化作品投入及分配机制，"充分尊重和鼓励原创，在投入和分配上体现创意和知识的价值"①。**（4）评价标准：** 优化影视作品的评价标准，改变"明星决定论"，纠偏"以明星为唯一议价标准"，压缩明星在评价中所占比重，提升思想性及艺术性所占比重。**（5）受众审美：** "天价合同"市场哄抬明星身价与受众对明星盲目崇拜有直接的关系，加大受众的审美素养教育，提升其艺术修养、审美能力、道德情操、鉴赏水平，则有助于遏制"天价片酬"。**（6）行业自律：** 在国家有关部门的指导下，由行业协会及影视机构多方联动出台影视行业的自律公约，形成有效的内在约束机制。

4.正面案例的思考与启发： 近年来，以《人民的名义》《破冰行动》等为代表的影视作品可以看作影视产业领域颇有典型意义的正面案例，没有依靠当红明星和天价片酬依然能够获得不俗的市场收益和良好的口碑。其启示在于：**（1）明星不是唯一卖点：** 热播电视连续剧《人民的名义》因市场效益和社

---

① 郭元鹏：《"生产过剩"是"天价片酬"的帮凶》，载《声屏世界》，2017年第10期，第71-72页。

会效益俱佳获得广泛好评，但该剧并没有依赖当红明星，也没有天价片酬，这意味着离开流量明星，影视作品如果重视故事和拍摄质量也能获得巨大成功。**（2）作品质量是关键：**影视作品在对自身质量缺乏信心的情况下不得不凭借当红的明星来炒作收视率和点击率，这对影视作品有百害而无一利，不少"天价片酬"的作品导致"烂尾"证明"天价片酬"未必等于高质量。**（3）两个效益兼顾：**《人民的名义》等作品通过在题材、叙事、演技、拍摄、后期等方面的精心设计、策划、制作，实现了社会大众对影视文化作品"既有意思又有意义"的期待。**（4）艺人的典型示范：**明星艺人属于公众人物，其演技、口碑、作风都会对社会大众形成潜移默化的示范效果，德艺双馨的艺人可以用自己的职业表现传播正能量，而不当的表现则会削弱核心价值观的传播。

5. 文艺工作者及文艺作品的责任：中国语境下的文化艺术作品除却要植根市场经济的宏大语境，更要植根时代与人民群众的生活，自觉实现两个效益的统一。在2018年8月21日至22日的全国宣传思想工作会议上，习近平总书记提出了对文化艺术工作者的新要求：**（1）突出作品质量：**广大文化艺术工作者要"深入生活、扎根人民，把提高质量作为文艺作品的生命线，用心用情用功抒写伟大时代，不断推出讴歌党、讴歌祖国、讴歌人民、讴歌英雄的精品力作，书写中华民族新史诗"。**（2）树立正确导向：**文化艺术工作者"要坚持把社会效益放在首位""树立正确的历史观、民族观、国家观、文化观，自觉讲品位、讲格调、讲责任，自觉遵守国家法律法规，加强道德品质修养，坚决抵制低俗庸俗媚俗，用健康向上的文艺作品和做人处事陶冶情操、启迪心智、引领风尚"。**（3）丰富文化市场：**要推动文化产业高质量发展，健全现代文化产业体系和市场体系，推动各类文化市场主体发展壮大，培育新型文化业态和文化消费模式，以高质量文化供给增强人们的文化获得感、幸福感。要坚定不移将文化体制改革引向深入，不断激发文化创新创造活力。[①]

[①]《习近平：举旗帜聚民心育新人兴文化展形象更好完成新形势下宣传思想工作使命任务》，载《人民日报》，2018年8月23日第1版。

专题07 政论专题片

自2017年开始,《将改革进行到底》《法治中国》《大国外交》等多部政论专题片在全国范围内引发强烈反响。政论专题片也被称为"新闻纪录电影""新闻专题片"或"政论专题片""政论纪录片"等(在本书中统称为"政论专题片"),是电视片的一种形式,是"从政治角度阐述评论社会重大事件和现实问题的电视片",具有思辨性强、理论性强等特征。

1. 政论专题片:(1)学术定义:政论片指的是"具有强烈政治理论色彩的电视纪录片,相对于新闻、纪录片和各种其他类型的电视节目而存在,它以宏大的叙事方式和主题类的表现题材,以及鲜明的思辨论证为最突出的特色,广泛使用于政治、经济、历史、军事、社会等各行各业的重大宣传报道中"[①]。**(2)类型划分**:历史政论片反映重大历史事件,或者一个阶段历史进程,重在通过对历史的反思和深度考察,得出可以观照现代的历史经验。事件政论片多以当下各行各业出现的重大事件为表现对象,通过对重大事件的分析,折射出发人深省的哲理。政治理论片主要对党的各项重大政治理论方针政策进行深度宣传报道,用理论指导实践,用实践论证理论,弘扬主旋律,加深社会各界对党的理论的理解和学习,具有很强的政治理论色彩[②]。**(3)主要特点:** 运用可视形象报道事实,事实形象的客观性和报道者的思想观点相结合,产

---

① 姜卫东:《政论片——电视创作中的"超常规武器"》,载《新闻窗》,2011年第2期,第74-75页。
② 姜卫东:《政论片——电视创作中的"超常规武器"》,载《新闻窗》,2011年第2期,第74-75页。

生思辨力量和舆论力量；其突出的特点首先是取材于世界性或全国性的宏观问题，更重要的特点在于旗帜鲜明的论辩色彩；高屋建瓴地提出重要问题，有明确的中心主题，叙事说理高度结合，说古论今不受时空局限，视听效果和谐统一，集战斗性、知识性、欣赏性于一身。①

2. 专题片的起源与内涵界定：（1）**专题片的界定**：普遍意义上被广泛使用的"专题片"一词，指纪录片、政论片一类的电视品类，接近于新闻文体的通讯、报告文学。它要求对客观对象（人、物、事、观念）进行真实反映；有时，人们把相对固定在某时间段设置的某一类专门题材或主题的节目也称为电视专题片或专题节目②。（2）**专题片的起源**：从专题片的起源来看，专题片起源于纪录片，但因其具有较强的情感和主观色彩跟传统纪录片又有一定差异，故学者普遍认为：专题片就是纪录片的一种类型，是以某一专门题材为内容拍摄的电视片。（3）**纪录片的界定**：纪录片是以真实生活为创作素材，以真人真事为表现对象，以展现真实为本质，并用真实引发人们思考的电影或电视艺术形式，其核心为真实。（4）**政论专题片**：从20世纪60年代开始，专题片开始作为一个相对独立的概念而存在，是中国电视重要的节目类型之一，而政论片又是专题片中的一种类型，截至目前，纪录片回归到本来面貌，即真实记录，而专题片成为"形象化的政治"。

3. 专题片与传统纪录片的比较：（1）**叙事重点差异**：纪录片着重记录一个过程，专题片则是围绕一个主题展开。（2）**评价标准差异**：纪录片追求客观性，往往忠于事实；专题片则是主题先行的，往往具有较强的目的性。（3）**创作目的差异**：纪录片的创作目的是向观众展示一个事件发生、发展的过程，或是呈现一种自然生物的生命状态，等等；专题片的目的往往是宣传灌输一种观念。（4）**拍摄手法差异**：在拍摄手法上，纪录片多以长镜头为主，采用跟拍、抓拍、

---

① 赵玉明、王福顺：《中外广播电视百科全书》，北京：中国广播电视出版社，1995年版，第95页。
② 邱沛篁、吴信训、向纯武等：《新闻传播百科全书》，成都：四川人民出版社，1998年版，第982页。

偷拍、隐拍的方式进行，有声时代的纪录片中多保留大量的同期声，很多纪录片导演反对使用解说词，因而很多纪录片作品没有解说；而专题片则多种镜头并用，摆拍以及多次拍摄的现象普遍存在，在剪辑过程中大量使用具有隐喻、象征意义的镜头，在解说词中大量使用拟人、排比等文学手法，而且往往采用煽情或是升华的方式强化主题。①

4. 文献专题片：（1）定义：指宣传反映党和国家重大历史事件以及党和国家领导人生平业绩的电视专题片、电影纪录片（国家广播电影电视总局1999年3月30日发布的《关于制作播出理论、文献电视专题片暂行规定的实施办法》）。**（2）特点：**真实性、文献性、宣传性、思想性与艺术性的综合，是介乎新闻和电视艺术之间的文化产品；往往聚焦于历史、时代的宏大主题，反映和体现执政党的执政理念、路线、方针、政策；并不回避创作者直接阐明观点、立场的做法。**（3）价值：**文献专题片具有思想教育和艺术审美的双重价值，前者表现为对主流意识形态、主旋律思想、党的路线方针政策的宣传和传播，旨在推动党的理论成为社会共识；后者表现为对场景、画面、解说、字幕、配音等艺术手法的综合运用，对文学、历史、艺术等的综合展现，以及对人类精神的启迪与熏陶。

5. 作为"形象化政治"的政论片：（1）"形象化政治"的提出：苏联纪录片理论家格黎格里耶夫等人把列宁对新闻片的指示——"形象化的政论"——挪移为列宁对纪录片的定义，强调纪录片的政治意识形态宣传功能。**（2）新中国的探索：**受苏联纪录片创作观念影响，新中国成立以来，若干的纪录片都带有政论片的痕迹，形象化地书写了在中国共产党领导下中国人民争取独立解放的历史，着重于呈现新中国在政治、经济、生产、文化、军事等方面的重大事件。**（3）政论片的特点：**政论片是以阐述政治话题、传播政治观念为主要内容，以严密的逻辑思辨为重要特征，用多种符号表达观点的视听作品，

---

① 韩梅：《电视专题片概念的迷失与追踪》，载《浙江传媒学院学报》，2016年第3期，第38-41页。

其最为突出的特点是"政论思辨性"。

6. 政论专题片的功能及其意义：（1）**教育宣传功能：** 以国家政治话语为核心，宣传党和国家的重要路线方针政策，起到主旋律的教化作用，是"形象化的政治表达"，这也是政论专题片从诞生之初一直最为重要的功能。（2）**凝聚共识功能：** 以核心话语和社会共识统领国家建设的各个层面、维度，最大限度增强受众的凝聚力，有助于国家共同体的建构；如《将改革进行到底》全方位记录再现中国改革历程，增强大众对改革的认识和认同感，也有利于凝聚全社会对改革的共识。（3）**传播效果优势：** 通过浓郁的思辨、扎实的论证、丰富的素材及宏观与微观相结合的叙事，将重大的路线方针政策进行具体化、形象化、立体化的呈现，有利于增强传播效果。（4）**舆论导向功能：** 政论片是传统的报告文学与电视媒体进行结合之后的一种节目类型，是电视节目中最具有舆论引导力、观点阐释力、理论感染力、思想表现力的传播方式，因而也是电视媒体进行舆论引导的"重量级武器"。（5）**价值观塑造功能：** 政论片除了呈现政治理念、再现事件历程外，还有强烈的社会现实担当精神和未来前瞻意识，因而它是对社会占主导地位的价值观的再现和重塑，用于壮大主流价值观的传播力、阐释力和凝聚力，在此基础上转化为变革社会现实的重要力量。

7. 用纪录片"讲好中国故事"：（1）**现实状况：** 中国影视作品（包括纪录片）在全球话语体系中一直处于相对弱势的地位，尽管近几年来中国有一些优秀的作品"走出去"，但与中国经济、社会、文化事业发展的整体状况并不相匹配。（2）**特殊价值：** 中国纪录片"走出去"也是中国文化"走出去"战略的重要组成部分，尤其是纪录片本身所具有的教育性、知识性、真实性等特色使之成为反映一个国家精神风貌、文化生活的极佳载体。（3）**典型案例：** 相比于以往部分走出国门的纪录片采用了"自我东方化"（迎合西方对中国的想象，刻意将中国一些审丑的元素传播给西方）的叙事策略，近年来以《舌尖上的中国》等为代表的纪录片则充满了浓郁的本土元素，以真实、艺术化的方式呈现美丽的中国（去东方化），强调中国文化的特色，值得肯定和借鉴。

8. **话语空间的多元化与立体化：（1）话语建构的立体化：** 新近的政论片虽然一直坚持意识形态的核心地位，但一改之前自上而下进行意识形态灌输、宣传、驯化色彩，变单向度的意识形态诉说为全方位的意识形态话语构建。**（2）叙事对象的多元化：** 从专题片所呈现的人物及细节来看，新近的政论片不再以政治精英、知识精英为单一的叙事主体，来自社会各个层面的普通人、社会实践一线的大众都成为不可或缺的叙事主体。**（3）展现丰富的社会实践：** 近年来中国的政论专题片充分立足中国改革开放的生动实践，以影像化资料和艺术化手段构筑丰富的叙事场景，以《将改革进行到底》为例，该专题片除改革政策的制定者、亲历者外，普通人的现身说法也是重要的叙事元素，以此构成了新形态下政论专题片话语空间的多元化与立体化。

9. **政论专题片叙事策略的转变：（1）影响力塑造方式的变化：** 专题片的影响力和阐释力除背后暗含的国家意识形态的强制性力量外，还有专题片本身的叙事逻辑、拍摄手法等所带来的影响，相较于之前，新近专题片更多以生活本身的逻辑、事实本身的逻辑来增强吸引力和认同感。**（2）更为客观的叙事手段：** 新近的政论专题片不再以空洞的说教、枯燥的理论来呈现事物的面貌，而是从事物的规律及内在的逻辑本身出发，以事实、观点、历史等多种视角建构叙事框架，其叙事也更为客观、理性。**（3）格外凸显受众主体地位：** 新近的政论专题片转变之前以传播者为中心的制作和播出立场，格外尊重受众的主体地位，将观点、素材、理论采用生活化、世俗化的方式及平等化的讲述视角予以呈现，更利于受众的接受和认同。

第09章 青年亚文化现象

源自20世纪60—70年代的青年亚文化研究至今仍受学术界高度关注，数字时代对亚文化研究已经全面跃迁至对数字亚文化的研究。从追星文化、恶搞文化、山寨文化到今天的二次元文化、佛系文化无不折射社会变革趋势，在活跃文化市场内容供给的同时，也带来了部分隐忧。

专题01 亚文化理论概述

1. 亚文化的概念：（1）"亚文化"是指"在同一社会中，因不同阶级、阶层，不同的整体有不同的价值标准而反映出来的与主导性文化不同的一种文化。这种文化包含着社会主导性文化的某些内容，同时又有其独特的价值标准、规范和生活方式"[①]（2）"亚文化"是指"通过风格化的和另类的符号对主导文化进行挑战从而建立的附属性文化"，具有"抵抗性""风格化"和"边

---

① 石磊、崔晓天、王忠等：《哲学新概念词典》，哈尔滨：黑龙江人民出版社，1988年版，第97-98页。

缘性"等特点①。(3) 基于共同特定兴趣、意识形态和行为特征的团体所遵循的价值体系；最初指被边缘化的弱势群体，其价值、信仰、态度和生活方式不为人知或不受重视②。简而言之，亚文化就是一种由从属结构地位的群体发展起来与占主导地位的文化相对立的意义系统、表达方式或生活风尚。

2. 亚文化的特点：(1) 亚文化的抵抗性：某些特定的社会群体在遭遇某种特殊处境的情形下，与更广泛的文化（主导文化和父辈文化）发生了"具体矛盾"，呈现出异端、越轨等倾向，因而，亚文化时常被视为对传统或现行主流主流秩序、规范的一种不满，试图用自我建构的方式寻找新的但未被纳入主流话语体系的策略来解决现实问题。**(2) 亚文化的风格化特征**：亚文化的"抵抗"采取的不是激烈和极端的方式，而是较为温和的"协商"，主要体现在审美、休闲、消费等领域，是"富有意味和不拘一格的"，其主要手段多以解构正统、彰显独特、自我创造等为主。**(3) 亚文化具有"边缘性"**：与更广泛的文化相比，亚文化的主体处在边缘、弱势以及"低下"等"特殊地位"（如青年流动群体、移民群体、亚裔群体等）。③

3. 亚文化的地位：(1) 社会文化的三种形态：社会中的文化系统可分为主文化、亚文化和反文化三种形态。其中，社会上占据主导地位的文化为主文化，包括官方积极建构和倡导的主流意识形态以及拥有较大市场规模的大众商业文化。反文化是对现存秩序提出明确挑战并试图改变现存秩序的文化。**(2) 亚文化是主导性文化的替代性文化**：在多数情况下，亚文化以自己的特有形态补充主文化，但也存在一种可能，即当某种亚文化与社会上的主文化发生根本性分歧时，就会形成反主导性文化，即反文化。**(3) 亚文化与主文化的地位并非一成不变**：在历史发展和社会急速转型的背景下，亚文化可能上升为主文化，而占社会主导地位的文化也可能被边缘化而成为亚文化。

---

① 陶东风、胡疆锋：《亚文化读本》，北京：北京大学出版社，2011年版，第3页。
② 童兵、陈绚：《新闻传播学大辞典》，北京：中国大百科全书出版社，2014年版，第128页。
③ 此上三条参见陶东风、胡疆锋：《亚文化读本》，北京：北京大学出版社，2011年版，第3页。

4. 亚文化的产生：（1）遇到问题： 行动者面临新的处境、问题，迫切需要采取行动来解决这些问题，而这些问题产生的根源可能源于社会环境的变化、自身遇到的状况或通过与他人的对比产生的心理落差。**（2）解决方案：** 行动者解决问题的方案往往是参考现有的社会上占据主导地位的办法（被现行社会规范认可并证明行之有效），但现行条件下如果不能获得有效的解决问题的办法，则会通过新的参考系寻找替代性的解决方案。**（3）彼此确认：** 采用新方案解决问题的个体彼此之间互相联系、交互印证，确证选择的正确性并由此形成新的群体规范和行为方式，由此就产生了亚文化。①

5. 亚文化的收编：（1）收编的由来： 一方面，亚文化的"抵抗"和"反叛"色彩对占支配地位的文化及主文化产生影响；另一方面，亚文化的流行性、受众基础蕴含宝贵的市场资源。在此背景下，社会上占主导地位的文化和商业资本需要对其进行收编。**（2）收编的含义：** 主文化和商业文化挪用、借用或修改亚文化内容及表达体系，重新界定其含义，开发其对主文化或商业文化有利的价值元素，使之主流化或商业化。**（3）典型案例：** 网络流行语进入主流媒体（如央媒采用"给力"这一术语）、粉丝文化被发展成粉丝经济（明星周边、粉丝演唱会、粉丝电影等）、亚文化审美开发的系列商品（如染发、破洞的牛仔裤）。

6. 亚文化的功能：（1）解决问题： 阿尔伯特·科恩的"问题解决"（problem-solving）理论指出，特定群体面临主导文化和父辈文化无法解决的问题时，就会诉诸拒绝或抵抗的方式来解决问题，而解决问题既是亚文化产生的原因，也是亚文化的功能。**（2）补充调适：** 亚文化并非激烈反抗主文化，而是通过审美领域消费空间的符号实践这种温和的抵抗，放大与主文化的差异性，从而成为主文化的补充性文化或替代性文化。**（3）批判功能：** 在资本主

---

① 参见阿尔伯特·科恩的《越轨男孩：团伙文化》，详见陶东风、胡疆锋：《亚文化读本》，北京：北京大学出版社，2011年版，第3-13页。书稿中由笔者根据其表述重新做了整理，科恩对亚文化产生过程进行的解释被称为"问题解决"理论，简而言之，亚文化的出现和其功能就是解决社会中的问题。

义社会，主文化往往反映支配阶级的意识形态，因而具有很强的保守性，倾向于捍卫主导阶级的霸权和意识形态，而亚文化可以成为一种斗争性、颠覆性或革命性的力量，甚至能够发展成为主文化。**（4）社会认同**：亚文化共享群体通过消费及审美领域差异性的符号化实践，以有别于传统的、主导的、父辈的文化模式，建构、彰显和维系群体的身份认同感，同时亚文化也可以视为共享者的社会资本。**（5）其他功能**：亚文化可以作为社会发展、社会心态的一面镜子，折射出当前社会中存在的一些悬而未决的问题（社会镜鉴）；亚文化是社会文化系统中的重要组成部分，为不同的群体提供多样化的审美选择（文化功能）；亚文化可以商品的形式经由商业资本开发转化为市场价值，丰富了文化产业的内容（经济功能）。

专题 02　粉丝与粉丝文化

对"粉丝"现象的研究自 2005 年持续至今未见其热度衰减。其研究的领域也从传播学、文化研究拓展至产业经济、政治学、社会学等多个领域。"帝吧出征"及表情包大战在 2017 年引发学术界关注,由此延伸出关于粉丝政治等若干话题的思考。2019 年,"饭圈"再度成为热点,2021 年,"饭圈"中的部分负面问题得到有效政治,互联网空间环境持续好转。

1. 粉丝的定义及其特点:(1)**定义:**粉丝(fans),是指对于某些特定的人物、机构、理念、产品或品牌拥有强烈且持续的偏向情感或支持行为的受众群体。(2)**特点:**狂热的情感投入(情绪化)、不加思考的赞美和支持(非理性)、对特定对象的痴迷与崇拜(偶像化)、对特定对象的过度消费(商品化)、参与"造星"和消费过程(参与性)。(3)**词源:**"粉丝"成为流行词源于 2005 年的《超级女声》,但"粉丝"的前身"追星族"或"迷"则出现于 20 世纪 80 年代对港台歌手、影视明星、体育明星、日本漫画等的追捧。(4)**批评:**有学者认为,粉丝是接近于"病态"的潜在的"疯子",有两种病理表现:"纠结的个体+歇斯底里的人群",同时,粉丝也是于"我们"相对的、危险的、非正常"他者"。

2. 粉丝文化概念解释:(1)**定义:**粉丝文化,是指以个体或群体对特定对象的崇拜心理及社会实践为依托,依附大众文化而存在的一种亚文化形态,是"大众文化的一种强化或提升的形式"(费斯克)。(2)**特点:**作为大众文化的强化形态，既存在大众文化的一般特质也有其自身特点，包括文化的流行化、内容的通俗化、功能的娱乐化和商业化，以及作为"强化版受众"所具有的更强的主动性、主体性或对偶像的依附性。**（3）地位**：粉丝文化属于大众文化（就其通俗性和商业化特质而言有别于"精英文化"）的附属形态，或一种强化版的大众文化，同时也是一种"亚文化"（就其所处的社会地位而言有别于主文化）。

3. 粉丝文化基础理论：**（1）替代性满足理论**：粉丝在日常生活中所建构的理想目标、生活方式等在不能获得满足的情况下，将自己的欲望投射到偶像身上，让明星、偶像以自己代言人的身份经历幻想中的生活与荣耀，以"白日梦"式的体验获得自我满足的机会，简单来讲，偶像是粉丝理想生活的媒介化再现。**（2）准社交关系理论**：霍顿与沃尔提出的"准社交关系"或"准社会交往关系"理论，即"粉丝—偶像"之间因粉丝对偶像的情感依赖和偶像对粉丝的注意力建构起来的一种象征性的、虚拟的社会关系，能够满足受众对社交关系的需求。**（3）身份认同理论**：粉丝对明星的认同表现为自我身份认同，粉丝之间交互构筑的粉丝群是群体身份认同的体现。群体的身份认同是粉丝群得以形成的基础，粉丝间通过互动共享相似的价值观念和相近的群体规范，并通过消费实践维系群体的稳定性。**（4）参与性文化**：亨利·詹金斯的参与性文化指在Web2.0时代粉丝借助开放性的网络平台以对偶像、明星或文化产品的情感认同为动力，积极采用"盗猎"（以游牧的方式从文本中搜寻自己所需要的材料进行加工）的方式，进行文本生产、加工、传播、交互而构筑的粉丝文化形态；在这个过程中，受众既是生产者也是消费者，既依托于粉丝群的身份认同又强化粉丝成员间的联系。

4. 法兰克福学派的粉丝理论：**（1）白痴观众论**：从生产或控制的角度来研究粉丝现象，资本主义的文化工业凭借对生产资料和意识形态的绝对占有控制了整个生产过程，也决定了粉丝是消极、被动的消费者，在资本主义经济、政治和社会体制下的粉丝就成为单向度的、被异化的"文化白痴"或"白痴观众",面对资本主义社会的统治毫无反抗能力。**(2)理论简评**:受马克思主义经济基础决定上层建筑等理论的影响,法兰克福学派将研究的焦点集中于文化产品的生产环节而不是消费、接受环节,重点关注生产者如何将主导地位的意识形态借助文化产品操纵和支配受众。

5. 文化研究学派的粉丝理论:(1)斯图亚特·霍尔的接受模式:立足受众的信息使用行为,由于文本的多义性,接受者的媒介使用可以区分为顺从式解码、协商式解码和抵抗式解码三种,充分认识到作为粉丝的受众在内容消费和信息使用时所具有的主体性、主动性和反抗特质,不再以消极的姿态对待粉丝的行为。**(2)米歇尔·德赛都的"盗猎者"**:从受众对媒介内容的使用(而非仅仅从传播者、生产者对内容的加工)角度来认识文化现象,文化消费也是一种生产,消费的过程会采用"策略""偷猎""盗用"等"姑且拿来,为我所用"的态度对传播者、生产者所施加的意义进行篡改、解释,以逃避统治秩序所强加给受众的意识形态内涵。**(3)约翰·费斯克的"强化大众文化"**:受众尽管不直接从事产品的生产却通过产品的消费体现出主体性、主动性与创造性——受众在日常生活中,以大众文化工业提供的产品为素材,创造了属于自己的、融入日常生活的、体现快乐和意义的大众文化,粉丝作为狂热的受众、过度的读者创造出拥有自己的生产及流通体系的粉丝文化,文化工业在收编粉丝文化的同时,粉丝文化也在进行反收编;简而言之,粉丝是强化版的受众,粉丝文化是强化版的大众文化。**(4)亨利·詹金斯的"参与性文化"**:承接德赛都的"盗猎式""游牧式"读者理论,认为粉丝是"创造性的读者",其消费实践是富有智慧和充满情感的,粉丝并非沦陷于文化产品中而是通过对文本的"游牧式"选择和"盗猎式"加工创造新的意义,因而,粉丝既是狂热的读者,同时又是积极的生产者。

6. 被污名化的"粉丝":(1)对"粉丝"群体的批评:传统意义上将粉丝视为有问题的群体,将他们视为"狂热""痴迷""非理性""白日梦式的幻想""歇斯底里""问题化受众"等负面词汇的代言人,粉丝行为区别于理性群体正常的、专业的、恪守规范与边界的文化消费行为,如一个教授虽然也仰慕某一个学术"大佬"但不会在人群中面向偶像喊出"我要给你生猴子"这样的话。**(2)对批评的回应**:将粉丝行为等同于非理性的追星,实际上是站在一种精英主义的、捍卫传统世俗观念的立场上,将粉丝视为"他者",并努力放大其"他性",认定理性优于非理性、精英优于大众、克制优于激情、主流优于边缘的价值观念,从而抗拒现代性的变革。**(3)现今的状况**:对"粉丝"的评价依然存在三种分化倾向:一是在社会文化心理层面,由过度、非理性追星导致对粉丝群体的批评甚至污名化;二是在由粉丝的消费热情所开发出的粉丝经济与粉丝产业因勾连商业资本,而以讨好或商业开发的姿态对待粉丝的狂热行为;三是部分粉丝群在主流话语体系中成为不可或缺的政治动员力量,在宏大的家国叙事、捍卫民族尊严与情感的过程中扮演了重要角色。

专题 03　粉丝与粉丝经济

1. **"粉丝经济"的概念解释：（1）定义**：粉丝经济，是指依托"粉丝—偶像""粉丝—品牌"相对稳定的情感和关注关系而延伸出的产品生产、流通、交换、消费现象；其本质是粉丝的情感及"粉丝—偶像""粉丝品牌"的依存关系和偶像、品牌的注意力变现。**（2）补充**：粉丝经济是商品经济的"强化版"，粉丝经济的营销模式是给用户提供情感需求的满足体验，而不是仅仅满足产品的功能性需求，撬动粉丝经济核心要素的是粉丝的情感和注意力，因而粉丝经济是市场经济背景下的情感经济和注意力经济。

2. **"粉丝经济"的发展环境：（1）技术动因**：互联网新技术的发展不仅生产出了可以让粉丝与偶像进行亲密互动的虚拟空间，更推动了粉丝经济赖以生存的社群网络的建立和维护，移动互联网、移动支付、网络直播等技术的发展为粉丝经济产业链提供了完整的技术支持。**（2）政策环境**：结构性就业矛盾凸显、就业创业压力环境下，"大众创业，万众创新"成为常态，粉丝经济、拉面经济等新经济业态得到政策方面的支持。**（3）商业支持**：粉丝是特定产品、服务、品牌的忠诚消费者，契合了商业资本的增值需求，商业资本的介入又为网红、明星、品牌的可持续性发展提供了强大的动力。

案例 46 "倒奶式追星"事件的传播政治经济学分析

案例简介：2021年5月，一段粉丝为"打榜投票"雇用一群人将牛奶瓶盖一一拆开，并将牛奶倒入沟渠的视频在网上热传，网络综艺节目《青春有你3》由此引发争议。随后，北京市广播电视局约谈了相关平台负责人，要求完善节目管理制度、认真核查并整改存在的问题，责令暂停节目录制。《人民日报》评论称，为偶像打投倒牛奶？青春不该这样"有你"。

案例解析：**（1）"情感劳动"的异化**：从"追星人"到"打工人"。在互联网经济中，粉丝经济与"情感劳动"的关系密切，詹金斯将其称为"情感经济"，认为在这种经济形态中情感是驱动人们决策和消费的主要依据。[①] 粉丝的"情感劳动"源自对偶像的依恋与"饭圈"共识的认可，因此在追逐偶像的过程中，粉丝可以享受着由身份认同与幻想投射带来的愉悦。原本"追星人"的初心是从"更好的自己"出发追寻美好的生活，但是各种榜单与数据反而成为异化粉丝无偿"情感劳动"的背后推手，从而粉丝被异化成资本复制资本的"工具"。**（2）选秀模式的产业化**：从"选秀综艺"到"偶像产业"。偶像养成类选秀看似各家欢喜，究其实质沿用的均是同一模式，均是引进韩国101系选秀的工业化、模式化节目制作，将偶像出道权利转交到粉丝手中，通过这种形式构建"拟亲密关系"，偶像借由亲密关系与利益关系的双重捆绑维系着资本循环，进而产生社会和市场效应。在这个过程中"打投"成为"粉圈"竞争的主要手段，不同"粉圈"为了支持自己的偶像，由此引发集体无理性的"倒奶"打投事件。此外，每个"饭圈"群体都有着自身独特的价值立场、话语体系，粉丝因支持偶像在网络上引发的群体虚拟冲突已是屡见不鲜。**（3）警**

[①] Hochschild, Arlie R. The Managed Heart: Commercialization of Human Feeling [M]. London: University of California Press, 2012:118-119.

惕过度娱乐化，重塑价值认同。偶像养成类选秀节目类似于"丰盛偶像时代"的一场"娱乐化选举"，多方共造的娱乐选秀充斥着网络公共空间，粉丝极易陷入"附魅"狂欢的氛围中难以自拔。综艺节目应该跳出纯粹娱乐的思维，尊重且重视公众的深层精神文化需求，才能实现传播效应的优化与倍增。同时呼吁粉丝"理智追星"，纠正"投钱打榜"的扭曲观念，重塑"饭圈"认同与道德规范。**（4）规范节目管理，防止恶意诱导。**"倒奶式"追星尽管反映出粉丝群体非理性极化的一面，但根本原因在于节目制作方和播出平台在利用粉丝的非理性行为实现自己的盈利目标，雷蒙德·威廉斯等人认为，媒体将受众视为群氓的根本原因不在受众自身，而在于媒体不是教育受众朝向更理智的行为，而是有意识地利用和操纵了粉丝的非理性。因此，规范网络追星行为，需要加大对粉丝的教育引导，更要让媒体落实主体责任。

3. **"网红"的定义及特点**：**（1）定义**："网红"是指在现实或者网络生活中因为某个事件或者某个行为而被网民关注从而走红的人。他们的走红皆因为自身的某种特质在网络作用下被放大，与网民的审美、审丑、娱乐、刺激、偷窥、臆想以及看客等心理相契合，有意或无意间受到大众的追捧，成为网络红人。**（2）产生**：网络红人的产生不是自发的，而是网络媒介环境下，网络红人、网络推手、传统媒体以及受众心理需求等利益共同体综合作用的结果。**（3）特征**："网红"作为注意力经济的一个重要刺激因素的作用被开发之后，"网红"本身的生产也变得格外重要。在大众文化背景下，"网红"本身也可以看成一个被套路化、模式化、批量化生产的伪个性的文化商品，它有自己的生产策划包装和炒作流程，也有自己的生命周期。**（4）盈利模式**：在国家不断加大互联网治理力度、行业规范措施陆续出台及商业互联网机构自我规范等综合作用下，"网红"盈利的模式已经广泛覆盖广告费、问答收入、打赏收入、直播收入、签约费及电商等多种形态。

4. 粉丝经济的主要问题：（1）粉丝经济的本质是将粉丝转化为消费者，也即流量和情感变现，"网红"、明星的收益直接取决于能否获得流量以及流量能否变现，在巨大的商业利益面前，过度包装、流量造假、功利性变现干扰了粉丝经济的商业环境。（2）在媒介技术、商业资本、国家政策和社会文化的综合作用下，全民造星已经成为常态，在活跃市场经济的同时，也带来了发展过程内容的粗放化、产品供给的同质化、盈利模式的单一化和受众的审美疲劳。（3）"网红"与商业勾连并为社会舆论所放大，造成"成名需趁早""成功很容易""一夜暴富"等不良社会心态并助长拜金主义、享乐主义等不良消费习惯、生活方式和价值观念。

案例47　直播带货"流量造假"问题分析

案例简介： 据《人民日报》《浙江日报》等多家媒体报道，2020年"双11"期间，浙江金华市场监管部门查处了一起通过刷单为直播带货数据造假的案例，当事人陈某制作的专用流量刷单软件，为电商平台直播虚增观看人数、评论数、点赞数，违法经营额272.6万元。

案例解析：（1）**原因是直播带货盈利模式所致**。直播带货的收费主要以"坑位费"（指定主播带货商品需要支付的费用）和佣金两部分构成，具体金额和比例，则由带货主播的影响力决定。但围绕"影响力"这一指标的造假，已经形成一条产业链，背后的支撑因素包括流量与经济收入之间的关系、平台数据"操作"的空间大、虚假流量只能欺骗观众，造假成本相对较低。（2）**流量造假问题的负面效果**。通过组织虚假交易、虚假流量刷单等方式，帮助经营者提升直播间粉丝量、点赞数、观看人数等，违反了《反不正当竞争法》第八条规定的情形，属于帮助虚假宣传行为，该行为倡导了以造假、欺骗为方式的不良风气，误导了消费者的正常判断，干扰了正常的市场秩序，容易导致"劣币驱逐良币"。**（3）流量造假问题的反思**。流量造假本质上是注意力经济的异化形态，原本作为评价直播效果的流量反而变成了各类直播追求的最终目标；这反映出平台经济在规范管理方面存在的严重短板，需要通过建立健全网络直播治理体系，明确平台方、经营方、主播等各方的权责利关系，促成网络直播带货被纳入法治管理轨道，使其真正赋能实体经济健康有序发展。

5. 知识付费与粉丝经济：（1）知识付费的结构形态： 知识付费在互联网背景下得到迅速发展，用户通过网络支付获得关于某一领域的知识，拓展了知识传播的形态，并形成了"知识生产者—知识分享者—服务平台—知识消费者"的完整生态。**（2）知识付费的网红化：** 网络环境下的知识付费并非全然"网红"经济，但其中相当一部分属于"网红"经济的构成，即"明星—粉丝"的互动关系也被移植到互联网知识的传播中，推动了以知识的生产和消费为表现形态，以粉丝的注意力和情感为支撑的粉丝经济的发展。**（3）内容生产的逻辑：** 知识的生产和传播遵循的是专业化逻辑，而"网红"的内容生产和分享遵循的是市场化的商业逻辑，由于知识分享的门槛和成为"网红"的门槛普遍偏低，故而知识消费市场也会存在分享者专业程度缺失、知识密度偏低、"三俗"内容泛滥等问题。

专题 04　粉丝与粉丝政治

1. **互联网时代的粉丝政治：（1）现象解读：** 中国语境下的粉丝文化、青年亚文化已经超越了简单娱乐化和单一商业化，而是不断向政治领域靠近，并将主流意识形态和主流话语体系融入自身的表达和表演过程，成为社会实践的重要规范性力量。**（2）表现方式：** 互联网时代的粉丝政治表现为以"帝吧出征"为代表的网络集体行动，表现为网络表达中政治话语符号的运用、对政治领导人物的萌化转化、对错位思想有害言论的抱团式抵制等。**（3）产生原因：** 粉丝政治是青年亚文化与主导性意识形态日渐融合的结果，意味着主导性意识形态对粉丝文化表达方式的借鉴、学习、挪用，以及对亚文化群体的改造、吸纳，也意味着亚文化群体超越封闭的粉丝社群，在拥抱主流话语体系的过程中释放出政治和社会贡献。**（4）自我声明：** 粉丝政治也是青年亚文化群体的一种"自我声明"，即面向公众表达自己的群体价值与精神信仰，这种自我声明可以是反叛主流的，也可以是积极拥抱主流的；在以"帝吧出征"等为代表的典型案例中，粉丝的"自我声明"嵌入了主流意识形态（民族大义、爱国情怀），也是其标榜自我态度、立场的一种方式，即粉丝群并非痴迷、癫狂的他者，而是将家国情怀放在首位的爱国者。

2. **粉丝社群的集中表达：（1）粉丝社群的集体行动：** 网络出征是拥有相近、相似价值观念的新媒体用户借助具有动员属性的社交网络平台，以相同网络空间内的共同在线为方式的集体表达；其特点为，同一互联网时空维度下的在场，行为及规范的相对一致性。**（2）粉丝社群的自我声明：** 利用文字、图片、表情包等方式援引、借用、挪用或篡改既有文本作品，面向社会发声，既是一种身份认同的彰显，又是粉丝群在公共场合的符号化表演。**(3) 粉丝社群的注意力占领**：粉丝社群的抱团式行动及互联网同一时空下的集中表达，形成一种强势的话语穿透力，并构筑起互联网空间中声势浩大的媒介事件，从而占据互联网空间中的舆论高地，以事件本身的影响俘获注意力。**(4) 粉丝社群与群体传播**：粉丝群的行动属于群体传播，体现为一种非组织化或半组织化的管理方式和运作机制，是借助媒介化的互动实现的人际互动，粉丝群有共同的目标和价值规范。

3. "帝吧出征"与粉丝政治：**(1) "帝吧出征"**：是粉丝文化与互联网政治结合的产物，其形式是基于社交网络的群体传播，其群体是青年亚文化粉丝群，其方式是同一互联网时空维度下的聚集和发声，其目的是共同价值信仰的维系。**(2) 仪式性互动**：粉丝社群借助共享的表情包、专属的网络口号等统一的符号表述系统，构筑群体身份认同和传播仪式，并通过社交网络的便捷性连接和内容分享的交互性优势，实现对政治话语的网络化和再生产。**(3) 超越娱乐边界**："帝吧出征"是粉丝群体超越娱乐范畴，不断融入主流话语体系并实现由青年亚文化向时代主文化靠拢的过程，是互联网语境下主文化与亚文化之间交互作用的结果，是宣泄表达、身份认同、社会教育等多种功能的混合体。**(4) 网络群体性事件**："帝吧出征"是国家利益、民族情感受损背景下，亚文化群体借助社交网络在非常态环境下进行的、共时性在线的聚集行为，因而也是一种典型的网络群体性事件。与一般的网络群体性事件不同的是，"帝吧出征"宣扬的是爱国主义和国家统一的精神理念，具有至高无上的统摄力。**(5) 价值意义**：从直接层面讲，"帝吧出征"是对侮辱、分裂祖国的行为、言论进行的有效还击，对网络围观者进行的知识科普和思想教育；从更深层次的角度来讲，"帝吧出征"意味着中国语境下青年亚文化与主流文化之间具有协作、整合的可能性，即主流话语可以成为亚文化的内核，也可以借鉴亚文化的表达方式，而亚文化可以接纳和融入主流话语体系。

专题 05　网络低欲望文化

网络低欲望文化表现为一种消极、颓废生活方式在文化方面的话语实践和舆论症候。近年来较受关注的低欲望文化包括"佛系文化""三和青年""宅文化""躺平主义"等。

1. 网络"佛系文化"现象的起源：（1）定义："佛系文化"是流行于当下部分青年群体中以低欲望为表现特征的亚文化。"佛系"是青年群体对宗教中"佛"所象征的"无欲无求"的所指进行挪用和再生产，是社会结构、社会心态和文化心理综合作用的结果。**（2）范畴：**"佛系文化"的本质是低欲望，它不仅仅指借助物质载体进行的、可见的符号化表达，也体现为一种生活方式和处事态度；从本质上讲，"丧文化"对颓废、绝望和悲观等情绪的渲染也是一种"佛系文化"的体现。**（3）起源：**"佛系"是青年亚文化群体对自身的一种命名，也是外在舆论对低欲望群体进行的系统化概括，是在经济及社会转型期，部分群体面对目标、挫折、挑战和压力时采取的一种解决问题的方案。**（4）成因：**"佛系"文化是社会心理、媒介环境、商业资本、群体文化等共同作用的结果。社会群体阶层流动中存在的障碍、民生领域住房就业等生活压力等为该文化提供了土壤；"佛系"心态成为青年群体应对现实与理想差距的替代方案，互联网传播的戏谑、反叛、碎片化、去中心等特征推动了部分青年群体建构自我群体身份、进行情绪宣泄。

2. 网络"佛系文化"的社会影响：（1）价值导向错位："佛系文化"所宣

扬的消极、颓废、低欲望状况与当前占据主导地位的意识形态相悖,故而"佛系文化"的传播会对冲主流价值的正面功能,解构主流文化的影响力、凝聚力。**(2)影响社会心态**:"佛系文化"作为一种亚文化形态,为某些问题的解决提供可供参考的解决方案或参考坐标,以潜移默化的方式,引发情绪共振,影响社会心态和社会舆论氛围。**(3)强化阶层区隔**:对"佛系文化"的宣扬和推崇将削弱特定社会群体对主流生活方式和价值观念的认同感,并非有助于问题解决而是加剧阶层固化。**(4)主体性的退缩**:"佛系文化"推崇的消极处事原则本质上是对自我主体性的压缩,是通过自我强加的方式远离主流社会和主文化。

3.网络"佛系文化"的应对策略:**(1)理性引导**:以相对宽容、温和的方式对待青年亚文化,避免过激压制和自由放任两个极端,通过引导、规范、吸纳和改造等有区别地对待不同类型的青年亚文化。**(2)消除土壤**:将青年亚文化视为反映社会现实及社会心态的一面镜子,从文化表征入手分析其产生的具体根源,通过政策、福利、环境等多种方式弱化病态的青年亚文化,消除有害亚文化产生的土壤。**(3)壮大主流**:改进和优化主流文化的传播策略和传播技巧,通过技术手段创新、内容形式创新、传播渠道创新等各种方式助推主流价值观在互联网空间中的传播力、阐释力,为积极向上、向善的文化创造良好的氛围。**(4)媒介规范**:各级各类媒体应将积极发挥示范引导的正向作用,以建设性思维展现问题、剖析原因,从为青年群体提供更为积极的舆论环境的角度关怀青年群体的热痛难疑问题,促成问题的解决,而非放大、炒作和宣扬各类社会焦虑。

4."三和青年"现象与低欲望群体:**(1)具体概念**:"三和青年"具体指在深圳三和人力市场一带,以干"日结"获取收入的青年流动群体;这部分人群多是中学学历、无固定职业的青年男性,崇尚"辛苦一天玩三天"的生活状态,每日维持底线式的生活水平,由此营造了以"低欲望"为特征的"三和文化"。**(2)同类群体**:除被媒体广泛报道的"三和青年"外,国内其他大中城市也有此类群体存在，开放程度较高、人口流动性较强、劳动密集型企业集中、气候气温偏暖热的大众城市是"三和青年"相对集中的区域，而这些城市中流动人口较为集中的人力资源市场、生活成本较低的城中村是重点区域。**（3）国际案例：**和"三和青年"类似，日本的"蛰居族"（又被称为"隐士"）也是典型代表，此类群体往往数月不离住所，且无工作、无社交活动、受教育程度较低，男性及中青年群体居多，他们自愿退出激烈的社会竞争，游离于正常的社会分工体系之外，恐惧或拒绝社会交往，以电子游戏及影音内容为主要娱乐方式，认为"逃避虽然可耻但有用"。与我国的"三和青年"不同之处在于他们往往隐居在家中，相同之处在于低欲望、消极的公共参与和社会融入。

5."三和青年"所建构的亚文化：（1）亚文化表征：部分相对集中的物理空间、在线网络空间和线下简单的社交关系形成了独特的"三和"文化氛围，低欲望、流动性、原子化是主要特点；借助特定的网络贴吧、QQ群进行交流互动，发展出了一系列群体内共享的亚文化表达方式，如"黑厂""团饭""提桶入驻""提桶跑路"等专用术语及"三和青年"群体所特有的发帖手势。**（2）群体身份建构：**"三和青年"群体脱离社会主流文化体系及现代社会分工系统，且失去了社会学学者所认为的"羞耻感"，并不关注社会公共事务，不介入主流文化的生产和消费，尊崇"窃·格瓦拉"等非主流"网红"为"精神偶像"，借助较为封闭的网络社群构筑群体文化氛围、强化自我的群体认同感，在群体间的交流中强化自身选择的价值。**（3）媒介身份表达：**"三和青年"亚文化是小众的亚文化现象，他们较少借助互联网高频表达自己身份、阐释自己关于生活及公共事务的理念、信仰，在大多数情况下都是被表达。但各类小众化的互联网群组也为部分"三和"群体进行自我表达提供了空间，这些互联网群组聚合全国范围内有小众兴趣的用户，进而形成了"三和青年"文化的在线部落，同时，网络在线部落的形成也吸引了更多的同质化群体。

案例 48 "躺平主义"在网络走红引社会关注

案例简介：2021 年 4 月 17 日百度贴吧一篇《躺平即是正义》的帖子出圈后引发热议。之后，"躺平"一词迅速蹿红成为网络流行用语。根据各媒体报道汇总，"躺平"宣扬的是"不买房、不买车、不结婚、不生娃、不消费"及"维持最低生存标准，拒绝成为他人赚钱的机器和被剥削的奴隶"等观点。有舆论将"躺平"视为部分年轻群体由于对现实环境的失望而做出的消极选择。

案例分析：**（1）"躺平"的本质是低欲望主义**。"躺平"与"佛系文化""丧文化"等青年亚文化现象一脉相承，同属于典型的以逃避和自我降格为特征的低欲望文化，与其他青年亚文化一样，也被视为一种"解决自身所面临的社会问题的青年方案"。低欲望主义一般处在较大转型期的社会，在日本及欧美等发达国家也较为普遍。如日本学者三浦展《下流社会》、大前研一《低欲望社会》都描绘了日本出现的"低欲望"（缺乏生活和工作热情，没有奋斗目标和理想）、"下流化"（阶层上升通道缺失，向上流动太难，向下流动很容易）现象。**（2）"躺平"话语的社会基础分析**。"躺平"的出现有一定的社会基础。党的十九大报告指出，"我国社会主要矛盾已经转化为人民日益增长的美好生活需要和不平衡不充分的发展之间的矛盾"，而"躺平"可以视为社会矛盾在青年亚文化领域这一领域的具体表现；此外，近年来，一些以"996"等为代表的社会现象也在很大程度上制造了青年群体理想与现实的落差及青年群体改变现实的无力感。**（3）"躺平"案例引发"自我确证"效果**。"躺平"现象出圈意味着该观念有一定的社会心理基础，在此背景下，"躺平"文化的传播容易引发同类群体互相确证。"躺平"现象被报道后，虽引发主流舆论反思，也被主流大众排斥，但客观上却提供了一种"新生活方式"的暗示，容易形成模仿、暗示效应，进而影响到部分处在徘徊、迷茫期的青年，推动"躺平"认同到"躺平"行动的转化。**(4)"躺平"是自嘲式话语抗争**。"躺平""躺平学""躺平主义"是一种具有自嘲色彩的话语抗争策略,即通过创造某些形象化的修辞表达,用以形成对"社会问题"及"解决方案"的高度概括,进而通过舆论传播推动其话语的吸纳、整合和动员能力;但话语修辞的创造终止于"可见即满足"的情感、情绪和压力宣泄,并不意味着有落地化的操作实践,偶然的"躺平"案例承载部分青年群体的替代性满足。**(5)作为网络流行用语的"躺平"**。"躺平"这一流行语原本只是作为小众亚文化在网络空间盛行,经由部分媒体和自媒体报道、渲染后,这一圈层用语的社会关注度空前提升,这意味着"躺平"只是个体化、偶然性的事例,但同时也刺激了当下较为焦虑的社会心态;网络流行语是社会心态的"晴雨表","躺平"可以视为部分青年群体对现实的抵抗或以戏谑的方式表达自身的诉求,是对现实境遇的接纳。**(6)对"躺平"文化现象的反思**。"躺平"所渲染的低欲望主义与社会主义核心价值观明显背离,也不利于社会共识的凝聚和积极向上的舆论氛围的营造;要将其视为普通的网络亚文化来看待的同时,主流媒体应强化正向舆论引导,采用建设性叙事对待部分切实存在的具体问题,同时也应防止部分自媒体借机用来放大民众的焦虑情绪、渲染不良社会心态,解构主流叙事。

6. 城市青年流动群体的媒介使用:(1)媒介选择: 城市青年流动群体在媒介使用上较多依赖移动互联网设备,媒介终端的功能多以游戏娱乐、群组社交为主,手机的通信功能反而使用较少;这种媒介使用习惯往往固化青年流动群体的"同侪思维",降低异质群体间进行交流的可能性。**(2)内容选择:** 在信息获取、互动交流上,城市青年流动群体在总体上对社会公共事务的关注度较低,就公共事务在网络上发表个人观点的可能性较低,关注身边热点、关注群体生活,这种信息获取偏好使其强化了身份的认同感和归属感,容易形成圈层文化。**(3)意见表达**:城市青年流动群体话语权缺失、网络主流空间的融入度较低、社交资本匮缺,能够借助公共网络空间进行自主对外表达的机会较少,往往面临被塑造、被表达、被建构的状况,因而利益诉求难以获得充分表达的机会,对社会公共政策的期待难以形成舆论议题。**(4)相关反思**:媒体应以积极有作为的姿态,摒弃审视、凝视或俯视思维,用平等对话和理性沟通的态度对待城市青年流动群体、积极搭建社会政策议论讨论的平台,通过理性、立体和多元展现,从问题根源、政策完善的角度来思考以"三和青年"为代表的城市青年流动群体,避免将这部分群体简单转化为流量或点击率。

专题 06 网络"锦鲤文化"

1. **网络"锦鲤文化"的本质**：（1）**传统符号的挪用**："锦鲤文化"是对传统文化符号中的"锦鲤"进行挪用并对"好运加身"这一寓意进行再加工（神格化）后的亚文化现象。（2）**风格与抵抗**："锦鲤文化"的风格直接体现为文化审美和文化消费过程中对"好运"这一寓意的过度关注和追捧，其抵抗性体现为对拼搏、进取等主流精神的逃离。（3）**社会心态的反映**："锦鲤文化"作为一种互联网亚文化，折射出在当前社会一部分群体中普遍存在的娱乐、投机、功利、浮躁、焦虑、戏谑、从众等多种社会心理和心态。（4）**混杂的文化形态**："锦鲤文化"体现出中国传统鲤鱼吉祥文化、封建迷信、现代商业文化以现代互联网为平台进行交汇的杂糅文化。（5）**后现代式的戏谑文化**："锦鲤文化"并非一味追求好运或者宣扬迷信，尤其是对于知识素养较高的青年而言，锦鲤只是一种"知其荒诞而为之"的后现代式的狂欢体验。

2. **网络"锦鲤文化"的成因**：（1）**问题解决理论**："锦鲤文化"可以视为当前一部分群体在面临工作、学习、生活等方面的困惑或障碍，未能寻找到为社会所认可且行之有效的解决方案时，以戏谑、娱乐的方式放大"好运"的作用，即"充当精神安慰剂"。（2）**商业资本的再生产**："锦鲤"符号通过以支付宝为代表的商业机构再生产、支配和包装而形成，商业机构与新媒体用户的广泛传播共同推动了"锦鲤"符号的大众化与商品化，而后商业资本再重新收编被扩大的"锦鲤"符号。（3）**从众心理作用**：社交媒体语境下从众心理及群体无意识模仿推动了"锦鲤"符号从个别到一般、从特殊到普遍的扩散，而商业资本、主流话语对"锦鲤"的挪用、借用,又强化了这种从众、模仿的合理性。

3. 网络"锦鲤文化"的危害:(1)错位的心理暗示:对"锦鲤"符号的消费凸显了对祈愿、好运等的追捧,极容易造成不当的问题归因和错位的心理暗示,从而强化了"成功靠运气""天上掉馅饼"等倾向性心理,削弱奋斗、进取的意愿。**(2)不良的价值导向**:"锦鲤"文化对冲"好生活是奋斗出来的"等主流认知,长期的渲染、传播将会导致社会价值观念的偏颇,潜移默化影响社会风貌、社会心态和社会文化氛围,削弱主流意识形态的传播力与阐释力。**(3)助推文化"愚乐"化**:以过度的娱乐对待传统文化,尤其是将其"好运""吉祥"的寓意神格化、娱乐化甚至"愚乐"化并不是对传统文化进行创造性转化和创新性发展的应有态度。

专题 07　网络表情包文化

1. **"表情包"中的传播学理论**：**（1）基本解释**："表情包"是互联网时代由网民作为创作和使用主体的符号表述系统，具有形象化、易复制、易传播、易接受的特点；网络表情包的发展经历了从颜文字、绘文字到表情包的转变过程，是媒介技术、网络文化、用户心理、商业资本等多种因素综合作用的结果。**（2）基本功能**：网络表情包的直接功能是承载特定的意义以辅助完成互联网语境下的交流与对话，其作为青年群体最为常用的视觉化表达方式具有建立群体身份认同、构筑青年群体交流的意义空间的重要作用。同时，表情包在互联网时代的日渐普及使其被商业资本和政治话语吸纳，并被开发出强大的市场价值和宣传用途。**（3）沟通障碍**：表情包作为一种亚文化在建构身份认同的同时，也意味着区隔的产生，如"父母和我隔着一套表情包"，即在交流过程中，不同代际、年龄群体因对表情包的能指和所指关系的误解而产生的交流区隔。**（4）规范管理**：理性对待表情包文化现象，通过思想引导、文化建设、网络治理等多种方式避免网络侵权及低俗表情包等问题，确保网络文化的发展能够在法治轨道下有助于网络文化的健康发展。

2. **"表情包大战"与青年亚文化**：**（1）"表情包大战"**：是一种青年亚文化现象，具有青年亚文化的"抵抗""风格化"等特征，例如，"FB 表情包大战"，是青年亚文化群体借用表情包进行的爱国抗争行为。**（2）抵抗的消解**："表情包大战"通过严肃性内容和戏谑性形式的混搭，创造出新的符号表述体系，强化了"战斗"过程中的"烟火气息"，同时，表情包的创作过程还表现为对主文化的吸收、挪用和改造。**（3）表情包与跨文化沟通障碍：**同样的符号表述系统、不同的群体由于文化层面的差异会产生不同的解读，这种跨文化误读、误解容易导致交流过程中的隔阂，使表情包所承载的意义不能有效为目标受众解码。**（4）"表情包大战"的负面作用：** "表情包大战"是戏谑化的互联网政治，或是网络娱乐文化与政治话语的混合体，表情包用作舆论武器时难以避免"战斗"过程的泛娱乐化，同时，网络群体传播匿名化、弱组织化的传播机制容易导致网络低俗及网络暴力，这也将消解网络行动中所嵌入的政治话语。

专题 08　网络二次元文化

自 2016 年开始，二次元文化作为一种学术界和业界迅速热化的关键领域被广泛关注。作为 20 世纪末由日本进入中国的非主流亚文化现象，借助中国互联网这一主要阵地实现了前所未有的发展。二次元文化的影响力已经超越文化范畴，不仅与商业资本结合，更成为网络政治行动、主旋律建构的重要载体。然而，二次元文化也在疫情期间暴露出某些显而易见的问题；同时二次元文化具有很强的圈层性，如何打通主文化与二次元文化之间的"次元壁垒"、如何借助二次元方式推动主旋律传播等都是值得思考的问题。近年来，以《那年那兔那些事》《领风者》等为代表的国产二次元产品为我们思考新媒体环境下的二次元文化提供了启发。

1. **二次元文化的主要内涵：（1）概念溯源：** 二次元源自日语，指早期动漫、游戏等作品是由二维图像构成，其画面是平面的，故被称为二次元，与表示现实世界的三次元相对。**（2）概念界定：** 二次元是指由动漫、漫画、游戏、轻小说等文化作品所虚构的有别于社会现实空间的虚拟世界和幻想空间，以及由此形成的文化现象。**（3）典型代表：** 二次元文化的主要代表为 MAG（日本语境下的表述，即 Manga——漫画、Anime——动画、Game——电子游戏）或 ACG（中国语境下的表述，即 Animation——动画、Comic——漫画、Game——电子游戏）。

2. **二次元文化的特点分析：（1）文化属性：** 二次元文化在一般的认知中属

于教育意义和娱乐元素的混合体，同时又具有一定的腐蚀性，对其理性的态度是充分挖掘和激发其蕴含的正能量元素，规避其负面效果。**（2）内容取向**：二次元文化中蕴含积极友善的审美价值观，这与主流意识形态的内在要求一致，因而可以成为主流意识形态传播的新话语资源。**（3）表现形式**：二次元文化符合新媒体传播规律，契合新媒体文化语境，是内容生产在形式和方法上的创新，因而其形态可以为主流意识形态的传播所借鉴和采纳。**（4）受众基础**：二次元文化最为忠实的受众多为互联网的"原住民"或早期"移民"群体，这部分群体既是二次元的消费者，同时也是积极的生产者，二次元文化可以视为这部分群体的文化资本。**（5）关系网络**：二次元文化缔造了有别于业缘、血缘、地缘、学缘的"趣缘"圈层，在以相近的话语符号策略构筑群体身份认同的同时，也形成了有别于大众文化圈层的封闭自足的"趣缘"社交网络。

3. 二次元文化的沟通壁垒：**（1）构筑次元区隔**：二次元文化与主文化之间存在的沟通壁垒或称沟通障碍被称为"次元区隔"，其本质是不同群体间所构筑的表达自身身份认同和体现自身文化经验的圈层性文化的隔阂。**（2）塑造身份认同**：二次元文化作为青年亚文化的组成部分，体现出亚文化所具有的反叛、抵抗主流文化的特征，通过符号表达的创新来建构沟通壁垒既是一种身份认同的体现，同时也是一种抵抗和自我保护机制。**（3）强化文化资本**：次元区隔除有助于寻找青少年群体特有的表达空间、强化身份认同和归属感外，还是巩固其亚文化资本（萨拉·桑顿）的重要手段。**（4）破解次元壁垒**：消解二次元文化沟通壁垒的目的是确保其发展的方向有利于主流意识形态，确保网络空间无主旋律覆盖盲区，其方式是促进二次元文化与主流文化的融合、良性发展，或者推动二次元文化的主流化与大众化。

4. 中国二次元文化的发展：**（1）多元驱动力量**：商业资本连同传播技术、国家政策、大众消费一道成为二次元文化发展的驱动力量。二次元的商业化不仅是二次元文化得以合法化的重要前提之一，同时资本也与青少年群体共同推动二次元生态的建构与良性发展，并使二次元文化成为先进中国文化产业的一个组成部分。**（2）源自日本文化：**中国的二次元文化源自日本，在中日民间文化交流进一步扩大的背景下，日本漫画、游戏等文化作品被引入中国并逐渐借助传统媒体和新媒体渠道扩散；中日文化交流的扩大、中国互联网技术的发展、ACG爱好者人数的激增、商业资本和官方机构的推动是中国语境下二次元文化发展的动力。**（3）中国本土发展：**在商业资本、国家政策和受众群体三者的综合推动下，中国原创动漫、漫画、网络游戏、网络小说等的发展以及由此延伸出的ACG产业链为中国本土二次元文化发展提供了完整生态。因而，中国二次元文化既带有日本流行文化的外来元素，又带有中国传统文化的特质，成为不同文化融合的地带及不同群体争夺话语权和影响力的文化场域。

5. 二次元文化产业化进程：（1）早期产业化雏形：中国早期的二次元文化源自中国80后、90后群体对官方电视台和市场上的各类日本"动漫＋漫画＋游戏＋周边"的内容消费，较具代表性的作品有《铁臂阿童木》《聪明的一休》《圣斗士星矢》《灌篮高手》等，早期的二次元产品既为今天的二次元文化培养了忠实受众，也是早期二次元产品商业化的探索。**（2）产业化进程加快：**互联网新媒体的发展以及互联网传播的无国界性使数量庞大、种类繁多的海外二次元作品涌入中国，各类游戏、动漫、漫画、轻小说以及汇集二次元文化的专门性门户网站、APP等传播平台涌现，推动了二次元文化市场的繁荣。同时，国家政策对境外动漫节目相对宽松的管理规定和中国受众对二次元文化的追捧也为中国本土二次元文化的创作提供了活力。**（3）产业规模化趋势：**二次元文化产品由ACG产品拓展至周边产品、主题活动，并在IP开发上逐渐成熟；消费群体也由原本的80后和90后拓展至更为广大的受众群，商业资本、传播技术、国家政策、大众消费共同推动了二次元产业的发展。①

6. 二次元文化的消费特征：（1）消费主体：主流消费者是作为生产型消费

---

① 李康化：《在销售的文化》，上海：上海交通大学出版社，2016年版，第38-40页。

者的青少年群体,在商业资本、国家政策、传播技术的推动下正由特定的群体向更为广泛的受众群体迈进,逐渐在大众文化消费中占据一席之地。**(2)主要特点**:李康化认为,二次元消费带有"梦想型消费动因"(消费"梦想中的世界观")、"符号化消费内容"(消费欲望的符号化引诱)、"狂欢式消费状态"(脱离常规生活的狂欢体验)三大特点[①]。**(3)圈层化消费**:二次元文化所建构的沟通壁垒(次元壁)实际上就是一种基于"趣缘"和代际差异的社交圈层,强烈的身份认同感和归属感造成了封闭自足的圈层,极容易推动某一款产品在圈层内迅速流通,但也阻碍了产品的跨圈层流动。**(4)粉丝经济特征**:二次元文化消费带有很强的粉丝经济特征,二次元的产业化过程包含了"粉丝群体建构→粉丝关系维护→流量导入及变现"的运作机制。

7. 主旋律内容的"二次元化":(1)现象描述:主流意识形态或者称主旋律内容,在新媒体环境下面临新的机遇和挑战,以二次元为代表的亚文化被青少年群体喜爱;但另一方面,二次元文化也建构了主流信息传播壁垒。**(2)二次元壁**:二次元文化的发展为主流意识形态传播制造了沟通壁垒(或称"次元壁"),这意味着,主流意识形态一方面要克服青年群体的次元壁,另一方面也要积极吸纳二次元文化在内容生产、表达方式、传播策略上的经验机制,在掌握二次元文化传播机制、规律技巧基础上,探索主旋律的二次元传播方式。**(3)强化不同文化的交流**:二次元文化是消费文化、非主流文化,故而主旋律的"二次元化"需要考虑宣传逻辑与消费逻辑的融合统一、专业逻辑与大众逻辑的融合统一、非主流文化与主流意识形态的融合统一;主流媒体和官方话语要积极促成不同文化间的交流。

8. 二次元文化中的主旋律元素:(1)二次元文化从其起源来讲并不天然具备传播主旋律的内在规定性,而是在进入中国后作为亚文化的二次元与主流意识形态进行协商、对话、融合的结果。(2)二次元文化与主旋律的交叉

---

① 李康化:《在销售的文化》,上海:上海交通大学出版社,2016年版,第40-41页。

体现为"次元区隔"的"双向破壁"过程，即主流意识形态融入并借助二次元进行传播，而二次元文化也积极与主流意识形态对接，参与正能量表达。（3）以"帝吧出征""网络小粉红""饭圈女孩""表情包政治"等为代表的爱国表达行为是二次元文化自主破壁面向公众发声的表现，而影视动漫作品《那年那兔那些事》《领风者》等则是主流意识形态主动接纳并借鉴二次元表达的表现。（4）二次元与主旋律的交叉使次元区隔双向破壁，使青年亚文化在外在引导和自我规训的双重作用下，成为推动社会进步、构筑网络空间秩序、维护国家稳定与民族团结的重要力量。

案例49 当"正能量"遇到"二次元"：《领风者》等案例的思考

案例简介：主流话语借助二次元进行叙事是近年来一种较为新颖的现象，是主流意识形态和宏大的家国叙事主动向青年亚文化取经，并尝试话语表达机制创新的尝试，典型案例包括《那年那兔那些事》（2015年）、《领风者》（2019年）等。本书仅对《领风者》案例进行分析。根据资料介绍，《领风者》由中央马克思主义理论研究和建设工程办公室等机构联合出品，展现了一个热血且不失深度的马克思形象，在B站等平台引发积极反响。

案例分析：（1）**主流文化吸收亚文化表现形态**：《领风者》是"二次元形态"与"三次元灵魂"的有机结合，即在传播方式和内容呈现上是二次元的，但其植入的核心思想是源自社会现实中最为主流的内容，是主流意识形态借助二次元形式与青少年群体进行话语对接并打破二次元空间与现实空间、青年亚文化与主流文化沟通壁垒（次元壁）较为成功的创作实践。（2）**主流意识形态的参与式表达**：青少年群体借助B站等网络平台及弹幕等表达方式以生产型消费者（prosumer）的身份，通过观看、书写和分享三种方式参与了主流意识形态的再生产过程，推动了主流意识形态从宣传到接受的转化。**(3) 主流意识形态表达方式的创新**：《领风者》的二次元叙事使主旋律内容实现了由单向度宣传到立体化传播的转化，加强了理论宣传的亲和力，增强了青少年群体对马克思及其思想的认同感，是主流意识形态在传播方法、策略和技巧上的创新。**(4) 防止"娱乐过界"及严肃性格缺失**：值得思考的问题是，用二次元的形式再现马克思，会导致内容和素材的选取上倾向于表达性较强的部分内容，故而主流意识形态与二次元表达进行嫁接后，主流意识形态是否还是原先的意识形态，马克思是否还是原汁原味的马克思值得进一步思考；另外，二次元叙事有消解宏大叙事严肃性的可能，在时政类及灾难类等严肃性议题中，要避免因使用二次元叙事导致严肃性消解的问题。

9. **"御宅"文化的分析与评价**：**(1) "御宅"的解释**："御宅"可简单解释为"专精某领域的深度爱好者"，广义上指"只关心特定领域特定事物，对这些事物有着异常详尽的了解，但缺乏社会常识的人"，狭义上指"和漫画、动画、电子游戏、个人电脑、科幻、特摄片、手办模型相互之间有着深刻关联、沉溺在亚文化里的一群人的总称"。**(2) "御宅"的批评**："御宅"被批评为未充分社会化的青年亚文化群体，通过虚拟空间建构自我容纳的场所，沉迷于虚拟空间中的人际交往、实践表达和自我认同。**(3) 对"御宅"的积极认识**："激情洋溢的痴迷者"和"信息时代的鉴赏家"，借助粉丝社群"重塑群体身份"，针对特定议题面向社会发声，既是生产型的消费者，又是庞大的商业推动力量，同时还可以成为正能量的积极建构者、表达者。[1]

---

[1] 参见何威：《从御宅到二次元：关于一种青少年亚文化的学术图景和知识考古》，载《新闻与传播研究》，2018年第10期，第40-59页。

专题09 "祖安文化"现象

"祖安文化"最早出现于网络游戏圈，是玩家为了不被举报而创造的一套"不带脏字"骂人的语言。祖安话经过某视频弹幕网站的创作发挥之后，迅速在青少年群体当中掀起模仿浪潮。经过国家有关部门的集中整治，部分平台已经删除了"祖安"等术语，但由于"祖安文化"本身就是不带脏字的骂人及变着花样的骂人，在贴吧、知乎、微博、论坛等处有极强的生命力，甚至延伸到线下日常生活中。

1. **"祖安文化"的来源及性质**：（1）**本质是脏话文化**："祖安文化"是以骂人为乐趣的脏话文化，尽管带着"文化"的字眼，但本质上不能算是文化，出圈后被更多青少年群体追捧模仿，污染了公众语言环境、扰乱了公众情绪的正常表达。（2）**两种话语特征**：话语修辞包括使用脏词和降格贬损两种，即使用淫秽、低俗、两性及禁忌性、侮辱性、伦理性词汇及其谐音词贬损对方及其家属，采用动物类比及物化用语贬损对方及其家属。（3）**出圈过程**：网络游戏中因玩家的匿名保护机制、情绪宣泄心理及机器审查措施，玩家创造出一套能够绕开机器审查且能宣泄情绪的脏话修辞；此后，经过某视频网站再创作后进入社交网络公共空间，成为部分青少年群体争相追捧和模仿的"流行文化"。

2. **"祖安文化"的特征及趋势**：（1）**参与群体低龄化**："祖安文化"以青年群体为主且参与主体的低龄化趋势十分明显，主要活跃在弹幕网站、贴吧、微博等青少年群体较为集中的平台。**（2）病毒式传播**："祖安文化"以文字、图片、表情包等方式呈现，各种软件加速其传播，此外，各类祖安文字生成器、祖安表情包生成器等加速其传播扩散。**（3）解构传统文化**："祖安文化"带有解构传统文化的特征，如通过将渲染悲情或正能量的影视片段再创作为跟风嘲弄、博取眼球的笑料，通过对传统、经典和美好事物的解构，制造跟传统价值观相冲突的效果。

3. **"祖安文化"出圈的原因**：在"祖安文化"由小圈子文化走向大众的过程中，商业资本及流量经济是其重要的推动力量。**（1）互联网平台有意推动**：互联网平台出于流量考虑，有意默许或暗自推动"祖安文化"出圈。**（2）自媒体平台推波助澜**：网络自媒体将"祖安文化"包装成"时尚文化"进行推送，加速"祖安文化"的大众化传播。**（3）青少年群体盲目跟风**：在部分平台放任的背景下，青少年网民将使用祖安语言当成时髦、流行行为，进行跟风创作模仿。**（4）网民宣泄情绪的手段**：一部分青年群体将使用脏话骂人、网络对骂当成宣泄自身压力、释放紧张情绪的手段，网络内容监管盲区为"祖安文化"生存提供了环境。

案例 50　六部门加大"饭圈""黑界""祖安文化"治理

背景材料：据媒体报道，2020 年 8 月下旬教育部等六部门印发《关于联合开展未成年人网络环境专项治理行动的通知》，将在全国开展未成年人网络环境整治，加大对"饭圈""黑界""祖安文化"等涉及未成年人不良网络社交行为和现象的治理力度，整治未成年人网络社交中出现的侮辱谩骂、人身攻击、恶意举报等网络欺凌和暴力行为等。

案例分析：**（1）不良亚文化的社会影响**："饭圈""黑界"等领域出现的不良亚文化近年来有频繁出圈的迹象，已经超越了此前"圈地自萌"的封闭圈层，以迅速传播、容易模仿、价值观反主流、网络暴力常态化等特点，严重影响了网络秩序，干扰了正常的商业运营秩序，甚至导致一系列恶性后果。**（2）网络亚文化"破圈"难题：**不良亚文化圈层化特征带来破圈难题，一是互联网群组和社交媒体建构了不为外界所知的封闭圈层，二是圈层化的有害亚文化不断强化自我共同体意识与主流文化形成对抗，三是主流文化难以有效穿透不良文化圈层对其受众群形成持续影响。**（3）平台主体责任缺失：**有害亚文化在个别互联网群组、社交媒体中泛滥，反映出平台及服务提供方主体责任缺失的现实问题，未将管理手段前置，更多情况下是"不禁就传""禁了就删"的"形式治理"思维和"消除影响"逻辑占据主导。**（4）传统治理机制失灵：**网络有害文化治理是网络空间治理的难题，传统的治理手段针对线下暴力行为、违法行为、有害文化能够行之有效，但网络空间的流动性、匿名性、隐蔽性、圈层化及组织化、网状化的管理特征增加了治理难度，因而需要管理部门、新闻机构、平台运营及服务方、司法及执法部门共同行动，协同治理。**（5）有害文化治理需要抱团：**在研究过程中发现，部分网络有害文化有抱团发声、采取组织化对抗行动等趋势，单凭个别机构、个别组织难以形成与之抗衡的力量，甚至招致组织化的攻击，为此，需要有关部门联合起来，形成舆论共振，方能有效遏制不良文化的传播，根除不良文化的生存土壤。

4. **"祖安文化"的危害及后果：（1）带来遍在的模仿效果：**"祖安文化"作为流行"亚文化"及"脏话文化"对青少年的认知及行为的影响极为深刻；有害文化的大量传播营造了该文化现象普遍流行的感知效果，让青少年容易形成"整个互联网空间及日常生活就是如此"的判断，从而潜移默化接受、认可、推崇"脏话文化"。**（2）有害言行成为习惯：**青少年对亚文化的推崇和模仿主要集中于走上工作岗位之前，当充分卷入社会分工系统后，受环境影响将会慢慢脱离不成熟的状态，但社会弹性工作、自由职业、居家创业等就业方式越来越普及，这使部分流动及弹性就业群体失去全面社会化的可能，部分有害亚文化习惯可能会彻底转化为习惯。**（3）冲击互联网公共秩序**：庸俗文化在虚拟空间的肆意蔓延，已倒灌至现实世界，青少年群体用变相、极端的辱骂语言制造网络暴力，加剧了与其他群体的对立。另外，"脏话"现象也频频出现在线下的生活、工作等不同场景，正式场景下使用脏词现象越来越普遍。**（4）影响中国的文化形象**：青少年群体使用"祖安文化"，也会引发国际网民对中国传统文化的误解、误读，甚至对中国的文化形象带来负面影响。**（5）挤压主流文化的认同**："祖安文化"作为伴随网络暴力出现的亚文化话语体系，挤压了主流话语体系的生存空间，对冲了主流话语体系的正向效果，影响了青少年群体的精神面貌与心理健康状况。

专题10　朋友圈"晒"文化

自1994年中国全面接入互联网出现BBS以来,"晒"文化就成为互联网中的一道风景线。2004—2005年的网络博客、2008年前后的SNS平台、2009—2010年的微博、2013年的微信朋友圈等都加速了"晒"文化的生产和传播,不断推动网络"晒"文化的形态由纯文字转向图文结合和视频化。2020年"凡尔赛文化"成为"晒"文化的典型,它用符号实现对社会现实的篡改,以求打造虚拟空间中的在线社交资本。

1. 网络"晒"文化象征性互动理论：(1) 象征性互动理论：由美国社会心理学家乔治·米德提出并由美国学者布鲁默、西布塔尼等学者进一步发展,该理论认为,人是具有象征行为的社会动物,人类的象征活动是一个积极的、创造性的过程。该理论认为,人类采用具有象征意义的符号来建构意义完成人际交流。**(2) 象征性互动理论的内容**：人类通过符号来传递意义、产生相互的影响,因而符号所承载的意义是社会互动的产物;意义由人类根据环境及自我需求创造,意义在交流的过程中得到解释,人类根据意义来采取行动。**(3) "晒"文化中的象征性互动**：网络"晒"文化是一种典型的象征性互动行为,借助图片和文字符号建构关于自身身份、场景的表述,通过社交渠道发布图片和文字内容建立与他人的联系并完成象征性交流。在网络"晒"文化中,"晒"既是行为,也是目的。

2. 网络"晒"文化与戈夫曼的"拟剧理论"：(1) 戈夫曼的"拟剧理论"：

戈夫曼在《日常生活中的自我表现》（1956）中提出的"拟剧理论"及"前台—后台"行为为"晒"文化提供了最贴切的理论分析依据，戈夫曼把现象学和象征互动论结合起来，对日常生活中自我表现进行现象学解释。**（2）"拟剧理论"的内容**：戈夫曼认为，社会是一座舞台，人生就是戏剧，完全可以用戏剧演出的程式来解释人的行为。在人生的戏剧中，社会系统是剧作家，个人在社会系统所编的剧本中扮演一定的角色。每个人的生活都是演给观众看的一幕幕戏剧，其不是完全按照社会系统所规定的角色演出，而是每个人有一定的自由，按照他在人际关系中的地位，并参考别人对他的看法调整他的表演。**（3）"晒"文化中的表演**："晒"文化是"表演"式的文化，是用户用筛选的符号元素组合呈现"表演者"具体面貌和整体状况，以达到让"观众"形成良好印象、给予积极评价的目标的表演文化；依据戈夫曼的理论，朋友圈是表演的舞台，信息发布者是演员，朋友圈中攀比炫耀、自我暗示等氛围是影响用户表演的环境机制。

3. 社交的符号化与媒介化：**（1）形象的自我建构问题**：传播学、比较文学等领域研究认为，主体的形象在大多数情况下都是通过符号建构的，这涉及形象建构中的符号选择运用、自我对他者的想象及自我对他者想象的想象等；因而，在大多数情况下，形象涉及"自我与他者"的关系、"媒介镜像、自我想象、他者想象"间的关系。**（2）自我社交形象的建构**：朋友圈中自我形象的建构是主体进行自我确认、自我暗示、表达自身优越感，借以改变、塑造或强化外界对自我印象的方式和手段；由于网络社交的虚拟化、非面对面特征，网络"晒"文化中，有所选择地使用各类符号的组合和"恰如其分"的修辞技巧是社交形象建构的重要手段。**（3）虚拟社交中的形象资本**：是传播主体适应媒介化社交的一种生存策略，社交媒体中的自我形象是媒介化社会个人形象的重要构成，良好的形象是个人重要的社交资本，是个人适应现代社会的"战略资源"或"社交软实力"；现代社会的社交向网络社群、社交媒体迁移的过程中，社交形象资本的价值和意义被放大，追求分享效果和技巧的"凡尔赛文化"就成为攫取社交资本的重要手段。

4. "凡尔赛文化"中的修辞术：（1）修辞术是符号欺骗：修辞术注重的是在素材给定的情况下对表达技巧、传播策略和手段的过度开发与运用，实质上是一种符号欺骗，是通过系列符号的刻意选择、表达技巧的交叉运用，用符号现实来修饰、包装甚至伪装社会现实，故可以将"凡尔赛文化"形象地比喻为朋友圈中的"装潢术"。**（2）修辞术重塑社会现实：**媒介与现实的关系通常表现为社会现实、媒介现实及观念现实的区隔，"凡尔赛文化"是一种符号化的媒介现实，但这种现实与以往最大的差异在于被言说的个体的主体性获得了前所未有的释放，"自我"成为符号现实的主宰，掌控了前所未有用符号建构甚至再定义社会现实的权力。**（3）欲望与"晒"的使用满足：**尽管"凡尔赛文化"所建构的现实与社会现实差别甚大，但不能仅仅将其视为一种欺骗或虚伪呈现，更多情况下可视为一种欲望的投射及符号式的满足，即"凡尔赛文化"展现的场景反映了主体的欲望，"晒"行为本身是借用符号实现欲望的手段。

专题 11 网络流行语现象

1. 网络流行语现象:（1）定义: 网络流行语是一种架构在互联网文化生态之上的青年亚文化现象,它是青年群体社会心态的反映,也能从中映照青年群体价值观与主流话语体系的关系。**(2) 功能:** 网络流行语越来越成为人们进行舆论表达和社会参与的重要载体,在一定程度上反映了大众心理和社会心态的变迁,不仅能体现出网络亚文化的发展方向,还与网民的日常交往、精神状况、社会思潮、社会心态等有着密切的关联。**(3) 案例:** 2021 年上半年网络流行语:"躺平""凡尔赛""什么是快乐星球""干饭人,干饭魂""夺笋啊""绝绝子""YYDS""KWSL""输的什么液,想你的夜""塌房"等。

2. 网络流行语的特征:（1）与社会现实紧密相关: 流行语与新闻事件或社会现象密切相关,以流行语的形式来表达对社会热点议题的观点和看法,不仅扩大了事件的影响力,还加速了传播速度和传播范围。**(2) 创造新的能指与所指:** 通过改变"能指"与"所指"对应关系的方式,使得流行语生动形象又容易被网民所理解、接受和自主使用。**(3) 形式凝练简洁:** 网络流行语大多短小精悍,或用词简练、表达简单或朗朗上口、易于传播。网民赋予其独特的内涵,成为发泄情绪、释放压力的载体。**(4) 生命周期较短:** 网络流行语来得快,去得也快。由于大多流行语来源于热点新闻事件,而这些事件的传播具有周期性的特点,事件过后其讨论热度便会下降,再加上网民追崇新事物的心理,新的流行语也会不断涌现。**(5) 娱乐化特征明显:** 网络流行语属于社会心态、流行文化和娱乐心理叠加结果,既表现为流行语的模仿、复制、借鉴本身带有娱乐元素，也表现为部分流行语肇始于娱乐圈。

3. 网络流行语的作用：（1）反映大众心理和社会心态：使用网络流行语来宣泄、自嘲、表达不满，是网民在虚拟网络空间里满足社交需要、进行自我解压的方式之一，一些隐喻性质的流行语中也暗含了对权威的抵抗以及对规训的逃避意图。例如，与"丧"文化有关的流行语，不仅是对自我的否定，也是对社会环境的一种消极反映。**（2）对社会议题的投射**：网络流行语背后往往体现出网民对当下社会议题的认知和态度，可以展现出一定时期内对特定社会议题的社会关注，例如，"打工人""996"表明大众呼吁重视劳工合法权益，"PUA"反映了职场或亲密关系中的不对等和霸凌现象。**（3）社会情绪的调节剂**：是一种相对无害的情绪发泄方式，隐性的社会问题以流行语的方式表达出来，至少能让问题引起关注和讨论，从而蕴含解决的可能。通过流行语来引起个人与个人、个人与群体之间的共鸣，将自娱自乐延伸至"娱乐大众"，能够缓解社会紧张情绪，但不能解决问题。**（4）表达身份认同感和群体归属感**：熟练地使用网络流行语可以确认彼此的身份认同，是个人进行自我塑造和自我圈层区隔的方式之一，有时候也作为自己属于某一趣缘群体的标识，为交流的双方提供了情感共鸣的基础。同时，对主流话语的认同也有消极影响。**（5）作为"弱者的武器"**：网民可以将流行语视为"武器"以抵抗主流话语叙事，例如，"打工人"一词的使用可以看作以对抗式的解码形式影射当下年轻人的加班现状，通过自嘲的方式调侃繁重工作压力下的年轻人生活，因而流行语作为网络亚文化，也被视为话语层面的"解决问题的方案"。**（6）进行舆论监督的平民化方式**：虽然大多数网络流行语是以讽刺、自嘲为主，但也是民意在网络空间表达的体现，反映出了民众普遍关心的社会问题。网民借助流行语以表明态度，在媒体的关注和跟进下，强化了对有关部门的舆论监督。

4. 对网络流行语的批评与反思：（1）网络流行语制造了交流壁垒：网络流行语逐渐成为年轻人之间"破壁"的有效方式，但更新速度越来越快的流行语正筑起高墙，当年轻人开始沉浸于用自己的话语来交流时，网络流行语也成了年轻人和父辈间的"语言鸿沟",形成了老一辈"话语缺失",年轻人"圈地自萌"的状况。**(2)部分网络流行语出现低俗化趋势**:部分网络流行语呈现出低俗化趋势,如以情绪发泄为目的的网络谩骂、以恶意中伤为手段的语言暴力、以粗鄙低俗为个性的网络表达,污染了公共舆论环境,容易宣扬不良情绪,对冲社会主义核心价值观的凝聚力和阐释力。**(3)注意流行语折射的社会问题**:流行语以诙谐幽默的方式表达民众心声、反映社会问题,部分流行语往往存在一定的社会现实动因,故而要留意流行语背后折射的社会现实问题或社会心态问题,不能仅将其视为简单的流行文化来对待,需要相关机构部门采取积极措施解决背后的问题。**(4)防止商业资本滥用网络流行语**:网民使用流行语进行适度娱乐本无大碍,而一旦商业资本通过流行语的使用来放大、渲染负面情绪和不良社会心态时,容易挑起社会矛盾和对立情绪;如部分商业营销采用"放大问题→提供方案"的策略进行商业营销,暗含了对某些社会焦虑心态的放大和拔高。

第 10 章 跨文化传播交流

2021年5月31日,习近平总书记在主持中共中央政治局第三十次集体学习时就我国的国际传播能力建设等问题发表重要讲话:"讲好中国故事,传播好中国声音,展示真实、立体、全面的中国,是加强我国国际传播能力建设的重要任务。新时代的国际传播能力建设,要形成能与国家综合实力与大国地位相匹配的国际话语权,为改革发展稳定营造良好外部舆论环境,为推动人类命运共同体作出积极贡献。"

专题 01　国际传播能力建设

1. **习近平关于国际传播能力建设的相关论述**:2013年12月30日,十八届中央政治局第十二次集体学习时,习近平总书记提出"增强对外话语的创造力、感召力、公信力"重要表述;2016年2月19日,习近平总书记在党的新闻舆论工作座谈会上提出"要下大气力加强国际传播能力建设,加快中国话语的国际影响力,让全世界都能听到并听清中国声音";2021年5月31日,习近平总书记在主持中共中央政治局第三十次集体学习时提出，要"着力提高国际传播影响力、中华文化感召力、中国形象亲和力、中国话语说服力、国际舆论引导力"。

2. 国际传播能力的五个维度：习近平总书记关于提升我国国际传播能力五方面的重要论述可以逐一解读：**（1）提高国际传播影响力**：在国际传播中应逐步提高话语表达声量和传播影响范围，丰富传播形态和传播样式，增强传播内容可读性，尽可能地创造更多对外发声机会和平台，尽可能面向全球更多、更广的受众。**（2）增强中华文化感召力**：在进行国际传播时要始终立足中国实际和中国实践，用中国理论和方法讲好中国故事，发出中国声音，不应该依附于他者话语，应基于中国现实语境，采用中国特色的话语表达，讲好中国故事。**（3）展现中国形象亲和力**：在国际传播过程中要时刻把握国际受众的看法和期待，努力塑造出一个可信、可爱、可敬的中国形象，提升国际受众对中国和中国文化的好感程度、减少误解和偏见。因为亲和的外在形象是增进信任、促进理解的基础，也是赢得国际尊重和获得国际认同的基本条件。**（4）提升中国话语说服力**：要以找准传播对象话语共同点、情感共鸣点和利益交汇点，小切口展现大图景、小故事讲述大道理，运用能够被国际社会广泛接受的表达形式，构建中国叙事逻辑①。中国国际传播中的话语建设应当"以我为主"并实现"为我所用"。**（5）强化国际舆论引导力**：在国际传播中不仅仅要增加话语讲述机会和增强对外发声的音量，更应该强化中国文化传播的靶向作用，面向重点国家，针对不同群体、不同任务加强研究，跨越语言、生活习惯、宗教信仰、意识形态等差异，用心用情制定"一国一策"传播方案和工作指南，靶向施策完善国际传播布局，推动阵地前移，打造战略传播支点，巩固扩大我国对外传播的感召力和有效性。②

3. 中国国际传播面临的挑战：**（1）时代背景**：当今世界正处于大发展、大

---

① 范军：《推动我国国际传播高质量发展》，载《光明日报》，2021年08月06日第06版。
② 范军：《推动我国国际传播高质量发展》，载《光明日报》，2021年08月06日第06版。

变革的重大调整时期，国家与国家之间的交流互动越来越频繁，中国的发展现状和前景引发了国际社会的关注目光。并且"人类命运共同体""一带一路"等核心理念的提出和共同抗击疫情的经历，赋予了中国更多走出去的机会和使命，也加速世界对中国的认知程度。**（2）外部原因**：疫情下以美国为首的西方国家欲利用疫情政治化来转移国内舆论视线，借助全面围攻中国来掩盖其国内疫情治理工作不力的现实，因而对华在经济、政治、文化、技术和军事等领域进行全面围堵，以及全面开启对我国极不友好的国际舆论压制。**（3）内部原因**：尽管中国一直不遗余力地拓展对外传播的平台和渠道，但境外媒体平台和渠道资源大多被西方国家所垄断，中国很难拿来"为我所用"。同时中国当下面临话语体系和话语叙事方面的建设问题，面临话语无法及时、真实和全面地传播出去，容易在国际舆论场中陷入有口难说、有理难辩，或说了没人听、说了听不懂的尴尬。

4. 如何提升我国的国际传播能力：（1）叙事模式：融通中外是构建对外话语体系的关键，要打造融通中外的新概念、新范畴、新表述。情感共鸣是国际交流的公约数，借助情感因素降低交流成本和理解阈值来向海外受众介绍展示中国与中国文化。同时，重视共赢主题、共通价值的探讨和表述，充分展示中国与中国文化的包容、开放特质。**（2）传播内容**：加快构建中国话语和中国叙事体系，用中国理论阐释中国实践，用中国实践升华中国理论；加强国际传播的理论研究，掌握国际传播的规律，构建对外话语体系，提高传播艺术。正如，中国模式研究中心主任张维和教授所言，"如果一个国家没有自己的话语体系，是无法真正崛起的"。对此，我们需要坚定道路自信，发展有中国特色的国际传播理论，用中国理论解释中国实践[①]。**（3）传播渠道**：采用贴近不同区域、国家、群体受众的精准传播方式，推进中国故事和中国声音的全球化、区域化、分众化表达，增强我国对外传播的实效性与亲和力。不同国家受众

---

① 张莉：《加强国际传播建设，提升全球治理中的中国国际话语权》，光明网，2021年6月9日。

的跨文化适应与跨文化关系特征各有不同，中国的国际传播策略可以抓住不同国家、区域受众的关键特征进行精准化传播，推进中国故事和中国声音的全球化表达、区域化表达、分众化表达。①

案例51　云南"野生象群长途迁徙"走红全球事件

案例简介：2021年6月，中国云南野生象群"一路向北"的故事不仅被国内媒体大范围关注，还引发多个国家媒体争相报道，其中包括英国BBC，美国CNN、NBC、纽约时报、华盛顿邮报和日本TBS、朝日新闻等媒体。海外媒体在对待"中国大象出走家乡"事件上展现出较大热情和善意，日本记者甚至全程跟踪进行报道，日本电视台还专门为中国云南"一路向北"的大象做了专题报道，并邀请动物专家介绍大象习性和解释中国方面的应对行动来方便观众的观看和理解。"野生象群"的传播，成功打破了语言和国界隔阂成为讲好中国故事的典型案例，让海外媒体和受众了解到一个真实、可爱的中国。

案例解析：**（1）"象群迁徙"展现立体中国形象**：云南"野生象群长途迁徙"走红全球事件中，各级各类媒体通过立体化的呈现，构建了一个丰富、立体、真实、客观的中国形象。如因媒体关注象群北迁而使云南进入全球视线，使中国致力人与环境协调发展的努力为世人知晓，从而建构了一个自然生态优美、人与自然和谐相处的中国形象。**（2）叙事方式以点带面多层穿插**：以象群一路迁徙的动态过程为线索，展现调皮、活泼和憨态可掬的形象，支撑起以野生动物保护为核心的情感纽带，并将云南政府和当地民众为了保护象群安全、减少人象冲突所做工作穿插其中，既展现了象群北迁的完整样貌，又增强了新闻叙事的亲和力、共

---

① 张莉，《加强国际传播建设，提升全球治理中的中国国际话语权》，光明网，2021年6月9日版。

情力、故事性和人文性色彩。**（3）以事实动态展现为方式内容架构：**象群迁徙是一次非策划性的事件性新闻，新闻媒体在架构报道议题和选择报道内容时，完全是以象群北迁事件中的即时素材采集为基础的客观呈现，既没有人为干预事实本身，也没有刻意宣传痕迹，是忠于真实场景的客观陈述。**（4）综合运用多种信息采集技术及传播手段：**象群北迁故事能占据各大国际媒体的报道版面，与综合采用各类信息采集技术和信息传播技术密不可分，新技术的灵活运用完整、真实记录了野象活动的动态影像资料，且这些图像和视频能够实时更新，有利于社交媒体的快速传播和迭代，为对外传播提供了丰富的报道素材。

5. 跨文化传播的定义与特点：（1）跨文化传播的定义：不同文化系统之间的成员所进行的信息交流行为与传播过程。文化作为人类的生活方式与行为准则，在不同的人种、民族、国家和地区具有不同的特点，并在其发展过程中形成不同的文化系统；当信息的发出者是一种文化的成员而接收者是另一种文化的成员时，就发生了跨文化的传播。**（2）跨文化传播的特点：**当一个信息离开那种它被编码的文化，进入另一种文化并被解码时，会发生变化，解码文化的影响变成这个信息的一部分，原始信息的内涵会被不同程度地修改。修改的程度由文化间的差异程度、传播情境决定。有效的跨文化传播以信任和理解为前提。①

6. 跨文化传播中的障碍因素：（1）文化差异带来的影响：跨文化传播涉及异质文化间的交流与对话，受历史文化、时代环境、群体习惯、身份认知、共享观念等方面差异的影响，传播双方在建构共通意义空间的过程中，往往对相同符号表达存在相异或错位的认知、理解与阐释，容易导致跨文化误解

---

① 邱沛篁等：《新闻传播百科全书》，成都：四川人民出版社，1998年版，第78-79页。

和误读。**(2) 文化中心主义的影响：** 以自我为正统将交流的对象视为客体的文化中心主义是影响跨文化传播顺利进行的一大障碍因素，在跨文化叙事中往往格外推崇本国家、本民族的文化而将与之交互的另一国家的文化视为文化他者，民族中心主义、狭隘民族主义、种族中心主义等典型表现。**(3) 刻板偏见的制造与强化：** 一国民众对另一个国家的认知多源于各类媒体的选择性呈现，其迎合和取悦本国民众情感的信息更容易得到传播，加之历史、社会政治、民族心态、时代环境等各方面因素的综合影响，媒体在对他国进行呈现时往往有意无意地放大这种刻板偏见，影响和制约了跨文化传播系统的正常运行。**(4) 硬实力对软实力的决定性作用：** 不同文化交流主体在政治、经济、科技等硬实力层面的不平等与不均衡，构筑了不平等的文化交流秩序，制造了西强东弱的国际话语体系，影响了跨文化传播的公正性，也制约了不同文化间进行平等交流的可能性。**(5) 跨文化传播改进策略：** 努力使用传播双方通用的符号体系，以此构筑共通的意义空间；以平等互利、互相尊重、求同存异的原则加强双方的交流、沟通，以增进共识，克服成见和偏见；在不同交往主体间寻求"最大公约数"，认识彼此文化的特点，尊重文化差异性与多样性；拓展多元化的传播与反馈渠道，积极利用新媒体的跨时空、跨文化和即时反馈优势改进传播效果。

7. 跨文化传播支撑理论：(1) 文化圈层原理： 文化本身具有圈层性，既表现在文化的传体中，也表现在文化的受体中，如不同国家、不同地理区域的人们可能形成不同的文化圈。不同的文化圈层，向外传播或接受外来文化时，表现也会有所不同[①]。**(2) 文化适应原理：** 由约翰·贝利提出的理论，该理论认为，一种文化只有适应另一种文化的需要，才能在另一种文化圈中发生传播。该原理反映出文化的选择性的同时，也表明当一种文化传播到另一种文化圈时，它必须适应这一文化圈的特殊情形，没有这种适应，传播便不能正

---

① 刘建明：《宣传舆论学大辞典》，北京：经济日报出版社，1993年版，第307-308页。

常进行，甚至可能遭遇对抗。**（3）"主体间性"或"交往理性"：**哈贝马斯认为，理想的交往双方不是"主体—客体""主人—奴隶""人—物"的关系，而是互为主体而存在，其目的是建立互相理解、沟通的交往理性，以达到社会的和谐。**（4）文化休克理论：**因远离我们所熟悉的社会交流符号和文化标志，以至于难以融入当地文化语境从而产生恐慌与焦虑。

专题 02　国家形象对外传播

1.国家形象定义及形成：（1）国家形象的定义：①国内外公众对一个国家在他国公众中所获得的综合性的印象和评价，包括对其综合实力、社会制度、国家发展、国际地位等各方面的评判。②一个国家对自己的认知以及国际体系中行为体对它的认知的结合；它是一系列信息输入和输出产生的结果，是一个"结构十分明确的信息资本"。③媒介和公众对一个国家及其民众的历史、现实、政治、经济、文化、生活方式以及价值观的综合印象。**（2）国家形象的形成：**①一个国家的国家形象从根本上说取决于该国的综合国力及其在国际事务中所扮演的角色、所起到的作用等；②从某种程度上讲，一个国家形象的好坏与传媒的长期报道作用于人们头脑中所形成的印象有很大的关系；③国家形象在一定意义上是由大众传媒有意无意地、客观或非客观地"雕塑"出来的；④接受国的公众情感、官方态度以及中外历史原因都会影响国家形象。**（3）国家形象建构的必要性：**国家形象是一种品牌资源和战略资源，是国家软实力的重要组成部分，是该国国际地位、国际角色的体现；中国所拥有的国际评价、国际影响力与中国目前的经济、文化等的发展状况不匹配；国际社会对中国的认识依然存在着误读、误解及偏见，需要中国不断传播真实全面、立体多彩的中国形象，为中国的改革、开放、发展、创新营造良好的国际舆论环境。

2.国家形象的分析理论：（1）形象理论：最初源自李普曼《舆论学》中的"刻板印象理论"，大众传媒时刻在向人们建构拟态环境，"所谓拟态环境，也就是信息环境，它并不是现实环境的镜子式的再现，而是大众传媒通过对象征性事件或信息进行选择和加工、重新加以结构化以后向人们提示的环境"。**（2）软实力：**约瑟夫·奈于 1990 年提出，指国家依靠政治制度的吸引力、文化机制的感召力和国民形象的亲和力释放出来的对世界的无限影响力。构成软实力的要素有很多，核心是传媒业。**（3）西方中心论：**①认为西方文化优于、高于非西方文化；②认为人类的历史围绕西方文化展开；③认为西方文化特征、价值或理想带有某种普遍性，从而代表非西方未来发展方向；④认为西方是现代、先进、智慧、文明、发展、秩序的标志，而非西方则恰恰相反。**（4）媒介帝国主义：**赫伯特·席勒提出的概念，又称"文化帝国主义"，指发达国家凭借强大的经济实力和先进的媒介传播技术，有意或无意地控制发展中国家的媒介系统。在信息传播中，发达国家与发展中国家的地位不平等，发展中国家只是发达国家信息传播的被动接收者。

3. 中国对外传播的体系建设：（1）动力：①媒体技术打破时空界限，以低成本来穿越国界，世界性地传送文字、声音及影像的能力大幅增强（地球村）；②全球性媒介产业（以及媒介产品的全球性市场）的兴起，提供了"全球化"的组织架构和驱动力；③全球性组织、区域性组织的成立，国际贸易、文化、科技交流的频繁，跨国公司、跨国交通、跨国贸易的存在需要国际传播。**（2）传播要素：**①塑造及传播的主体：政府、企业、大众、媒体、国外大众（包括国际组织、跨国企业、国外的大众）。②塑造及传播的内容：一个自信、积极进取、富强民主、和平崛起的大国。③塑造及传播的方式：大众媒体及新媒体、户外广告、承办国际活动（如奥运会和世博会）、应对国际事件、精英人物的表现等，利用文化产品（如电影中的信息、文化和价值输出）等。**（3）传播策略：**①融入世界话语体系；②遵循国际通行的标准、规范；③追踪人类共同关注的热点、焦点问题；④突出国家形象塑造的个性特征；⑤积极承办国际性活动；⑥及时、准确地进行形象塑造与传播；⑦整合媒体资源优势，利用多种渠道进行传播；⑧积极建构国际传媒新秩序；⑨增强对外传播的主动性，改善中国在传播形象中的被动局面和"他塑""西方中心主义"问题。

4. 亨廷顿"文明的冲突理论"：（1）理论的提出："文明的冲突"这一观点由塞缪尔·亨廷顿在《文明的冲突》一书中提出。**（2）观点内容**：亨廷顿认为，冷战后世界格局的决定因素表现为七大或八大文明，即中华文明、日本文明、印度文明、伊斯兰文明、西方文明、东正教文明、拉美文明，还有可能存在的非洲文明。冷战后的世界，冲突的基本根源不再是意识形态，而是文化方面的差异，主宰全球的将是"文明的冲突"。**（3）观点评价**：这一表述影响巨大，甚至成为西方部分学者及政客为人为制造的冲突进行辩护的"理论依据"；萨义德等人认为，强调冲突、分裂和对抗无益于改善世界上各个国家间的关系，真正有意义的不是制造骇人听闻的矛盾，而是要强调新环境下文明间的协作。

5. 对"中国威胁论"的思考：（1）论调的起源："中国威胁论"不是新概念，而是西方部分学者和政客出于文化、制度偏见或政治目的所刻意炮制的论调，其目的是通过宣扬中国在制度、文化、人口、科技、军事方面的威胁，制造国际社会对中国的不信任感；在不同的历史阶段，"中国威胁论"的具体指向略有差异，但其根本性质没有变化。**（2）产生的原因**：文化、制度、政治偏见及特定的政治目的和政治利益是西方部分政客、媒体及智库联合炮制"中国威胁论"的根本原因；西方国家以自身曾经崛起的历史作为参考，认为世界上任何一个崛起的大国，都不可避免地进行资本、技术与物力等的输出；尽管同属资本主义阵营，"中国威胁论"因国别差异也有不同，如欧洲个别国家源于自身经济衰退的失落感，美国炮制的"中国威胁论"源自中国迅速发展背景下自身对"世界老大"地位的"担忧"。**（3）现实状况**："中国威胁论"有"黄祸""意识形态威胁论""军事威胁论""科技威胁论"等若干变种，而这些论调都刻意回避或忽视了中国和西方所走的道路、所经历的历史、所采取的外交策略的差异，忽略了中国从未对外输入殖民和武力的事实，将制度、文明、文化的多样性曲解为冲突、矛盾和威胁。

6. 国家形象跨文化传播的挑战：（1）"他塑"为主：尽管中国近年来格外重视国家形象建构和跨文化传播的主体性与主动性，且国际形象持续好转，但"他塑"为主的局面并未彻底改变，自塑能力和自塑效果仍有上升空间。**（2）国际形势：** 国际政治、经济、文化发展的不均衡状况决定了国际传播秩序中西强东弱的格局；近年来，单边主义、保护主义、逆全球化思潮有升温迹象；个别国家及政客为转嫁国内矛盾、谋求政治利益，刻意挑起事端，不断为中外正常的文化交流制造障碍，甚至刻意抹黑中国正常的对外传播活动。**（3）叙事模式：** 中国对外传播过程中仍存在着不同程度上的传者中心主义或西方中心主义等思维误区；西方媒体受市场导向新闻学理念的影响，往往刻意选择能够取悦和迎合西方受众刻板偏见的素材进行过度阐释；受此影响，中国的对外传播叙事与展示真实全面、立体多彩的中国形象的目标仍有一定距离，国际舆论对中国的误解时有存在。**（4）传播主体：** 中国对外传播的主体构成是媒体、企业、非政府组织、媒体人、留学生、外交官员等，尽管其构成不断走向多元化，但整体规模偏小、民间力量偏弱，尤其是在国际社交媒体上，缺乏强大的"华人共同体"。**（5）传播渠道：** 尽管中国对外传播的平台、渠道不断拓展，传统媒体、新兴互联网媒体均成为中国形象建构及对外传播的重要渠道，但境外关键的社交媒体资源大多被西方国家垄断，受其背后的政治、资本和技术力量的影响，中国对外传播的渠道仍需要持续拓展。

案例52 跨文化传播中的民间"网红"现象

案例简介： 据多家媒体报道，一些中国民间"网红"在境外社交媒体上"圈粉"无数，成为互联网时代中国文化对外传播的重要传播者。新华网在2020年7月20日的一篇评论中指出，在互联网时代，文明交流互鉴有了更多载体和渠道，有了更广阔的平台，为世界提供了更多读懂中国、爱上中国的机会。在这个精彩无限的文化传播与交流的时代，讲好中国故事，塑造中国形象，我们需要更多的"阿木爷爷""李子柒""滇西小哥"，需要更多有品质、有温度的好故事。

案例解析：（1）中国形象的民间表达：民间力量一直是中国形象进行国际表达的重要主体，前互联网时代，民间力量进行的对外传播具有自发性、业缘性和偶然性，而互联网时代推动了民间跨文化传播群体的壮大，使"李子柒"等大量中国民间"网红"可以活跃在国际社交媒体平台上，成为重要的信息传播主体。**（2）中国形象的视觉表达**："李子柒"等中国民间"网红"依托的是以视频为主的内容传播方式，短视频所具有的观看便捷、生动形象、立体丰富等特点成为展现中国传统文化场景的极佳载体，尤其是视觉表达摆脱了对语言、文字的依赖，极大降低了国际受众的接受门槛，避免了借助语言交流而产生的认知区隔和理解障碍。**（3）中国图景的生活叙事**：中国的田园之美、乡村之美、文化之美契合了西方世界对中国乡村图景的想象，尤其是让现代化程度较高、生活节奏较快的发达国家的受众感受到传统与现代、乡村与都市的和谐统一，也承载了现代社会民众对都市化、商品化、商业化、流水线式的媒介文化的反叛性寄托。**（4）超越"自我东方化"藩篱**："李子柒"等中国"网红"所展现的中国文化不是以取悦和迎合西方对中国的猎奇审美为手段，而是展现原生态的生活图景，是多彩中国的若干横截面，它是去"污名化"的、以生活审美为旨趣的分享，是世俗化和平等的交流。**（5）并非"文化输出"**："李子柒"等中国民间"网红"在境外社交媒体上对中国文化进行的展现，脱离了"自我东方化"及"文化输出"的二元困境，既非自我"污名化"以取悦异域公众，亦不带有意识形态诉求，是非政治化的内容生产。**（6）"网红"是替补性叙事主体**：国际传播与对外报道中，政府官员、官方媒体、商业媒体、企业组织、NGO机构等都是制度化的传播主体，如果将制度化的传播主体称为"主流叙事"，民间"网红"以非制度化的方式对外传播，就是一种非制度性叙事、替补性叙事或另类叙事，是填补主流叙事空缺、活跃民间文化交流的重要形式。

7. 讲好中国故事、传播好中国声音： 蔡名照结合习近平总书记关于讲好中国故事、传播好中国声音的若干表述，剖析了具体的策略。具体为：**（1）深化中国梦对外宣传，以中国梦为引领讲好中国故事：** ①讲好中国故事，要阐释好中国特色；②讲好中国故事，要介绍好中国的现实情形和未来走向。**（2）加强国际传播能力建设，传播好中国声音：** ①打造国际一流媒体；②要创新"走出去"方式；③需要全社会共同参与。**（3）加强话语体系建设，着力打造融通中外的新概念、新范畴、新表述：** ①打造融通中外的新概念、新范畴、新表述，要着力抓好融通中外这个关键；②打造融通中外的新概念、新范畴、新表述，要在"新"字上下功夫；③打造融通中外的新概念、新范畴、新表述，要有学理支撑、理论突破。①

8. "后疫情时代"中国对外传播的挑战：（1）逆全球化趋势凸显： "后疫情时代"的国际秩序和国际格局发生显著变化，全球化趋势受阻，区域化、个别国家优先论等思维不断升温，既有的传播体系建设和正常的国际跨文化交流活动面临新的障碍。**（2）国际偏见时有升温：** 新冠肺炎疫情期间，中国以显著体制优势和上下同心的团结协作取得了统筹疫情防控与经济社会发展的显著成果，尽管中国付出了巨大的代价且及时向国际社会分享经验并积极提供公共产品，但个别国家政客及个别媒体出于政治目的不断炮制制度体制偏见，误导国际舆论思考。**（3）传统渠道局部失灵：** 在中国国际传播与跨文化叙事中，以孔子学院、专业媒体为代表的传统渠道遭遇西方部分国家的系统打压，专业性和组织性较强的传统对外传播模式局部失灵，在国际话语体系中进行的表达遭遇前所未有的压力，迫使中国对外传播机制的革新。**（4）新媒体资源匮缺：** 国际上广泛用于跨文化交流的 Facebook、YouTube、Twitter、Ins 等社交网络平台被西方少数发达国家所垄断，其管理规则、算法机制往往影响中国正常的对外交流互动，以政治目的、算法偏见等干扰源自中国的声音，

---

① 蔡名照：《讲好中国故事传播好中国声音》，载《对外传播》，2013 年第 11 期。

且此类做法有常态化趋势。**（5）"后真相"困境：** 中国的跨文化叙事面临西方文化语境中的"后真相"难题，西方媒体中的情绪化传播、夸张性叙事、偏见性叙事等不断构筑中国对外传播的障碍，使中国跨文化传播时常陷入"被动回应""随风起舞"的尴尬境地。

9. "后疫情时代"中国对外传播的策略：（1）强化"替补性"多元叙事主体： 在官方叙事主体之外，开辟拓展以企业、留学生、知识分子、民间"网红"等为代表的多元主体，让中国非官方的力量构筑海外社交舆论场中的华人文化共同体，以分享、展示、交流的姿态，与不同的主体建立地位均等的对话关系，进而壮大"替补性叙事主体"（非官方的叙事主体）的力量。**（2）推动传播理念的转型：** 史安斌等提出，在"后疫情时代"要"以中国方案为阐释重点，超越跨文化传播（intercultural communication）局限，运用转文化传播（transcultural communication）为核心理念进行内外重构，实现从国际传播（international communication）向全球传播（global communication）的理念升维"[①]。**（3）传播人类共享的价值理念：** 新冠肺炎疫情防控让世人前所未有地意识到"全球人类命运共同体"的重要意义，而中国在应对全球变暖、核武器威胁、粮食危机与贫困、国际恐怖主义等方面做出的努力及提出的方案正是世界各国的最大公约数，也是对人类共享的价值理念的实践，更是中国进行跨文化叙事的重要发力点。**（4）传播形态与方式创新：** 以短视频、纪录片、商业电影、动画片、网络游戏、网络小说、网络音乐、青少年"二次元"文化等为代表的文化产品是国际上进行跨文化传播的"通用货币"，以此为载体可以有效增强中国文化在国际舞台上尤其是青少年群体中的吸引力。

10. 公共外交、民间外交与网络外交：（1）公共外交： 以公众（主要是他国公众）为受体的外交活动，公共外交的主体必须是一个国家的中央政府及其领导或支持的相关机构。公共外交的手段主要有国际广播电台、电视、教

[①] 史安斌、童桐：《世界主义视域下的平台化思维：后疫情时代外宣媒体的纾困与升维》，载《对外传播》，2020年第9期，第4-7页。

育和文化交流、电子媒体等。[1]**（2）民间外交：**在复杂多元的国际社会中，由不具备国家正式外交资格的法人组织或自然人为本国国家利益、本国官方外交目标，或补充官方外交行为不足，或为维护世界和平与人类共同利益而主动进行的对外交往或交涉活动。民间外交是由非官方机构或非官方人士从事的外交活动，民间外交的主体是指一切不能代表国家，不能以国家和政府名义处理外交事务的法人组织，如政党、集团、组织、企业、学校、团体等，也可以是各界人士。[2]**（3）网络外交：**在信息时代条件下，国际行为体为了维护和发展自身利益，利用互联网技术和网络平台开展的对外交往、对外传播和外交参与活动。网络外交的主体与客体既可以是国家行为体，也可以是国际组织、跨国公司或个人等非国家行为体。它是信息化时代国家外交形态的新发展，与现代外交相比是一种主体多元化、手段虚拟化、议程即时化、互动拟人化和价值民主化的外交形态，其核心是澄清信息、供给知识和塑造认同，是信息、网络技术与外交系统耦合的产物。[3]

---

[1] 黄日涵、姚玉斐：《国际关系实用手册》，天津：天津人民出版社，2013年版，第255页。
[2] 黄日涵、姚玉斐：《国际关系实用手册》，天津：天津人民出版社，2013年版，第255页。
[3] 黄日涵、姚玉斐：《国际关系实用手册》，天津：天津人民出版社，2013年版，第256页。

专题 03　全球化及逆全球化

1. 全球化相关理论梳理：（1）全球化的概念： 全球化，是指以经济关系为基础，以人类的物质实践为支撑在世界范围内出现的政治、经济、文化和社会关系日益联系、交互影响的过程或结果。吉登斯认为，全球化是"让原本在地理空间上散落分布的人口距离变近、交流增加，使整个地球成为一个命运共同体或者全球社会的各种过程"。**（2）全球化的原因：** 推动全球化最为根本的动力是资本的逐利天性，以及建立在资本逐利需求基础上的全球资源配置、全球销售市场、全球分工体系及信息交通技术的发展；此外，环境变暖、恐怖主义、网络空间治理等人类共同面对的威胁也是推动全球间各种组织、力量合作的动力。**（3）全球化的表现：** 全球化表现为经济的全球化、政治的全球化和文化的全球化。经济全球化表现在世界范围内的贸易、市场交换、分工合作；政治全球化表现为超越单一国家的全球性、区域性组织的成立；文化全球化表现为文化产品在世界范围内的流动以及本国文化与他国文化之间的交流、交互与碰撞。

2. 全球在地化现象思考：（1）概念的提出： 全球在地化（glocalization）由美国学者罗伯森提出，指在受全球化趋势影响的背景下，地方要素与外来要素进行融合的状态，简而言之，即"全球化与地方化的融合"。**（2）原因分析：** 全球性的文化需要通过与地方文化的融合才能被认同，地方的文化对外来的文化进行改造确保自身既能融入全球化，又能保留自身主体性；因而，全球在地化是全球文化和地方文化进行协商之后的结果。**（3）理论意义：** 全球在地化表明，全球化并未直接导致地方文化、地方特色、地方传统的消失，而是寻找到了一种混合的共生关系；这一现象也表明，全球化对地方的改造并非激烈的革命，而是渐进的、温和的、潜移默化的；最终的结果是，全球文化融入地方特色，地方文化也成为全球化的组成部分。

3. 对"逆全球化"现象的思考：（1）全球化是否可逆：关于"全球化是否可逆"这一命题，学者观点大体分为两类：一类观点认为，全球化是世界经济、政治、文化、科技等多种因素综合作用下的必然趋势和必然结果，既然其动因一直存在，全球化就应该是人类社会发展的趋势和潮流，是不可逆的；另一类观点认为，世界政治经济发展的不平衡必然导致全球化中存在着利益、资源的冲突和矛盾，在此背景下，部分国家、地区受全球不均衡发展带来的消极影响较大，故而对全球化持反对态度，从而导致了"逆全球化"现象的发生。**（2）逆全球化案例**：英国"脱欧"、特朗普发起贸易战等反映出一种较强的逆全球化思潮正在世界范围内蔓延，不仅发达国家如此，一些发展中国家也开始出现贸易保护主义、民族主义等倾向。这意味着，逆全球化思潮已经不再是个别国家、个别地区的偶有现象，而是成为全球范围内的普遍现象。**（3）理性看待"逆全球化"**：尽管在一定阶段下的"逆全球化"可以成为一种呼声渐高的趋势，但全球人类之间进行的广泛分工、协作以及站立在全球人类共同利益基础上的命运共同体将是人类社会发展的必然趋势和潮流。因而，正确的态度是各个国家、地区之间应该秉持合作共赢的姿态构建全球化背景下的人类命运共同体。

4. 对全球化的不同立场倾向：（1）极端全球化者：认为全球化是一个与国界无关的过程，会产生一种新的全球秩序、一个没有国家的世界、一种新的全球文明，并最终导致国家、政府权力的消失，导致国家主权丧失和民族国家的终结。**（2）全球化怀疑论者**：认为国家间交往程度的强化、经济的相互依赖并不是全球化的证明，而是古已有之的"国际化"，区域组织、政府力量在现今语境下得到强化而非削弱，全球并未成为一个真正意义上的统一体，甚至比 19 世纪末期更不依赖地方性和区域性的合作，基于此，怀疑论者认为，全球化并未到来。**（3）全球化转型论者：**该观点认为全球化是正在进行中且仍未完成的过程、一个易受影响且动态开放的变化过程；在全球化过程中，各种组织力量既不是简单的削弱也不是怀疑论者所认为的那样被强化，而是一个重构和转型的、带有若干不确定性的复杂过程。①

5. "全球化"的三种认识论：（1）吉登斯的"全球化经验"：吉登斯认为全球化是一个现代性的发展过程，它涉及在场和不在场的相互交织，涉及远处的社会事件和社会关系与本地的语境的交错，全球化的"远距作用"是通过一种媒介化的经验而实现的，因此，全球都在一个共同的环境下生存，也面临着同样的"普遍性危机"。**（2）杰姆逊的全球化理论：**在杰姆逊看来，全球化本质是西方消费社会对第三世界国家虚弱的文化的渗透，是晚期资本主义扩张的结果，因而所谓的全球化实际上是多国资本主义阶段的文化现象。**（3）鲍曼等学者的"西方衰落论"：**鲍曼、汤姆林森及吉登斯等学者认为，在非西方地区（譬如"亚洲四小龙"）迅速崛起的背景下，西方发达国家尤其是老牌的资本主义国家，正在失去以前曾经拥有的国际地位和国际影响力，由于全球化正在由价值观念、理性化的全球化转变为物质商品的消费层面，表面上看是西方文化的扩张，其实正相反，这不过是西方衰落的另一种表征。②

---

① 参见［英］安东尼·吉登斯：《社会学（上）》第七版，北京：北京大学出版社，2015 年版，第 129-133 页。

② 参见王治河：《后现代主义辞典》，北京：中央编译出版社，2005 年版，第 539-543 页。

专题 04　全球化与国际关系

1. 国际关系中的依附理论：(1) 定义：依附理论，是指从宏观角度研究发达国家和发展中国家的政治经济不平等关系，兼及发展中国家不发达的根源和发展道路，是 20 世纪 60 年代中期由拉丁美洲一些经济学家首先提出的。主张改变不合理的国际分工和贸易关系，同时加强发展中国家内部的改革与调整；建立国际经济新秩序；不断调整各国相互关系，力求和谐发展。**(2) 分类**：①依附说：主要代表人物是普雷维什和多斯桑托斯，认为发展中国家的工业化严重依赖发达国家，以至于政治、经济受制于人；②"中心—外围"说：主要代表人物是弗兰克和阿明，认为发达国家是世界经济的中心，发展中国家是外围，前者凭借强大的经济实力剥削后者，后者在政治经济上依附前者；③世界体系说：主要代表人物是沃勒斯坦，认为"世界帝国体系"已经转变为"世界经济体系"，整个世界因分工而分成中心、外围和半外围三种类型。①

2. 沃勒斯坦的世界体系理论：(1) 人物简注：沃勒斯坦是美国经济学家，"新马克思主义"理论家，于 2019 年 8 月 31 日去世，其最为著名、影响最大的理论是"世界体系理论"（出自其代表作《现代世界体系》，该书有多个中文译本）。**(2) 理论简介**：将资本主义国家放置于世界性的体系进行考察，认为世界体系由资本主义生产模式支配下的中心区、半边缘区和边缘区构成，由于这个体系存在的压迫、剥削和不平等等固有问题且始终无法解决，故而它已经进入混乱的告别期，需要一种由更合理的收入分配制度组成的世界体

---

① 参见王邦佐主编：《政治学辞典》，上海：上海辞书出版社，2009 年版，"依附理论"词条。

系，即"社会主义的世界政府"。简单来讲，世界体系就是资本主义体系扩展到全世界，从而基于体系中的分工差异将世界各个国家区分为中心、边缘和半边缘。

3. 后殖民主义理论：（1）以文化霸权为核心的殖民： 尽管政治形式上殖民主义已经消除，但西方殖民主义的军事、政治、经济等强大影响仍然存在，甚至日益严重，第三世界国家政治上的独立与经济上的成功并不意味着文化上的自主或独立，而是依然遭受西方文化霸权主义统治的影响。**（2）对西方话语的依附与依赖：** 后殖民主义认为，第三世界国家摆脱西方殖民统治的努力是借助西方的话语实现的，这就形成了一个文化悖论：第三世界国家的反帝、反殖、争取民族独立与富强的事业，是借助西方第一世界国家的思想与文化进行的，从而无法摆脱西方文化的深刻影响与制约。**（3）后殖民主义的理论观点：** 后殖民主义文化理论基于欧洲殖民主义的历史事实和文化事实，反对西方发达资本主义国家对这些发展中国家所推行的文化霸权主义，力图使本国的民族文化从世界文化的边缘状态回归到应有的位置，甚至成为新的文化中心。①

4. 文化相对主义理论：（1）来源： 与文化中心主义相对，美国学者博厄斯（Franz Boas）最早在文化人类学研究中提出和运用了文化相对主义（culture relativism），用来强调任何文化都是各个民族特殊历史发展的产物，每个民族都有自己不同的过去，也就有了独到的文化生活方式。**（2）内涵：** 该理论认为，任何文化都有其独特的表现，对文化价值的认识及评定，不能采用普通的标准，也不能采取自己文化的标准。每种文化都与各自环境相适应，具有相对性，不能判断其优劣高低，文化的适当与否只能从当时、当地的条件得以判断。文化相对主义对外来文化持宽容态度。②

5. 齐美尔的"陌生人"理论：（1）理论提出： "陌生人"概念由德国哲学

---

① 参见奚洁人：《科学发展观百科辞典》，上海：上海辞书出版社，2007年版，"后殖民主义"词条。
② 参见罗肇鸿、王怀宁：《资本主义大辞典》，北京：人民出版社，1995年版，第938页。

家齐美尔于 1908 年提出并被视为跨文化传播学科的基石，"陌生人"是指"来自不同群体的不为我们所了解的人"，"陌生人"这一概念为古迪昆斯特等人所发展，主要用来探讨不同文化、背景及阶层的人如何互相理解。**（2）理论内涵：**"陌生人"理论认为，社会文化、群体心理、社会环境、历史因素、传统习惯等都对跨文化交流产生影响，而最为典型的影响就是交往中的焦虑，其焦虑可以通过知识（知识期待、信息分享、多种观点的知识、可供选择的解释的知识、关于同一和差异的知识）、动机（需求、吸引、社会义务、自我概念、对新的信息的开放程度）和技能（包容多种观点的能力、适应沟通的能力、创造新概念的能力、调试行为的能力、收集适用信息的能力）三方面来消除。

6. 文化"维模"功能/原理：（1）文化维模理论的内涵： 由美国社会学家帕森斯提出的一种文化传播理论，即关于本民族文化抵御外来文化侵扰而产生自我维护的功能理论。帕森斯认为，在社会系统中文化子系统具有"维模"（Latency）功能，即文化模式的维护，这是社会文化的基本功能之一。**（2）文化维模的功能：** 在文化传播中，维模功能使文化圈面对外来文化时，通过选择过滤机制进行自我保护。当外来文化有利于原有文化模式时，未来文化容易被接受并被作为一种新养分补充到文化机体中；如果外来文化对原有文化具有危害或破坏性，维模功能会起到"守门人"作用，竭力阻止破坏性文化侵入。**（3）文化维模的条件：** 文化维模功能的发挥取决于社会整体状况。当一个社会内部协调稳定、处于向上发展阶段，社会较为开放，对外来文化比较宽容，能促使社会接受先进的外来文化，促进社会协调发展。当社会内部运行机制失调或处于惰性状态，文化维模功能就会对外来文化进行顽强抵抗。

专题 05　全球化与一带一路

1."一带一路"与跨文化传播：（1）跨文化传播又称"跨文化交流"，是人际交往和信息交流的重要形式，既是各种文化之间的交流和传播，也是不同文化在全球范围内的迁移、扩散、变动及彼此影响的过程；对该过程产生重要影响的是文化交流的速度和质量。**（2）从传播学的角度**来看，"一带一路"是典型的跨文化传播实践，它涉及不同国家、民族、区域间的文化迁移、扩散、变动及彼此影响的过程，并且这一过程受到各国家、地区本土文化的文明程度、开放程度、包容程度等的影响。**（3）**"一带一路"倡议并不主张对外文化输出，而是强调文化贡献；不进行对外意识形态渗透，而是求同存异；不是地缘政治工具，而是合作共赢；不是对外援助计划，而是共同发展；不是个别国家的一枝独秀，而是共商共建共享的联动发展倡议。

2."一带一路"与中国跨文化传播的机遇：（1）"一带一路"倡议有助于建构新时期下中国对外传播与国际交往的全新的话语权，提升中国在国际话语体系中的地位，尤其是改变之前中国在跨文化传播过程中主体性缺失，有对话之名、无对话之实的处境。（2）"一带一路"倡议有助于增强中国的文化自信、道路自信，释放中国文化的魅力，在尊重文化差异和广泛合作的基础上，提振中国的国际传播能力和对外话语体系建设能力，推动中华文化走向世界，寻求多种文化群体间的协同发展。（3）"一带一路"倡议有助于加强国家和地区间的交流与合作，增进各民族国家之间的相互了解，带动各个国家人民之间的交流，将为我国的对外传播与跨文化交流提供强大的渠道网络支撑，为中国讲好中国故事、传播好中国声音提供充足的物质前提和资源保证。(4)"一带一路"以中国的和平崛起为背景，可以极大改变之前西强东弱的国际话语体系和政治经济格局，树立讲究和平发展与国际贡献的大国形象。

3. "一带一路"背景下的对外传播策略：(1)有效回应西方舆论的误解与炒作：从国际传播来看，"一带一路"遭到了话语强势的西方传媒的"污名化"传播，由此也带来部分沿线国家和地区的误解和误读。"一带一路"倡议是中国致力于推进全球化国际大趋势的举措，由于中国在该倡议中发挥了举足轻重的作用，也容易带来西方世界关于"强国必霸"的误解、误读、想象与揣测。为此，中国的跨文化传播既要处理好中国推动全球化与全球政治经济格局之间的关系，又要以恰当的方式向世界说明中国"一带一路"倡议的价值与意义。**(2)重视沿线国家多元文化的和谐共生**："一带一路"涉及65个国家和地区间的文化交流与互动，由于各个国家和地区均有着不同的历史经历、现实环境和文化观念，因而中国借助"一带一路"进行跨文化传播，需要充分考虑这些国家和地区的文化差异，深入挖掘能够为沿线国家和地区广泛接受的元素符号，本着求同存异、人类文明交流互鉴的原则，处理好中国本土文化与沿线国家和地区的文化间的友好交流关系、中华优秀传统文化与世界多彩文化之间的和谐共生关系。**(3)强化国际通用话语体系的个性表达**：长期以来中国以宣传为主导的对外宣传意识一直占据主导地位，中国由宣传走向传播的过程需要改变此前传者中心主义的思维框架，改变交流的方式方法，强化以对话与沟通为主导的传播逻辑，更加注重对国际通用语言和地方化个性语言的综合运用，强化一国一策的传播技巧的运用，围绕"一带一路"讲好"中国故事"和"丝路故事"。**(4)以美美与共为原则促进多元主体合作**。在承认文明、文化多样性和独特性的基础上，加强"一带一路"沿线国家、地区间的交流与互动，促进民间、官方、商业组织、非政府组织、媒体、高校、留学生等多种主体间的交流，从而达到共建共荣的目的；强化在疫情防控、提振经济等方面的联系与合作，以切实的利益基础和务实的落地平台推动多国合作意识转化为可落地的合作行动。

4."一带一路"倡议与全球化：（1）"一带一路"倡议是在全球化的背景下提出并被广泛实践的，可以说，"一带一路"顺应了全球化的宏大背景和趋势。（2）"一带一路"与全球化又有着很大的不同，传统的"全球化"是以欧美发达资本主义国家为主导的全球化，是旨在推行和捍卫极少数西方发达国家利益、价值观的世界一体化，从本质上讲是资本主义对经济上落后、文化上虚弱的第三世界国家的威胁。（3）中国积极倡导的"一带一路"尽管在形态上呈现出国家和地区间进一步交流、互动、合作关系的拓展，但并不是传统意义上的"全球化"战略，它是一种基于经济合作伙伴关系，共同打造的政治互信、经济融合、文化包容的利益共同体、命运共同体和责任共同体。（4）中国所倡导的"一带一路"有助于在全球化的背景下，建构新的国际关系格局，也对未来的全球化趋势有着较大的影响，它将在一定程度上摆脱以西方为中心的全球化过程，规避西方现代性固有的一些深层次问题，也有助于建构对全球绝大多数国家有利的国际政治经济新秩序。

专题 06　贸易摩擦中的舆论

中美贸易摩擦不仅事关中美两国的利益，也涉及全人类的切身利益，因而成为年度全球性的事件。贸易摩擦的报道涉及四大研究领域：第一，贸易摩擦属于经济新闻报道范畴，故而应该遵循经济新闻报道的规范逻辑；第二，贸易摩擦涉及国际传播与对外传播问题，故应考虑全球政治经济形势与具体的传播策略问题；第三，贸易摩擦涉及民族情感，要顾及不同圈层受众的情感和利益；第四，要站在全球化趋势及反全球化思潮的背景下审视贸易摩擦。

1. 国际贸易摩擦报道的规范要求：（1）理性报道：要充分认识到贸易摩擦产生原因、涉及利益的复杂性，在"事实＋立场＋理性"的总体叙事框架下，对贸易摩擦做全局性、系统性、深入性的报道、解读和分析，避免主观化、情绪化的报道。**（2）坚持对话：**因国际贸易摩擦涉及不同国家的利益，也涉及不同国家的企业、政府组织、公众和非政府组织的利益，在报道的过程中，应该坚持以有效对话和平等协商为主导的原则，既不挑起争端也不回避挑衅。**（3）舆论整合：**充分发挥新闻媒体的舆论整合作用，要协调国内和国外、官方和民间的不同舆论场，致力于舆论场之间的对话和协商，用最大公约数寻求不同舆论主体之间的利益，在报道上要形成舆论的合理性，实现多个舆论场的"同题共振"，避免观点立场的分裂、分歧和分化。**（4）积极引导：**对贸易摩擦进行报道除了要让国际和国内社会了解事实动向之外，最大的功能在于引导国际和国内社会的情绪，促使贸易摩擦在合理、合法、互赢的基础上得到有效解决，其最终的目标是促进问题的解决而不是制造更多的新闻和纷争。**（5）立体报道**：尽可能拓展贸易摩擦报道的角度，通过动态性信息、事实性信息、调查性信息、数据性资料、观点性评论等多种方式丰富报道的形态，为国际国内媒体和公众提供立体、全面、丰富的内容，满足不同主体的信息需求。**（6）积极回应**：贸易摩擦对国家、企业、民众的切身利益都有着至关重要的影响，贸易谈判过程中经常存在着若干的不确定性因素，这些不确定性因素会对政府、企业的决策和经营行为以及民众的日常生活产生巨大的影响，媒体要积极报道，在回应国内外社会关切的同时，满足社会对最新信息的需求。

2.**国际贸易摩擦报道要避免的误区：（1）避免简单化的报道**：贸易摩擦一般涉及复杂的国内外政治、经济环境和社会心态，不能采用简单的口号式、标语式的报道将格外复杂的问题简化报道，要树立大局意识，尽可能展现贸易摩擦中涉及的多方利益关系，交代贸易摩擦发生的多种现实因素，理性解读和评价摩擦给多方带来的各种影响。**（2）避免理想化的报道**：贸易摩擦及摩擦过程中的谈判不是一朝一夕就可以完成的，是一个持续、渐进和迂回的过程，在报道的过程中要避免一厢情愿的报道，应保持报道的理性、全局性和客观性，避免用不切实际的、过于乐观的态度来报道贸易摩擦。**（3）避免情绪化的报道**：贸易摩擦因涉及不同国家和不同国家民众的利益及情感问题，在报道过程中要格外避免狭隘的民族主义、民粹主义视角，避免采用情绪化、夸张式的报道来炒作议题，超越理性的情绪化报道将会引发次生危机，也会助长盲目的自信和自大。

3.**国际贸易摩擦中的媒体责任：（1）全面分析问题的复杂性**：树立科学意识，增强企业信心，国际市场的纷繁复杂要求我们多一些平和，少一些冲动，特别是在舆论报道中一定要树立大局意识，不断调整国际贸易报道方面的战略思维，用更宽广的视野看待国际贸易中的摩擦问题。**（2）树立媒体的社会责任感**：具体要关注国际贸易变动，防范贸易摩擦，关注务实内容，引导企业积极应对，关注贸易救济战略，推动建立中国体系。当正面报道时，要客观公正，不要说满话和过头话，应尽可能客观公正地描述；当出现国际贸易纠纷时，要坚定地维护国家利益。**（3）媒体应有新作为**：媒体要树立大国意识，向世界正确说明中国；树立转型意识，助推社会和谐发展。媒体应当注意措辞，尽可能选择客观公正的态度报道，避免夸大宣传，歪曲事实真相，误导公众视线，及时解读调整后的政策，将可能发生的社会矛盾与冲突控制在一定范围内，以帮助政策的完善和修正，对舆论的设置和解释应当控制在本国媒体的手中，谨慎选用境外信源。①

4. 中国主流媒体的表现及评价：（1）凸显发展中大国的国际责任：中国媒体站在多方共赢、利益互惠的立场上捍卫合理的世界经济新秩序，尊重不同国家的利益和选择，旗帜鲜明地反对以少数国家为代表的贸易霸权主义和贸易单边主义，彰显了一个崛起的大国在国际贸易体系中负责任、敢担当的精神和魄力。**（2）有理有利有节地回应问题**：针对个别国家采用无中生有、张冠李戴、歪曲事实等对中国进行的混淆视听的指责和批评，中国媒体采用丰富的数据资料、真实的事件案例、严密的陈述逻辑进行积极回应，以正本清源，回应错误观点，回击不良企图，避免被极个别国家罔顾事实的指责和批评误导、欺骗国际舆论。**（3）立体化的信息发布**：中国通过《人民日报》、《光明日报》、《经济日报》、中央电视台等国家级主流权威媒体，《人民日报海外版》等权威性的对外传播平台，国务院新闻发布会等高规格的新闻发布平台，"两微一端一网"等立体化的发布渠道持续跟踪报道中美贸易摩擦，生产出富有传播力、引导力、影响力和公信力的新闻产品。**（4）致力于协作对话共赢**：中国主流媒体不像极少数国家那样秉持自己国家利益至上的心态，而是以积极对话的姿态回应国际舆论关切，以合作对话、谋求共赢的态度展现了一个发展中国家的胸襟和包容性，并积极为贸易争端的妥善解决赢得有利的舆论环境和舆论氛围。**（5）多个舆论场同题共振**：中国主流媒体以大局意识、整体

---

① 参见洪秋妹：《论国际贸易摩擦报道中的媒体责任》，载《新闻战线》，2015年第18期，第65-66页。

意识、担当意识持续发布信息，对内整合舆论、凝聚共识、形成合力，对外正本清源、澄清是非、回应关切，既赢得了国际舆论支持又彰显了大国胸襟，使国外国内、官方民间多个舆论场形成"同题共振"。

5. 中国网络媒体的表现及评价：（1）总体协同：国内网络媒体成为中美贸易战讨论和传播的重要阵地，一方面，网络媒体作为传统媒体和权威主流媒体拓展传播力、影响力、引导力，塑造公信力的平台，壮大了主流思想的传播；另一方面，各类社会化媒体、商业类媒体积极保持与官方一致的态度，坚决捍卫中国立场，表达中国民众态度，形成主流议题引领下的多元表达格局。**（2）多元共鸣：**从整个网络媒体的舆论格局和议题走向来看，官方媒体表现了极强的议程设置能力和舆论整合能力，从而形成官方权威议题主导下的多元议题的共鸣，为中美贸易摩擦的妥善解决、为贸易战背景下的民族信心提振提供良好的舆论氛围。**（3）局部乱象：**在中美贸易战中也出现了不少"标题党""悬疑党""震惊党""吓尿体"等网络文章，这些文章有一部分是根据主流媒体的报道进行重新"洗稿"后加工而成的，另有一部分是自媒体用户根据碎片化的事实进行的，旨在迎合网民情绪、博取网络关注的拼接和加工。

第四篇 学术热点观察

第 11 章 传播技术与新闻传媒

专题 01 社会化媒体

2007年,安东尼·梅菲尔德在《什么是社会化媒体》中首次提出"社会化媒体"(Social Media)的概念,用来指称具有参与、公开、交流、兑换、社区化、连通性的互联网媒体应用;国外的社会化媒体以Twitter、Facebook、YouTube等为代表,国内则主要包括微博、微信、社交网站、视频网站、论坛等。新冠肺炎疫情期间,因居家隔离与社会交往的需要,社交媒体成为民众获取信息、休闲娱乐、在线教育的重要渠道,并由此带来社会化媒体能否成为公共信息传播的理想渠道、是否有助于公共意见的生成、能否缩小知识鸿沟等系列问题。

1. 社会化媒体的特点:社会化媒体又称社交媒体,是指互联网上基于用户关系的内容生产与交换平台,允许用户撰写、分享、评价、讨论及沟通。社交媒体是人们彼此之间用来分享意见、见解、经验和观点的工具和平台,现阶段主要包括社交网站、微博、微信、播客、论坛、内容社区等。其特点表现为:**(1)参与人员的广泛性**:社会化媒体技术门槛低,简单易用,从而形成巨大的用户数量基础;同时,社交媒体平台下,用户既是传播者也是受众,既是关注者也是被关注者,不同政治立场、观点倾向、利益诉求、身份背景的人都可以发起或参与传播。**(2)信息传播的社会性**:社会化媒体用户之间的即时信息传播依赖社会网络人际交往的范畴,通过社会化的关系进行信息传播是社会化媒体的显著特点。**(3)内容生产的自主性**:人们在社会化媒体中通过"内容协作组织"进行创作与合作,而其协作性目的明确、博采众长,通过在线社会网络中的人的协同力量创造出有价值的信息。**(4)以人为中心的信息聚合性**:以个人为中心的信息聚合性极大地改变了传播行为中的信息传受习惯,人们可以根据自己的兴趣和习惯以及朋友的推荐有选择性地接受或屏蔽信息,实现精准接收。[①]

2. 社会化媒体的特征:(1)"以人为本"的技术理念:"以人为本"是社会化媒体对人的社会性本质的延续,而社会化媒体技术进一步拓展了人的交流范围和加工信息的方式,对人的关注是社会化媒体的特征之一。**(2)共享、联通与聚合的运行方式**:用户可以借助社会化媒体实现用户之间的联通,而每一个社会化媒体使用者也可以有选择性地聚合信息源,再汇聚成个性化定制的信息流。这种信息聚合的方式,实现了碎片化内容的聚合。通过共享信息内容,消费者即可参与信息沟通并实现情感交流和互动。**(3)社会化搜索是传播渠道**:社会化搜索是指 Web 2.0 当中的用户彼此之间相互联系与沟通,通过社会化交互对搜索过程进行主动控制,最终获取所需知识或信息的一种在线社会网络搜索方式。除强调用户的协作参与外,社会化搜索还注重用户、资源与平台三者之间的协同配合。**(4)用户是生产者、消费者和市场**:社会化媒体的用户价值体现在三方面:一是作为数据的生产者,生产大量的数据从而形成了所谓的数据市场,这些数据被媒介化公司当成一种商品而售卖;二是消费者,用户被社交媒体的广告吸引而购买产品;三是用户还作为发布广告的媒

---

① 陈勇、杜佳:《社会化媒体的政治传播功能与影响研究》,载《学术论坛》,2016 年第 08 期,第 69-75 页

介渠道在社会化媒体中发布各类信息和广告。①

3. 社会化媒体对传播模式的重构：（1）传播者： 传播者权威地位的消解，信息生产专业媒介机构的高度权威性被打破；信息生产主体唯一性改变，社会化媒体信息并非一家之言，用户采用自制内容的方式参与信息生产与发布；"三位一体"的媒介系统形成，社会化媒体构建了制作者、销售者、消费者共有的媒体系统，这种新型媒介系统对传播关系进行了重构，三者之间不再泾渭分明。**（2）传播媒介：** 社会化媒体将多种媒介融合至互通的网络平台，形成了整合众多媒介资源，可直接检索、对话、分享、聚合，从而改变了媒介的"中介"和"渠道"的属性。**（3）传播内容：** 从传播内容的类型看，社会化媒体传播"留置型"信息，信息内容在媒介渠道相对稳定地存在；从传播内容的流动方式看，社会化媒体以人为传播主体，实行节点式传播。**（4）用户：** 信息接收者不再是被动的受众，而成为积极参与互动的用户，新媒体下人与人、人与媒介之间的关系模式发生了变迁。**（5）受众重新聚合：** 社会化媒体将处于碎片化传播环境下的受众以同样的社会需求重新聚合，以广告为例，社会化媒体针对移动用户、家庭群体和社区群体开展广告传播，重新聚合个人、家庭和社区。②

4. 社会化媒体对新闻生产的变革：（1）占据信息消费入口： 社会交往是人们需求的基础，因而也是各种互联网产品的基石。从这个意义上讲，互联网社交入口要比内容入口更有意义、更为关键。而作为互联网主要社交入口的社会化媒体将很大程度上左右着新闻流转和信息消费的方向。**（2）拓宽内容分发渠道：** 新闻信息沿着互联网人际关系链条进行无限延伸，用户通过点赞、发帖、评论、转发的形式左右着信息的流通，甚至直接参与新闻的生产。**（3）再造新闻生产结构：** 在生产主体上，社会化媒体打破了传统媒体新闻生产的垄断地位

---

① 王霞：《社会化媒体的特征及其文化症候》，载《出版广角》，2017年第13期，第72-74页。
② 高丽华：《参与、互动、共享：社会化媒体环境下传播模式的重构》，载《新闻界》，2013年第16期，第67-70页。

和封闭状态，各种社会组织和个体深度参与到新闻信息生产过程中，构建了一个复杂多元、分工协作、相互激发的信息生产体系；在时间形态上，社会化媒体冲击了传统媒体的线性生产和反馈机制，事实发展与信息播报基本实现同步，新闻报送随着事实的发生发展甚至翻转或相互交叉；在事实建构上，社会化媒体重新定义了新闻生产的知识维度，社会化媒体借助现代信息技术手段，不仅可以给人们呈现单个新闻事件，更提供了事实的前后勾连和发展依据，构建了一个普遍联系的新闻事实语义场。**（4）革新媒介生产"语态"**：媒体信息生产和传播与人们的社会交往、生活消费乃至场景转换密切联系在一起，为了通过人们的社会关系渠道而使新闻信息广泛流通，就需要传媒机构在选题策划、话语风格、文本结构、表现形式以及发布场景等领域进行深度变革。①

5. 社会化媒体对新闻生产的挑战：**（1）信息把关存在缺位**：这种新媒介赋权效应造成了社会信息生产传播及其背后话语权的分散格局，同时，由于互联网空间"去中心化"使得互联网声音繁杂，造成网络空间的喧嚣、社会舆论的分化、解构思潮的盛行，信息难以把关。**（2）新闻求真面临困境**：社会化媒体时代信息生产具有碎片、过载、低密度、低价值的特点，从而为新闻求真带来了较大困难，一方面增加专业媒体机构的事实核查成本，另一方面不利于社会公众及时获取真相。**（3）独立地位逐步丧失**：社会化媒体逐步实现了对信息消费入口、信息分发渠道、评价反馈以及用户数据的全面把控。传统媒体内容被社会化媒体平台低成本或零成本传播，难以从中获得应有收益，从而造成传统媒体传播影响力下滑，并出现严重的经营困难，使得传统媒体成为互联网信息系统中的子系统，独立地位逐步丧失。②

6. 社会化媒体发展带来的问题：**（1）对网络秩序的影响**：社会化媒体的普

---

① 赵立兵：《"关系"的力量：社会化媒体对新闻生产的影响》，载《传播》，2017年第13期，第84-87页。

② 赵立兵：《"关系"的力量：社会化媒体对新闻生产的影响》，载《传播》，2017年第13期，第84-87页

遍发展，带来了网络空间秩序建设的难题，包括网络谣言、流言等有害信息的传播及侵权、诽谤、网络暴力、群体极化等法律及秩序难题。**（2）对主流舆论的影响：** 社会化媒体以节点化、网络化的状态存在，这使互联网的所有用户同时转变为网络空间中的节点，网络自媒体、"网红"、商业营销机构、"网络水军"的大量涌现，客观上恶化了严肃类媒体、政务新媒体的生存环境。**（3）加速公共资源的不均衡：** 社会化媒体尽管相较于传统媒体具有较低的准入门槛，但实际上对弱势群体、严肃类时政议题的关注度较低，对娱乐化、泛娱乐化、普通社会议题的关注度较高，且极容易成为个体实现诉求进行社会动员的手段，并使注意力资源向善于动员、善于表演的部分群体集中，稀释了公共资源的公共性。**（4）舆论"割据"问题：** 社交媒体连接、动员和整合能力及相对较好的匿名保护机制，加速了基于"趣缘""血缘""业缘""学缘"及价值观的小团体的形成，容易造成舆论割据、价值观板块化、观点的"流瀑"效应、相近群体的圈层化、网络行动中的群体极化等问题，在争议性事件、公共性议题中容易形成基于小圈层的"坚固堡垒"，使小群体的言论、价值观和行为游离于主流舆论、主流价值观之外，甚至冲击网络秩序。

7. 社会化媒体中的政治传播：（1）基本特征： 社会化媒体的形态特点、传播属性使政治传播的方式、方法和手段发生了变化，使政治传播由单向度很强的自上而下的宣传、科普、动员转变为交互式传播，降低了民众参与政治传播的门槛、壮大了政治传播的主体、丰富了政治传播的内容、拓展了政治传播的渠道、延伸了受传双方交流的深度、改善了政治传播的语态、丰富了政治传播的功能，有助于政治共识的凝聚及政治共同体的形成。**（2）一般功能：** 传统媒体时代的政治传播偏向于宣传、告知、科普和动员，社交媒体延续了传统媒体的这些功能，并拓展出更多的功能，包括政治信息的宣传告知、政治政策的宣传贯彻、决策意见的征询、公共议题中的舆论引导、政治议题的公共讨论、紧急状态下的信息发布等。**（3）特殊功能：** 社会化媒体的跨地域传播属性和网络传播结构，使地域性、部门性、个别性案例的讨论可以跨越地域区位和行政层级限制，有助于为国家治理提供更为丰富的资源，同时也能够推动具有示范、警示、教育意义的典型案例的传播，增加政治传播的有效性、针对性和广泛性，保障公众参与国家治理的权利，拓展公民参与国家治理的广度，增强公民参与政治传播的意识。**（4）相关反思：**社交媒体时代的政治传播，不可避免地会受到网络媒体内容生产的注意力导向原则的影响（如过度追求"网言网语"），容易造成网络政治传播与规范的政治表达原则、规范的行政表达纪律、线下场景中政治传播的专业性之间的冲突，因而政治传播过程中要做好网络化与专业化的平衡，同时防止"政治信仰"板块的生成。

8. 社会化媒体舆论的生产机制：（1）性质界定：社会化媒体中的舆论是网络舆论的重要组成部分，也是社会舆论的组成部分，但社会化媒体中的舆论仅仅是社会舆论及网络舆论的一个面向、一个维度，它不是社会舆论在社交媒体中的简单移植，同时也不能仅仅界定为民众借助社交媒体进行的意见表达。**（2）传播机制：**社交媒体所具有的扁平化、网络化、开放性、交互性、全天候等特征使社交媒体的舆论呈现出与其他载体不同的舆论特点和规律，包括舆论生产主体、议题、指向对象、利益诉求的多元化，内容生产过程的动态性，舆论表达的公开性，民众参与的广泛性，信息内容的碎片化及代表声音的多元性等。**（3）集体协作：**社会化媒体中的舆论是众人集体协作的结果，各类政府机构、舆论议题的关联方、普通"吃瓜群众"、网络自媒体用户、商业互联网机构、各平台的算法机制、职业媒体人等共同参与了社交媒体的舆论生产，这类生产具有克莱舍基"认知盈余"的特征，是庞大的舆论碎片的集合体不断沉淀的结果。**（4）放大效应：**社会化媒体对舆论议题、事件、人物的关注并非均衡式地分布，而是受舆论素材、受众情绪、社会心态、平台特征、商业资本等多种因素的综合影响，从而呈现出某种注意力资源高度聚合的状况，如在涉及社会道德、公共治安、弱势群体等方面极容易形成放大效应，使一时、一地、偶发事件转变为声势浩大的舆情事件。**（5）舆论级联：**也称"信息流瀑"，因网络中各类圈层的存在，舆论表达容易导致个别有失偏颇的意见或没有事实依据的传闻迅速获得大规模网络民众的支持和拥护，从而压缩权威声音、主流意见和理性商讨的生存空间，增加理性声音的传播难度。**（6）舆论极化**：在匿名保护机制、网络从众心态、孤立恐惧心理的作用下，表达激烈、诉求直接、煽动性强的声音容易在极短时间内迅速上升为"主流"意见，进而裹挟、强迫其他声音站队，加速"沉默螺旋"的形成，从而促成舆论传播中的群体极化现象。

9. 社会化媒体舆论的治理困境：除上文提及的"舆论极化""信息流瀑"和"放大效应"外，社交媒体的舆论治理还存在一些其他的治理难题。表现为：**（1）话语权分配的失衡**：数字媒体的弱势群体拥有较少的社会舆论资源、面向公众发声的机会和较弱的网络舆论动员能力，这将减少自己被倾听的机会，时常处在"被发声""被舆论""被表达"的状态。**（2）民意代表的局限性**：社交媒体的构成尽管较为多元，但其舆论仍不能代表真正的民意，以社交媒体中的舆论状况作为参照来改进社会治理容易忽视"沉默大多数"的意见，极容易被极少数善于表达者的个体化、小团体化的意见裹挟。**（3）线下缺位与舆论越位**：相当一部分舆论反映的是社会现实中的具体问题，民众在缺乏畅通的意见表达渠道或权利救济遭遇障碍时就会选择借助社交媒体实现诉求，以此容易导致"上诉不如上访，上访不如上网"的心态及"社交法庭""知乎治校"等现实问题。**（4）舆论治理的"形式绩效"导向**：相当一部分组织机构往往持"没有舆论不予关注""没有影响不去处理"的心态对待舆论议题；仅对互联网中形成舆论议题、已产生一定影响力的事件进行回应，这导致舆论管理过程中时常出现"按闹分配"问题；理想的状况应该是用效果绩效取代形式绩效、用治理思维取代管制思维、用主动作为取代被动回应。

专题 02　区块链新闻

1. 区块链新闻的兴起背景：（1）技术动因： 脱胎于数字货币的区块链技术凭借自身具有的优势在出现不久后即逐渐向金融领域和商务活动等垂直领域渗透，形成了"区块链＋垂直行业"的发展格局；2017年前后，区块链技术开始实质性涉足新闻业，成为新闻领域解决部分既有难题的一种技术方案。**（2）政策支持：** 2019年10月24日，习近平总书记在中央政治局第十八次集体学习时强调，要把区块链作为核心技术自主创新的重要突破口，明确主攻方向，加大投入力度，着力攻克一批关键核心技术，加快推动区块链技术和产业创新发展。**（3）行业困境：** 新闻业受到社交媒体和数字广告的双重冲击，面临着盈利困难、假新闻泛滥、公信力缺失、新闻作品屡遭侵权等现实问题，促使新闻从业者找寻改良方案。

2. 区块链概念阐释：（1）缘起： "区块链"最早在2008年《比特币：一种点对点式的电子现金系统》一文中被提出，在2016年前后伴随着"比特币"这一概念进入中国，经媒体、产业界和知识界广泛宣传、科普之后才成为备受关注的热词。**（2）内涵：** 区块链是一种公开的、分布式的账簿，可有效核查和永久记录各方之间的交易，可以通过互联网安全地转移资金、资产和信息而无须第三方中介。**（3）特点：** 因具有去中心化、不可篡改、分布式共享、可溯源、可确权和匿名性等特征，区块链既是一种可以被充分挖掘和推广的底层技术，也是一种解决问题的思维方式。

3. 区块链新闻的定义和特点：（1）定义： 区块链新闻是基于区块链技术呈

现的客观的、透明的、不可篡改的数字化新闻。它以区块链技术为基础，所有的新闻生产、制作、传播等皆发生在区块链技术场域中，所有的过程皆在区块链程序代码中留下痕迹。**（2）特点：** 一是区块链新闻具备可追溯、内容永久记录的特点，新闻作品从制作到发布的整个过程都能够被完整记录，每一件新闻作品的关键信息都可通过智能算法生成哈希值，拥有独一无二的版权身份标识；二是生产区块链新闻的传媒组织架构具有扁平化、去中心化的特征，应用区块链技术的新闻平台将拥有一个公开透明的新闻编辑室，新闻生产者和用户都能得到充分赋权，实现用户对新闻的自主选择与评价。

4. 区块链对于新闻业的价值：（1）增强新闻的透明性： 在区块链新闻平台中，新闻的生产过程均是透明的，且在区块链众筹活动中资金的流动等数据均清晰可查，用户拥有了更大的知情权。**（2）保证信源认证：** 区块链可以提供一套完整的新闻源追溯方案，对稿件、发布者的各种数据与信用情况均可进行认证。此外，新闻链接的每一次传播和修改均可追溯，直接从源头抑制假新闻的产生与传播。**（3）推动公民新闻：** 公开的分布式新闻数据库以及信用货币的自由流动鼓励新闻机构、新闻从业者与读者积极参与，构建一种开放性的新闻生产的新方式。**（4）完善商业模式：** 区块链技术所采取的代币，为内容生产、分发、核查中的微支付提供了新途径，有效解决优质内容难以建立有效商业模式的难题，帮助优质内容机构实现专业化发展。**（5）保障知识产权：** 区块链的哈希算法、数字签名等技术让传播内容有着独一无二的标签，这对于打击盗版、洗稿、流量作弊等阻碍新闻业发展的"毒瘤"有着重要意义。**（6）打击虚假广告：** 区块链技术可以存储与追踪广告，以更加透明真实的机制对广告商的各方面情况综合排名，从而代替广告交易平台所采取的"竞价机制"，从根本上解决虚假数据的问题。

5. 区块链新闻的局限性和发展瓶颈：（1）资源消耗大： 去中心化的分布式网络及哈希运算和校验的过程，需要消耗大量的电力，这是区块链与生俱来的局限，也是建立开放透明的新闻网络需要解决的问题。**（2）删改成本高：** 区块链新闻的不可篡改性使得"真理"与"谎言"并存,且逻辑上不可被删除。虚假内容一旦上传不可更改也无法删除,只能丢弃整个链条,这对区块链新闻场域会带来较大的损失。**(3)技术失控的风险:**在区块链3.0模式下,一整套技术应用往往由专业的第三方区块链平台进行开放,掌握区块链技术的新闻工作者少之又少,传统新闻机构与用户一样是"技术使用者"的身份,其中存在着被技术操控的风险。**(4)对新闻专业伦理的挑战:**在"后真相"时代,用户情感和对真相的追求、对事实的调查核实并不同步,"用户至上"的思路也可能导致"劣币驱逐良币",当新闻选择标准发生转变,用户成为议程设置者和把关人,甚至成为新闻生产者时,新闻的严肃性和客观性将受到挑战。**(5)监管难度大:**区块链去中心化的新闻平台与政府管控之间存在张力,且由于目前缺少对区块链技术的法律管控,当新闻从业者违背职业道德或者法律时,进行相应的纠正和整治会存在困难。

6.**政策建议:(1)加强对区块链媒体产业的引导:**通过立法将区块链媒体纳入合适的监管体系;及时出台区块链技术和产业发展政策,重点扶持一些在传媒领域探索区块链技术落地的企业和团队;加强支持区块链媒体的基础技术和核心关键技术研发攻关,完善智能合约标准和使用规范,避免由于技术的不足出现负面影响。**(2)加强和改善区块链媒体监管:**一是加强监管,不仅要对区块链媒体平台进行监管,还要建立起对区块链用户—中介平台的连带责任监管体系;二是加强区块链媒体信息传播的监管,建立大数据和人工智能监管体系,实行技术监管和人工审核相结合的机制。**(3)加大区块链媒体人才的培养和培训力度:**在相关院校推动区块链媒体人才培养工作,为区块链媒体发展提供人才保障;通过订单式培养模式,清理社会上区块链培训乱象,为区块链媒体行业的发展提供人才支撑。

案例 53　区块链新闻平台案例 Civil 的分析

案例简介：假新闻的泛滥削弱了公众对媒体的信任，谷歌等巨头公司垄断广告营收，这让美国传统媒体面临经营困境。在美国新闻业陷入颓败的背景下，艾尔斯在 2016 年成立了 Civil 媒体公司（The Civil Media Company）——一个将区块链技术与新闻业融合的先行者。其目标是依托区块链技术和加密货币驱动的商业模式，逐步建立一个去中心化、可持续发展的新闻社区。

案例解析：（1）**平台功能**：Civil 的三大功能分别是新闻编辑室、工作站及事实核查服务。新闻编辑室由读者驱动，读者通过发起新闻主题和贡献 CVL 代币的方式直接赞助记者设置议程；工作站是由记者或媒体机构创建，针对报道寻求赞助或募资并公开其完成的作品；事实核查服务即要求所有募资成功的报道都必须拿出小笔额度的 CVL 代币作为进行事实核查的报酬，旨在激励读者去核查新闻。（2）**平台价值**：Civil 利用"以太坊"区块链和加密经济学将第三方利益排除在外，使新闻业者得以拥有和运营自己的社区，为新闻业创造一个可持续的市场，摆脱广告、假新闻和其他一些外部影响。此外，Civil 建立了记者与读者之间的直接联系和价值交换机制，颠覆了目前的付费墙和付费订阅。（3）**案例启发**：对中国媒体而言，依托区块链技术打造自有全球新闻传播平台，可以增强知识产权保护能力，更好地跟踪舆情和市场需求，同时对突破西方主流媒体的渠道垄断具有重要意义。特别是针对"一带一路"沿线国家、金砖国家等，如建立一个基于区块链的新闻社区，则可以吸引和激励当地媒体从业者和普通受众深度参与和深入阅读，有利于增强双方多元合作和人文交流。这对中国新闻报道的定向传播、有效传播意义重大。

专题 03 机器人生产

1. **机器人生产的社会及劳动价值：（1）价值属性：** 机器人生产是人类的劳动智慧成果，属于人的劳动产品；机器人生产的前提是在人的操作、指挥下进行的，无法完全脱离人；人类特有的活动是劳动，机器人参与劳动过程本身并不创造劳动价值。**（2）社会价值：** 机器人生产最大限度地提升了机器的效率和价值；机器人生产大大解放了原本可以从事更复杂劳动、创造更大劳动价值的人。**（3）机器人与人：** 价值是由劳动创造的，"机器人投入生产是未来社会大生产进步的必然，只有人才能通过劳动创造价值，因此机器人不会取代人"。[①]

2. **机器人生产新闻：（1）内容特色：** 机器人新闻的素材来自大量客观的现实数据，在理性报道的同时还可为受众提供有针对性的参考建议；通过对大数据的筛选、比对最终生成的新闻产品符合大多数受众的信息选择倾向，具有较大的受力面；人工智能、算法等技术使得新闻事件在发生时，新闻机器人就能第一时间做好报道工作，体现新闻的时效性；中小型媒体发挥市场"长尾效应"，"通过写作机器人发掘受众所需的次要新闻，实现个性化新闻推送"。[②]
（2）存在问题： 机器人生产的新闻大部分集中在体育类、财经类等需要较多数据支撑的领域，因此并未能广泛应用；机器人新闻的背后是一整套的程序编码和制式模板，并不能适用于复杂、多变的新闻报道场景，缺乏深度报道；是否

---

① 曲建利：《机器人生产的价值属性及社会价值——基于马克思主义劳动价值论学理论》，2020年第7期，第29-30页。

② 黄若婴：《新闻写作机器人的内容生产特色及影响分析》，载《中国记者》，2017年第7期，第54-55页。

有稳定可靠的数据来源会影响新闻信息的失真与否;设计机器人的人的价值观、算法逻辑将会影响新闻内容的价值表达与内容中立;算法程序对信息的过度搜集与缺乏保护意识会置新闻当事人于过多暴露在公众面前的境地;"后台不可见的'黑箱'新闻生产让机器人缺乏必要的公众监督"。①**(3)伦理审视:**大量类似的新闻报道模板,"机器人新闻的同质化生产将冲击传播生态的多样性,导致新闻信息表达多样性的弱化";选择的新闻来源不是第一手客观事实,"无论是数据新闻还是传感器新闻都有人类雕琢的痕迹";纯粹依靠对数据的分析缺乏人文的感性,"机器人写作的文本是一种大众化的取向"。②**(4)发展路径:**记者与机器人"人—机"结合,机器人作为编辑、记者等新闻从业者的辅助工具进行前期素材的搜集、整理,中期的辅助挖掘、分析以及后期的校对、成稿等工作;开拓新闻报道领域,可逐渐"延伸至社会新闻、娱乐新闻和时政新闻等,写作方式与主体也越发多元化"。③

3.社交机器人:**(1)基本概念:**社交机器人指的是"社交媒体中,由人类操控者设置的、由自动化算法程序操控的社交媒体中账号集群(swarm)"。它表现在可以最大限度模拟、模仿真实的用户操作进行点击、点赞、转载等简单操作,甚至对话、发表意见等高级交互操作,从而混淆真实用户行为与机器人行为以达到背后操纵者的一系列目的。**(2)典型特征:**易被操纵(服务于特定的群体和特定的目的)、强力传播(自动化、高智能、批量化地发表契合场景且具有个性特征的信息)、隐蔽身份(以正常用户的身份存在,难以被普通用户识别)。**(3)传播机制:**具备"建构网络结构、改变网络结构、驱动网络结构、集群化与智能化、按需高效地改变社交网络的动态结构来控制社会扩散的范围和速率""五位一体"的传播机制。**(4)学理研究:**传播现状研究

---

① 陈建飞:《机器人新闻写作的风险评估及责任机制探讨》,载《传媒评论》,2019年第12期,第44-47页。
② 薛飞、史娜:《机器人新闻生产存在的问题及发展途径》,载《西部广播电视》,2019年第8期,第4、6页。
③ 许加彪、韦文娟、高艳阳:《技术哲学视角下机器人新闻生产的伦理审视》,载《当代传播》,2019年第1期,第89-91页。

"以描述性研究为主,对其在传播中发挥作用的机制原理的解释性研究较为匮乏";受众效果研究层面,"聚焦其状态和行为传播策略,探究不同传播策略对目标受众的影响效果和效率,但容易引发伦理问题";技术治理研究层面,"依靠技术手段对其进行治理,以身份识别、捕捉、检测、防控为内容,但纯技术手段不足以应对"。**(5)治理路径:** 技术不分善恶,"制定可衡量的判别标准、原则与尺度是前提";技术识别为基础,"以彼之道治彼之身";社交媒体为主战场,针对"五位一体"的传播机制进行综合治理。①

4. **新闻聊天机器人:(1)基本概念:** 新闻聊天机器人是通过计算机智能仿真语言编写用来模拟真实对话环境将新闻信息提供给读者的一种交互式阅读体验应用程序。比如,CNN、BBC、Quartz 等的新闻聊天机器人。**(2)典型特征:** 新闻游戏化、虚拟人设化、媒介智能化。② **(3)互动传播路径:** "对话式的人机互动方式;超文本式的内容互动方式;'后聊天室'式的人际互动方式。"

---

① 郑晨予、范红:《从社会传染到社会扩散:社交机器人的社会扩散传播机制研究》,载《新闻界》,2020 年第 3 期,第 51-62 页。

② 孙闻殊、魏仁杰:《新闻聊天机器人交互传播策略探析》,载《新媒体研究》,2019 年第 5 期,第 35-36 页。

专题 04　具身性传播

1. 重回身体关注的"具身性传播"：（1）含义："具身性"最早源于尼葛洛庞帝在知觉现象学中所提出的"具身主体性"概念。梅洛·庞蒂认为人的认知是一种身体经验，形成于身体行为与外在世界的互动过程中。[①] 而"具身性传播"可以被理解为新技术带来了传播与身体的经验转向、传播类型的更新。**（2）性质：**"媒介强调身体在认知的实现中发挥着关键作用"，具身的性质和特征体现在：认知的方式和认知的形成过程由身体的物理属性所决定；认知的内容依赖身体与外部环境的互动实践经验。**（3）必要性：**新媒介技术带来了一定程度上的"感官延伸"和"身体在场与否"的认知困惑。一方面，新技术致力于突破身体感官极限、打造"数字化化身"，可以帮助人们共享信息和更好地生活；另一方面，人的部分身体被"赛博化""数字化"渐渐进入了虚拟的空间，同时人容易对现实时空和虚拟时空的感受变得难辨真伪。

2. 传播中的两种身体观念：学者刘海龙认为："'具身观'与'离身观'并非二元对立关系，而是一种质疑、反思和超越。"**（1）离身性身体观念：**"离身观"的哲学基础来源于"身心二元论"，认为人的认知来源于意识形态层面，而与人的肉体无关。在传播研究中，身体的反应、身体的物理边界都是媒介和媒介技术努力克服的对象。**（2）具身性身体观念：**"具身观"视"身心一体化"，承认"作为物质基质的身体可能会对我们的观念、思想以及行为的形成过程产生更为基

---

① 刘海龙、束开荣：《具身性与传播研究的身体观念——知觉现象学与认知科学的视角》，载《兰州大学学报（社会科学版）》，2019年第2期，第80-82页。

础，也更为复杂的影响，甚至意识本身相对于身体而言更像是一种伴随过程"。①

3. 传播研究中的身体议题：（1）约翰·彼得斯（Durham Peters）总结了传播中的身体观念史后，提示传播观念中身体焦虑问题一直存在，即提出并分析了"身体在交流中可以保持多大程度上的缺席"这一命题。（2）**麦克卢汉**的"媒介是人体的延伸"观念，隐喻媒介为人的身体，寓意媒介的作用不是替代身体获得认知，而是帮助身体突破肉体的物理桎梏。（3）**媒介考古学视角**认为，"人在使用机器时身体会成为机器系统的一部分"，甚至会参与人的品行和内在思想。如书法的运笔动作能影响书法艺术的表达，书写行为也与道德修养有所联系。（4）**控制论研究中**，研究者们长期致力于不断地定义人与机器的关系、寻找人机交互的边界问题。②（5）唐·伊德（Don Ihde）的现象学理论认为，人与技术的关系分为四种：具身关系、解释关系、他异关系、背景关系。其中，在具身关系（embodiment relations）中，"我以一种特殊的方式将技术融入我的经验中，我是借助这些技术来感知的，并且由此转化了我的知觉和身体的感觉"。③

4. 融合新闻中的具身体验特征：（1）融合新闻对报道内容、对象和方式力求具身化转向，将受众的感知体验纳入新闻的内容生产中去，来增添新闻的互动感和体验感；（2）融合新闻的生产重心"从生产主体为中心转向用户接受为中心，从关注技术转为重视具身感知唤醒"；（3）融合新闻的报道效果从理性感染转向注重感官体验和沉浸化。④

---

① 刘海龙、束开荣：《具身性与传播研究的身体观念——知觉现象学与认知科学的视角》，载《兰州大学学报（社会科学版）》，2019年第2期，第80-83页。叶浩生：《"具身"涵义的理论辨析》，载《心理学报》，2014年第7期，第1032-1041页。

② 参见刘海龙：《传播中的身体问题与传播研究的未来》，载《国际新闻界》，2018年02期，第39-43页；参见刘海龙、束开荣《具身性与传播研究的身体观念——知觉现象学与认知科学的视角》，载《兰州大学学报（社会科学版）》，2019年第2期，第80-82页。

③ ［美］唐·伊德：《技术与生活世界：从伊甸园到尘世》，韩连庆译，北京大学出版社2012年版，第78页。参见陈阳：《从"项目式学习"到"具身学习"：融媒体语境下大学生视觉素养培养的教学创新》，载《教育传媒研究》，2020年第2期，第40页。

④ 参见许燕、刘海贵：《具身体验：融合新闻的创新实践和理念更新》，载《西南民族大学学报》，2019年12期，第137-143页；陈力丹、孙曌闻：《2019年中国新闻传播学研究的十个新鲜话题》，载《当代传播》，2020年1期，第11页。

专题 05　计算传播学

1.计算传播学简介：(1)基本概念：计算传播学（Computational Communication）是融合了传播学、计算机科学、数据科学等的交叉学科，也是传播学领域在近年来发展的一个重要分支；其关注的是人类传播行为的可计算性，通过数据挖掘、数据分析、数据建模等方式对人类的传播行为背后的运作逻辑、规律机制进行分析。**(2)研究对象：**其研究的核心议题是"如何利用大数据、算法、人工智能等全新的技术工具来更好地解释传播行为、促进传播过程、优化传播方式和测量传播效果"[①]。**(3)国内研究：**王成军在其论文中较早地提出"计算传播学"一词，并从可计算化的视角定义了计算传播学，说明了人类传播行为的可计算性基础和对于大数据背后的模式、机制及普适原理。**(4)交叉研究：**计算传播学是传播学研究的分支，也是计算社会科学的重要分支，计算传播学在发展过程中得到了来自社会科学、传播科学、计算机科学、信息科学、数据科学等学界以及业界学者与专家的支持，因此计算传播学概念的界定是学界与业界进行跨学科探讨的结果。

2.传播学研究的新范式：(1)学术基础：计算传播学涉及传播学、计算机科学、信息科学、数据科学等多种学科，是数据挖掘技术、文本分析技术、数据处理技术与人文社会科学进行交叉融合的结果。**(2)技术基础：**大数据技术对海量数据进行获取、存储的能力，计算机技术对于零散、无关、差错信

[①] 刘庆振、于进、牛新权：《计算传播学——智能媒体时代的传播学研究新范式》，北京：人民日报出版社，2019年版第1页。

息的自动化定制与处理能力，智能技术对于新媒介信息生产、传播、分发的优化等。（3）研究方法：计算传播学研究方法是对传统传播学定量研究的完善、拓展和改写，实现了传播学研究与新媒体最新发展状况的深度整合，是计算科学与人文科学交叉研究领域的方法论创新，但传统的量化研究方法依然不能忽视。（4）研究对象：传播学的研究对象本身就是在追逐最新的媒介载体过程中不断地定位、转移、拓展、进化，将数据背后的运动规律、作用机制纳入自身研究范畴；以计算科学等的视角来重新定义传播过程中信息数据的可计算程度，探索个性化、精准化传播的可能性。

3. 学术研究动态与走势：（1）范式转型与科学意识：计算传播学与传统传播学在研究思路、研究方法与理论架构上产生了巨大的变化，新兴学科要求在理论层面、方法论层面等有新的意识与突破，"未来有望成为传播学定量研究的替代范式或主流范式之一，要从理论意识、方法意识、数据意识、问题意识和伦理意识共同构筑计算传播学的理论基石和方法论体系"[①]。**（2）传播学科向外生长：**传播学研究不再窄化为对传播介质或者传播效果的研究，"人文、社会科学、生命科学、计算机科学、数学科学等学科都可围绕信息互动和传播行为进行研究，并贡献理论基础和文献整合"[②]。**（3）计算思维的实践应用：**传播者研究——定位与描述传播者；受众研究——寻找并定量画像用户；内容研究——社会化媒体传播信息的特质与数字化痕迹（公众注意力）的跟踪；渠道研究——数字媒体中信息扩散模式与新旧渠道对比；效果研究——自动化判断受众的情感和行为变化与从数字化痕迹判断因果变量关系。[③]**（4）新闻量化与其负面后果：**新闻量化指"新闻理念和实践、生产和消费被测量和算法主

---

① 巢乃鹏、黄文森：《范式转型与科学意识：计算传播学的新思考》，载《新闻与写作》，2020年第5期，第13-18页。

② 王成军：《计算传播学：作为计算社会科学的传播学》，载《中国网络传播研究》，2014年第193-206页。

③ 祝建华等：《计算社会科学在新闻传播研究中的应用》，载《科研信息化技术与应用》，2014年第2期，第3-13页。

导"[1]，新闻生产、传播过程中的一切对象皆可被量化。新闻量化将会产生诸如以商业和市场为导向的新闻产品；数据成为主角、算法成为工具将会破坏新闻生产者、信息消费者同新闻信息流转过程的情感链接；过分依赖量化会导致以质化为评判标准的道德价值取向的沉沦。

---

[1] 彭增军：《从人文到技术：新闻的量化转身》，载《新闻记者》，2020年第5期，第36-40页。

专题 06　5G 新媒体

第五代通信技术（5th Generation Mobile Networks）简称 5G，是最新一代蜂窝移动通信技术。5G 技术承载的使命是连接新行业、催生新服务，"聚焦工业互联网、物联网、车联网等领域，为更多垂直行业赋能赋智，促进各行各业数字化、网络化、智能化发展"[①]。中国联通与华为联合发布的《5G 新媒体白皮书》中预言，传媒行业是被 5G 赋能的首个行业。[②]5G 时代的正式到来也深深影响了传媒行业的发展和新闻传播学科的建设，"5G 意味着新闻传播过程的重新构建且 5G 技术带来了对真实性标准、个人信息保护以及人与物关系等的反思"[③]。

1. 传媒产业的变革：（1）价值嬗变： 5G 技术使得社会互联能力大幅提升，消解并且拓展了媒介产业的原有边界，"传媒产业的内部价值链的开发与外部资源的整合推动盈利模式与产业模式的智慧化更新"；重塑的媒介生态孕育了理性的公共对话空间，"通过协调人、政府、媒介的关系构造和谐、健康、稳定的舆论生态"；在信息技术的加持下国际空间媒介话语权的争夺越发激烈，通过构建"全员""全程""全息""全效"的全媒体传播体系，"以主动的姿

---

① 信息通信管理局：《工业和信息化部向四家企业颁发 5G 牌照》，详见 http://www.miit.gov.cn/n1146290/n1146402/n7039597/c7093441/content.html,2019-6-6。

② 新浪财经：《新体验、新效率、新商业，5G 驱动媒体产业加速转型升级——华为与中国联通共同发布〈5G 新媒体白皮书〉》，详见 http://finance.sina.com.cn/stock/relnews/us/2019-04-26/doc-ihvhiqax5270492.shtml。

③ 陈力丹、孙翌闻：《2019 年中国新闻传播学研究的十个新鲜话题》，载《当代传播》，2020 年第 1 期，第 8-12 页。

态输出立体的中国故事,塑造真实、完整的中国形象[①]。**(2)内容生产:** 在"信息随心至,万物触手及"的愿景之下,5G 时代的万物互联表明"新技术在不断打破无线网络应用速率和流量上限的同时,带来的是社会交往和媒介使用的巨大变迁";作为内容生产、传播的媒介载体则是技术变革的直接对象,体现为"从传统媒体控制的 PGC 模式,发展到互联网时代的 UGC 模式,继而又向移动互联网时代的 PGC 模式回归"[②]。**(3)产品形态:** 5G 技术所提供的增强移动带宽(enhanced Mobile Broadband,eMBB)使"4K、8K 甚至 16K 的超高清视频制播可能成为主流,全景视频的高清分辨率,也使得 AR 和 VR 技术摆脱'短暂性体验'的困境发展成为深沉浸体验";互动传播再次经历革命性变革,"5G 赋能技术彻底颠覆现有的用户互动体验框架从而改变了原有的互动传播深度","互动的主题和对象不再只是'人'改变了主流传播的'人—人互动'模式从而扩张了原有的互动传播的广度"。[③] **(4)媒介形式:** 智能移动终端成为传媒业的主角载体,"网络覆盖范围的扩大、通信技术的进步、受众入网成本与门槛降低,以手机为代表的智能移动终端已经成为受众使用的主要智能媒介";"爱奇艺、优酷、腾讯"等主流视频网站迎来新的经营增长点,中、短视频平台因为用户的社交需求、叙事需求成为主流的社交化媒介平台;5G 技术所提供的海量机器连接(mMTC)使得"任何智能机器成为海量传媒信息输出、输入、存储的端口,传感器监控成为媒体个性化推荐的最佳选择"。

2. 新时代的传播伦理:(1)认识失衡: 曼纽尔·卡斯特认为网络技术促进了空间发展,让空间生产走向虚拟化。5G 技术带来的更多沉浸式体验使得缺乏足够认识辨别能力的受众"沉迷"其中,因此丧失对客观真实与虚拟环境的判断能力。**(2)技术"原罪":** 操纵各种技术"表演"的背后是人,技术所

---

① 李华君、涂文佳:《5G 时代全媒体传播的价值嬗变、关系解构与路径探析》,载《现代传播(中国传媒大学学报)》,2020 年第 4 期,第 1-5 页。

② 胡泳、周凌宇:《5G:互联网的又一个转折点——兼论移动通信技术迭代对文化传媒产业的影响》,载《中国编辑》,2020 年第 1 期,第 10-15 页。

③ 刘珊、黄升民:《5G 时代中国传媒产业的解构与重构》,载《现代传播(中国传媒大学学报)》,2020 年第 5 期,第 1-6 页。

展现的伦理观受到技术生产者、使用者的直接与间接影响甚至会"引发主流价值与技术核心理念的消解"[①]。**（3）公、私领域的混乱**：技术赋权、技术赋能、技术赋智不仅给予了传统媒介展现专业性的多种可能，亦给万千受益于 5G 时代的用户更多自由无限的话语表达权，势必再次激化"传—受"双方之间对于舆论场的争夺。**（4）数据表征与新闻真实**：5G 时代的大数据技术、传感器技术、AR/VR 技术、人工智能技术、物联网技术赋予了新闻生产的新形态，数据新闻、精确新闻、AR/VR 新闻等由此出现，其"本质上是对数据中介化事实的反映"[②]，数据表征与其指代对象存在失真、难以辨别的可能，并且在核查事实的过程中加大了寻找经过数据处理的新闻源的难度。

3. 主流媒体的应对姿态：**（1）公信力路径建设**：习近平总书记称"过不了互联网这一关就过不了长期执政这一关"，主流媒体的公信力建设需"进一步推进媒体融合和县级融媒体中心建设以起到引导作用；从制度建设、行业准入进一步加强互联网治理；依托大数据和区块链技术与时俱进"[③]。**（2）新型媒体创新之举**：传统媒体积攒的口碑以及 5G 时代新技术的赋能都为打造新型主流媒体奠定了坚实的基础，新型主流媒体创新应"继续担负起探寻真相、引导舆论、服务社会的责任；加快自由平台的建设突破平台垄断；依托智库建设提升专业新闻的品质和服务；积极拥抱新技术同时坚持正确的价值观和技术理性"[④]。**（3）控好舆论主战场**：5G 技术条件下主流媒体应乐观面对变化，积极把控传播主导权，"以打造精品力作弘扬主旋律；以推进媒介融合强化配套支撑；以创新技术应用协同团队合作；以强调规范管理有效应对风险"[⑤]。

---

① 罗佳、刘家肇：《5G-VR 时代的传播偏差与失衡问题探讨》，载《出版广角》，2020 年第 4 期，第 73-75 页

② 李泓江、刘佳：《技术、表征与真实：5G 技术对新闻真实的可能影响》，载《宁夏社会科学》，2019 年第 6 期，第 211-216 页。

③ 刘君：《5G 时代媒体公信力建设探析》，载《传媒》，2020 年第 6 期，第 76-78 页

④ 蔡雯：《5G 时代新型主流媒体的机遇与责任》，载《人民论坛·学术前沿》，2019 第 21 期，第 15-21 页

⑤ 黄楚新：《5G 条件下主流媒体如何占领传播制高点》，载《科技与出版》，2019 年第 12 期，第 37-42 页。

第 12 章 媒介学研究热点问题

专题 01 媒介与性别

性别的社会形塑与经济利益、文化规范、社会传统、政治目标等融为一体；其中，媒介在塑造社会性别秩序、实施性别控制、建构性别霸权、抵抗性别歧视等方面的价值和意义不容忽视。因而，媒介与社会性别研究的批判取向主要从批判的媒介理论出发，研究性别秩序、性别霸权及性别抗争问题。

1. 批判视角下的社会性别研究概述：（1）**研究取向**："媒介与社会性别研究"是女性主义批判学术的一个组成部分，一直以批判的视角探讨媒介所维护与再生产的种种社会性别不平等现象及其原因，并深入探索社会性别权力关系如何镶嵌在媒介机构和媒介产品，以及受众收讯的物质（政治经济）和思想（意识形态）的进程之中。（2）**核心问题**：媒介与社会性别批判研究的核心问题是媒介内容再现的男女性别刻板形象、媒介机构再生产社会性别歧视的机制，以及媒介如何通过受众收讯的控制来发挥形塑主流社会规范与生活价值观的功能。（3）**关键议题**：思考媒介机器运转的过程中导致的妇女形象的扭曲传播与"业界妇女边缘化""社会性别关系刻板形象化""社会性别阶层化""社会性别歧视普遍化"等一系列问题，关注女性的媒介接近权、使用权及媒介对性别平等的建构思路，关注新媒介经济语境下女性形象被消费主义垄断甚至呈现出的色情化、物质化趋势等。①

案例54 情侣及家庭暴力新闻事件中的性别呈现

案例背景： 2020年发生过多起与情侣及家庭关系相关的极端暴力事件，如"杭州男子杀妻案""四川男子杀妻案""失联女大学生被男友杀害"等。媒体的集中跟进报道和社交媒体的广泛议论符号化再现了社会现实中的冲突，引发学界及社会民众的思考。

案例分析：（1）性别的媒介图景建构： 媒介对情侣、家庭暴力事件的再现建构了媒介图景中的性别张力，体现了社交媒体时代新媒体与女性权益保护的复杂关系，媒体的集中报道和社交媒体的拼贴议论，使原本集中在私人领域、日常场景中的问题成为公共性议题，进而引起社会对婚姻、家庭等问题的关注。**（2）性别暴力内容的呈现：** 媒介所展现的暴力冲突既在唤醒社会舆论对家庭及婚恋中暴力现象、暴力行为的关注，也在建构社会大众关于婚姻、家庭紧张关系的想象，在潜移默化中形塑甚至改变社会对婚姻、家庭、友谊的观念认知。**（3）性别暴力内容的效果：** 新闻舆论集中呈现亲密关系中的暴力事件不会直接诱发社会现实中的暴力行为，但会影响社会大众对家庭关系紧张程度的认识，甚至加剧青年群体的恐婚心理。尽管如此，恐婚心理等并非媒体报道单一因素导致，是个人结合外在多种信息进行综合处理的结果。**（4）媒介报道性别暴力的问题：** 在报道涉及性别暴力冲突事件时，媒体存在着固化的男、女性

---

① 参见曹晋：《媒介与社会性别研究：理论与实例》，上海：上海三联书店，2008年版，第61页。

> 别成见,为施暴者进行软性开脱,苛求"完美受害者"形象,有意无意过度展示私人细节和暴力元素等问题;新闻媒体在报道家庭激烈冲突、矛盾的新闻时,应注重建设性而非趣味性和刺激性。**(5)不宜固化两性暴力冲突**:有关数据统计,我国目前超 2 亿名单身成年人中,30.1% 的单身女性恐婚,19.3% 的单身男性恐婚。有学者称,此类案件报道中不宜过多渲染两性关系的矛盾和冲突,更不能将两性暴力冲突程序化、套路化、模板化,否则会加剧社会恐婚情绪发酵。

2. 批判视角下的媒介与性别理论:**(1)作为制度的性别**:生活于社会情境中的个体可能较容易感受到来自政治与经济体系的控制,但未必能一目了然媒介形塑的社会性别秩序及其复杂微妙的控制机制。它往往与经济利益、政治目标和文化规范融为一体,而且社会性别的权力等级与阶级、种族、国家、地区、公民等范畴蕴藏的虚伪性与排斥性相互交织。**(2)作为霸权机器的媒介**:媒介作为建构与再现社会性别制度的"意识形态国家机器"(Ideological State Apparatuses),对形成公众认知、维持与再生产社会性别不平等发挥着至关重要的作用。媒介文本从来不是简单地映射或反映社会性别的"现实",而是构造霸权(hegemony),对于什么应该作为"现实"提供释义,这些释义看似必然、"真实"和具有常识性。**(3)霸权的男性气质**:根据康奈尔(R.W.Connell)的观点,在大众社会关系的层面上,高度程式化和苍白贫乏的男性气质的定义是构建居支配地位的男性与居从属地位的女性之间的关系,以及所有男性与女性之间关系的基石。这种霸权原则在支配国家和从属国家之间关系的全球秩序中得到抽象的复制。这种原则又反过来在新闻业的国际新闻制作中得到再生产。**(4)综合作用的结果**:媒介以意识形态国家机器的角色隐蔽暴力的专制性质来打造社会共识的工具,将父权制与资本主义的支配价值再生产,通过隐性的图像或文字、语音施与受众，进而再生产并巩固了男权价值观。①

案例 55 "妇女节"的话语重构与社会心态

案例简介：2019 年"妇女节"引发较大关注，先是商家 3 月初陆续将"妇女节"改造成"女神节"推出打折、促销广告，继而部分高校以"女神节""女生节"等名义进行节日狂欢。"妇女节"在互联网上的遭遇折射出不同群体的知识结构和社会心态，有媒体认为，"妇女节"变身"女神节"是"肤浅认识"对节日"严肃意义"的消解，"当妇女节变成了女神节，便是社会堕落的开始"。但也有评论认为，从"妇女节"到"女神节"是文明的巨大进步。

案例解析：**(1) 符号解读的群体差异**："妇女节"作为一个节日符号，在被不同群体进行解读时具有不同的含义，商业机构侧重"节日"层面的解读，从自身利益出发以"女神节"的修辞命名包装成购物节，青年群体则剥离"妇女节"原本所承载的历史意义，基于对"妇女"一词的误读或想象命名为"女生节"，而持严肃态度的群体则格外看重"妇女节"的历史含义及命名由来。**(2) 多因素的综合影响**："妇女节"以不同的修辞方式和生活实践予以呈现，反映出时代环境、历史语境、阶层意识和社会文化等层面繁盛的深刻变化以及这些变化在互联网同一时间、空间平台上的交锋，故而不能用简单的是非观来评判现今语境下不同力量主体对"妇女节"进行的修辞改造或话语重塑。**(3) 话语折射的社会变化**："妇女"一词在青年群体中被阐释为"已婚女性""中老年大妈"等群体及"传统""保守"等的代名词，在女性社会地位提升的背景下，青年群体和营销力量既不放弃女性作为叙事主体的存在感，又不愿意承载"妇

---

① 参见曹晋：《媒介与社会性别研究：理论与实践》，北京：清华大学出版社，2015 年版，第 3-4 页。

女"的传统含义，故而通过话语改造的方式实现两者兼顾。**（4）被消费的"妇女节"**：商家促销海报、校园悬挂条幅等都将"妇女节"包装成为女性群体服务的节日。资本力量通过"女神节"的命名实现了尊重女性、讨好女性的兼顾以期实现其商业目的；校园悬挂"女神节""女生节"横幅则是男性群体面向女性群体的单线条叙事，在这个过程中，女性是被讨好和取悦的，也几无发声机会。两类现象都是对"妇女节"的消费。

3. 媒介生产中性别歧视的原因：媒介的性别歧视和价值偏向，在社会文化体系中并非孤立存在，它与一定的社会政治、经济、文化、历史等各方面因素均有着千丝万缕的联系。要考察媒介中性别歧视的原因，必须把它放在整个社会的大体系中加以系统研究。**（1）社会心理和性别观念的滞后**：目前，尽管我国从《宪法》《妇女权益保障法》等立法方面确立了男女平等的观念。但几千年封建社会遗留下来的重男轻女、男尊女卑的传统观念仍然有一定的市场，形成一种难以在较短时间内根除的文化烙印。**（2）商业文化和消费主义的泛滥**：消费主义意识形态的传播加剧了人类本能的放纵，享乐主义在社会成员中蔓延，不少人沉浸于物质享乐中，已经并正在接纳这种文化，传媒中的女性形象有时候也会受消费主义思潮的影响，被物化成为一种物质享乐的符号。**（3）媒体导向和大众文化的易位**：大众传媒不断强化男权意识，标举男权价值，通过大量的、重复的、高频率出现的含有男权文化观念信息的传播，对整个社会造成消极影响，对处于文化边缘和流浪状态的女性意识和女性观念起着压制、约束、监控的作用，从而模糊男、女之间存在的文化差异，把社会纳入男权文化体系之中，使女性的声音越来越微弱。

4. 媒介实现性别平等的建议：**（1）促进传媒领域社会性别意识的主流化**：政府、传媒和媒体从业人员都应积极行动起来，促进传媒领域社会性别意识的主流化。有关管理部门应审查现行媒体政策，制定并优化传媒性别歧视的管理制度，支持女性与传媒研究，将社会性别意识纳入传媒管理的政策领域。媒体应通过制定专业准则和行为守则等方式建立行业管理机制和媒体自律机制，促进两性平等地参与媒体传播内容的制作和决策，鼓励在媒体制作与分析中运用公正的性别描绘和使用非性别歧视主义的语言。**（2）建立多元化的官方和民间传媒评估机制：**通过网络成员聚会、举办研讨会、策划大型采访报道、撰写专栏文章等形式组织对媒体工作者的社会性别意识培训，促进媒体以均衡的方式描绘多元化的女性形象，监测并抵制大众传媒中贬抑妇女、否定妇女独立人格、鼓吹性别成见的报道，为走向真正的男女平等提供良好的舆论环境。**（3）开展并普及社会性别意识教育：**实现大众传媒中的性别平等，不仅是媒体的事，也不仅是妇联的事，它是一项系统工程，必须向全社会进行社会性别意识教育。开展和普及社会性别意识教育，首先，应当对全社会进行性别意识的培训，包括在学校设立社会性别教育的课程，让公民在青少年时代就对其有所认识。其次，针对社区和企业进行社会性别意识普及教育和宣传，让社会性别的概念和理论大众化。

案例 56　学生教辅图书"分性别"引发争议的案例分析

案例背景：2020 年 8 月某高校出版社出版的教辅图书《男生女生学数学》系列教辅教材因"男生用蓝版，女生用红版"引发媒体及舆论关注。在其公众号上，出版策划方称，将数学教辅图书分为男生版和女生版是基于发挥各自优势的考虑，且"男生在高端数学学习上更有优势"。对此，有观点认为，教材分为"男版"和"女版"只是营销策略，也有观点质疑此举是"因材施教还是性别歧视"。

案例解析：（1）不恰当的营销策略：教辅图书基于前期大数据统计，人为区分了适应不同性别的图书，只是一种相对较为新颖的营销噱头，但在实质上制造了男生和女生在文化和能力方面的区别对待的效果，因而招致人们的反感。**(2) 引发争议的土壤**：近些年来，得益于中国媒体的正向宣传和舆论引导，性别平等意识已经深入人心，社会舆论对刻意宣扬性别差异、人为制造性别差异，尤其是涉及性别比较的文化、产品、做法较为敏感，出版社教材"分性别"的做法无疑是对这种舆论氛围的挑战。**(3) 隐形的性别歧视**：教辅图书策划方不考虑学习方法、学习投入等其他因素的影响，用所谓的"数据理性"人为制造了性别上的差异，用图书产品作为载体固化了性别差异和性别偏见，迫使不同性别的学生对号入座，更将这些差异延续至学生群体。**(4) 文化示范效果**：用不恰当的方式制造体现性别差异和性别比较的作品，实质上是将一次性的营销噱头所无意释放出的性别偏见固定在市场流通的文化产品中，这种做法将会形成一种潜在的社会文化暗示。

5. 替代性媒体与性别运动：(1) 替代性媒体："社交媒体"被称为"替代性媒体"（alternative media，又译为"候补性媒体""另类媒体"），是近几年来媒介与性别关联研究领域重要的视角。另类媒体除社交媒体外，还包括非官方经营的带有地下色彩、小众化的媒介，如隐蔽的互联网群组、不为人知的直播房间等。**(2) 抗争的途径**：另类媒体是性别抗争的重要平台，这些平台扮演的是主流媒体、大众媒体、官方媒体的替补角色，填补的是主流媒体、大众媒体、官方媒体所忽视的边缘地带。借助这些另类媒体，用户采用自我管理、自我约束的方式形成关于性别的共识，塑造关于性别议题的共同认识，生产、分享和复制关于性别的知识，实现"为沉默者呐喊，为失声者呼吁"。**(3) 媒介的性别**：大众传播技术、新媒介技术等都体现了性别、权力的合谋，制造了性别间的数字鸿沟和数字排斥问题，也使得媒介有意无意地强化了女性的"被凝视者"地位，另类媒介活跃在主导性媒体的间隙，成为性别传播的重要舞台。**(4) 技术的赋权**：社交媒体的"连接优势"打破了个体孤立无援的被动局面，可以使所有的孤立个体摆脱世俗的"道德及情感障碍"，发出自己的声音，"通过共情实现赋权"构筑"观念共同体"①，由私人领域的行为转变为公共性议题和公共话语，最终形成舆论共鸣。**（5）典型案例：**新冠肺炎疫情期间，一线女性医护人员缺少卫生用品的相关讨论主要在社交媒体上发酵，进而引发社会各方力量的关注；女性医护人员为方便工作剃光头的照片被报道后，民众在社交网络发布"don't touch my hair"的呼声；源自微信公众号等平台的深度调查文章关注了农村青少年女性群体对优质低价卫生巾的紧迫需求，引发社会反思。

---

① "通过共情实现赋权"（empowerment through empathy），以此令受到侵害的女性通过发声的方式形成某种观念共同体，实现对于具体问题的解决、对于决策和变革的推动。常江、金兼斌：《米兔运动、介入式文化研究与知识分子的社会责任》，《全球传媒学刊》，2018年第3期，第73-82页。

专题 02　媒介人类学

　　媒介人类学是对与媒体相关的社会实践的民族志研究。[①] 随着时代的变迁，传统的人类学"田野"已发生了本质上的变化，人类学家难以找到一个相对封闭的同质化社区进行研究。大众传媒对人类学传统研究的影响也不容忽视，大众传媒掌握着话语权，影响甚至决定着人们的思维和生活方式。人类学的"文化"与大众传媒"文化"形成"你中我有、我中有你"的状态。

　　1. 西方媒体人类学的发展脉络：人类学家与媒体领域经历了漠视与回避、观望与了解到合作与合法的过程。**（1）朦胧时期**：1969 年以前，强调整体观及民族志方法，强调受众对媒体的理解以及对媒体技术的使用等角度成为早期媒体人类学的研究兴趣点。人类学家将媒体领域纳入学术视野，并同时开辟了应用于合作的道路。**（2）全面发展时期**：20 世纪 70—90 年代，一些人类学家继续向媒体领域推进，以学科的方法和理论，力图改善媒体工作者单维的碎片式的报道，关注受众在媒体传播链条中的状况。**（3）反思阶段**：20 世纪 90 年代至今，西方媒体人类学透过对摄影术、影视作品的批判视角，提出了一系列新命题，例如，"人类学是在帮助跨文化之间的理解还是在强化这种差异""西方人视野中的非西方人到底代表了谁"[②]。

[①] 参见郭建斌：《媒体人类学：概念、历史及理论视角》，载《国际新闻界》，2005 年第 10 期，第 49-64 页。

[②] 参见李飞：《西方媒体人类学研究简述》，载《社会科学》，2006 年第 12 期，第 94-97 页。

2. 媒体人类学的研究进路：（1）文化认同与受众研究： 面对 20 世纪晚期后殖民时代的挑战，西方一些人类学家意识到大众传媒对传统人类学社区变迁所产生的深刻影响，逐渐聚焦于电影、电视、互联网等大众媒介领域，透过其表现，研究族群认同、性别构建、国家主体性等问题。**（2）生产者转向研究：** 从文本到受众，人类学家开始转移注意力到生产者身上，关注不同的生产者之间的划分，还有他们与意识形态或政治主体（经济阶层、国家政府、宗教权威）等关系的差异。**（3）在地化研究：** 近年来的许多研究集中在"在地化"和草根社会的生产。许多被研究者过去从未以消费者或生产者的身份接触过媒体，或是在关于他们的可获得的媒体中，几乎没有他们自己的视角。[①]

3. 媒体景观理论（Mediascape）：（1）概念提出： 1991 年，阿尔君·阿帕杜莱（Arjun Appadurai）在一篇副标题为《对跨国人类学的看法与疑问》的文章中创造了"媒体景观"（Mediacape）这个概念。**（2）全球流动文化的五个考察维度：** 阿帕杜莱提出，在全球文化流动时应着重考察五个维度，分别是族群景观、媒体景观、技术景观、金融景观、意识景观。**（3）媒体景观的影响：** 在阿帕杜莱看来，媒体景观为全世界的观众提供着丰富而特别庞杂的影响、叙事及族群景观，商品世界与新闻政治世界在此混杂一团，无从辨认。

4. 文化展演理论（Culture Performance）：（1）概念提出： 美国芝加哥大学的麦克阿隆（Mac Aloon J.J.）在《奥运会以及现代社会中的景观理论》一文中，从"文化展演"的视角对奥运会进行考察时，对奥运会的游戏（game）、仪式（ritual）、节日（festival）和景观内涵进行了区分。**（2）文化表演的定义：** 文化表演是"这样的一些场合，我们作为一种文化或作为一个社会对自我进行反思并加以界定，将我们共同的神话和历史戏剧化，以不同的方式表现自我，最终在某些方面有所改变而在其他方面又依然故我"。**（3）文化展演的生活化：** 社交媒体时代的文化展现呈现出生活化、日常化趋势，文化展

---

① 参见李飞：《西方媒体人类学研究简述》，载《社会科学》，2006 年第 12 期，第 94-97 页。

演的仪式感逐渐在融入日常生活的过程中变得世俗化,甚至演变成一种日常社交策略,如社交媒体中的"晒"文化和朋友圈中的"凡尔赛文化"现象。

5. 想象的共同体:(1)概念提出:美国学者本尼迪克特·安德森(Benedict Anderson)在1991年出版了《想象的共同体》一书。**(2)想象的共同体:**该书认为民族国家是一种"想象的共同体",并且在安德森看来,18世纪初的两种想象形式——小说与报纸——"为'重现'(representing)民族这种想象的共同体提供了技术手段"。**(3)媒体的重现与想象:**媒体的重要性与其说是为生活提供了新影像和新场景的直接支援,倒不如说它拥有强大的权力的区分符号,同时也影响着我们通过其他渠道与世界进行社会接触。

6. 身份认同理论:(1)身份认同的概念:"身份认同"(identity)这个词本身有两重含义:一是指本身、本体、身份,是对"我是谁"的认知;二是指相同性、一致性,是对与自己有相同性、一致性的事物的认知。**(2)想象和认同的关联:**想象为认同提供了某种基础,认同则是想象的某种结果。**(3)认同研究的五条理论脉络:**弗洛伊德和精神分析理论、G.H.米德和符号互动论、舒茨和知识社会学、涂尔干和结构功能主义、马克思和批判理论。

7. 政治参与:政治参与(political participation)是指普通公民在任何类型的政治系统中为影响统治者的行为所做的各种努力。由于互联网的日渐普及,对于那些由政府、商业团体控制的传统媒体来说,互联网为现代社会公民的政治参与提供了一个重要的平台。[①]

---

① 参见周永明:《中国网络的历史考察:电报与清末时政》,北京:商务印书馆,2013年版,第11页。

专题 03　媒介记忆论

1. **克服历史遗忘的"媒介记忆理论"：(1) 学术定义：** "媒介记忆"，即"媒介通过对日常信息的采集、理解、编辑、存储、提取和传播，形成一种以媒介为主导的人类一切记忆的平台和核心，并以此影响人类的个体记忆、集体记忆和社会记忆"[①]。**(2) 作用机制：** 传统媒体的作用机制是"信息生产→传播→记忆→再生产→再传播→再记忆"的往复循环运动，网络与新媒体的作用过程则是网状和多点共生，具有无界性和全球性[②]。**(3) 功能意义：** 作为书写的历史被储存起来，充当后世进行历史回顾的素材和现实反思的镜鉴；作为现实社会决策的重要参考依据和宝贵经验资源；克服"媒介失忆"问题。**(4) 记忆唤醒：** 不少当下的社会热点事件被选择性遗忘或进入"烂尾"阶段后，在特定外部环境的刺激下会被重新唤醒并获得新条件的再生，例如，某校投毒案引发舆论热议后，沉寂多年的同类事件再度成为网络热点话题。**(5) 警示意义：** 热点事件成为"烂尾新闻"不一定意味着该事件已经得到根本性的解决，虽然这会让相关部门得到喘息的机会，但如果不能通过后续举措从根本上解决问题，次生危机还会卷土重来，且呈现舆论风暴的叠加问题。

2. **媒介记忆的社会属性：(1) 重启"纪念性事件"的记忆：** 过去与当下的关系被记忆勾连起来，当媒介使用与现实事件发生关联时，有关此事件的历

[①] 邵鹏：《媒介记忆理论：人类一切记忆研究的核心与纽带》，杭州：浙江大学出版社，2016年版，第4页。

[②] 邵鹏：《媒介记忆理论：人类一切记忆研究的核心与纽带》，杭州：浙江大学出版社，2016年版，第15页。

史记忆会被重启、被重新忆起。**（2）书写社会事务的共同参与：** 大众媒介的日常信息传播、新闻报道会形塑集体记忆、社会记忆，来唤醒受众的参与社会公共事务意识。同时，个体记忆是集体记忆、社会记忆的重要意义来源，受众广泛参与的社会性日常是构成媒介记忆的主要内容。无论受众主动或被动，都会被媒介卷入其中，共同参与社会的公共事务。**（3）构建技术记忆场域：** 记忆的生产、传承需要物质载体，物质载体的变更与媒介技术的革新息息相关。技术改变了记忆的记录、存储和传播方式，使媒介可以在线大量生产数字化、信息化的记忆文本，从而构建了媒介化记忆场域的形成。①

3. 媒介记忆中的受众角色：**（1）作为"记忆事件的见证者"：** 技术的赋权使受众能够以亲历和见证的方式，记录、描摹"记忆性事件"的过程，形成个体记忆，将"日常中看不见的历史"和"鲜活的亲身体验"转化为记忆资料。**（2）凸显个体视角下的社会记忆：** 记忆建构是动态的社会实践过程，个体的自传式记忆表达是基于受众具身实践下的经验认知，同时也是自下而上的反映社会语境下个体记忆的表达视角，可以代表民间记忆与官方记忆发生对话、竞争，多维度展现社会历史的发展过程。②

4. 媒介记忆的影响：**（1）媒介发挥塑造记忆的中心作用：** 媒介可以将"个人记忆、集体记忆、社会记忆和文化记忆中介化"，来实现与社会的各领域、多层级进行互动实践。**（2）媒介记忆可以加深认同管理：** 媒介的信息报道不能完全被视为纪念事件本身的回应和反思，而是记忆群体对集体认同管理的制度化、合理化手段。**（3）灾难记忆帮助创伤修复：** 媒介对灾难事件的记忆重提可以给创伤人群以情绪抚慰、心理治疗等，也可以传递灾区受灾实况帮助灾

---

① 参见吴世文、杨国斌：《追忆消逝的网站：互联网记忆、媒介传记与网站历史》，载《国际新闻界》，2018年第4期，第10-11页；吴世文、杨国斌：《"我是网民"：网络自传、生命故事与互联网历史》，载《国际新闻界》，2019年第9期，第42页。

② 参见吴世文、杨国斌：《追忆消逝的网站：互联网记忆、媒介传记与网站历史》，载《国际新闻界》，2018年第4期，第10-12页。

情应援和灾后重建。①**（4）记忆与遗忘的平衡边界被打破**：媒介记忆会不断重复、叠加对某一事件的记忆和回想，事件会在被数字化中一次次"永生"，从而陷入舍恩伯格教授所言的"个人可能在数字化记忆的世界中丧失自己对信息的控制权"的困境。

5. 集体记忆的传承、修改与重构：**（1）集体记忆的传承**：作为群体记忆的档案、资料、文献不仅具有重要的史料价值，也是共同体意识塑造的重要手段，而且是族群、部落、国家、民族塑造自身身份认同的基础，如重大的节庆是重塑集体记忆的典型方式。**（2）集体记忆的修改**：记忆被删除、修改可以视为一种权力的体现，在众人皆可参与信息生产的时代，记忆的书写呈现网络化和节点化特征，碎片化的信息生产能拼接出具有反抗色彩的集体记忆，因而靠资本和权力来删除记忆的可能性降低。**（3）记忆的重构动因**：记忆重构可以简单概括为两种：一是基于批判现实的需要对记忆中的过去进行美化；二是基于对现实肯定的需要对记忆中的过去进行批评。这与"现代性"所蕴含的自我批判和自我肯定的两个维度相契合。多数情况则更为复杂，表现为对局部记忆的放大，对遗忘记忆的寻找，对过去记忆的解读、篡改、修正、复写等。

---

① 参见徐开彬、徐仁翠：《汶川十年：汶川地震的媒介记忆研究》，载《新闻大学》，2018年第6期，第50-51页。

专题 04　媒介认同论

1. 媒介认同的两种定义：（1）以媒介为认同的对象： 媒介认同是人们对媒介组织及其社会运行所产生的具有同一性、连贯性的态度和情感，以价值共鸣作为基础和核心，表现为对媒介组织的信任、依赖和遵从。媒介认同是在一定社会文化体系中人们对媒介及其社会运行所持有的认同形式，是人与媒介在社会交往和符号互动过程中以价值共鸣作为基础和核心建立起来的。**（2）以媒介为形塑认同的载体：** 传媒技术及其生产、传播、接收模式对于人们的归属意识产生了一定的影响力，塑造人们的身份认同、社会认同及群体认同等。因而，媒介认同得以实现的前提是作为物质基础的媒介及媒介所承载的能引发情感和身份共鸣的信息。

2. 媒介认同的概念来源：（1）弗洛伊德首次提出"认同"： 个人与他人、群体或模仿任务在感情上心理上趋同的过程，是一种个体与他人有情感联系的最早的表现形式。**（2）库利的"镜中我"：** 人的行为在很大程度上取决于对自我的认识，而这种认识主要通过与他人的社会互动形成，他人对自己的态度和评价是反映自我的一面"镜子"，个人通过这面镜子来认识和把握自己。**（3）米德的"主我"与"客我"：** 人的自我是在作为语言和行为主体的"主我"和作为自我意识的社会关系性体现的"客我"二者互动中形成的，强调符号互动对自我发展的重要性。**（4）埃里克森的"自我认同"：** 自我认同是在社会互动过程中形成的，是自我与他人持续进行社会互动的结果，认同的主体既有自我也有他人。**（5）帕森斯的社会学阐释：** 在人的社会化过程中，连续稳定的认同逐渐使人脱离生物本性，从而具有社会和文化属性，在社会结构和社会行动方面，认同发挥着基础性作用。

3.媒介认同的基础和形成：（1）价值同一性：媒介认同建立在价值同一性的基础之上，价值同一性体现为：媒介组织或品牌及其社会运行所产生的价值与受众的价值需要和价值诉求具有同一性。**（2）共通的意义空间**：从符号互动学层面来看，共通的意义空间是传播双方交换意义的前提。同样，传者和受者能够形成媒介认同，也是基于双方对于语言、文字等媒介符号含义的共通理解以及相近的生活经验和文化背景。**（3）社会交往**：媒介认同是通过人的社会交往建构形成的，媒介既可以是人与人交往的中介，也可以是交往的对象和场所。媒介可以被视为共同体，共同体在社会交往中通过语言符号互动的方式被建构，同时受到社会情境、文化的影响，并带有主体间性。

4.数字化时代下建构媒介认同的必要性：（1）信息爆炸时代急需优质媒介：数字技术和互联网技术的快速发展使海量信息的生产和发布成为可能，却也意味着信息爆炸时代的来临，人们需要有公信力的媒体组织或平台来提供优质信息。**（2）多元价值观在开放的网络中碰撞**：网络传播与生俱来的开放性、连通性等特征改变了传播格局，打破了精英阶层、专业新闻生产者对于信息的垄断，在"人人都有麦克风"的时代，用户设置议程的能力提升，所传递的价值也由单一变得多元，甚至出现网络群体极化等现象，而当线上分歧与线下分裂形成合力，将不利于社会稳定。**（3）网络空间的流动打破了传播疆域**：卡斯特在《网络社会的崛起》中提出"流动的空间"概念，即"社会的互动不再基于地域的临近性，而存在于数字网络的信息洪流中"。西方媒体在全球化语境下能够轻易打破地域的界限，通过数字信息影响我们社会共识的达成，故我国媒介认同的形成在当下西方个别媒体对中国"污名化"程度加剧的背景下显得尤为必要。

5.建构媒介认同的意义：（1）形成良性社会互动：媒介认同在社会互动中形成，而媒介作为一种"超真实的文本"，一旦获得认同也会反过来推动人与人的社会交往，稳定社会秩序，增加社会成员的安全感。**（2）助力舆论引导**：媒介认同意味着公民对于媒介形式、话语、机构等持有共同的价值态度和情感。从舆论引导的"四力"层面来看，既有的价值认可有助于主流媒体发挥其"引导力"，从而更好地进行舆论引导，传播主流价值，达成社会共识，增强社会凝聚力。**（3）增强国家认同**：安德森认为，国家是由文化共同体建构起来的"想象的共同体"，媒介在构建国家的过程中发挥了重要作用，因此，媒介认同的建构有利于国家认同的形成，增强文化自信和民族自豪感，抵御西方媒体的文化霸权带来的冲击。**（4）价值观整合**：罗伯特·帕克研究移民报刊及其控制时提出报刊在同化、教育、启蒙中的作用。在任何一个社会，相似、相近价值观的共享是社会形成整体的前提；媒介是推动价值观整合的重要工具，通过媒介议题的呈现、舆论议程的设置、舆论态势的引导及对典型正面案例的肯定和负面案例的批评来推动主流价值观的同化效果。

专题 05　媒介化理论

1. 传播学研究中的中介化理论：（1）**理论溯源**："中介"是促成行动者间建立联系、分享信息、认识事物的间接方式，它表明人类大多数认知和行动具有间接性的特征，它并非由行动者直接作用于目标对象，而是必须借助一定的中介物；"中介化"表明的是现代社会以间接渠道建立联系、实施行动的一种状态和趋势。（2）**理论解释**：媒介作为"中介"是强调媒介的工具性应用，是实现活动目标被行动者所采用的方法和路径；将媒介视为中介，意味着媒介附属于某个社会系统，行动者可以使用媒介获取信息或使用媒介对具体对象施加某种影响，也即意味着，作为中介或工具的媒介本身只具有物理属性，其物理属性的作用效果取决于该工具的使用者。

2. 中介化传播的三重作用机制：（1）**居间调和**：作为中介的媒介为各方行动者和利益主体提供非面对面的交流、互动、对话、协商的平台，其所提供的公共空间和意见交互平台是各方行动者间的缓冲地带，避免双方直接互相暴露带来冲突。（2）**间接传输**：作为中介的媒介机构是活跃且专业的信息生产者和加工转述者，其立足于法律法规、道德规范和职业标准对社会现实的符号化建构过程，能在最大程度上保证信息及意见供给的专业性、客观性和权威性；因以社会大众为目标对象，其内容生产和转述往往采用社会大众通用语言，可同时保证信息内容的准确性和通俗化，确保信息能够为大多数人接收和接受。（3）**空间连接**：作为中介的媒介在社会物理空间之外建构起其自身的媒介空间，并成为不同物理空间、物理空间与人的观念空间进行连接的桥梁和纽带,可延伸人的感知空间和信息接触广度,促成分处不同空间位置的行动者的整合和联系,拓展媒介所属的国家机构的管理及控制范围。

3. 去中介化传播带来的影响和挑战:(1)缓冲地带的缺失:去中介化容易导致精英群体和普通民众间的直接交互,尽管因沟通环节减少有助于克服信息失真问题、提升信息传播效率,但极容易导致精英或民粹的极化问题。社会学研究表明,缺乏中间地带的交互,一旦精英力量较强,就容易导致精英裹挟民粹,一旦精英力量较弱,民粹就容易裹挟精英。如西方社会的政治领袖直接绕开组织化信息发布制度,借社交媒体面向选民开展动员;某些偶像的粉丝群体在社交媒体上抱团强迫偶像就特定的话题站队。**(2)共识机制的缺失**:作为中介化的媒介不仅提供信息展示和意见交互平台,同样也给意见参与各方提供共识性机制或调整不同群体间的共识机制,而去中介化也同样意味着共识机制被解构的过程。因不同意见群体共享不同共识机制,容易导致群体间较大规模的极化冲突。如在对待涉法涉诉类议题中,司法审判遵循的是法治逻辑、程序逻辑,而网民所遵循的是朴素道德和情感正义逻辑,若无媒介从中解释、调解,极容易产生舆论干预司法问题。**(3)被动卷入互联网**:去中介化也即意味着"人人皆可言说"的赋权机制及"人人皆被言说"的被动情形。其结果是,原本不具备对外宣传、传播职能的机构、部门甚至其管理者除了系统条线规定的任务之外,均需要或主动或被动地承担对外解释、传播、宣传的任务。如政府部门、科研机构、医疗机构等均有具体的职能,但社会对其进行的解读、揣测、质疑就迫使其不得不亲自上阵开通社交媒体账号以"回应关切"。

4. 媒介化理论的提出及演变:(1)理论溯源:媒介化理论站在对媒介的"中介化"或"工具性"应用的基础上进行反思形成的理论,该理论聚焦现代社会大众传媒业迅速发展的现实状况,整合了传统媒介研究、技术哲学、政治学、社会学等的理论观点,将"媒介化"视为人类社会的一个元进程,一个动态化的过程。**(2)理论要点**:媒介化理论认为,媒介对社会的影响并不仅仅体现在媒介的工具性功能上,媒介除了作为信息传播的载体、连接传受双方的中介、各类信息交互的平台外,其自身还是一种制度化的力量对各类组织机构甚至社会系统的运行方式、运转逻辑产生深刻影响,即施蒂格·夏瓦所总结的,媒介作为一种制度化要素开始独立作用于社会文化变革,媒介逻辑成为形塑文化与社会的制度性力量。**(3)通俗解读**:传统的"中介化"研究仅仅将媒介视为一种工具,要么被人使用以达到某种目的,要么作用于目标群体并对其产生影响,而"媒介化"理论视角下的研究,不仅仅将媒介视为一种工具,它兼具"运动场""运动员""裁判员"三重角色:媒介为各级各类组织机构和个体提供了开放性的运动空间,又同时作为独立的机构与其他主体一同参与竞争,同时,媒介还以其自身规则赋权、限制和规训其他组织机构与个体的行动。

5. 媒介化社会的特征及其影响:(1)凸显媒介机构的力量:在媒介作为中介的背景下,媒介往往充当其他组织机构的附庸、附属或工具,很难独立自主地发挥其影响力;媒介化社会中的媒介成为半独立的机构,既为社会提供信息传播的渠道和空间,其本身还是市场经济中的独立竞争主体、文化产业的重要组成、社会结构及组织方式变迁的动力。**(2)社会对媒介的依赖**:媒介化社会中,各类组织机构和有特定属性的个体均被动或主动卷入媒介化进程,工作成效、科研成果、司法判决等除了受到制度、法律及科层评价体系的评价和约束外,在很大程度上还需要通过媒介的展示以及公众的评价获得认可,这容易导致评价原则上格外重视表演性和戏剧效果的"形式绩效"。**(3)权力资源的再分配**:媒介的可供性及媒介作为制度化力量影响了权力资源的再分配,媒介平台的运转规则强化了技术、资本与媒介之间的关系,从而构筑了传统权力结构之外的又一套新的规则。如某社交平台用公司的规则封杀某一政客及其所有追随者的社交账号,该规则甚至凌驾于国家法律之上。**(4)社会对媒介的俯就**:各类组织机构均有其运行的制度和规则,这些规则往往符合专业场景的行政运作逻辑,但媒介化背景下,各类机构必须迎合和取悦不同媒介及平台的运行规律。如庭审直播、电视辩论、网络问政等场景下，专业机构面向的不再是本系统内的专业群体，而是一般的社会大众，需要调整其表现方式和话语形态；再比如，各类会议、演讲、辩论甚至各类管理工作均不得不以适合媒介展现的方式进行策划和安排。

专题 06　媒介可供性

1."可供性"理论的变迁：（1）"可供性"理论溯源：可供性理论（affordance）由吉布森提出，最初是生态心理学领域的学术概念，用于评价客观环境与有机体（人或动物）的认知、行为之间的关系；即事物和环境的特性、功能可以为有机体感知并促成后者的某些行动，如树木可以为鸟类感知并将其作为栖息地。简而言之，吉布森的可供性指作为环境的资源赋予有机体采取认知和行动的可能性。**（2）可供性的两个维度**：依据吉布森的观点，可供性可以区分为物质的可供性和关系的可供性，前者由事物的物理特征和物理属性决定，后者由环境和人与物的关系决定。如菜刀在物理层面的可供性是砍或劈的倾向性，而特定环境刺激下的使用者根据情境和需要可能发现其他用途。**（3）"可供性"理论的发展**：吉布森所提出的可供性理论，被学者拓展到其他研究领域，但指代有机体与客观环境之间的关系的倾向性并没有发生改变。如诺曼等学者将该理论引入设计领域的研究，旨在增强人类所设计的产品的可用性、易用性及对人类更友好。此后，该理论被引入传播学领域，主要用于媒介现象相关分析。

2.媒介的可供性分析：（1）媒介可供性的具体内涵：媒介的可供性即作为环境或工具的媒介在与用户（个体或群体）产生关联时由媒介属性及用户共同决定的媒介功能的倾向性。学者施蒂格·夏瓦将媒介的"可供性"解释为功能的可预见性，指作为技术的媒介拥有一系列可以促进、限制并形塑传播与行动的可行性和倾向性。**（2）媒介可供性非媒介固有属性**：媒介可供性是媒介带来的可能性，既非媒介的功能也非媒介的特征或固有属性；媒介的可供性可以赋权、限制、改变主体的行动和组织方式；同样，媒介的可供性并不一定会转化为媒介的正向功能，而是受制度、文化、伦理及用户等因素制约。**（3）媒介可供性的分类**：博伊德将媒介的可供性分为抽象的高阶可供性和具体的低阶可供性，前者侧重于媒介提供的抽象的可能性；后者侧重于技术和平台等具体层面的可用性。潘忠党将媒介的可供性区分为信息生产的可供性、社交可供性和移动可供性。**（4）媒介可供性的启发意义**：一是媒介的开发者和经营管理者需要对其所开发的技术、界面、平台进行规则设计，以促成或限制某些可供性，强化功能、体验和人机交互的友好度；二是媒介用户应适应不断变化的媒介环境，强化其以恰当的方式感知、判断和对待媒介可供性的素质和能力；三是从制度机制设计层面，应立法或进行系统化的制度机制设计，从促进或限制某些可供性的角度对各类媒介、应用、平台进行规范。

3. 媒介"可供性"的三种倾向：媒介的可供性可以赋权、限制、改变主体的行动和组织方式。**（1）可供性带来的赋权**：媒介通过信息生产的可供性、社交媒体的可供性和移动的可供性为各类不同群体创造了新的可能，使其从一定程度上摆脱了无权状况。如移动互联网、网络直播的普及使外卖员、家政零工等职业群体有了自主面向大众进行传播的机会，部分改变了其此前被言说、被塑造的处境。**（2）可供性催生的限制**：媒介的可供性意味着媒介并非无差别地作用于所有的群体，因而无法实现对所有群体的均衡赋权，媒介形态、性质、特征也会对特定群体构成限制或排斥。如尽管数字媒介具有移动、社交和内容可供性却排斥了相当一部分群体的接入，扩大了数字弱势群体与社会一般大众的数字鸿沟。**（3）可供性导致的改变**：媒介的可供性也会触发社会从微观到宏观方面的系列变革，施蒂格·夏瓦等人关于媒介化的相关理论也从吉布森可供性理论中获得了启发，基于行动者的网络理论，夏瓦认为，媒介通过其可供性影响和改变了资源配置、社会组织方式和社会结构。

专题 07　可见性理论

1. **"可见性"理论溯源**：**（1）理论的提出**：丹尼尔·戴扬将传播学研究的视角由效果范式转移到注意力或可见性范式。他认为，效果范式强调对以媒介霸权为中心的受众被动接收或积极抵抗行为的研究，而可见性范式注重的是被匿名的受众围绕可见性（自己被看见的权利）进行争夺过程；戴扬认为，可见性是人的一项基本权利（Right），包括被他人看见的权利、以自己的方式被他人看见的权利及给予他人被看见的权利[①]。**（2）受众被剥夺的可见性**：丹尼尔·戴扬认为，作为受众的权利的可见性大多数处于被剥夺状况。在媒体给予报道、展现的时候，受众的可见性更多是一种自上而下的"恩惠"；电视真人秀节目给民众提供的可见机会多是对民众"后台"区域的监视和消费；为此，媒体应该给被边缘化的人提供"以自己的方式被看到和听到"的机会和权利。**（3）可见性的争夺**：在丹尼尔·戴扬的笔下，"可见性"被解释为公众争取在公共空间中被看见的机会，因此，争夺可见性的过程就是一个建构"抗争性公共领域"的过程，其本质在于民众借助各种表演、行动反抗被资本和权力垄断的公共空间。例如，某些街头暴力行动、粉丝的狂热行为等都是丹尼尔·戴扬笔下典型的争夺可见性的现象。

2. **对"可见性"理论的认识**：**（1）突出可见性的"争夺"**：可见性理论最初聚焦的是媒体对报道对象可见性的操纵及民众对被剥夺的可见性的争取，

[①] Daniel Dayan. Conquering Visibility, Conferring Visibility: Visibility Seekers and Media Performance，January 2013 International Journal of Communication 7(1):137-153.

因此，在戴扬那里，对可见性争夺实际上就是一种"抗争性公共领域"，带有对媒体操纵民众可见性的质疑和批判；经过后续学者不断阐发，其适应空间不断扩展。**（2）可见性理论的发展**：可见性理论在后续阐发中，一方面保留了"抗争性公共领域"的原始含义，用于分析没有话语权的民众采取各类手段方式渠道表达不满情绪或实施抗议行动；另一方面将可见性理论化约为"公众具有被别人看见的权利"。**（3）可见性理论的意义**：可见性拓展了传播学研究的视角，将以媒介霸权为中心的效果研究范式转向对公众可见性权利的视角，其更加凸显受众的主体性地位，更加关注媒介操纵可见的深层次问题，拓展了传播学研究的新领域。比如，被运用到"舆论如何可见""民意如何可见""弱势群体如何可见"等的相关研究中。

3. "可见性"理论的思考维度：（1）突出可见性的"争夺"：在社会抗争类、抗议类或粉丝聚集类事件、现象中，个体或群体通过具有戏剧性、表演性的行动来促成其身体、行动、意见和诉求的可见。如车主坐在引擎盖上维权、新冠肺炎疫情期间"敲锣救母"事件等，当事人借助具有冲突性、戏剧性和表演性的行动让自己"维权"和"救母"的诉求被社会可见。**（2）突出可见性的"权利"**：在传统媒体语境下，公众往往是不可见的，偶然的可见都是一种"被操纵过"或"资本化了"的可见，在社会化媒体时代，受众实现了自我赋权，可以让自己的身体、声音、诉求以自己的方式被别人看见，体现了对受众权利的尊重。如快递员、外卖员、家政保姆等群体借助短视频或网络直播平台让自己可见。**（3）突出可见性的"博弈"**：以某种方式让特定对象"可见"或"不可见"同样伴随一个不同群体围绕可见性进行博弈的过程；某些群体让自己可见的过程同样伴随着其他力量使其不可见的制衡。如网络"删除"行为实际上就是不同主体围绕可见或不可见而进行的博弈。**（4）突出可见性的"赋权"**：可见性作为一种权利涉及权利如何表达的过程，可见性赋权的三种机制为技术赋权、自我赋权和制度赋权三个层面。技术赋权指技术可供性所提供的赋权可能，自我赋权强调赋权手段的个体化和策略化，制度赋权侧重于制度体系设计层面对媒体、平台、技术的规训与引导。

案例57　B站作品《后浪》与快手作品《看见》的案例对比

案例简介：2020年五四青年节前夕，B站宣传片《后浪》在央视频道播出。视频中，何冰采用演讲的方式认可、赞美并寄语年青一代。视频播出后，社会舆论反响热烈，《人民日报》等媒体报道评论称，这是"新一代的演讲"，"一次与青年的对话，让人沉思青春的价值、成长的意义"。然而视频也带来一定争议，有声音称，视频所代表群体较为单一，带有商业网站营销痕迹。与此同时，"快手"短视频平台的9周年宣传片《看见》也同样引发关注，其所展示的来自各行各业的生活场景及代表群体与《后浪》形成鲜明对照。

案例分析：**(1)《后浪》中引发的争议问题**：《后浪》引发主流舆论点赞也引发网络民众批评，其争议点在于代际的叙事冲突问题、青年群体代表的广泛性问题、以都市青年群体为中心的思考方式及官方权威媒体为商业类视频网站的背书。短片中，面向青年的单向度诉说和长者式的教育导致了"青年"成为被表达、被诉说、被建构、被教育的对象，故而有对话之名、无对话之实；大多数青年群体成为被表达的沉默多数。**(2)《看见》对中国多元场景的立体呈现**：《看见》所展现的是来自不同场景、不同行业及不同群体的声音，以"值得被看见""值得被尊重"的叙事基调构筑了宣传片中的"复调叙事"，通过生活态度、生活方式的正向激励凝聚了多元群体的广泛认同，使"沉默的大多数"有了被看见、被尊重、被认可的机会。**(3)两部作品的对比反思**：如同拼多多发现了中国"下沉群体"的庞大的消费需求一样，快手、抖音、今日头条等发现了中国社会非精英群体的内容消费和自我展示需求；不同的平台所呈现的不同文化图景都是真实中国的写照，传统的市场化媒体过于关注社

> 会上主导、主流地位的精英、都市、中产、白领等群体的媒介使用偏好和内容获取习惯，遮蔽了社会在更广层面上对"视而不见"的沉默者的有效关注。**（4）不同文化圈层的对话**：媒介化社会中不同的网络信息传播平台，因其传播特征、定位群体、内容风格和功能属性等的差异聚合了不同的用户群体，进而以内容生产为中心建构了不同的圈层文化，如果不同的文化圈层仅在圈内共享群体特征明显的文化，则会导致不同圈层对主流文化的认同感的削弱。因此，社会需要像《后浪》这样的文化产品，也需要像《看见》这样的文化产品，使象征不同圈层文化的产品都获得在更广阔、更权威的平台上展现自己的机会，有助于加强异质文化圈层的交流、碰撞，进而弥合社会文化分层，凝聚社会共识。**（5）可见性视角下的分析**：《后浪》中"可见"的是都市、精英家庭背景下成长起来的青年群体，使处于中国平均水平或相对弱势的青年群体的兴趣、爱好和追求处于"不可见"状态；《看见》中"可见"的群体具有多样性和多元化，赋予青年群体以自己的方式被看见的机会。可见性视角下的启发在于：媒介的可供性带来群体的可见性，有助于实现不同群体的可见性赋权，但可见性机会分配并不均衡，需要从制度机制和平台设计层面强化对不可见群体的赋权。

4. 可见性视角下的社会弱势群体：**（1）不可见的弱势群体**：在中国现今语境下由于受教育程度、城乡二元结构、社会角色分工差异等若干因素影响，不同群体所拥有的话语权并不均衡，表现为某些群体往往处在失声失语的状态，大部分情况下的可见性往往体现在"被动的可见"，即处在被言说、被塑造、被讲述、被展览的处境；这与丹尼尔·戴扬所提及的"以自己的方式被别人看见"的情形相反。**（2）媒介的可见性赋权**：数字技术的发展推动了以开放性、低门槛和交互性强为特征的各类网络社交平台、短视频平台和网络直播平台的迅速普及，为相对处于社会弱势地位的群体提供了直接面向社会发表自己的声音和观点、展示自己的身体和场景的机会，这实际上就是数字媒介的移动可供性、内容可供性与交互可供性带来的可见性赋权，各类原本处于社会较为弱势地位的群体拥有了让自己可见的机会。**（3）可见性赋权背后的反思：**尽管数字技术有效促进了弱势群体的可见性赋权，但其赋权的机制、过程和效果依然存在诸多需要反思之处：一是可见性权利的流量化，简而言之，"可见性的尽头是流量和流量变现"，容易成为被资本裹挟的对象。二是可见性赋权的不均衡性，容易导致"能言善舞"者更容易可见。三是可见性赋权的"后台"效应，使作为权利的可见性变成了对民众后台区域的展示甚至消费，简而言之，弱势群体的可见性往往不得不"用隐私换权利"。

第13章 疫情防控与媒介舆论

专题01 疫情防控与信息传播秩序

1. 媒介化社会的新冠肺炎疫情信息传播：新冠肺炎疫情与"非典"时期的媒介环境相比已发生翻天覆地的变化,不能用简单的有利有弊这种思维来看待这种变化。**（1）社会系统运行的媒介化程度**："非典"时期的信息传播以大众传播为主,互联网并没有获得全方位的普及,手机是主要社交工具,"大众媒体+手机"的组合构筑了"非典"时期的主要传播环境,媒体更多被作为信息传播的通道和载体；新冠肺炎疫情时期,信息传播以互联网与移动互联网为主导,社会生产、生活及各类组织机构的运作都架构在互联网之上,媒介既为信息传播提供平台,又在重塑和影响各类组织、机构、群体、个人的行为方式甚至思维习惯。**（2）公共危机的网络化与节点化**：媒介化时代的危机传播不仅表现为人们对媒介及信息的格外依赖,还表现为危机传播及危机管理的逻辑必须架构在以媒介为中心的网络表达中。与"非典"相比,此次新冠肺炎疫情信息的传播呈现出前所未有的网络化与节点化,其内容生产也因此类信息供给过载与用户注意力稀缺矛盾而呈现出鲜明的市场化导向；与此同时,危机传播因以共时空的网络空间为平台,也面临意见表达的去语境化和用户群体的圈层化等若干问题。**（3）媒介社会对公共危机的重塑：**媒介化社会对公共危机的影响并不仅仅将危机相关信息的传播延展到新出现的媒介空间，也不仅仅表现为媒介信息对公共危机所施加的影响，而是媒介与危机两者彼此影响、彼此建构，媒介和危机在相互作用的过程中既在影响对方，也在影响自身，同时影响两者的外在环境。

2. **新冠肺炎疫情防控中的谣言话语：（1）关于谣言的多种认定：**传播学、社会学等领域对谣言的定义有差异，从传播学的角度来讲，故意散布的虚假信息被称为谣言，强调的是发布主体动机的主观恶意；从信息论的角度来讲，谣言表明的是信息与事实状况的偏差；从社会学的角度来讲，谣言表现为一种社会抗争或抗议，是社会心态的反映；从信息发布是否经过官方确认的角度来讲，未经官方证实的信息为谣言。**（2）造谣案例中的谣言话语：**新冠肺炎早期"有媒体报道武汉医生散布谣言"的新闻话题中，司法机构之所以认定医生发布的信息为"谣言"，其秉持的是"授权发布"的程序逻辑，即没有经过授权，任何机构和个人不能面向社会发布传染病相关信息；散布"谣言"的医生秉持的是"临床诊断"的医学逻辑和"善意提醒"的朴素正义。**（3）不同谣言的治理问题：**任何类型的谣言都是传染病防治过程中的"信息疫情"，都会从某种程度上挤压权威、科学及有效信息的传播空间，为疫情防控工作带来不同程度上的干扰，为此，不管何种类型的谣言都是治理的对象；但谣言的治理需要区别对待，对故意散布的谣言要从严依法处置，对其他类型的谣言要增强信息公开的频率和力度，加强公民公共卫生信息健康素养教育，强化专业信息的大众化、生活化、通俗化的转化能力。

3. **新冠肺炎疫情舆论中的"污名化"问题：（1）"污名化"现象理论简述：**污名是刻板印象的一种，是舆论对某一群体或个体的符号暴力，表现为负面特征在某一群体上的固化，是舆论对社会事实进行选择性呈现并有意放大的结果，也时常被作为一种舆论武器使用。**（2）地域及群体污名化：**对某一群体、地域、个体的"污名化"较为普遍，除舆论的选择性呈现、媒介报道时的偏见、负面问题的集中报道和个别情境下将"污名"作为舆论武器之外，社会民众对未知情形的恐惧心理、对病毒的恐惧转移、对特定群体的恐惧也是疫情中污名现象的重要成因。**（3）国际传播中的"污名化"**：在国际舆论中，个别政客和部分媒体采用"污名"的方式为其他国家贴标签，这实际上是宣传技巧的滥用，是将"污名"当成舆论战的武器，其目的是制造共同的敌人以增强内部的团结、转移或回避自身所遇到的问题，强化自身的"优越感"。

4."非典"与新冠肺炎疫情时期的信息传播比较：（1）媒介环境的变化："非典"时期以大众传播为主导的媒介格局转变为新冠肺炎疫情时期以网络自媒体为主导、多种媒介形态并存的信息传播格局。**（2）传播机制的变化：**"非典"时期的信息传播是"职能机构→媒体机构→社会大众"这一单向性很强、链条化特色明显的传播机制，新冠肺炎疫情时期是所有人对所有人的网络化传播机制占据主导；碎片化传播、网络状传播、情绪化传播特色越来越明显。**（3）受众地位的变化：**受众由"非典"时期以看为主的被动受众转向新冠肺炎疫情时期社交媒体背景下兼具生产与消费双重身份的主动受众，受众的主体性、主动性地位和个性化需求凸显，受众因兴趣、年龄、偏好、职业、教育状况等差异呈现出更加明显的分层、分化趋势。**（4）媒介地位的变化：**相较于"非典"时期，新冠肺炎疫情时期的媒介机构失去垄断媒介资源的地位，在万物皆媒、人人皆媒的媒介化社会，新闻媒体既要与各类商业资讯平台竞争渠道资源，又要争夺网络空间中的话语权和影响力；新闻生产者不再是事件、事实的唯一定义者，它成为若干新闻生产主体之一，与 OGC、PGC、UGC 进行同台竞技；媒介的移动化、场景化、人性化趋势更加突出。

专题 02　疫情防控与政府信息公开

新冠肺炎疫情防控的过程中,"用信息公开助力疫情防控""面向国际社会及时分享信息""及时公开信息杜绝次生灾害""高规格持续公开信息""建立透明高效廉政政府"等成为主流做法,既积极有效回应了国内外舆论关切,又分享了中国在实践过程中不断探索出来的宝贵经验。

1. 疫情防控与风险社会的"疫情信息论":（1）信息论中的"信息": 信息是对社会存在及变动状况的符号化呈现,信息论的观点认为,世界分为物质、能量和信息,而信息是物质和能量存在状态及变化情况的表达;信息是消除事物不确定性的东西,疫情防控的状态、举措,疫情形势的变化及应对是疫情防控中最为重要的信息。**（2）现代社会中的风险:** 根据乌尔里希·贝克的观点,人类社会已经进入一个"反身性"现代性的新时代,这个时代充满了不确定性和不安全感,事故的无法预测性、事件影响的全球性、传统应对策略失去效果、社会公众难以形成充分共识、权威专家的论断遭受怀疑是风险社会的典型表征。**（3）公共传播的难题:** 传统社会所积累的应对公共危机的经验和建立在传统案例总结反思基础之上的防控体系的效果在流动性加剧的现代社会被弱化;信息传播的平权化、传播渠道的多元化、媒介管理的扁平化、传播主体的去中心化和话语声音的多样性既在加速科学信息的传播,又在为有害信息的扩大插上翅膀;现代风险社会,单一传播主体、单一发声机构难以凭借既有的制度体系和资源优势,有效满足风险社会中人们对各多样化信息的需求。

（4）全球舆论整合：全球性的人口流动和危机的无处不在使地方性、传统性的经验失去效力，单一国家、单一群体、单一政府难以全面感知和科学应对所有突发状况。风险社会中的信息传播、舆论整合、社会动员需要坚持人类共同利益至上的原则，秉持"人类命运共同体"的理念，摒弃个别国家利益至上的原则，摒弃用"有色眼镜"审视其他国家的态度，将持续、客观、理性的信息和在人类对抗共同灾难过程中总结出的宝贵经验作为全球公共产品，才有可能增强人类应对风险社会的能力。

2. **重大疫情防控中的信息公开问题**：（1）**信息公开的必要性**：信息公开是突发疫情中公共卫生应急机制、信息发布制度体系建设水平和能力的表现；是突发状况下最大限度防止谣言、流言和其他有害信息传播，满足公众知情权，引导民众进行理性思考、做出科学决策的重要举措；是建立公信政府形象，协调各方资源，整合社会力量，坚定民众信心，凝聚国民抗疫合力的保障。（2）**信息公开的总要求**：以公众信息需求、科学防疫部署、防范社会恐慌、分享经验教训为目标持续高规格、滚动化依法公开权威、科学信息；以权威信源、准确数据、扎实素材、规范表达提供事实性、预警性、防范性、决策性、示范性、倡导性、禁止性、部署性等多样化的信息，增强信息公开的专业性、公信力、权威性和大众化。（3）**信息公开的制度化**：信息公开是现代社会和文明政府建设的必然要求，也就是说，信息公开应该有一整套的规范、科学、完备的制度体系，能确保常态状况下持续的信息发布与公开及非常态背景下有应对突发状况的应急制度体系。同时，信息公开的制度体系的建设也是一个不断结合新环境、新情况、新问题不断探索、不断完善的过程。（4）**信息公开的法治化**：我国通过的《突发事件应对法》《传染病防治法》《食品安全法》《突发公共卫生事件应急条例》《政府信息公开条例》等都为疫情信息公开提供了法律保障；各责任机构要依法依规进行信息公开，意味着信息公开是总体原则，信息不公开是例外情况，既要及时主动公开也要遵循法定程序。（5）**避免疫情次生灾害**：疫情发生后，如果信息不公开，传达不及时、不到位、不规范、不准确，或不能有效满足社会大众对信息公开内容、质量、频率等的期待，极容易产生疫情防控部署落实受阻、谣言流言大肆传播、社会情绪激烈震荡、非理性集合行动等次生灾害。

3. 新冠肺炎疫情中的信息公开情况：（1）对外发布： 新华社于 2020 年 4 月播发《中国发布新冠肺炎疫情信息、推进疫情防控国际合作纪事》，以冷静、客观的视角按照时间顺序梳理了中国在及时发布疫情信息、分享防控经验、推进疫情防控国际交流合作方面的主要事实，以翔实的资料展现了中国在抗击疫情过程中的公开透明和责任担当，彰显了中国同国际社会携手抗疫的积极意愿。**（2）对内发布：** 根据疫情形势及疫情不同阶段工作重点的要求，各级政府部门和相关责任机构不断完善疫情信息发布，通过国务院新闻办、省部级新闻发布会、省地市级新闻发布平台及中央主流媒体、地方权威媒体、行业门户网站、网络社交媒体平台等信息传播渠道，持续不断地进行信息发布，依法做到了公开、透明、及时、准确。**（3）具体做法：** 各级各类机构聚焦新冠肺炎疫情的最新形势状况、疫情防控不同阶段的工作重点，做好疫情形势和工作重点的解读，主动回应社会热点、痛点、难点、疑点等问题，用科学、准确的数据、知识解释疑惑，引导舆论，疏导情绪；通过充分的信息、扎实的数据和鲜活的事例树立以社会效果为导向的信息公开原则，强化受众导向和人文关怀；不断改进话语传播策略、内容表达方式手段，用生动、准确的语言增强发布内容的可读性。

4. 涉疫情新闻发布与信息公开的短板：（1）正视短板问题： 新冠肺炎疫情防控的不同阶段的新闻发布与信息公开不同程度上存在一定的短板问题，这些短板问题不是信息公开制度及新闻发言人制度本身的问题，而是操作性、细节性、局部性问题；因而，既不能用个别短板问题否定中国自 2003 年大力推进新闻发言人制度建设的成果，也不能回避这些在实际工作中存在的短板。**（2）短板问题表现：** 疫情防控初始阶段存在权威信息及预警信息缺失的窗口期，不愿意公开、消极公开等问题；个别新闻发布会及信息公开存在多元主体缺乏联动、形式主义严重、发布内容偏离受众需求、人为制造乐观预期、个别隐私信息泄露、回避或淡化争议话题、小道消息先于官方发布及沟通效果偏弱等问题。**（3）短板问题成因**：短板问题不是新闻发言人制度或信息公开制度所导致，而是多方面因素促成。例如，科学界、医学界对新冠肺炎病毒的成因、防治策略等的认识需要循序渐进的过程，基层管理部门缺乏应对严重疫情的足够经验和相关训练，部分新闻发布会在网络舆论、民众情绪极限施压的情况下准备不充分等。**（4）对短板的反思**：信息公开与新闻发布会中的信息公开尽管存在短板问题，但也要坚持持续发布信息，坚持与民对话，要通过不断的试错、改进和总结沉淀，优化既有制度体系，掌握熟练技巧。而经过"非典"和新冠肺炎疫情两次大考，中国在信息公开、新闻发布的制度机制建设上将更加科学、完善。此次新冠肺炎疫情防控中的经验、短板都需要得到沉淀，成为中国现代化治理体系和治理能力的重要财富。

5. 传染病疫情信息公开的障碍及克服：（1）问题描述：新冠肺炎疫情发生初期，基层政府和部分媒体信息公开与新闻报道的一些做法备受诟病。比如，有批评声音认为疫情早期地方政府和地方媒体对疫情报道力度不够、公开意识不强；也有声音批评媒体对新冠肺炎疫情初始阶段社会预警性信息的关注度不够等。**（2）公开的障碍**：王锡锌认为，政府信息公开面临"知易行难"的尴尬，即"政府信息公开存在着信息公开的选择性公开、推动力递减、公开与保密关系难以把握、社会对信息的需求与政府的信息供给之间供需不匹配以及法律责任机制乏力等问题"[①]，简单来讲，即政府早期掌握信息资源有限，对公开的意愿和动力不足，难以权衡公开与保密的关系，对源自社会的预警缺乏有效观照。**（3）问题探讨**：现行法律法规已经明确了传染病疫情信息公布的原则、主体、时间、程序和内容，在操作过程中，当疫病未被纳入"法定传染病"或事件未构成"突发事件"时，是否需要基于风险预防进行信息发布

---

① 王锡锌：《传染病疫情信息公开的障碍及克服》，载《法学》，2020年第3期。

等的模糊,使信息公开往往处于内紧外松状况。**(4)策略探讨:** 在疫情原因、危害等尚未探明且未被认定为"法定传染病"或未被授权进行对外信息发布时,官方和媒体机构也应该有一定的作为,例如,将事实性信息、结论性信息和决策性信息进行有效区分,通过公布症状、特征等已知状况面向社会公开,提醒公众予以防范。

6. 公共危机事件中负面情绪的传播问题:(1)现象描述: 在新冠肺炎疫情防控的过程中,部分来自市场化媒体和网络自媒体的深度报道文章、网络视频资料借助互联网群组和社交媒体广泛传播,其中有不少内容涉及对抗疫一线、染病事例、医护人员、老弱群体较为惨烈状况的论断及描述,总体基调较为悲壮、沉郁、惊悚。**(2)情绪传播:** 情绪类信息是社会信息的重要构成,是人作为情感动物的必需品。在危机事件中,哀伤、无力感等负面情绪性信息具有警示预防、宣泄压力、反思现实、记忆悼念等功能;一定程度上的负面情绪类信息的传播能够对疫情的防控起到正向激励作用。**(3)情绪共振:** 负面情绪的传播具有感染力,应防范在一定时间内负面情绪的共振可能对社会带来的破坏作用,极端悲惨事例的集中报道会诱发极端负面情绪的扩散,甚至带来严重的社会后果。**(4)媒体管理:** 各级各类媒体要为民众宣泄情绪和释放压力提供通道,同时密切关注社会情绪走向,采用积极回应、正向疏导、示范案例等方式避免负面情绪传播过于集中,防范情绪性信息演化为生活中具有破坏力的具体行动,防止具有暗示性的消极应对策略的传播。

专题03　疫情防控中的正能量新闻

新冠肺炎疫情防控期间，正能量新闻成为疫情期间新闻舆论的主流，为鼓舞抗疫士气、凝聚抗疫共识提供了积极正向的舆论氛围。从钟南山院士等抗疫人员的坚守到志愿者、外卖小哥等平凡百姓的付出，再到一连串"扔下10万元就跑"的做好事不留名，人性的光辉是如此振奋人心。突发公共危机事件中，正能量新闻也是建设性新闻的一种具体表现，不过，某些正能量的舆论引导也引发了网友对媒体"消费弱势群体"的质疑。如何把握好舆论引导的度，是媒体今后应当注意的问题。

1. 正能量新闻与建设性新闻：（1）疫情期间的正能量新闻： "正能量新闻"是利用"正确舆论引导人""典型案例鼓舞人"的作用，助力社会形成积极向上的舆论氛围的新闻作品，既是社会常态运行背景下新闻作品恪守"正面报道为主"原则的体现，更是在危机事件、灾难事件中营造有利氛围的必需品。面对人类共同的危机，正能量新闻是促成社会共识、激励正向行为、推动抗疫合作的重要手段。**（2）正能量新闻包含的范畴：** "正能量新闻"依然是新闻产品，必须满足新闻报道的基本要素，必须对社会上新近或正在发生的重要、重大、争议事件进行回应。包括能够就社会上紧迫需要解决的特定问题提供正向思考、解决方案、应对策略、引导示范并具有实际转化价值的新闻，能够鼓舞士气、振奋人心、凝聚共识、强化共同价值观认同的新闻。**（3）正能量新闻的具体体现：** 新闻媒体、网络自媒体及各类组织机构的新媒体账号通过具有示范和学习价值的典型案例来引导民众参与抗疫；通过对鲜活人物、事例的"事实+行为+价值"的报道来营造积极向上的舆论氛围；通过典型事例对疫情过程中体现出来的有效做法、共性经验、科学机制、积极部署进行客观、详细的介绍、科普。

2. 正能量新闻报道的误解与误读：（1）"灾难美学"现象：用歌颂体、表扬体、煽情体等不当的叙事或过度文学化、文艺化和情绪化的方式取代或回避对灾难本身及灾难防控中短板问题的关注；过度注重修辞手段的运用，刻意使用煽情句、排比句、四字成语及虚浮、空洞、华丽的辞藻。**（2）过度渲染放大**：抽离事件本身的生发语境对纯粹抽象出来的"积极"的一面进行放大和聚焦；对社会上不具有广泛代表性的特殊案例、极端典型进行过度的渲染或刻意的放大、拔高。**（3）非理性乐观**：部分新闻报道缺乏客观、中立和理性的态度，对严峻或未知的复杂形势持盲目乐观的态度；在新闻报道中强调单一的正向因素，过度放大或强调对形势有利的一面，忽略灾难的严肃性、严重性和复杂性；在新闻报道中，通过选择性报道、先有观点再找素材等违背新闻报道原则、规律的做法，人为制造过于乐观的预期。**（4）不恰当类比**：部分媒体和自媒体文章在剥离历史、现实语境的基础上，通过对其他群体的批评甚至嘲讽，以简单对比的方式强化自我的优越感；此类报道只聚焦表面现象，忽视深层原因，容易招致小团体主义、地方主义、民粹主义等情绪。**（5）"时度效"问题**：新闻报道要注重"时度效"问题，要考虑新闻传播的基本规律，注意报道的时机、尺度、效果，考虑疫情防控不同任务重点的需要，注重多种声音、多元话语的平衡，防止"高级黑"和"低级红"两种错误做法。

案例58 疫情防控中的"网红钟南山"现象

案例简介：新冠肺炎疫情防控期间，钟南山等战斗在一线的医疗专家借助大众媒体和社交媒体的传播成为家喻户晓的"网红"，这些医疗专家不仅在疫情防控一线做出巨大贡献，同时也持续借助媒体发表关于疫情防控形势等的观点，引导了积极向上的防疫舆论氛围。2020年9月8日，全国抗击新冠肺炎疫情表彰大会在北京人民大会堂隆重举行，钟南山被授予"共和国勋章"，张伯礼、张定宇、陈薇被授予"人民英雄"国家荣誉称号。《小康》杂志刊发文章指出，我们要在全社会大力弘扬伟大抗疫精神，使之转化为全面建设社会主义现代化国家、实现中华民族伟大复兴的强大力量。

案例解析：（1）媒体的"地位赋予"的功能：大众媒体具有授予社会地位的功能，是指媒体通过集中的报道将受众的注意力分配给特定的人物、事件，使其拥有持续的曝光度和话语权；与一般明星和"网红"不同的是，钟南山等是重大突发公共卫生事件中凭借其敬畏生命、尊重科学的专业知识、专业水平而成为"网红"的。**（2）专业领域的"意见领袖"：**钟南山等"网红"非传统意义上的"意见领袖"，拉扎斯菲尔德提出的"意见领袖"更多表现为"身边的人""活跃表达意见""掌握较多信息"，钟南山等是来自呼吸疾病研究领域的领军人物，凭借专业权威成为专业领域的"意见领袖"。**（3）权威意见的生活化：**钟南山等的专业意见由专业场景转入公共场景，采用通俗化、平民化、大众化的媒介语言构筑了可感知、可理解、可对话的媒介形象，将传统科普传播中权威意见的单向说教转变为平等的沟通交流，既保证了信息的准确性，又缩短了与受众的距离感。

3. 新冠肺炎疫情期间正能量新闻的总体特点：（1）正能量新闻舆论常态化：正能量信息传播常态化，贯穿疫情防控全过程，努力为全民抗疫营造了积极向上的舆论氛围；在疫情防控的不同阶段，围绕不同时期的工作任务重点进行具有建设性的报道，总体上形成了以凝聚、鼓舞、示范、激励、公益、倡导等为特征的舆论氛围。**(2)正能量报道对象多元化**：正能量新闻报道经历了从"聚焦单一群体"到"呈现群体多元、聚焦重点事例"的转变，不局限于一线医护人员及医疗科研专家，而是全面覆盖来自各级各类、各行各业的群体，极大增强了代表人群的广泛性、多样性。**(3)正能量传播行为自觉化**：正能量信息由自发、自主走向自觉，理性、有人情味、富有感染力的正能量形成了强大的示范效应。在疫情防控的不同阶段，各类主流媒体、综合资讯平台、互联网自媒体和商业互联网机构均成为积极、自觉传播正能量的主体。**(4)正能量传播渠道全网化**：从总体上看，从"两微一端一抖"到微信群、朋友圈等各类互联网群组，再到社交网络跟帖、评论区，正能量信息传播呈现"横到边、纵到底、全覆盖、无盲区"的特点，充分覆盖了有不同媒介使用习惯和信息获取偏好的受众群体。**(5)正能量新闻传播的效果**：除个别阶段、个别媒体和个别机构对"正能量报道"存在错误认识并出现局部报道乱象外，新冠肺炎疫情期间的新闻报道总体上紧张有序，配合了疫情防控不同阶段的任务需求，以贴近疫情防控实际、贴近百姓防疫需求、贴近民众生活面貌的方式，为防控疫情、防止扩散、有序复工等营造了良好的国际国内舆论氛围。

4. 援助、帮扶类报道中的"表演"问题：**(1)问题的提出**：援助、捐助、帮扶类报道属于正能量新闻信息的组成部分，对于各类组织、机构而言，在灾难或危机事件中，出于人道主义实施援助并进行对外报道是树立机构"积极承担社会责任"良好形象的做法，故有专家认为，公共关系就是"努力做好，让人知晓"。但在一些特殊场合，不当报道反而招致负面效果。**(2)典型案例**：在新冠肺炎疫情防控期间，部分报道引发民众反感，甚至招致激烈批评，如某些机构"摆拍"行为引发网民反感、部分系统驰援一线密集报道引发恐慌情绪（如殡葬系统）、部分机构对特定群体礼遇有加引发舆论对"超国民待遇"的考问等。**(3)理论依据**：媒介化社会突出了自我言说的重要性，自我言说是主体表明自身身份、阐释自身行为、建构自身形象的做法；一旦在网络空间中缺席，不仅该主体成为被表述的他者，甚至连该主体是否存在都成为一个现实问题。因此,"边说边做""做好事要留姓名"成为媒介化社会的必然趋势。**(4)相关反思:** 媒介化社会强化了"在场+言说"的重要性,上述案例之所以引发不当,其原因在于尽管身份和言说共同在场,但其言说策略依然是传统场景下的延续,未能让话语策略、修辞表达充分契合互联网空间的网络逻辑。

案例59 灾难类新闻舆论中的"萌化叙事"

案例简介: 新冠肺炎防控过程中,央视采用"慢直播"对火神山、雷神山医院的施工进行"云监工"引发网民的关注。部分网友在评论中为施工现场施工设备取了若干"昵称",甚至引发官方媒体开通"助力榜"为运输工具、叉车等"打榜"。此举被部分批评人士称为"灾难事件的萌化"。无独有偶,部分机构也频频采用卡通形象、卡通人物来诠释严肃的时政和疫情话题,如"江山娇""红旗漫"等虚拟偶像。在2020年南方汛情报道中,也有个别作品以卡通形象、煽情叙事等方式呈现肆虐的洪水,部分观察者称"灾难变得可爱了"。

案例分析:(1)"萌化叙事"现象的提出: "萌化叙事"是指在灾难报道中采用将硬新闻软化的方式降低灾难严肃性、危害性、破坏性、威胁性的传播现象;其手段包括采用故事、卡通、漫画、昵称等手段,其目标是增强新闻信息的人情味,其本质是硬新闻的软化,是典型的"灾难美学""消费灾难"做法。**(2)硬新闻与人情味间的张力:** "萌化叙事"主要源自"硬新闻"的严肃性与受众对"人情味"新闻需求之间的张力,对于软新闻而言,硬新闻往往是枯燥、沉闷、严肃、刻板等固化印象的代名词,受众接受门槛较高,难以形成情感上的共鸣。**(3)网络社会的消费文化:** 网络社会的消费文化表现为一种浅层化、情感化、通俗化和娱乐化的文化,是紧张社会状态下的黏合剂,网络空间的这种反传统的文化氛围助推了"消费一切"的娱乐思潮,甚至包括灾难;网民疫情期间居家隔离及高频的网络生活也为这种文化的大量传播与消费提供了受众基础。**（4）"萌化叙事"的麻痹效果：**"萌化叙事"以降低灾难事件的严肃性为代价，也同时削弱了灾难新闻所承载的教育意义、警示意义，将灾难、抗灾叙事变成了无厘头的狂欢文化和"偶像—粉丝"间的大众叙事，是大众传媒与媒介用户共同制造的泛娱乐文化。**（5）接近性与政治参与：**近年来，主流媒体、官方机构较多采用萌化叙事寻求与青年群体的对话，在《那年那兔那些事》及《领风者》等案例中起到了积极效果，但一旦叙事的对象变成了严肃的灾难话题，尽管能够拉近受众与叙事主体的距离，能激发受众参与意识，引导民众的政治参与，但情感共鸣的基础和舆论关注的焦点已经发生了变化。

5.正能量新闻与批评性报道：（1）问题的提出：监督性报道或批评性报道，多以深度调查的方式对社会中部分群体试图掩盖的真相进行揭露，是新闻媒体发挥舆论监督功能最为直接的体现。有一种误解是，批评性报道与正能量新闻是冲突的，如贪腐类、凶杀类、暴力类等案例会营造一种社会的不稳定感。**（2）问题的反思：**鼓励正面宣传为主并不是禁止对负面问题、案例的报道，批评性报道是媒体发挥正常舆论功能、尊重和满足公众知情权的体现，有助于唤醒舆论关注问题并敦促解决问题。因而，对负面问题的报道所关注的不是能不能报道的问题，而是如何报道。**（3）边界及原则：**应致力于问题的反思及方案的探讨而非致力于对视觉、情感、道德冲击力的细节的过度呈现，应从理性探讨和深度反思的视角呈现问题而非单纯情绪宣泄或简单归因，应强化新闻报道的严肃性、公共性和启发性而避免将新闻事实当成满足猎奇、窥私、娱乐需求的消费品。

专题 04　疫情防控与科普信息传播

在突发公共危机事件中,有效的科普信息传播有助于缓解公众焦虑心理,缓解社会恐慌情绪,引导社会理性思考问题。与"非典"时期相比,新冠肺炎疫情期间的媒介环境发生了显著变化,社会化媒介不再是单纯的信息传播通道,它作为半组织化的力量影响到了组织机构及个人的存在方式,更对健康信息的传播提出了新的要求。

1. 疫情防控中的健康、科普类信息:(1)**信息类型:** 疫情科普类信息包括环境性信息、知识性信息、决策性信息等。其中,疫情形势变化、疫情数据走势、疫情防控进展、疫情防控部署等属于环境性信息,侧重"怎么样"问题;疫情阶段性研究成果,传染病的性质、特点及传播规律,如何使用防疫物资等属于知识性信息,侧重"是什么""为什么"等问题;个人如何采取防控措施、是否需要购买及佩戴口罩等属于决策类信息,重点关注"要不要"及"如何做"等问题。(2)**传播要求:** 涉疫情信息事关人民群众生命健康安全,其信息要准确、贴切、完整、及时地传达给目标受众;涉疫情科普类信息往往带有一定的专业性,属于特定领域的专门性知识,同时由于其传播面向的是普通大众,故要求信息内容通俗易懂、信息传播渠道畅通、信息发布迅速及时、目标受众精准覆盖。(3)**传播目标:** 综合运用多种传播渠道、多种传播手段,从环境认知、情感态度和行为实践三个层面协调社会大众,促成健康的信息传播秩序;增强社会对疫情状况的理性认识,增强社会联合抗议的共同体意识,增强大众自觉防控疫情的能力。**（4）传播机制：** 疫情防控类科普信息属于健康传播的重要组成部分，也是现代社会国民教育、健康教育的重要构成。疫情信息科普要建立常态化背景下的持续的健康科普制度、机制及非常态背景下应急健康科普信息传播机制，前者致力于循序渐进提升国民健康信息素养，后者致力于突发情况下迅速有效的疫情防控应对。

2. 疫情科普类信息传播面临的挑战：（1）信息环境问题： 移动互联网背景下，大众媒体失去了对权威信源及权威平台的垄断，各级各类组织、机构、个人均成为科普信息的生产者且绕开专业媒体直接面向大众，这导致互联网平台上，UGC、PGC、OGC 等信息大量出现，尽管丰富了信息种类和数量，但会产生信息质量良莠不齐、冗余信息堵塞通道等问题。**（2）有害科普信息：** 部分信息生产者利用大众对疫情的恐惧心理、对陌生状况的焦虑心理及对疫病类专业信息的认知局限，以知识科普的名义发布缺乏科学根据的信息，推销商品及服务的信息，渲染宗教迷信、神秘主义、阴谋论等信息；伪科普类信息披着科普的外衣，极富迷惑性、欺骗性，容易诱导受众产生错误认识或做出错误决策。**（3）表达规范问题：** 不少科普类信息、科研类信息属于实验室、科研成果中的部分结论或阶段性结论，媒体和自媒体人为抢时间、夺眼球，往往忽略结论、观点所限定的实验环境和具体语境，直接采用断章取义的方式截取部分片段面向大众发布，也有部分报道过分追求通俗易懂，直接曲解或篡改专业观点。**（4）信息过载问题：** 新冠肺炎疫情期间相关科普信息不是太少，而是太多，其更新的频率、发布的速度、累积的数量严重超越单位时间内民众能够接收和消化的能力，带来科普信息同质化、信息质量偏低、有效信息供给不足、有价值的信息难以查询等问题。

3. 疫情类科普信息的传播策略：（1）权威信源策略： 采用权威信源可以有效增强科普类信息的传播效果。在新冠肺炎疫情期间，钟南山、张文宏等权威专家的观点借助各级各类媒体的传播，成为健康信息传播秩序中的"定海神针"。各类学术及科研机构的专业力量开设抖音、快手等短视频账号，采用

"专业知识＋大众话语"叙事方式，成为科普类信息重要的发布者。**（2）梯度传播策略**：科普类信息的专业性较强，具有一定的信息接受门槛，需要经过信息表达方式的大众化、生活化、场景化处理；疫情期间"专业机构→科普主体→普通受众"梯度有序的信息传播链条，经由垂直领域的信息生产主体对专业性极强的信息进行大众化转述。**（3）算法推荐机制**：积极运用人工智能、大数据技术，采用算法推荐、强制置顶、关联推荐、优先排序策略等确保科普类信息的有效传达；采用大数据分析技术对重要、重大、特殊的议题迅速预判、预警，及时识别、处置、阻断有害、虚假科普信息的传播。**（4）分层传播策略**：根据不同年龄、性别、学历、地域的差异，采取有针对性的分层传播策略。如传统媒体、社区广播对中老年群体有较大影响力，抖音、快手在基层乡村有较强的普适性，采用"简化背景＋明讲结论"的方式针对低学历群体有更好效果。**（5）信息共享策略**：新闻媒体和综合资讯平台应秉持新闻共享原则，建设新闻信息交流机制，避免新闻资源浪费，减少因抢发未经证实和有待证实的信息而产生恶性竞争、谣言频发等问题；避免媒体观点之间相互打架、难以凝聚舆论共识的问题。

4. 老龄化社会健康类信息的传播：**（1）突出的新问题**：新冠肺炎疫情防控过程中不同群体对风险的感知有较大差异，尤其是疫情防控初期老年群体"不了解、不知道、不听劝"的认知及行为特征与青年群体购买并佩戴口罩、转发科普类信息等行为形成鲜明对比。**（2）问题的反思**：老年群体存在数字媒介接触、数字社会融入、跨平台信息获取等层面的障碍，老年群体固有的媒介使用与信息获取习惯，老年群体对单一媒介的依赖等构筑了疫情防控信息的接触及认知壁垒，使权威、科学的信息不能在第一时间有效传达，反映出疫情防控过程中相关信息的传达体系还存在薄弱环节。**（3）优化策略**：加强代际的交流互动，发挥青年群体家庭意见领袖的作用；优化老年群体公共健康信息传播的媒介格局，强化广播、电视、手机短信、宣传册等传统信息传播手段的使用；强化网络自媒体、网络短视频平台面向老年群体的涉健康传播的监督管理，提升健康传播的信息质量和传播效果；强化线下街道、社区、楼道、公园、绿地、菜场等具体生活场景的信息覆盖力度，实现多场景、跨媒介的信息传播。

案例 60　疫情防控期"双黄连口服液"事件反思

案例简述：2020 年 1 月 31 日，有媒体微博发布"中成药双黄连口服液可抑制新型冠状病毒"消息后引发双黄连口服液一夜售罄。次日上午，《人民日报》微博再次发文称，抑制并不是预防和治疗，特别提醒广大民众不要抢购和自行服用双黄连口服液。

案例解析：（1）传播机理：民众抢购事件是"复杂疫情形势+社会恐慌心理+媒体不当科普+民众误解误读"共同作用的结果。其中，复杂严峻的疫情形势和社会对疫情的恐慌心理是抢购事件的土壤，媒体抽离科研语境对学术结论进行断章取义的报道及民众与科研人员对"抑制"的含义存在不同解读是直接原因。**（2）相关反思**：社交媒体传播的去中介化特征使未经科学审查的信息流向大众成为可能，用户在紧张环境下对"利好"信息的紧迫需求刺激了媒介机构抢发阶段性科研成果；媒介机构对信息发布时效性的追求使其忽略评估消息发布后可能带来的影响。**（3）相关启发**：媒体在报道科研成果时应准确、规范，避免直接挪用碎片化的结论，避免将复杂的科研成果做过于简化的报道；媒体在话语表达时应考虑相关术语在科学研究场景与民众生活场景中的差异，避免关键表述的误解和误读；专业知识的发布不仅需要借助权威的传播平台，更需要信息的生产者有垂直领域的专业知识；媒体在发布可能引发一定社会行为的报道前需要对其后果进行预判。

专题 05　疫情防控中的行业自媒体

自媒体是新冠肺炎疫情防控期间一支不容忽视的力量，自媒体的运营主体身份、内容发布涉及领域、盈利模式与盈利机制等均存在差异。以丁香医生、果壳网、知乎等为代表的垂直类行业自媒体成为知识科普重要力量。

1. 新冠肺炎疫情时期行业自媒体的背景：（1）发展趋势：自媒体经过 2010 年以来的持续发展，不断由泛娱乐化、泛时政化经营向垂直领域延伸，其专业化、商业化和产业化程度不断加强。**（2）行业状况**：以弹性兼职、自主创业、全职经营为主力的自媒体经营者，借助"两微一抖"等自媒体平台，持续生产图文、视频、直播等内容，借助流量变现、礼物经济、内容付费等盈利模式实现商业化、产业化运营。**（3）规范管理**：自 2013 年中国大力推进互联网空间治理、推进网络空间秩序建设、严肃整顿网络空间秩序乱象以来，国家有关职能部门陆续颁布了关于互联网群组、网络论坛、网络自媒体平台运营的系列政策规章，行业自媒体发展总体上转入正轨。**（4）内容特点**：行业类自媒体往往根据不同平台特性，以受众需求为导向进行信息生产，针对不同主体发布侧重点有差异的内容，同时满足不同受众的需要，从而最大限度地实现自己的传播目的，影响更多的人。**（5）社会价值**：行业自媒体的发展在传播资讯、提供知识、分享观点、娱乐大众、建构形象、建言献策等方面发挥了重要功能；同时，自媒体行业的迅速发展，也为大众创业、万众创新提供了机会，在推动乡村脱贫攻坚、解决产品滞销、缓解青年群体就业压力等具体层面发挥了积极作用。

2. **自媒体在信息传播中的功能角色**：（1）**知识科普**：自媒体常从自身擅长的领域及自身在垂直领域的权威地位，围绕社会热点话题、现象、事件做出理性解读，是公民教育重要的构成力量。（2）**舆论引导**：部分自媒体扮演官方与民间对话、沟通的桥梁角色，时常对公众关心的议题发表自己的意见，影响大众对此问题的看法，从而形成舆论导向并引发网络民众的思考或推动对某些现实问题的集中反思。（3）**舆论监督**：对具体领域的某一热点话题或未被社会舆论所关注的话题进行挖掘、梳理、汇总，形成深度性、反思性的文章，引导并启发大众的思考，形成社会议题，客观上起到行业舆论监督的作用，成为体制内媒介机构之外的重要补充力量。（4）**行业研判**：行业类自媒体往往对其关注的行业领域有整体的认识和较为专业性的判断，往往成为民间较具有公信力的"行业顾问"，如股票、财经、投资、理财、房产等领域的行业自媒体的一些文章也会影响到观看者的投资、理财和消费行为。（5）**社会公益**：部分专业的自媒体可能依据自身强大的专业资源能力为社会发展提供公益力量，其角色包括公益信息聚合（如就业兼职类、赛事汇总类自媒体）、慈善动员、公益科普等，如丁香医生在新冠肺炎疫情防控期间发挥了疫情防控科普者的积极作用。

3. **社会化媒体与疫情防控信息传播**：（1）**提供传播平台**：社会化媒体为疫情信息防控信息提供了多元化、多样化的传播平台，有利于与疫情防控相关的政策、通知、动员、预警、科普等信息获得即时性、大规模传播，促成疫情防控信息的全覆盖。（2）**精准有效传播**：社会化媒体通过对国家、地方、区域及社区信息的动态跟踪，结合媒介及信息使用者的流动轨迹，以多类、异质数据的挖掘、聚合分析为基础，能较准确地判断不同用户对风险类、健康类、预防类信息的需求，实现疫情相关信息的精准传播。（3）**提供互助平台**：社交媒体以六度分割压缩了紧急信息传播的链条和消耗的时间，能够使求助类信息、紧急类信息克服地理空间的局限性，进而建立高效运转的互联网互助自组织系统。**（4）释放情绪压力**：社交媒体为紧张、不确定的环境下民众情绪压力的释放提供了平台，充当了社会黏合剂、稳压器、泄洪槽的作用；社交媒体中由网民自主生产、发布的信息往往带有很强的情绪化色彩，释放的情绪宣泄有助于缓解紧张情绪，释放精神压力，过度的情绪化内容的表达则容易带来舆论震荡，因而在重大危机面前，提供有节制的情绪宣泄通道极有必要，但要防止对冲正向激励性信息的传播效果。

4. 行业自媒体对舆论秩序带来的挑战：**（1）存在监管难题**：部分小众领域的行业自媒体采用圈内语言，往往导致外界对其内容及可能产生的影响缺乏足够了解，从而导致监管难题；部分自媒体借助亚文化、知识科普等名义传播与主流价值观念不符的内容。**（2）网络谣言流言**：各种流言谣言借助自媒体流传，迷信、非法宗教等各种糟粕信息泛滥。如疫情期间，民众情绪较为紧张，部分自媒体或借机进行炒作收割流量，或断章取义发布不实信息，或捕风捉影渲染极端案例，极个别情况下的不当炒作还引发了外交误会。**（3）越界舆论监督**：行业自媒体是重要的舆论监督力量，能够反映不同群体、不同行业的呼声、难题和短板，但也容易在某些特殊的情况下成为干预组织机构正常运作的力量，如"社交法庭""知乎治校"现象及"上诉不如上访，上访不如上网"的"网闹"思维。**（4）制造不良示范**：部分网络自媒体，尤其是部分直播类、食品类自媒体用户为吸引关注、攫取流量，发布带有不良示范的内容（如以浪费粮食为特征的"大胃王"、容易引发危险的"自制爆米花"等）。**（5）知识生产问题**：部分知识分享型的行业自媒体迫于其盈利需求，不断通过制造知识焦虑来增加信息曝光概率，争取产品、服务的销售机会；同时，网络自媒体中的知识生产也存在浅层化、表象化、娱乐化、反智主义等较为突出的问题。**（6）价值导向错位**：部分网络自媒体并无明确价值导向，而是以最大限度攫取用户注意力为唯一目标，部分网络自媒体借助疫情防控的复杂形势，不断兜售具有不良价值观导向的信息；部分自媒体同时分别针对不同群体输出"左""中""右"三类信息（如某自媒体机构同时经营"爱国""捧西""客观"三类账号）。

案例61 新冠肺炎疫情防控中的"丁香医生"

案例简介：2020年1月21日，丁香医生微信公众号疫情地图及实时播报上线，实时呈现中国内地各地确诊病例、疑似病例、治愈病例的汇总情况与地域分布，同时结合疫情防控形势及时发布科普知识，提供辟谣信息；其文章内容经过科学审核并附带所有的参考文献，借助微博、微信公众号、手机客户端及网站等多平台发布。

案例解析：**（1）丁香医生的传播角色**：丁香医生具有互联网思维和健康医疗领域的知识，掌握科普内容生产技巧和互联网传播规律，是医疗健康卫生领域的行业资讯平台，同时也是医疗卫生健康知识科普的重要主体；丁香医生凭借以上优势及长期持续积累的正向口碑和用户基数，成为新冠肺炎疫情防控期间最为重要的科普力量之一。**（2）丁香医生的运作逻辑**：丁香医生以"专业的传播主体+大众化知识解读+网络传播技巧运用"为内容生成机制，保证信息传播的权威性、准确性与可读性，是连接科研机构与普通大众的桥梁，是专业知识转化为大众知识的"中转站"。**（3）丁香医生的话语逻辑**：新闻媒体、网络民众和医疗专家分别适应不同的话语体系，新闻报道追求的是真实、客观、及时，医疗专家追求的是科学、严谨、规范，普通大众追求的是生动、活泼、可读性强。故而媒体在对专业内容进行报道时，要弥补自身医疗健康专业知识不足的短板，充分发挥垂直行业组织机构和知识群体的力量。**（4）充分发挥专业力量**：重大突发公共卫生事件的应急处理需要协调各方资源、各方力量，大众传媒、网络自媒体、商业互联网机构是资讯服务的提供方，但在特定垂直领域内能够调动和整合的资源有限，因而需要充分发挥来自企业、医疗服务机构、科研院所等的资源优势，培育能够搭建起官方与民间、专业化与大众化之间过渡桥梁的力量。